MARINES
ET
RÉVOLUTION

L'HISTOIRE AUX ÉDITIONS OUEST-FRANCE

Dans la collection « De mémoire d'homme : l'histoire »
(dirigée par Lucien Bély) :

A la rencontre des Etrusques (J.-R. Jannot)
Les animaux sacrés dans l'antiquité (J. Prieur)
Archives du corps (J. Léonard)
Bagnards à Brest (P. Henwood)
La Cour de Henri III (J. Boucher)
Les Druides (C.-J. Guyonvarc'h et F. Le Roux)
Le Fer contre la forêt (F. Dornic)
La Grande époque de la marine à voile (M. Acerra, J. Meyer)
La Mort dans l'antiquité romaine (J. Prieur)
Pêcheurs d'Islande (J.-L. Avril et M. Quéméré)
Les Petites écoles sous l'Ancien Régime (B. Grosperrin)
La Rue au Moyen Age (J.-P. Leguay)
Saint Bruno, le premier chartreux (B. Bligny)
Saint Jacques à Compostelle (J. Chocheyras)
Les Sépulcres flottants (P. Masson)

Dans la collection « L'histoire et nous » (dirigée par Lucien Bély) :

Archives secrètes de Bretagne 1940-1944 (H. Fréville)
L'Avenir se présente bien (A.-D. Kergal)
5 000 ans d'histoire du livre (R. Salles)
Les Cohortes du Christ (P.-R. Gaussin)
Faites entrer le témoin suivant (P.-H. Teitgen)
Moreau, rival républicain de Bonaparte (P. Savinel)
Rennes pendant le procès Dreyfus (C. Cosnier)
Suzanne Bidault : Souvenirs (S. Bidault)

Histoire de la Bretagne en 12 volumes (dirigée par A. Chédeville) :

Préhistoire de la Bretagne (P.-R. Giot, J. L'Helgouach, J.-L. Monnier)
Protohistoire de la Bretagne (P.-R. Giot, J. Briard, L. Pape)
La Bretagne des saints et des rois (A. Chédeville, H. Guillotel)
La Bretagne féodale (A. Chédeville, N.-Y. Tonnerre)
Fastes et malheurs de la Bretagne ducale 1213-1532 (J.-P. Leguay, H. Martin)

Histoire de la Savoie en 4 volumes (dirigée par Jean-Pierre Leguay) :

La Savoie des origines à l'an mil (J. Prieur, A. Bocquet, M. Colardelle, J.-P. Leguay, J. Loup, J. Fontanel)
La Savoie de l'an mil à la Réforme (R. Brondy, B. Demotz, J.-P. Leguay)
La Savoie de la Réforme à la Révolution (R. Devos, B. Grosperrin)
La Savoie de la Révolution à nos jours (A. Palluel-Guillard, C. Sorrel, G. Ratti, A. Fleury, J. Loup)

En couverture : *Le port de Brest en 1794,* peint par Hue (Huile sur toile, Musée de la Marine, Paris).

Martine Acerra
Jean Meyer

MARINES ET RÉVOLUTION

EDITIONS OUEST-FRANCE

AVERTISSEMENT

Ecrire sur la Révolution : rien, même à deux siècles de distance, de plus difficile.

La marine française s'écroule après avoir su glorieusement tenir balance égale avec la puissance navale anglaise pendant la guerre d'Indépendance américaine. Aboukir préfigure et rend inévitable Trafalgar. La marine anglaise s'impose comme la meilleure.

Le contraste entre la dernière grande réussite navale de l'Ancien Régime et l'échec révolutionnaire est tel qu'il faut tenter de l'expliquer bien que l'histoire de cet échec ne soit pas particulièrement exaltante. Tel grand auteur d'histoire navale du XIXe siècle se refusait à en faire le récit prétextant qu'il n'y avait que des défaites. C'est en effet une longue liste d'occasions manquées. Mais, si l'histoire des batailles nous est connue, avec les questions stratégiques et tactiques qu'elle soulève, il n'en est pas de même pour ce qui concerne les aspects humains, financiers et logistiques.

Ce sont ces problèmes que nous avons voulu privilégier, fût-ce à titre provisoire, en attendant les études indispensables en cours et à venir.

Notre but essentiel a été de poser des questions.

PREMIÈRE PARTIE

AVANT LA RÉVOLUTION

CHAPITRE PREMIER

L'EUROPE ET LA MER DANS LA DERNIÈRE DÉCENNIE DE L'ANCIEN RÉGIME

Premier fait, qui passe trop souvent inaperçu : la fin du XVIIIe siècle est l'époque de la reprise de la guerre navale généralisée. De 1720 à 1756, les affrontements, tellement intenses dans toutes les eaux européennes depuis le XVIe siècle, cessent. La seule guerre navale, étendue, il est vrai, aux mers américaines comme aux Indes, est celle de la succession d'Autriche, de 1740 à 1748. Avec la guerre de Sept Ans (1756-1763) débute une nouvelle phase de guerres navales généralisées. Qu'on en juge : survient la première guerre russo-turque de 1768 à 1774, menée à la fois en Méditerranée orientale et en mer Noire. A peine éteinte lui fait suite le conflit planétaire franco-anglais de la guerre d'Indépendance américaine (1775-1783). Quelques années de paix : reprend en 1787 la deuxième guerre russo-turque, qui se double bientôt d'une guerre navale russo-suédoise (1788-1790). Ainsi les débuts de la Révolution coïncident avec une guerre à la fois terrestre et navale qui oppose la Russie (et parallèlement l'Autriche) à la fois à la Suède et à la Turquie. Quand ces guerres s'éteignent, le problème polonais continue de paralyser face à la France, toutes les puissances d'Europe orientale. De 1793 à 1802 la guerre navale révolutionnaire domine le devant de la scène. Un court armistice, et elle reprend de 1803 à 1815. Mais elle est « complétée » par trois autres guerres qui la doublent et la prolongent : la deuxième guerre russo-turque de 1808-1809, la guerre anglo-américaine de 1812 à 1814, et enfin, la guerre d'indépendance grecque, contre la Turquie, de 1821 à 1829, Navarin marquant la dernière grande bataille navale de voiliers. Ainsi, sur les 73 années qui séparent 1756 de 1829, 59 sont marquées par le combat naval (80 %), la paix sur mer devant se contenter d'un petit cinquième du temps. Or les guerres majeures entre les grandes puissances navales (guerre de Sept Ans, guerre d'Indépendance américaine, guerres de la Révolution et de l'Empire) n'occupent, au total, « que » 35 années, soit 52 % de la tranche historique considérée.

Par contraste, la période 1829-1914 (85 ans) ne voit se développer, en dehors des interventions coloniales ou semi-coloniales, « que » huit guerres navales de quelque importance, auxquelles il faut ajouter trois guerres civiles, dont la guerre de Sécession. Soit en pourcentage de temps 17 % d'époque de guerre, et en y incluant les guerres civiles (Sécession, chilienne, brésilienne et ibérique) quelque 25 % de l'époque. C'est dire la faible durée des conflits navals majeurs (Crimée : 3 ans) et du point de vue de l'histoire générale, leur caractère « marginal » même si certaines batailles, comme celle de Lissa, ont eu une importance considérable. C'est que l'Angleterre domine totalement la scène maritime. La supériorité technologique anglaise est telle qu'entre 1903 et 1916, une firme anglaise comme Vickers fournit presque toutes les flottes chiliennes, argentines, brésiliennes, mais aussi une très large part de la japonaise ou de la russe. Or cette supériorité de l'ère du charbon n'est que le prolongement de la supériorité antérieure. Elle a été définitivement acquise par les guerres contre la France révolutionnaire. Rien ne semblait pourtant moins évident en 1783, voire même encore au début de l'année 1790. En tout cas, il importe de replacer le conflit franco-anglais dans son contexte mondial. Il ne suffit pas, en effet, de dire que les guerres navales de la deuxième moitié du XVIIIe siècle sont devenues des guerres planétaires du fait de leur extension à l'ensemble du monde, il faut ajouter que le nombre des nations entraînées dans ces guerres navales n'a jamais été plus grand qu'entre 1756 et 1829.

La violence du heurt franco-anglais durant la Révolution fait donc partie d'un tout, à la fois sur le plan chronologique et géographique. L'on a appelé l'interminable confrontation navale et coloniale franco-anglaise entre 1688 et 1815 « deuxième guerre de Cent Ans ». Or l'épisode 1793-1802 en constitue le point tournant. Parallèlement, l'effacement de l'empire ottoman n'est paradoxalement obtenu, sur le plan naval, qu'au prix d'un conflit multiforme qui, de 1768 à 1829, de Tchesmé à Navarin, a opposé la Turquie à la Russie pendant 11 ans, affrontement auquel succède celui entre la Turquie et la Grèce pendant 8 ans supplémentaires. En 1789 existaient au total douze puissances navales importantes dont quatre puissances majeures : Angleterre, France, Espagne et Russie (dont il faut isoler les deux « super-puissances » navales que sont l'Angleterre et la France) ; cinq puissances notables : la Suède, le Danemark, Naples, la Hollande et la Turquie ; et, enfin, trois petites puissances non négligeables : le Portugal, l'ordre de Malte et Venise. Ce sont là les puissances navales classiques de l'époque moderne. Or, en 1815, ne subsiste plus qu'une seule super-puissance : l'Angleterre ; une puissance navale de « second plan » : la France. Toutes les autres ont été soit éliminées purement et simplement : Malte, Venise, consécration définitive du déclin, en réalité assuré depuis la guerre de Candie (1645-1669), soit ravalées par les défaites ou le vieillissement à des situations de fait secondaires : la Suède, plus encore le Danemark, la Hollande et dans une certaine mesure la Turquie. Seule Naples, alliée à l'Angleterre, conserve des bribes qu'elle saura accroître et moderniser, la flotte des Deux-Siciles constituant le noyau de développement de la marine italienne. Un seul nouveau venu : les U.S.A., puissance navale à éclipse. Proliféreront, en revanche, les très petites puissances navales : nations nouvelles comme le Chili, le Brésil, le Pérou, la Chine. Le reclassement ne commence à s'opérer qu'à l'extrême fin du XIXe siècle avec la montée de l'Allemagne, de l'Italie, des U.S.A. et du Japon. Pour un long temps, la carte de la puissance sur mer, considérablement simplifiée, demeure stable, marquée par la défaite navale française.

Cette simplification de la carte militaire correspond d'ailleurs à une évolution parallèle des flottes de commerce. La guerre d'Indépendance américaine, survenant après une forte poussée de l'ensemble du grand commerce maritime international, avait singulièrement profité du conflit. C'était non seulement les marines de guerre « neutres », de Naples à Venise, qui s'étaient substantiellement étoffées, mais aussi les flottes de commerce des non belligérants. De 1756 à 1800, et même jusqu'en 1808, les chantiers navals américains, suédois, danois, ont connu une période de prospérité qui se retrouve à Hambourg, Venise et Naples (chez ces deux derniers Etats cette prospérité s'arrête évidemment à la date de l'invasion française). En 1792, toutes les puissances navales, Espagne et Portugal compris, se trouvent à l'apogée d'un développement qui se traduit par un certain recentrage politique vers la mer. Cela est vrai surtout pour la France. La guerre de Sept Ans a été guerre à la fois terrestre et maritime. La guerre d'Indépendance américaine n'est que guerre navale. Ainsi, de 1763 à 1792, l'armée française n'a plus, pendant trente ans, connu de guerres terrestres, alors que seule la marine a connu une guerre très intense. Tout s'inverse en 1792/93...

Face à la France révolutionnaire, l'Angleterre aura cependant fort à faire, et rien n'est décidé avant 1796/98. Aussi l'Angleterre ne pourra-t-elle guère s'occuper des « neutres » d'Europe centrale et du Nord. Mais la puissance hollandaise, espagnole, vénitienne, maltaise et napolitaine s'effrite plus ou moins totalement : la France a ainsi éliminé, au profit de sa rivale, une partie de ses concurrents bordiers des mers proches de l'Atlantique comme de ses concurrents méditerranéens. Ceux-ci éliminés, et la France touchée dans sa force par Aboukir, l'Angleterre peut se retourner contre le Nord gênant... (Copenhague, 1801).

LES RAISONS DES ANTAGONISMES MARITIMES

Il existe entre Français et Anglais de vieux contentieux, relevant, les uns, des intérêts des « Etats », les autres de la vieille psychologie collective des peuples. Les uns renforcent les autres. Au point de départ, la guerre de Cent Ans pour lointaine qu'en apparaisse la chronologie, a créé, à force de désastres et de pillages tant côtiers que terrestres, une vieille haine populaire, plus forte dans la France du Nord que dans celle du Sud. Ce fond se trouve sans cesse accru et enrichi par les incessantes frictions, et d'abord en temps de paix, en particulier entre pêcheurs de différentes nations. Les guerres elles-mêmes créent leurs propres rétroactions, d'importance capitale. Pendant la guerre de Sept Ans, la mortalité dans les camps de prisonniers et les pontons anglais avait été très forte. Peu importe que cette mortalité soit comparable à celle régnant en d'autres lieux de détention, le souvenir, le choc psychologique en résultant a été dramatique et a marqué profondément l'esprit des milieux marins des provinces maritimes. N'oublions pas que cette mortalité est de l'ordre de celle de certains camps de la Deuxième Guerre mondiale. La guerre d'Indépendance américaine n'avait pas abouti à cette capitalisation des rancunes et des haines. C'est simplement parce que le nombre de prisonniers de guerre français en Angleterre était resté très faible, sauf à la fin où la défaite des Saintes avait provoqué la captivité, très temporaire, de près de 4 000 matelots. Les défaites navales de la Révolution allaient ressusciter l'ancien phénomène : il y a un désastre, à la fois moral et mortel, dans le monde clos des prisonniers de guerre français en Angleterre, dont les pontons vont devenir le symbole. Même si ces pontons ne sont pas, en soi, plus meurtriers que d'autres lieux d'enfermement (et le sont plutôt un peu moins) : ils n'atteindront jamais les taux de mortalité des îles Baléares pendant la dernière période du conflit napoléonien. Ainsi, au vieil antagonisme franco-anglais, que l'on serait tenté de qualifier d'« historique », se superpose de manière incessante l'accumulation des griefs des marins. S'explique ainsi, du moins en partie, le contraste, entre l'attitude majoritairement antirévolutionnaire des populations de l'Ouest d'une part, et l'attitude patriote des matelots bretons. Pour eux, comme pour les régions de l'Est, la patrie passe avant tout, et gomme largement, par haine viscérale de l'antique adversaire, qu'il fût allemand ou anglais, l'hostilité plus ou moins marquée qu'ont créée les divisions politiques internes. Sentiment très puissant, que l'on oublie toujours de citer quand on analyse les raisons profondes de la survie de la Révolution. C'est une réaction à la fois nationale et viscérale, qui atteint même les pêcheurs au long cours. Pourtant, tout, dans leur mode de vie, les oppose à l'idéologie révolutionnaire : croyants, en retard d'alphabétisation, ils tendraient à s'opposer aux autres matelots, issus de milieux urbains interlopes, plus ou moins déracinés, aux familles peu stables, et tôt atteints par une déchristianisation rampante, et d'autant plus profonde.

Ces attitudes ne sont pas spécifiques de l'Europe de l'Ouest. Elles sont caractéristiques de l'opposition profonde entre Russes et Turcs. Des deux bords, il s'agit de guerre sainte, religieuse, et ce n'est pas hasard si l'un des rares objets survivants d'un vaisseau de ligne russe de 64 canons naufragé sur l'île du Levant est un ensemble religieux avec une icône portative en cuivre. Les choses, ici, sont cependant plus complexes. L'essentiel des équipages turcs se trouve être issu du monde grec des îles : il a, face à ses maîtres politiques, une attitude très ambiguë. D'autres Grecs, moins nombreux par nature, se trouvent aussi à bord des flottes russes de Méditerranée... L'antagonisme religieux n'existe pas, ou du moins s'avère moins puissant dans le cas russo-suédois. Les Suédois sont luthériens, les Russes orthodoxes : le fossé existe, mais il est difficile d'en mesurer la profondeur.

Or l'idéologie révolutionnaire a tendance à se constituer non seulement en une sorte de religion de la patrie, mais bien plus encore comme une autre « religion », de type laïque, sans doute. Le sentiment national va donc se fortifier, dans toutes les marines, pour devenir une sorte d'impératif moral que renforcent parfois l'aggravation-réaction de la discipline face aux insubordinations tant des officiers que des équipages. En somme, sur fond de vieille tradition s'opère un brassage incessant des hommes et des idées. Demeure le « garde-fou » du sentiment national. Il empêche la grande mutinerie anglaise de dégénérer en alliance avec le Français, tout comme il empêche le matelot breton plus ou moins contre-révolutionnaire d'origine, de trahir au profit des Anglais. Même dans le groupe des officiers nobles émigrés subsiste l'orgueil d'être Français : tout affaiblissement naval anglais, si temporaire qu'il fût, y trouve une secrète complaisance.

Ainsi le monde marin superpose les héritages de haine ancestrale, les généralisations xénophobes propres à toutes les communautés humaines, aux griefs spécifiques du monde marin face à l'autre, le tout sur fond de mélange de sentiments à la fois religieux et nationaux, et même, si l'on peut se permettre de jouer sur les mots, religieusement national.

A cette accumulation de ressentiments populaires sans cesse renouvelés se superposent les intérêts nationaux, le heurt des Etats. Ces « raisons » d'Etat sont, à la fois, d'ordre politique, et de plus en plus d'ordre économique. Les politiques sont assez évidentes, et ont été maintes fois analysées. Elles tiennent, elles aussi, au sentiment national sous sa forme la plus massive, la plus primitive aussi : comment se permettre d'abandonner fût-ce un pouce de territoire où a flotté, fût-ce un instant, le « drapeau » national ? On a qualifié l'amalgame de territoires singulièrement hétéroclites que forment les possessions françaises d'outre-mer de l'Ancien Régime de « premier empire colonial français ». Il n'a jamais existé, sous l'Ancien Régime, ni d'empire colonial ni d'impérialisme colonial français. Ce sont là anachronismes qui ne répondent à aucune motivation, à aucune politique.

Et pourtant, dans le détachement progressif qu'éprouve une partie des populations françaises vis-à-vis de ses rois, de Louis XV en particulier, les défaites, terrestres et navales, de la guerre de Sept Ans, l'humiliation d'avoir d'abord « travaillé pour le roi de Prusse », puis pour le plus grand bénéfice de l'Angleterre ont joué un rôle décisif. Les victoires navales de la guerre d'Indépendance américaine ont été pour beaucoup dans la popularité provisoire de Louis XVI.

Pourtant, les motivations sont d'abord économiques. « Vous savez, Sire, que toute la politique française a été déterminée pour des raisons de commerce » : ainsi se justifiait Choiseul, dans son grand mémoire de 1763, tentant d'expliquer au roi les clauses du traité de Paris. L'ensemble des motivations politiques et économiques finit par former un tout inextricable face auquel les attitudes des uns et des autres deviennent de plus en plus complexes. La Révolution hérite de ces dissensions, de ces hésitations, de ces antagonismes, particulièrement marqués à l'intérieur même des appareils d'Etat.

Les choses sont relativement simples en Orient. Pour Catherine II la Grande, la percée vers le sud, la prise en tenaille de l'empire ottoman à la fois par la mer Noire et par la Méditerranée orientale sont les éléments de base de la grandeur russe. Pour sceptique qu'elle soit sur le plan religieux — il ne lui en a guère coûté de passer de son luthéranisme natif à la quasi-direction de l'orthodoxie — la tsarine voudrait accomplir le vieux rêve de la troisième Rome, qui se concrétise à Byzance-Constantinople. D'où l'intrusion en Méditerranée, d'abord avec l'appui — discret — français, puis, avec la Révolution, contre la France. En dehors du Liban, les points forts de ce contact sont les îles Ioniennes et Malte. Au cœur de tout est la question de la survie de l'empire ottoman.

Entre Suède et Russie, l'objet de litige, vieux contentieux jamais oublié, est la Finlande. Saint-Petersbourg est sur la frontière. De son palais, Catherine a entendu la canonnade de 1789 entre sa flotte et la suédoise... Or la Suède est vieille alliée de la France.

Tout cela, finalement, compte peu par rapport à l'essentiel, qui est la croissance du grand commerce maritime. Du milieu à la fin du siècle, son essor est constant. Pour comprendre la dureté des guerres révolutionnaires, il faut les décrire en détail : la guerre n'est, suivant le mot de Clausewitz, que la prolongation de la politique, menée par d'autres moyens.

De cela, les cercles dirigeants du secrétariat d'Etat à la Marine comme ceux du secrétariat d'Etat aux Affaires Etrangères en sont aussi conscients que leurs homologues anglais. A Versailles, les deux secrétariats sont logés dans le même îlot (les bâtiments de l'actuelle bibliothèque municipale) : l'ancienne rue de la Surintendance des bâtiments, construite en 1762, en pleine guerre de Sept Ans. Mais la cohabitation ne signifie nullement politique commune. A la question de base : à savoir quelle politique générale mener en fonction de l'intérêt économique, politique et financier du pays, les réponses deviennent, vers le milieu du XVIIIe siècle, très divergentes. Ces contradictions constituent l'une des faiblesses de la politique française, qu'elle soit d'Ancien Régime ou de la Révolution. Il faut donc les définir de manière précise.

Les recettes fiscales forment la base du grand débat interne, largement secret, de la deuxième moitié du XVIIIe siècle. Les impôts directs ne représentent plus que la moitié des revenus de la France (48,9 %), moins encore en Angleterre (24 %) ; les revenus du domaine royal propre oscillent aux alentours de 10 % (quasi rien en Angleterre : 2 %). La tendance de l'Etat moderne est donc de concentrer une bonne part de ses ressources sur l'impôt indirect (74 % en Angleterre, contre 39,2 % en France, pourcentages de l'année 1759). Or l'essentiel de ces impôts indirects est représenté en Angleterre par les droits de douane, donc fondé sur le commerce extérieur. Un raisonnement très simpliste consiste, en conséquence, à dire qu'en touchant le commerce anglais, l'on atteint automatiquement la puissance fiscale, donc la puissance militaire de l'Angleterre. Par là on atteindra directement le crédit, donc la capacité d'emprunt de l'état anglais. L'on s'estime, en France, infiniment moins vulnérable. L'idée constitue la grande continuité de la politique française de 1750 à 1815 (et même après). Elle est sous-jacente, par exemple, dans le grand mémoire du chevalier de Kersaint, le Girondin, grand conseiller maritime de Roland, où il croit pouvoir affirmer que la simple prise de possession du Portugal suffira à provoquer l'effondrement de l'Angleterre. L'on croit rêver. Mais les idées napoléoniennes ne sont pas très différentes. Or ce commerce, en temps de guerre, ne peut être atteint que de deux manières : soit par la domination de la mer obtenue par des rencontres navales décisives, soit par la course. Deux solutions qui ont été, alternativement et concurremment, tentées, de Louis XIV à Louis XVI.

Qu'est-ce donc que ce commerce, et surtout ce commerce anglais ? Le grand commerce international s'appuie, à la veille de la Révolution française, sur quatre piliers majeurs. Faisons, en effet, abstraction du grand et petit cabotage européen. Ces quatre grands piliers sont : 1) le commerce direct de l'Angleterre avec ses anciennes « treize colonies », 2) le commerce « en droiture » vers les Antilles, complété et rendu possible par le « commerce circuiteux » qui n'est rien d'autre que le trafic triangulaire de la traite négrière, 3) le commerce d'Amérique du Sud : Brésil portugais dominé par l'Angleterre et l'immense empire hispanique avec sa formidable production de métal précieux et, enfin, 4) le commerce lointain de l'océan Indien et de Chine, domaine encore des grandes compagnies subsistantes : la hollandaise (la V.O.C.), et l'anglaise : l'E.I.C. (East India Company).

La hiérarchie de ces quatre grands types de commerce s'est sensiblement modifiée depuis 1750 et connaît, à la veille de la Révolution française, une transformation accélérée. Le premier est en voie d'augmentation ultrarapide, avec une forme et un rythme de croissance de type contemporain. C'est là que réside le grand échec français de la guerre d'Indépendance américaine. Cette guerre a été commencée dans l'espoir de substituer le négoce français à l'anglais. La visée était juste, puisque c'est le commerce d'avenir, preuve que Versailles était, en la matière, parfaitement informé. Or, à la grande déception des milieux politiques français, la guerre d'Indépendance américaine, loin de couper les relations commerciales entre les U.S.A. et l'Angleterre, les renforce de manière accrue, sous l'effet d'un développement quasi exponentiel. Insistons lourdement : le développement de ce commerce est bien la preuve de l'échec total français de la guerre d'Indépendance. Cette guerre n'a été qu'une victoire morale, de prestige, relevant « l'honneur du nom » et de « la noblesse » de France. Ses gains matériels sont, au traité de Versailles, médiocres : Tabago et Gorée, pour l'essentiel. La partie est nulle, contre un coût fantastique, dont l'Ancien Régime ne se relèvera jamais. Or les négociateurs du traité de Versailles étaient parfaitement au courant de la situation. Bien sûr, l'indépendance des U.S.A. concrétisait la grande visée de Choiseul : la bombe à retardement placée par le traité de Paris à l'intérieur de l'empire colonial anglais avait bien explosé, et plus rapidement même qu'on ne le prévoyait à Paris. Apparaissait ainsi une marine de commerce indépendante, puissante, avec des chantiers navals performants et compétitifs qui avaient fourni le tiers de la marine marchande anglaise avant 1774. Car la nouvelle nation est essentiellement perçue — par tout le monde — comme une puissance maritime : et le fait est qu'elle le restera jusque dans les années 1840. Mais le Canada restait anglais, et la population française n'avait pas bougé. Si donc on accepte, à Versailles, le fait accompli, c'est dans l'espoir de contreparties. Or le commerce américain libre et indépendant ne pouvait que renforcer encore la puissante contrebande qui attachait économiquement les Antilles (tant anglaises que françaises) autant à l'Amérique naissante qu'à la France ou à l'Angleterre. L'on espérait donc la croissance rapide du trafic direct entre les U.S.A. et la France. Ce fut, sinon un échec total, du moins un espoir immense presque totalement déçu. Se développa bien un commerce franco-américain : il resta de dimensions modestes alors que les statistiques de M. Schumpeter démontrent un envol spectaculaire des exportations anglaises vers l'Amérique du Nord. C'est, probablement, le fait économique majeur de la décennie 1783-1793. On peut, dans les premières années, l'interpréter comme un phénomène de postguerre assez classique. Privés, pendant la durée du conflit, des importations utilitaires anglaises, les Américains ont d'abord réagi en satisfaisant les besoins, réels ou mentaux, refoulés pendant près de cinq ans.

La croissance des rapports commerciaux anglo-américains tenait à un tout autre phénomène : la montée en puissance de l'Etat américain. L'augmentation de la population mérite d'être rappelée. En 1774, au début de la guerre d'Indépendance américaine, la population n'était encore que de 2 600 000 personnes ; en 1783, à la fin de la guerre, on en était à près de 2 400 000 âmes : la population avait reculé. Mais le recensement de 1790 portait le tout à 4 millions ; en 1800 est atteint le seuil des 5 300 000 (soit une croissance de 35 %) et en 1810 l'on dépasse les 7 200 000 (croissance de 36,4 %) pour arriver en 1820 à 9 638 000 habitants (croissance de 33,1 %). Pendant que les Européens s'entre-déchirent, les Etats-Unis se renforcent, non seulement en nombre, mais plus encore en richesse. L'on estime ainsi que la flotte marchande américaine passe de 75 000 tonneaux de jauge en 1783 à plus de 400 000 tonneaux en 1815 (175 000 en 1790).

SUCRE, CAFÉ ET ANTILLES

La déception française de la décennie 1780, visible et signalée dès 1778/79, n'a d'égale que celle de 1713, quand, au traité d'Utrecht, Louis XIV avait été obligé d'abandonner la maîtrise directe du commerce espagnol des Amériques, le célèbre « trafic des mers du sud » si bénéfique. Elle avait été compensée par la croissance des Antilles. Il en fut de même en 1783. Saint-Domingue, la Martinique et la Guadeloupe continuèrent, en effet, à se développer, comme si de rien n'était. Le commerce antillais fit un nouveau bond en avant, profitant d'ailleurs essentiellement à Bordeaux. La croissance de ce port atteint, lui aussi, une allure de courbe exponentielle tout au long de la deuxième moitié du XVIIIe siècle. La population suit, avec des rythmes de croissance qui sont ceux de nos villes du XXe siècle. Disons, pour ne pas multiplier les chiffres, qu'officiellement, les exportations coloniales françaises montent de 38 à 62 millions de livres entre 1750 et 1787 (sur un total respectif de 247 à 445 millions de livres). Pendant la même période, la production de sucre passe de 67 000 à 82 000 tonnes, celle de café de 4 500 à 38 000 tonnes, celle de cacao de 383 à 891 tonnes, celle de coton de 896 à 4 642 tonnes, alors que la production de l'indigo régresse de 1 176 à 598 tonnes. Parallèlement, les exportations françaises de textiles s'accroissent de leur côté, aboutissant à ce que l'on a parfois appelé une « colonisation » de « l'industrie » textile française, plus dépendante que jamais de ces exportations vers les colonies.

Or ces chiffres sont des minima. Ils n'incorporent, comme toutes les statistiques coloniales de l'époque, qu'une très faible partie des commerces clandestins. Car le régime de « l'exclusif » réservant l'ensemble du commerce colonial à la seule métropole, n'est, en réalité, toléré que parce que dans les faits, la contrebande permet de se sortir des situations les plus difficiles. Pèse de nouveau le poids des U.S.A. Directement, dans les nuits noires des tropiques, en quelques baies discrètes, s'opère le transfert des marchandises américaines. La partie espagnole de Haïti permet d'y superposer indirectement les exportations clandestines faites à travers une frontière terrestre passoire. Plus simplement encore, c'est avec les complicités que l'on devine qu'un navire « avarié » par la tempête, ou « manquant de vivres », vient fréquenter les multiples petits ports de Saint-Domingue. Ces trafics ont été décrits par la thèse de C. Frostin. Il semble bien, en l'absence de toute possibilité d'établir une statistique, que ce commerce clandestin ait, plus ou moins, doublé le volume réel des exportations antillaises françaises.

C'est que le commerce américain dispose de multiples avantages. La distance entre les « Middle States » et la Nouvelle-Angleterre et les Antilles représente, aussi bien en distance géographique qu'en distance-temps, une fraction du temps de traversée de l'Atlantique. Les produits américains : grains, plus encore la farine, la viande salée ou le bétail sur pied, et surtout la morue salée de Terre-Neuve pêchée par l'importante et sans cesse croissante flottille de pêche américaine, sont à la fois plus frais, de meilleure qualité, et moins chers que les produits similaires français. On les échange contre le rhum, le taffia, les mélasses dont on surabonde : ils seront travaillés et transformés aux U.S.A. S'y ajoute, évidemment, le gros des cargaisons de sucre, sous toutes ses formes, de café et des autres produits tropicaux, ceux du moins que ne peuvent produire les parties sud de la plaine côtière américaine atlantique comme les deux Carolines et la Géorgie (riz, indigo, tabac). Il y a donc complémentarité naturelle entre les U.S.A. et l'ensemble des Antilles. Les Américains pratiquent évidemment le même système aussi bien avec les colonies anglaises que les espagnoles, de leur côté en plein essor. Cuba rattrape son retard et se transforme en colonie de plantation esclavagiste.

C'est dire que l'évolution économique suscite des inquiétudes. Les morales n'interviennent pas encore dans le calcul des politiques : l'on sait bien, à Versailles, que la « balance des comptes » française dépend d'abord de l'excédent colonial (on appelait le phénomène « problème de change »). Les inquiétudes politiques à propos des Antilles étaient anciennes. Les colons, surtout les grands, avaient fait preuve depuis le milieu du XVIIe siècle de leur esprit d'indépendance. Les révoltes s'étaient multipliées. Du moins, jusqu'au début du XVIIIe siècle, les colons avaient défendu leurs colonies contre l'Anglais. Il n'en avait plus été de même au XVIIIe siècle. Les séductions anglaises avaient obtenu sans beaucoup de difficultés la capitulation sans phrase de la Guadeloupe comme de la Martinique. Bien des colons se seraient accommodés aussi bien d'une domination anglaise que française, voire américaine. La restitution de la Martinique et de la Guadeloupe en 1763 n'avait pas enchanté tout le monde.

Certes les intérêts des colonies étaient, depuis 1763, bien représentés au secrétariat d'Etat à la Marine, sous la personne, fort influente, du premier commis Dubuc, étroitement lié par ses origines au milieu colonial.

Désormais, les colons disposent, à l'intérieur même du gouvernement, d'un « lobby » de poids. On fera donc beaucoup, entre 1763 et 1789, pour satisfaire les milieux économiques dirigeants antillais, par ailleurs riches, et de ce fait, liés par nombre de mariages, à la fois à la haute noblesse de Cour et au grand négoce français.

Il n'empêche. En ce milieu très compartimenté que sont les bureaux ministériels de l'époque, l'inquiétude à propos des Antilles est ancienne. Depuis les années 1740 se développe une pensée, un courant sinon anti-antillais, du moins de méfiance, d'incertitudes sur la durée de la présence française en Amérique. Dès les années 1740 des observateurs non occidentaux, comme l'élève de Linné, le Suédois Peer Kaalm, avait souligné en ses récits de voyage l'inéluctable indépendance américaine. C'est, en vérité, vieille idée du XVIe siècle, au surplus héritée de l'Antiquité, que de prévoir une indépendance des colonies de peuplement. Tous les articles « colonies » des divers dictionnaires et encyclopédies du siècle des Lumières en font un quasi-dogme, sur le plan des principes historiques. L'intérêt des pages de P. Kaalm réside donc ailleurs. Démontant le mécanisme psychologique des colons anglais d'Amérique du Nord, il tente de démontrer que le seul lien rattachant encore ces colons à la mère patrie réside dans la peur du Canadien français. La supériorité militaire de ce dernier passe pour fait définitivement acquis : proche de l'Indien, en ayant adopté les méthodes, y compris les plus cruelles, excellent tireur, il constitue une menace telle que seule l'intervention de la métropole permet de le tenir en échec. Conquérir le Canada, donc éliminer la menace militaire est supprimer le lien entre métropole et colonie. Pour Kaalm, l'indépendance des « treize colonies » doit donc se faire rapidement, en quelques décennies. Ce raisonnement est repris par Choiseul, on ne sait par quel biais exact. Très vite, considérant la guerre de Sept Ans comme perdue, il songe à l'abandon du Canada. Il le dit en toutes lettres dans son mémoire, déjà évoqué, de 1763 : pour lui, il est évident que les treize colonies se révolteront contre l'Angleterre. Le seul problème est de savoir quand. En 1763, il pense qu'il ne le verra pas de son vivant. Mais il y faut préparer la France : une guerre de revanche est inéluctable.

Ce raisonnement comporte une prolongation. Puisqu'il n'est pas question de reconquérir le Canada (ce qui ferait, à nouveau, dépendre les colonies émancipées de l'Angleterre) l'attrait des U.S.A. ferait que, fatalement, les autres colonies européennes, françaises comprises, prendraient tôt ou tard le même chemin. Prédiction d'autant plus vraisemblable que les colons ont fait maintes fois preuve de leur esprit particulariste. Car, à l'entraînement « intellectuel », par l'exemple, se surajouteraient fatalement les liens économiques. Il faut, certes, garder le plus longtemps possible les Antilles, mais il faut se préoccuper de les remplacer le plus vite possible. C'est sur ce point qu'apparaît dans la pensée politique du XVIIIe siècle une bifurcation intellectuelle capitale.

L'un de ces courants d'idée est l'anticolonialisme pur et dur. Sa pointe extrême a été exprimé de la manière la plus abrupte par Arthur Young. Le raisonnement est « cartiériste » avant la lettre. L'état français dépense des sommes considérables pour l'entretien et la défense de ses colonies. Il faut y ajouter les énormes dépenses nécessaires pour la marine. Or l'existence de la marine se justifie d'abord par les colonies. En retour, la contribution des colonies aux recettes de l'Etat est minuscule. Plus grave encore : c'est la question coloniale qui provoque le conflit avec l'Angleterre. En abandonnant les colonies, l'Etat français se désengageant de la guerre maritime et dans une certaine mesure, de la guerre tout court, il serait beaucoup plus facile de réduire le volume de la dette et d'équilibrer le budget courant. Bien entendu, l'Etat perdrait sur un autre plan, puisque la balance des comptes risquerait d'être réduite. Mais elle resterait positive, la France demeurant le grand marché européen. Bien mieux, une partie des sommes économisées par la disparition des colonies pourrait être utilisée, avec les capitaux coloniaux, pour améliorer la vie économique des régions les plus défavorisées, en particulier par le défrichement des landes bretonnes.

Cette hypothèse d'école se voit renforcée par l'anticolonialisme moral. L'esclavage, couramment admis au XVIIe siècle, est remis en cause au siècle suivant. L'on connaît les remarques et les pages célèbres de Montesquieu ou de Voltaire. A plus forte raison celles de cet instrument de guerre par excellence contre l'Ancien Régime qu'est « l'Histoire philosophique des deux Indes ». La colonisation est immorale dans la mesure où, d'une part, elle fait disparaître les populations autochtones ; et plus encore, où elle est à l'origine de l'esclavage. Incontestablement l'esclavage commence à faire naître une mauvaise conscience. Les philosophes n'ont d'ailleurs pas été les premiers, et il a existé, dès le début du XVIIIe siècle, un anti-esclavagisme jésuite que leurs adversaires ont caché. Quoi qu'il en soit, ce débat se prolonge et se double d'un autre, qui est celui suscité par le conflit Voltaire-Rousseau à propos du luxe. Les colonies déterminent les industries de luxe : elles contribuent à démoraliser le pays, et contreviennent à l'idéal rousseauiste, comme janséniste, de la vie simple, rejoignant le courant issu de Fénelon. Dans ces conditions, l'enrichissement négociant et à plus forte raison colonial est non seulement suspect, mais en soi, et a priori, injuste. La Révolution puise là l'une de ses (multiples) sources d'inspiration. Explicitement et surtout implicitement, ce refus de la colonie d'exploitation aboutit à la minimisation de la puissance maritime militaire, à l'idée, déjà soutenue par Louvois en 1693, que la marine militaire étant très coûteuse, et largement « inutile », il suffisait de s'en tenir à la défense des côtes et à la guerre de course.

Face à ces idées, le secrétariat d'Etat a réagi de manière à la fois homogène et diverse. Homogène dans la mesure où personne, dans l'étroit monde des décideurs politiques et administratifs, ne songeait à prendre la thèse de l'abandon pur et simple des colonies au sérieux. D'ailleurs, à la fin de sa vie, même Arthur Young se ralliera, faisant totale volte-face, à l'idée de la nécessité de la colonie. D'où même, à certains égards, la réapparition, à contre-courant, d'un « néo-colbertisme » particulièrement présent dans la dernière décennie prérévolutionnaire.

Cette homogénéité de la réaction sur le plan des principes se double cependant d'une très grande variété d'approches dans le domaine des projets concrets. Etant admis que l'on court une forte chance de perdre, un jour ou l'autre, les colonies antillaises, par quoi les remplacer ? Car la consommation du sucre et du café, comme celle du coton, ne faisant que croître, il faudrait remplacer les Antilles perdues. D'ailleurs, dans tous les cas, leur surface d'à peine 36 000 km^2 limiterait très rapidement toutes les possibilités d'extension de la culture. Le café avait permis de reculer les limites, puisque se cultivant sur les mornes, il n'empiète pas sur les plaines à sucre. Or les choix possibles sont limités. Dès l'époque de Choiseul se dessine une première tendance : l'Egypte, avec la vallée du Nil. Cette solution se précise rapidement. Elle présente deux avantages : 1) l'Egypte se situe en Méditerranée, donc à portée de la flotte de guerre française, permettant de concentrer l'ensemble de la marine française en Méditerranée ainsi transformée en mer française ; 2) la population de fellahs égyptiens, une fois libérée du joug ottoman, deviendrait une population libre ou semi-serve remplaçant avantageusement l'esclavage. Accessoirement, l'Egypte pourrait devenir un relais commode, par l'intermédiaire de la mer Rouge, vers les Indes. Mais cette solution ne peut que causer le désarroi et l'opposition des tenants du maintien de l'alliance de notre plus vieil allié : le Turc. Le débat considérable qui s'ensuit, opposant, non sans nuances, le secrétariat d'Etat aux Affaires Etrangères (c'est-à-dire essentiellement Vergennes lui-même) à celui de la Marine, a dominé toute la fin de l'Ancien Régime, qui le lègue à la Révolution, à commencer par les dossiers ministériels accumulés. A la Marine, l'on prévoit, en effet, la reprise d'une guerre anglo-française pour les années 1794-1796 : l'on s'y prépare, et l'une des actions majeures envisagées est... la campagne d'Egypte. On a pu dire que celle-ci aurait eu lieu, avec ou sans la Révolution, à peu près au moment où elle a été effectivement engagée.

C'est dire que pareils projets supposent la mise au point d'une politique, d'une stratégie d'ensemble cohérente, qui sous-tend au point de départ le maintien et le développement d'un instrument marin évident.

En attendant, les Antilles restant, après 1783, françaises, et bases indispensables de l'économie générale, force était d'envisager, en cas de guerre franco-anglaise renouvelée, la défense et le ravitaillement de ces îles. Le procédé des convois avait fait, des deux bords, la preuve de son efficacité : il avait jugulé l'activité initiale des corsaires privés, et la seule méthode d'attaque consistait donc dans l'interception de ces convois par de fortes escadres militaires : l'on en était revenu à la situation des guerres de la fin du règne de Louis XIV.

Au-delà cependant de ces préoccupations méditerranéennes et américaines, la guerre d'Indépendance avait, à la suite des précédentes, mis en valeur un trait sinon entièrement nouveau, du moins fortement renouvelé des guerres franco-anglaises. Les Indes avaient provoqué la confrontation, à vrai dire indécise, entre les deux escadres de Suffren et de son adversaire Hughes. Egalement géniaux, ils avaient disposé d'escadres militaires cohérentes, l'appoint des navires des compagnies des Indes n'étant donc plus une nécessité. De ce fait, la campagne des années 1780-1783 avait démontré l'efficacité de l'homogénéisation de la construction navale. Elle permet désormais le maintien, des années durant (au prix d'un bricolage incessant), d'escadres complètes de véritables navires de guerre au bout du monde. Que ce soit aux Indes, que ce soit ailleurs. Existait donc la possibilité de guerres navales dans les mers d'Extrême-Orient, et non plus simplement de l'océan Indien. Ce qui correspond d'ailleurs au développement du grand commerce maritime européen non seulement vers les Indes, mais aussi vers la péninsule indochinoise, voire la Chine. L'attitude des deux secrétariats d'Etat concurrents face à ce problème est rien moins que claire. En dépit de la victoire anglaise pendant la guerre de Sept Ans, et de l'abandon de l'idée d'un « empire français » aux Indes dès avant cette guerre, les Indes continuent de hanter les cervelles des politiques français. Car rien, à la vérité, n'y est joué. Les princes hindous demeurent puissants, à commencer par le trop fameux Tipou Sahib. La campagne de Suffren a ravivé les souvenirs. Quelle politique adopter ? En fait, la campagne de Suffren relevait uniquement de la trop traditionnelle politique de diversion, consistant à attirer une partie aussi considérable que possible des forces adverses en envoyant sur un terrain réputé secondaire une partie de ses propres forces. Le calcul français avait, à la vérité, échoué sur ce point et rien n'interdisait de le renouveler. A-t-on songé à reconquérir quelque chose d'approchant de la situation des années 1740 ? L'ancienne compagnie des Indes française avait marqué sa totale préférence pour le seul commerce : c'était la « force des choses » et la vision coloniale, progressivement mise en place plus par les circonstances que par la volonté des hommes, qui avaient imposé le recours à l'intervention militaire. Etant donné les étroites relations entre le Contrôle Général et la Compagnie, celle-ci ne faisait que traduire les réticences gouvernementales envers une nouvelle intervention directe aux Indes. La Compagnie avait été supprimée en 1769, sous la pression, à la fois du grand commerce privé et sans doute aussi de la banque qui, progressivement, écartait du pouvoir français la traditionnelle Finance. Necker avait posé là les bases de sa carrière. En tout état de cause, les cinq comptoirs rendus par les Anglais avaient été découpés de telle manière qu'ils ne pouvaient plus servir de base de départ pour une action militaire. Pour autant que l'on puisse le déterminer à l'heure actuelle, il semble que les projets du secrétariat d'Etat à la Guerre visaient, si possible, à gagner plus ou moins longtemps la maîtrise de l'océan Indien, ou, à tout le moins, à retarder l'arrivée des renforts anglais de manière à donner aux princes hindous le temps de remporter la victoire. Ce, naturellement, avec l'appoint d'éléments français limités, arrivés éventuellement par l'Egypte, et plus classiquement appuyés sur les bases des îles de France et de Bourbon, devenues, en outre, base d'une course fructueuse. C'est qu'en réalité, il n'y avait guère d'autre solution envisageable, tout dépendant, essentiellement, de l'appui des colonies hollandaises de l'Insulinde.

D'où la recherche d'autres horizons. Pas question, certes, de s'attaquer à la Chine, immensité telle que par sa seule masse, elle se défendait en quelque sorte d'elle-même. D'ailleurs la Chine connaît sa dernière apogée. Alors que l'empire moghol n'est plus que l'ombre de lui-même (mais une ombre qui fait encore peur, et qui permet aussi de l'utiliser comme un éventuel instrument), la Chine du vieil empereur Kien-Long (1736-1795) a conquis le Sin-Kiang, maté les révoltes du Tibet, tenté de s'imposer tant en Birmanie qu'en Indochine. L'empire présente certes des faiblesses : elles n'apparaîtront guère qu'avec le XIXe siècle. Les débuts de la Révolution française, et l'effacement de la France se traduiront ici par les deux tentatives d'ambassade : l'anglaise, avec Mac Cartney, en 1793, échec total et cinglant ; la hollandaise de la V.O.C. en 1794, officialisée, celle-là, par les autorités chinoises, mais sans autres conséquences, sinon le très beau récit de Van Braam, publié aux U.S.A. par l'auteur en 1791, avec l'appui discret... de Talleyrand. Que l'on retrouve aussi bien à l'origine de l'affaire d'Egypte que dans les investissements des charbonnages de la Sarre ou l'intérêt porté à l'Extrême-Orient. L'essentiel est ici de se « placer » : l'on peut envisager soit une colonie directe, soit une alliance, soit un protectorat indochinois. L'épisode, essentiel, du soutien français à Van Nguyen (1786-1820), devenu plus tard Gia-Long, avant et pendant la Révolution (en 1799), reste mal éclairci.

C'est dire qu'en dehors de la revanche anti-anglaise, qu'il reste à envisager et à compléter, les dirigeants de l'Ancien Régime jouent avec l'idée de l'Egypte, et d'une politique souple en fonction des circonstances tant en Birmanie qu'en Annam, avec des solutions d'attente aux Indes. Ce qui suppose une politique planétaire. Elle se concrétise d'abord par la généralisation des grands voyages d'exploration. Leur raison d'être est multiple. La démobilisation après la paix relègue les marines de l'époque dans la situation « d'abandon plus ou moins organisé », qui fait que les trois quarts des navires de guerre sont en réserve. Cela permet de diminuer drastiquement les effectifs marins : quelque 10 000 hommes pour la « Navy », moins de 5 000 pour la marine française (officiers non compris). Il faut justifier ces moyens, occuper les ambitions, entretenir les équipages. Quel meilleur moyen, et quoi de plus adéquat, que d'entreprendre ces grands voyages de circumnavigation scientifique, dont la gloire, proclamée à la face de tout l'univers pensant, démontre l'utilité des grandes marines ? Personne ne s'en prive. Effectivement, depuis Cook, ces expéditions sont le chantier d'expérimentation des nouveaux instruments : les « horloges marines », chronomètres permettant de résoudre enfin l'infernal problème de la longitude. Ces voyages ont cependant bien des arrière-pensées.

Choiseul laisse traîner le bout de l'oreille en tentant l'annexion, ratée, des Malouines, qui retarde le voyage de Bougainville au point de transformer sa course autour de la terre en simple course de vitesse et d'expérimentation de la détermination de la longitude par la méthode des distances lunaires... Mais Cook a mis fin aux illusions. Le continent austral mythique, susceptible de permettre d'annexer de nouveaux fabuleux continents, à l'instar de l'Amérique du XVIe siècle, n'existe pas. Ne se maintiennent, une fois les îles fantômes dues aux faux calculs de longitude progressivement effacées des cartes, que quelques archipels, vrais cette fois, dont les deux terres principales sont l'Australie et la Nouvelle-Zélande. Une fois de plus, les Anglais sont arrivés bons premiers, laissant aux explorateurs français la seule gloire de compléter les cartes marines et de passionner le monde savant dans la recherche de l'expédition perdue de La Pérouse sur les récifs de Vanikoro. Les Anglais, dans leurs instructions à Cook, n'avaient pas caché cet aspect des choses : rattacher des terres nouvelles à l'empire anglais, futures bases aussi bien des marines de commerce que de guerre. Dès 1779, la Church Missionary Society s'est installée en Nouvelle-Galles du Sud, et en 1787 l'amiral Philipp installe le pénitencier anglais à Botany Bay (First Fleet). Sydney est fondé en 1788. D'Entrecasteaux longe la côte sud de l'Australie au début de la Révolution : la rencontre avec Philipp est ratée, d'un commun accord, tacite, semble-t-il. Dès que la paix, si provisoire fût-elle, le permet, la concurrence recommence. De 1800 à 1804, le Français Baudin achève la reconnaissance des côtes australiennes, en concurrence avec l'Anglais Flinders. Les dates ont leur signification. A partir de 1810, la colonie australienne anglaise est dirigée par Macquarie, gouverneur de 1810 à 1821, qui permet l'arrivée de colons libres en 1817, alors qu'en Nouvelle-Zélande, la Church Missionary Society s'installe en 1814, la prise de possession effective n'intervenant pas avant 1840.

La continuité des politiques prérévolutionnaires est apparente, mais le report des dates ne l'est pas moins. Tout se passe comme si, à partir de 1793, la lutte franco-anglaise faisait reporter l'effort en cours de développement en des temps meilleurs, prolongeant ainsi le répit donné au vieil empire de Chine.

Cette politique qui, sous le masque très apparent, et très réel, de l'intérêt scientifique avance les pions pour une autre percée de l'expansion européenne, s'appuie plus concrètement, et plus subrepticement, sur la politique des stations navales. Les Anglais l'ont mise en place dès le milieu du XVIIIe siècle, entre la guerre de la succession d'Autriche et la guerre de Sept Ans. Les Français ne s'y décident qu'après la guerre d'Indépendance américaine. Les effectifs n'en sont pas nombreux. En 1793, on comptait ainsi, du côté anglais, seulement six stations navales : celle de Méditerranée avec un vaisseau de 50, deux frégates de 32 et de 28, et trois corvettes ; celle des petites Antilles avec deux vaisseaux de 50, deux frégates de 32 et 4 autres navires ; celle de la Jamaïque, avec un vaisseau de 50, trois frégates et six corvettes ; celle de Terre-Neuve avec un vaisseau de 50, deux frégates et deux corvettes ; dans l'océan Indien trois frégates et deux corvettes ; sur les côtes d'Afrique enfin une seule frégate. Peu de choses, mais commandées par du beau monde, comme dans l'océan Indien côté anglais par Cornwallis, côté français par d'Entrecasteaux. Les Français n'ont pas de vaisseaux, ayant abandonné la construction de ceux de 50 ; mais en gros un nombre équivalent de « petits » navires. Ces stations sont fort actives. Que ce soit en Méditerranée ou dans l'océan Indien, elles ne cessent de reconnaître les côtes, de l'Indochine, de l'Arabie, de l'Afrique, de la Méditerranée orientale. On repère les points de débarquement éventuels, les possibilités de ravitaillement en « munitions navales » et en nourriture. L'on prend langue avec les autorités locales. On « promène le pavillon ». Immense et obscur effort : il ne portera ses fruits souvent que beaucoup plus tard.

On le voit : l'essor économique français, comme anglais, du XVIIIe siècle se fonde largement sur ce développement du grand commerce international. Celui-ci justifie l'existence même de la marine de guerre et la conditionne. Dans un grand effort pédagogique pour inculquer aux députés de l'Assemblée Nationale, issus pour une bonne part de la « France profonde » terrienne, totalement ignare des choses de la mer, le directeur du système des classes établit à leur usage l'équation : nombre de matelots = nombre de vaisseaux utilisables. Vieil adage qui porte en soi les limites mêmes, difficilement franchissables, de l'effort maritime français. C'est la prospérité du commerce maritime qui fournit les équipages de la marine de guerre, l'équivalence entre les deux étant totale. Il nous faut donc établir d'abord le bilan humain de cette prospérité et de ce développement.

LE NOMBRE D'HOMMES

Les recherches de notre collègue canadien J.T. Le Goff ont confirmé les impressions depuis longtemps avancées, et en premier lieu par l'admirable historien qu'a été Thiers. Dans son « Histoire du Consulat et de l'Empire », il avançait que le chiffre des matelots français n'avait guère dépassé les 60 000 personnes. Si l'on suit les recensements, à vrai dire de précision variable, les gens de mer étaient au nombre de 52 106 en

1686, 51 509 en 1700, 49 052 à peine en 1715, contre 60 137 en 1758, le chiffre maximum ayant été atteint au cours de la décennie prérévolutionnaire avec un chiffre oscillant entre 62 000 et 64 000 unités. Le ministre de la Marine La Luzerne donne, en 1790, des chiffres plus précis encore.

Il recense au 1er mai 1788 48 011 matelots, 8 656 novices, 7 883 mousses, soit un total, avec les 14 419 officiers-mariniers, de 78 969 hommes disponibles. Grâce à l'humanisation du système effectuée entre 1788 et 1790 les chiffres se sont quelque peu gonflés en 1790 ; 13 911 officiers mariniers, 53 667 matelots, 8 656 novices et 7 883 mousses, donc un total théorique de 85 679 hommes.

L'encadrement se décompose de la manière suivante : capitaines et maîtres de navires (et de barques) : 8 964 ; et, pour la marine militaire, environ 1 200 officiers (réputés nobles). Sont enfin comptabilisés en dehors de ces chiffres les invalides en demi-solde (pensionnés de l'Etat) : 7 646, en diminution régulière depuis la fin de la guerre d'Indépendance américaine ; 12 871 ouvriers non navigateurs incorporés dans le système des classes (ce qui donne une idée très approximative des effectifs mobilisables par les arsenaux), et enfin 11 612 gens de mer hors service pour les raisons les plus diverses, mais non bénéficiaires de la demi-solde de retraite.

Ces chiffres sont apparemment précis. Ils n'incluent cependant pas les matelots et gens de mer de régions dispensées du système des classes (ville de Dunkerque). En sens inverse, étaient comptés dans le système des classes les bateliers de la Garonne, de la Dordogne, du Rhône, de la Loire, etc. (au moins sur une partie de leur parcours) dont la valeur en tant que marins est douteuse.

En d'autres termes, la France n'a jamais disposé de plus de 50 000 matelots, guère plus que la Hollande qui, du XVIIe au début du XIXe siècle, a toujours compté quelque 40 000 matelots. Plus notable encore, la croissance de l'importance numérique de la flotte, l'essor du grand commerce maritime français ne s'est pas traduit par une croissance correspondante de ses effectifs mobilisables d'hommes de mer. L'enquête de Colbert de 1664 permet, en effet, de situer la jauge réelle de cette flotte aux alentours de 150 000 tonneaux. Or, la grande enquête de 1785 sur l'ensemble des flottes commerciales européennes situe le niveau marin français au deuxième rang européen, après l'Angleterre, avec une jauge brute d'environ 730 000 tonneaux. Si l'on accepte ces chiffres, il en résulte que, pour une augmentation de la jauge par cinq n'a correspondu qu'une augmentation du nombre des emplois de base de moins de 10 %... s'il a existé en ce domaine une croissance réelle. C'est dire l'extraordinaire amélioration du rendement du monde marin français. Or « toutes les nations modernes ont reconnu qu'il leur serait impossible et même à plusieurs égards nuisible d'entretenir aux frais du fisc pendant la paix les équipages de leur armée navale. Elles ont aisément cerné qu'il était avantageux de rendre, aussitôt que les hostilités cessent, les matelots surabondants au commerce, qui a dès lors besoin d'employer un plus grand nombre, qui se charge tacitement de les exercer jusqu'à la guerre future et qui dispense ainsi le trésor public de les soudoyer. » Circonstance limitative que la Luzerne regrette. Mais tout en proposant d'élargir la base du recrutement naval militaire en y incorporant des gens « de terre » y compris de l'intérieur du pays, il constate que, même en limitant les « gens de mer » proprement dit à 5/7e du total des équipages, la France ne pourrait guère dépasser le niveau de 90 navires de ligne et d'un nombre correspondant de frégates et d'autres navires de petites dimensions. Ainsi le facteur financier, si souvent invoqué, n'entre pas seul en compte : les facteurs « structurels » pèsent d'un poids encore plus décisif. Or, avec ces textes, nous sommes au cœur même d'un grand débat révolutionnaire. Est-il possible de remplacer les matelots par des gens de terre ? Et, a fortiori, est-il possible de remplacer les officiers aguerris par des officiers improvisés ? Vieux débat, dont a largement dépendu l'insuccès de la marine révolutionnaire.

Elargissons donc le propos en donnant la parole à La Luzerne. Pour lui, il n'existe que trois procédés de recrutement des effectifs indispensables à la marine de guerre : le volontariat fondé sur une paie élevée, le système arbitraire de la presse et enfin le système français des classes, prolongé dans l'inscription maritime. Le « volontariat » se limite, de fait, à la seule Hollande. Le déclin de la marine de guerre hollandaise, l'abondance des matelots fait qu'il existe un courant assez régulier d'enrôlement. Le seul système équitable lui semble certes être le volontariat. Mais « les peuples qui y ont recours ne peuvent rassembler qu'après un délai très long la quantité de gens de mer nécessaire pour les armements qu'ils projettent. La Hollande éprouve cet inconvénient, quoique le nombre des matelots soit immense à raison de l'étendue de son commerce, quoiqu'ils ne soient pas dispersés sur une vaste étendue de côtes comme en France et se trouvent en quelque sorte réunis pour la commodité des enrôleurs ; mais d'ailleurs la nécessité fait enfreindre tous les principes même qu'on ne peut violer ouvertement la loi. Si l'on voyait combien de fraudes et quels artifices sont employés et approuvés par le gouvernement des pays où il n'est pas licite de se procurer des matelots que par des engagements volontaires on remarquerait avec étonnement que la seule méthode véritablement équitable est celle qui produit les effets les plus immoraux. » Dans ces conditions, le volontariat n'a pas de raisons d'être. L'argumentation de La Luzerne est entièrement valable, quitte à ce qu'il exagère quelque peu l'importance du commerce hollandais. La jauge de la flotte commerciale hollandaise n'excède pas les 400 000 tonneaux, la plaçant ainsi au troisième rang européen après l'Angleterre et la France, mais au même rang que la Suède et le Danemark-Norvège. Bien plus, les études hollandaises récentes montrent que les effectifs de matelots de pêche comme ceux utilisés par la V.O.C. en Asie déclinent au cours du XVIIIe siècle, seul le nombre de matelots du commerce européen se maintenant à peu près au même niveau qu'au siècle précédent. Restent donc en lice deux autres procédés, plus classiques : le système de la « presse », typique, en particulier, de l'Angleterre, et le système des classes, mis en place en France par Colbert, et imité, tout au long du XVIIIe siècle par la « Matricola del Mar » espagnole. La Luzerne, comme tous les contemporains — et en proche parent de Malesherbes — récuse la presse : elle « doit être incontestablement réprouvée : elle n'a même pas l'avantage de procurer l'espèce de matelots dont l'état a besoin et d'en réunir promptement le nombre nécessaire ». L'on sait que le « procédé » consiste à isoler un quartier portuaire et à enlever, au sens littéral du terme, les hommes théoriquement susceptibles, de par leur état physique, de faire des matelots. L'arbitraire de l'action est évident, et l'on comprend que, sur le plan théorique, le système des classes lui soit supérieur.

Le principe du système des classes est simple. A une époque où le service militaire obligatoire n'existe pas, seule la marine le met en place pour les « gens de mer ». Formidable inégalité devant la loi, qui se devait donc de compenser l'obligation, très mal ressentie, par des privilèges correspondants. Disons, pour simplifier, que seuls les « inscrits » sur les rôles peuvent servir comme matelots ou comme pêcheurs ; qu'ils disposent du monopole de la pêche ; qu'ils peuvent, éventuellement, jouir de divers avantages comme la demi-solde pour un nombre restreint de cas, et d'un versement d'aides par la Caisse des invalides de la marine. Ce qui est, partiellement, déjà un système de retraite et d'invalidité, doublé d'une sécurité sociale avant la lettre.

Moyennant quoi, le principe est que, suivant les provinces, un matelot ou un pêcheur au « commerce » doit servir sur les vaisseaux du roi soit une année sur trois ou une année sur quatre. En théorie, le système est aussi « juste » qu'il peut l'être, et a été très admiré... à l'étranger, mais très diversement accepté en France.

C'est que l'on bute, inévitablement, sur le nombre total de « matelots ». L'Espagne a eu beau systématiser la « Matricola del Mar », sa flotte, finalement peu importante, se chiffre en 1785 à guère plus de 150 000 tonneaux de jauge, rang très moyen, qui ne pouvait fournir, dans le meilleur des cas, qu'entre 10 et 20 000 matelots. L'importance de la pêche espagnole est, de son côté, très réduite, pour l'essentiel à la côte cantabrique. Or les chiffres de la « Matricola del Mar » sont spectaculaires. Ils sont passés de 27 693 inscrits en 1739 à 63 741 en 1785/87, puis à 65 000 pendant les années 1793/95, pour atteindre le maximum en 1798 avec 65 861, puis tomber, de 1798 à 1808, de 65 081 à à peine 41 094. Une statistique de 1802 permet de préciser les choses. La flotte commerciale espagnole comporte à cette date 943 navires recensés d'une jauge de 150 000 tonneaux (soit une moyenne de 159 tonneaux par navire). Elle se répartit comme suit : 336 navires dans le département de Cadix avec un tonnage de 59608 tonneaux (40 % du tonnage pour 35 % des navires, et un tonnage moyen de 177 tonneaux) ; 258 navires de 42961 tonneaux de jauge pour le département d'El Ferrol (respectivement 28 % des navires et 28 % du tonnage) ; et, enfin, 345 bâtiments et 47437 tonneaux pour la Méditerranée (département de Carthagène), soit 36,5 % des bateaux et près de 32 % de la jauge. La flotte espagnole a donc à peine l'importance de la flotte commerciale bretonne ; elle est rattrapée par celle de Naples, et représente quelque 20 % de l'ensemble de la flotte commerciale française. Or, elle aligne 73000 gens de mer, soit presque autant que sa concurrente française. C'est dire que la « Matricola del Mar » diffère à peine de la presse sinon par le fait qu'elle est institutionnalisée, codifiée, et encadre un nombre considérable de gens qui n'ont jamais fait d'expérience réelle de la mer. D'après les normes du système des classes français, elle ne devrait pas posséder plus du cinquième des effectifs français : soit environ 10 à 15000 personnes. Ce qui explique bien des problèmes espagnols.

La France se trouve certes dans une situation infiniment plus favorable avec ses 50000 matelots, et au sens très large du terme, ses 80 à 85000 « gens de mer ». N'en demeure pas moins que c'est un chiffre insuffisant pour que le système des classes puisse fonctionner correctement en temps de guerre. Il dispose d'un seul avantage, à vrai dire, majeur, bien connu de l'administration française : la rapidité relative de la « mobilisation », qui lui donne, pendant à peu près 18 mois, une incontestable avance sur les flottes anglaises et explique les succès français remportés au début des guerres. Passée cette date limite, la « Navy » dispose d'une écrasante supériorité. Entrons dans le détail, avec, encore une fois. La Luzerne : « (il) nous a fourni des moyens de faire sortir nos flottes fort avant celles des Anglais, avantage important, et qu'il est même difficile d'évaluer. » Or, les désordres du début de la Révolution vont modifier ce schéma bien établi, et annuler totalement cet avantage.

Après, la France a recours, sous des formes plus ou moins bien déguisées, à quelque chose qui ressemble fort à la presse. Car en l'absence d'un chiffre suffisant de matelots, la levée initiale a tôt fait d'en tarir la source : « Il est difficile d'évaluer combien il serait utile de n'être pas obligé dès le commencement d'une guerre de lever et d'embarquer tous les excellents matelots dont elle peut disposer ; mais de se ménager au contraire un fond de réserve qui lui permît de remplacer pendant plusieurs campagnes successives l'élite des hommes de mer ; car il ne faut point compter sur la guerre même pour réparer des pertes de ce genre qu'elle occasionne. Ce n'est point en deux ou en trois ans que se forme un excellent matelot, et l'expérience a prouvé qu'après le temps de guerre que j'indique, on éprouve dans la tête des équipages un déficit que les nouveaux talents acquis ne suffisent pas pour compenser. Je serai dans le cas de citer la dernière guerre et quoiqu'elle n'ait pas été longue (?) elle a fourni un exemple frappant de ce que j'avance. »

COMMENT FOND UN STOCK D'HOMMES

Pour comprendre ce qui se passe dans la marine française (et anglaise) sous la Révolution — et l'Empire —, il est nécessaire de généraliser d'abord ce qui s'était passé sous l'Ancien Régime pendant les trois guerres maritimes du XVIIIe siècle. Une comparaison est nécessaire, de manière à dégager les ressemblances et les différences.

Le stock des matelots de guerre est celui du commerce et de la pêche. Si ce dernier est remarquablement stable — la grande pêche hauturière n'occupant guère qu'un peu plus de 10 000 hommes en France —, le premier est caractérisé par son instabilité. Ce qui veut dire qu'une partie des matelots effectue plusieurs campagnes pour, par la suite, trouver refuge et métier ailleurs. La vie des gens de mer est tellement dure que cette réaction est parfaitement normale. Pour l'instant, nous ignorons encore quel est le rapport entre le noyau dur, permanent, de ce stock et la partie justement « provisoire ». Globalement les besoins militaires en temps de paix représentent, tant en Angleterre qu'en France, un dixième des effectifs comptabilisés, servant sur un nombre réduit de navires (ceux que l'on appelle en Angleterre « en commission »). La « ventilation » entre guerre et commerce s'effectue donc sans trop de difficultés, d'autant plus que ce pourcentage de 10 % des matelots est inférieur au rapport de 1 à 3 ou de 1 à 4 prévu par les ordonnances. Mais en temps de guerre, les effectifs des deux marines de guerre correspondent, à peu de choses près, au volume global de la flotte de commerce. Or, même ralentie, la marine de commerce continue d'exiger des effectifs importants. Nous nous trouvons ainsi en présence d'une première contradiction, fondamentale, la plupart du temps masquée dans les histoires classiques : comment le commerce normal a-t-il pu continuer ? Nous ne disposons d'aucune réponse vraiment adéquate, tout au plus d'explications partielles, nécessairement insuffisantes. L'on a recours, bien entendu, aux marins étrangers. Cela peut se faire de gré, par l'attrait des salaires ou plutôt des primes, cela peut se faire de force, comme la réquisition, par les Anglais, de matelots américains systématiquement raflés sur les navires de cette nation contrôlés par la « Navy ». Au bout de plus de deux décennies de ce genre de traitement, il en résultera la guerre anglo-américaine de 1812-1815. Autre explication : une partie du commerce se fait sous pavillon étranger. C'est le lot inévitable du plus faible ; c'est-à-dire en général la France. En dépit des visites effectuées par la « Navy », une partie notable du commerce français se fait alors sous pavillon hambourgeois, lubeckois, danois, portugais et surtout hollandais.

Même additionnées, ces explications ne peuvent prétendre résoudre la question. Force est d'admettre, à titre d'hypothèse, que le stock réel des gens de mer est plus grand, en réalité, que ne le veulent les chiffres dont nous disposons. C'est possible, mais l'ordre de grandeur de la différence entre le réel et l'administratif est limité. Naturellement, marine de commerce ou marine de guerre peuvent constituer un attrait pour des jeunes : mais c'est vrai surtout de la course, activité de substitution par rapport au commerce de temps de paix, par ailleurs rival classique et traditionnel pour l'armement des vaisseaux de guerre.

C'est dire que ces recrutements partiels ne sont guère de qualité « nautique » très apparente. Il en va de même pour une bonne partie des effectifs anglais recrutés par le système de la presse. En d'autres termes, l'ensemble du débat est faussé par une série de facteurs sur lesquels il faudra revenir.

Pour l'instant, contentons-nous de constater l'extrême fragilité numérique de ce stock français. Il était naturel, et dans la logique même de toute guerre, que l'amirauté et la politique anglaises aient songé très tôt à exploiter cette faiblesse majeure de la puissance française. L'aggraver, dès les débuts de la guerre, était pour l'Angleterre s'assurer à la fois l'affaiblissement de l'avantage initial que donnait à la France le système des classes, et dans un délai à moyen terme, d'environ deux ans et demi à trois ans, de l'effondrement progressif de l'ensemble du système humain de sa rivale.

Le plus expéditif est de commencer la guerre en pleine paix. Le cas d'école avait été constitué par la grande rafle effectuée en 1755-56 par l'escadre de l'amiral Boscawen. La capture d'un très grand nombre de navires de commerce français avant toute déclaration de guerre officielle pouvait donner un double avantage : nuire directement à la rentabilité du commerce français et ruiner les armateurs des ports de l'Atlantique ; mais surtout mettre hors service la partie la plus exercée, la plus « marine » des équipages français. La déception sur le premier point a été à peu près totale. Ni le capital des négociants, encore moins leur crédit en France et à l'extérieur n'ont vraiment été touchés. Le système d'assurance français, et surtout étranger, principalement hollandais et anglais, a joué dans une très large mesure son rôle de « couverture » de sécurité. Les pertes par haussement automatique des primes des niveaux de temps de paix à ceux de temps de guerre (soit de 2 à 3 % pouvant atteindre 25 %) ont limité les effets de ces contre-assurances ; mais l'essentiel a été préservé. Paradoxalement, la puissance capitalistique française, dont on répète un peu légèrement la fragilité, n'a pas été atteinte de manière trop sévère. Le nombre des banqueroutes reste limité : d'ailleurs les atermoiements, très nombreux, évitent la plupart du temps le pire, et permettent l'attente des jours meilleurs. Combien de négociants soumis par leurs créanciers à des atermoiements qui, quelques années plus tard, se retrouvent en parfaite santé...

Rafler cependant 10 % des meilleurs équipages français était donc prendre le grand gage de réussite militaire. Il a joué en plein pendant la guerre de Sept Ans ; pas du tout en 1777, ni d'ailleurs en 1793.

Les défaites navales constituent le deuxième élément de désintégration du stock des navigants. Une défaite navale s'achevant par la perte de quatre ou de cinq vaisseaux n'est pas simplement une défaite militaire immédiate, donnant au vainqueur une relative maîtrise de la mer. C'est d'abord et avant tout un équipage exercé qui disparaît, soit par la mort, soit par les conséquences des blessures, soit par le simple fait d'être prisonnier. Avec les effectifs des gros vaisseaux de ligne, la perte de quatre unités signifie, au minimum, la « neutralisation », provisoire ou définitive, de 3 à 4 000 marins. Deux défaites navales majeures équivalent à un dixième du stock de matelots disponibles. Or les conditions de la détention des survivants contribuent à aggraver l'impact à moyen et à long terme de ce genre de désastre.

Il est naturel que l'Angleterre puisse difficilement faire place à des afflux aussi importants et aussi brutaux de tels effectifs. Le système des camps a donc été improvisé (tout comme en France) et a souvent mal fonctionné, entraînant chez ces prisonniers déjà affaiblis et psychologiquement traumatisés une moindre résistance, fatale en cas d'épidémies. Les conditions de détention ont été, d'un camp à l'autre, extrêmement variables. De plus, l'Angleterre a souvent pratiqué une politique restrictive en matière d'échange de prisonniers. Alors que l'Amirauté n'a, la plupart du temps, guère fait de difficultés à échanger les officiers prisonniers, elle a été très réticente en matière d'échange des simples matelots. Avec les conséquences que l'on devine, et qui ont été, à tout le moins, « acceptées » sinon souvent escomptées d'avance. La mortalité dans les camps et les pontons anglais a été, durant la guerre de Sept Ans, très élevée, et le stock ainsi disparu a mis du temps à se reconstituer. Quand d'ailleurs, à la fin de la guerre, les prisonniers survivants ont été enfin libérés, leur état physique et moral n'a souvent pas permis de les « récupérer » vraiment.

Ainsi, toute défaite provoque une boucle involutive, la mise en place d'une réaction en chaîne désastreuse pour le vaincu. La défaite génère ainsi, à moyen terme, une défaite supplémentaire. Le cycle a pleinement joué pendant la guerre de Sept Ans. Il n'a guère eu d'effets pendant celle de l'Indépendance américaine : or, de 1763 à 1793, l'on avait eu le temps d'oublier...

Le troisième élément d'autodestruction réside dans l'état sanitaire des équipages. La différence entre flotte de commerce et de guerre consiste dans l'énorme différence de « densité » humaine des équipages. Sur un navire armé « en droiture », de la métropole aux Antilles, le rapport tonnage/équipage oscille, en moyenne, autour de 8 à 12 tonneaux par homme, sur les négriers on atteint celui de 5 à 10, sur les navires de pêche, celui de 5 à 8, sur les navires de cabotage celui de 10 à 20. Malgré les faibles distances parcourues d'ordinaire par les caboteurs, ce rapport n'est pas trop gênant. Course et pêche présentent des rapports très comparables. Sur un navire de guerre comme un vaisseau de 74, ce rapport tombe à 3,33. C'est dire l'incroyable entassement et la promiscuité régnant dans les navires armés pour le roi. S'y ajoute un deuxième facteur, d'importance considérable. La durée des voyages atlantiques dépasse rarement un mois à un mois et demi. Or le temps « d'incubage » du scorbut est de trois mois. Il n'a donc guère le temps d'apparaître, hormis pendant les voyages vers l'océan Indien. Encore l'escale des îles Mascareignes permet-elle de récupérer assez facilement.

Obligés, en revanche, de naviguer en escadre, c'est-à-dire de s'aligner sur la vitesse du plus lent, tout navire de guerre (à l'exception des voyages rapides des frégates de communication) se trouve, au bout d'un certain temps, exposé à la menace du scorbut. A plus forte raison dès lors que l'escadre accomplit une mission de très longue durée : voyage de circumnavigation mondiale, ou encore blocus d'un port ennemi. Se développe ainsi très aisément un complexe épidémique formé par la superposition de trois éléments : scorbut, typhoïde et typhus. L'on sait que le premier, dû à une avitaminose, disparaît dès lors que l'alimentation contient assez de vitamine C : soit viande fraîche, fruits et légumes. Le typhus apparaît quand le pou prolifère. La typhoïde est le résultat de l'infection des eaux, problème majeur à bord des navires à équipages importants. C'est dire que l'épidémie une fois apparue, il est impossible de l'arrêter. Tout séjour en mer prolongé aboutit à une épidémie sérieuse. Les marines à stock limité d'hommes se trouvent donc d'emblée, une fois de plus, défavorisées : faute d'équipages, l'on est obligé de donner aux armements nouveaux des hommes à peine rétablis, qui non seulement retombent très rapidement dans un état léthargique ou maladif, mais encore infectent les matelots sains. Une fois de plus. le cercle vicieux joue nécessairement au détriment du stock le moins fourni.

La superposition de ces trois éléments : rafle en temps de paix, diminution accélérée des effectifs disponibles par suite des conséquences des défaites navales aboutissant à la destruction ou à la prise d'un nombre important de navires, et enfin conséquences des épidémies à bord des escadres restant en mer pendant de longues périodes, aboutit fatalement à la disparition de la partie la plus exercée des « classes ». Il faut donc recourir à des moyens de substitution. Le premier consiste à recourir à l'armée de terre, en particulier pour les canonniers. L'artillerie, arme savante et coûteuse, n'a pas cependant des effectifs illimités. Elle comprend, en France, à la veille de la Révolution, à peine plus de 10 000 hommes. Cela n'a pas d'importance majeure quand on mène une guerre exclusivement navale, comme cela avait été le cas entre 1777 et 1783. Dès que la guerre continentale prend une ampleur considérable, l'artillerie suffit à peine aux besoins de l'armée terrestre. L'on se replie ensuite sur les canonniers des batteries côtières. Ce ne sont pas des éléments très exercés ; mal encadrés, d'efficacité limitée, ces paysans de l'Ouest ne sont guère d'apport intéressant. Finalement, il faut donc faire feu de tout bois. On a déjà évoqué le « classement » des « gens de rivière ». Tous les auteurs en ont souligné, à l'envi, les faiblesses. Ce qui est exagéré. Il faut bien distinguer entre la navigation des grands estuaires maritimes de la Manche et de l'océan Atlantique, et les mariniers d'eau douce de l'amont. Du Havre à Rouen, de la rade de Mindin à Nantes, sur la Gironde du phare de Courdouan à Bordeaux existent des flottilles de gabarres et d'allèges qui ressemblent aux navires de haute mer, en plus solides, puisque ces navires, à fond plat, sont prévus pour s'échouer un grand nombre de fois sur les bancs de sable mouvants et pour affronter mascarets et remontées de marées plus douces. Les équipages de ces bateaux en valent bien d'autres de haute mer. Il n'en va pas de même pour les bateliers de l'amont. Une rivière, si importante soit-elle, n'est pas la mer. Les moins mauvais éléments en sont les charpentiers, utilisables tant dans les arsenaux que dans les travaux à bord des navires. Dans l'ensemble cependant, ces petits groupes humains, peu nombreux — et dont le maintien sur la rivière est, au demeurant, absolument nécessaire pour la survie de la vie économique (y compris celle des arsenaux) — ne peuvent apporter qu'un secours assez dérisoire.

Les éléments de renouvellement en période de guerre navale sont donc très limités. Fut un temps où la chiourme pouvait offrir un substitut commode et « économique » : la galère avait été instrument de combat des pays pauvres en argent comme en matelots. Il n'en subsiste désormais que quelques unités, moyens « logistiques » sans valeur combattante propre. Quant aux équipages de « chébecs » — rappelons qu'ils se propulsent aussi à la rame — ce sont des équipages ordinaires.

Il va donc de soi qu'une guerre navale ne peut être, n'a jamais pu être pour la France du temps de la voile autre chose qu'une guerre de durée limitée. Après cinq ans, on est au bout des ressources humaines. On peut durer plus longtemps si l'on a pu éviter, ou si la chance a permis d'éviter de grandes épidémies. Brest et Toulon sont, à cet égard, relativement privilégiés : leur climat est sain, et en année normale, le ravitaillement régulier. Le paludisme sévit, en revanche, de manière permanente à Rochefort qui s'apparente fort étroitement à un port colonial tropical. De 1680 à 1815 il a fallu, pour maintenir la population d'une ville qui a oscillé au maximum autour de 15 à 18 000 habitants, un apport total de plus de 100 000 personnes représentant l'équivalent de l'excédent des décès sur les naissances. L'armement à Rochefort, même effectué en rade foraine d'Aix, signifie donc aussi la présence permanente du paludisme.

Epidémies et ravitaillement sont étroitement liés : une épidémie se propage d'autant plus aisément que la population est sous ou mal alimentée. La différence majeure entre ports de commerce et ports de guerre réside dans la quasi-absence de toute épidémie sérieuse dans les ports de commerce. Ni Nantes, ni Le Havre, ni Bordeaux, ni Marseille après la peste de 1720 n'ont une mortalité anormale. Les flottes de commerce n'infectent plus les villes portuaires. Au demeurant, même si l'on a récemment mis en cause l'efficacité des systèmes de quarantaine, ceux-ci ont fait preuve d'une incontestable valeur. Les autorités portuaires, échaudées par l'affaire de 1720, y ont soigneusement veillé. Il n'en va pas de même pour les ports de guerre. L'arrivée des grandes escadres contaminées signifie un tel apport d'hommes (une grande escadre dépasse fréquemment 20 000 hommes, dans le meilleur des cas, à Brest dont on estime la population totale en 1789 entre 35 et 38 000 personnes) qu'il est impossible, sous peine d'une catastrophe à bord de l'escadre, d'en empêcher le débarquement. Comment d'ailleurs aurait-on pu faire admettre à des hommes malades de rester à bord ? Les escadres ont ainsi contaminé les villes-arsenaux. Or jamais, sous l'Ancien Régime, ces villes n'ont eu à subir de sérieux aléas de ravitaillement, même en période de disette. Mais la Révolution n'est pas seulement guerre étrangère, elle est d'abord guerre civile. C'est dire que se pose la question du ravitaillement des arsenaux d'Etat.

A Toulon, la situation a toujours été, de ce point de vue, tangente. La Provence n'est pas une province riche en céréales, encore moins en bétail. Située à l'écart de la vallée du Rhône, donc de situation économique excentrique, le ravitaillement y a toujours été très dépendant des commodités de la circulation. Toute gêne politique se répercute donc assez rapidement sur ce plan. Rochefort se trouve, en revanche, dans une situation très favorable. Le bassin de la Charente est riche, les liaisons aisées et c'est, probablement, la raison majeure de cette localisation insolite. La région est d'ailleurs restée, dans l'ensemble, assez calme. Il n'en va pas de même à Brest. La ville va rapidement devenir un îlot révolutionnaire dans une province dont la grande majorité de la population se rallie à la « contre-révolution ». Le ravitaillement de Brest, « force de la France au bout de la France » (Michelet) a toujours été difficile. Il est normalement assuré en grande partie par la voie maritime. Or, sous la Révolution, l'ensemble du système routier breton, encore moins entretenu que celui du reste de la France, tombe en ruines, alors que la route des convois côtiers rasant la côté devient de plus en plus difficile et exposée, obligée au surplus de fonctionner essentiellement en mauvaise saison. Les attaques des corsaires des îles anglo-normandes d'abord, puis le blocus rapproché a fait de Brest une ville assiégée de terre et de mer. La faim y a sévi rapidement, accompagnée de l'inévitable hausse des prix des denrées alimentaires. Cet état de malnutrition de la population civile comme de la population militaire flottante et terrienne a encore aggravé les circonstances difficiles régnant à bord des navires. Toutes les données étaient donc réunies pour faire de Brest la proie désignée d'une gigantesque catastrophe sanitaire navale. D'autant que la désorganisation, le désordre et la désobéissance ont éradiqué toutes les consignes sanitaires de l'Ancien Régime. Même les commandants les plus ralliés à la Révolution avouent qu'il est impossible de faire laver les ponts, et que pareil ordre est considéré comme « contre-révolutionnaire » et « aristocratique ».

Toute situation de guerre civile ne pouvait donc qu'aggraver une situation en soi déjà dangereuse et précaire.

DE QUELQUES ILLUSIONS

L'une des raisons des problèmes de la marine pendant la Révolution, réside dans l'incompréhension des choses de la mer de la part des dirigeants politiques. C'est une tradition : la France « profonde » est terrienne et la plupart des dirigeants d'Ancien Régime n'échappent pas à cette ambiance. Certes, les secrétaires d'Etat à la Marine d'Ancien Régime, tout comme les très remarquables ministres de la Marine sous la Révolution savaient de quoi il retournait. De plus, la monarchie « absolue » — qu'elle fût sous Louis XVI « despotisme ministériel » ou « dèspotisme de la faiblesse » — avait cet avantage de pouvoir imposer au pays des mesures impopulaires difficilement admises. Avec la Révolution, le personnel des assemblées révolutionnaires, issu dans son immense majorité (plus des deux tiers) des petites villes terriennes de moins de 5 000 habitants, exerce un contrôle non seulement financier, mais très général, fondamentalement marqué au coin des incompréhensions terriennes. Certains des anciens commis de l'ex-secrétariat d'Etat à la Marine ont certes tenté, du moins pendant la durée de l'Assemblée Constituante, un gros effort pédagogique, en fournissant aux députés des mémoires très précis, très explicites, dans la mesure où ils pensaient ne pas compromettre, face à un adversaire potentiel très attentif, la sécurité de la marine. On était, en effet, en pleine période de tension navale (ce qui explique en partie le pourquoi de la grande peur navale de 1789 et de 1790). Les archives parlementaires contiennent plusieurs de ces mémoires dont celui du directeur du système des classes expliquant lumineusement l'organisation et la raison d'être de l'ensemble. Ce mémoire a été le plus payant, les députés se résignant sans enthousiasme à entériner l'organisation existante, se contentant de la rebaptiser inscription maritime.

Mais il était des points difficiles à faire admettre, encore plus difficiles à faire entériner. D'autant plus que les observations faites par nombre de députés résumaient admirablement les préjugés courants, et semblaient frappés au coin d'un bon sens apparent. Certaines de ces illusions étaient d'ailleurs partagées par nombre de responsables navals. Il était, en outre, normal que l'on cherchât à sortir du cercle vicieux que l'on vient de décrire. La Luzerne lui-même partageait certaines de ces idées nouvelles et proposait des solutions qui seront celles de l'avenir, mais qui étaient viciées par des facteurs « secondaires » à effets pervers marqués.

La question de base était la suivante : pourquoi les escadres de la fin du XVIIIe siècle nécessitaient-elles des effectifs tellement plus importants que celles du XVIIe siècle ? Les comparaisons menées, en effet, des deux côtés de la Manche, avaient abouti à la conclusion que là où en 1690 20 000 matelots suffisaient à monter une grande escadre, il en fallait près de 50 % en plus cent ans plus tard. L'accroissement général des tonnages, multipliés par deux, partant l'augmentation considérable de la surface des voilures (qui était passée de 1 500 m^2 vers 1640 à près de 3 000 vers 1780, pour les plus gros navires), plus encore l'accroissement du nombre des canons, et dans une mesure moindre, de leur calibre, l'augmentation spectaculaire enfin des capacités d'emport, en étaient les principaux responsables. En réalité, le chiffre des équipages était déterminé par l'importance de l'artillerie. En France la formule était relativement simple : 3 hommes pour un canon de 4 ; 5 pour un canon de 6 ; 7 pour celui de 8 ; 9 hommes pour un canon de 12 ; 11 hommes pour un canon de 18 ; 13 hommes pour un canon de 24 et 15 hommes pour un canon de 36. Partout ailleurs les formules, plus ou moins compliquées (surtout pour la marine espagnole) aboutissaient à des résultats plus ou moins comparables, les vaisseaux anglais et hollandais attribuant toutefois un peu moins d'hommes par canon. La différence n'est cependant pas fondamentale.

Pourquoi ce grand nombre de servants d'artillerie ? Une bataille navale consomme énormément de munitions : nombre de défaites s'expliquent tout simplement par l'épuisement des munitions. Le charroi des gargousses et des boulets exige beaucoup de bras, surtout avec des boulets de 24 et de 36 livres de poids. Plus grave : le recul de ces monstres, quoique freiné au maximum, exige cependant qu'après le rechargement de la pièce, il faille ramener le fût dans son sabord. Dans le tangage et le roulis ce n'est pas travail aisé, ni commode.

D'où le raisonnement déducteur : puisque l'essentiel d'un navire est formé d'artilleurs, est-il tant besoin que ces hommes soient des marins ? « Dans quelque moment que l'on observe un bâtiment de guerre, certainement le nombre des hommes qui sont sur la dunette, ou plus bas, est infiniment plus considérable que celui de ceux qui se trouvent dans les manœuvres hautes (dans les toiles). Si l'on réfléchit en effet sur les travaux manuels que le service exige, au-dessus et au-dessous de ce niveau, si on compare la totalité des uns à la totalité des autres, on remarquera entre ces deux sommes une différence immense... Quelle est la proportion des hommes qui excellent dans le véritable métier des matelots, ou du moins qui sont en état d'aller sur toutes les vergues, de prendre des risques, de serrer les voiles par les plus gros temps par rapport au total de l'équipage ? » note La Luzerne.

Réservons donc les vrais matelots à la seule manœuvre de la voilure et introduisons des non-marins pour tous les autres travaux. La tendance et la discussion sont générales en Europe. « Les Espagnols et les Anglais établissent trois divisions entre les hommes qui sont à bord : ce dernier peuple les distingue par les dénominations de *able seamen*, gens de mer capables ; *ordinary seamen*, gens de mer ordinaires, et *landsmen*, gens de terre. Ce troisième ordre comprend les *mariniers* ou troupes de débarquement de la marine destinés à s'embarquer, et à plus forte raison les autres détachements de troupes de terre. » Les choses sont, en réalité, quelque peu plus compliquées. En dehors de la « Maestranza » (maistrance) équivalant à nos « officiers mariniers », la Marine espagnole distingue à l'intérieur de ses équipages formant la « gente del Mar » les « artilleros de Preferencia », très peu nombreux, formant en 1785-87 à peine 1,69 % des 32 056 gens de mer ; les « artilleros » (soit 6 435 = 20 %), les « marineros », c'est-à-dire les matelots au sens propre du terme (soit à peine plus que les « artilleros » = 7 592, et 23,68 %), les « grumetes » (les plus nombreux, soit quelque 14 200 = 43 %) et enfin, équivalent à nos mousses, les 3 286 « pajes » (10 %). Ainsi se dessine une marine espagnole très singularisée, d'autant plus que la flotte de pêche représente 46 % du nombre des navires espagnols (à la date de 1785) et que le département (amirauté) de Carthagène, c'est-à-dire la Méditerranée fournit près de la moitié des effectifs globaux.

Ces observations de La Luzerne lui permettent de faire une critique approfondie des chiffres du système des classes : « ... car il en est beaucoup de ces équipages qui ont passé leur vie à la mer sans avoir monté à une vergue, à la pêche même qui est généralement parlant une excellente école pour les instruire, il se trouve des hommes faisant annuellement ce métier depuis longtemps, et qui n'ont jamais touché une manœuvre haute. » D'où la conclusion : « Qu'on examine en détail ce qui exige une si grande quantité de bras dans les parties inférieures du navire, on trouvera qu'ils sont nécessaires : premier degré pour le service des manœuvres basses (sur le pont), deuxième degré pour l'artillerie. Or en deux jours un homme est formé à virer au cabestan, à faire effort avec vigueur sur un cordage : je le croirai sans l'avoir vu, mais je puis d'ailleurs l'attester comme ayant été témoin oculaire. Je dirai plus, on instruit promptement presque tous les individus à tirer avec précision dans un but lorsqu'on veut prendre ce soin trop souvent négligé. »

La Luzerne est officier d'armée de terre, que seule sa parenté avec Malesherbes avait favorisé dans la nomination au secrétarait d'Etat à la Marine. Ce qu'il écrit est le reflet de ce que pensaient les officiers de l'armée de terre qui avaient connu la vie à bord des navires de guerre. Ils avaient été relativement nombreux durant la guerre d'Indépendance américaine. Or leur témoignage est, dans l'ensemble, très hostile aux officiers de marine comme à leurs manières de diriger un navire. L'on trouverait bien d'autres remarques de ce genre : or ces officiers sont aussi nobles que ceux de la marine. Ce n'est donc pas un simple préjugé social qui les motive dans leurs critiques, mais la vision terrienne, indépendante du statut qui les réunit.

L'explication de La Luzerne va cependant plus loin et reflète peut-être les remarques de ses premiers commis, en tout cas les statistiques dont il dispose et qu'il manie bien. Sa critique, implicite, est nette : « Il n'est point d'officiers dans la marine militaire qui ne désire ou espère commander un bâtiment de guerre. Chacun d'entre eux voudrait pour sa propre gloire que l'équipage tout entier de ce bâtiment fût uniquement composé de l'élite des gens de mer, ce sentiment naturel et louable peut aveugler et induire en erreur ceux qui semblent d'abord devoir être regardés comme seuls juges à qui il appartient de prononcer sur un tel objet, et si l'on veut peser les règles que j'allègue il faut avoir soin qu'il ne soit mis en balance, même involontairement, aucune autre considération que celle du bien général et de l'intérêt de l'Etat. » Et de préciser : « Ce serait une perte réelle et au moins momentanée pour l'Etat que les matelots le servissent ailleurs que sur mer... Or je crois que nous commettons journellement et depuis longtemps une faute de ce genre en embarquant un beaucoup trop grand nombre d'hommes classés et en les chargeant de fonctions qui pourront aussi bien être remplies sur mer par d'autres que par eux. Qu'on examine, en effet, ce qui est à bord d'un navire de guerre, on trouvera que cinq septièmes à peu près des individus sont des officiers mariniers ou des timoniers ou des ouvriers navigants ou des matelots ou des mousses. » La Luzerne en tire une conclusion pratique : il faut réduire les matelots classés à bord des navires de guerre d'emblée à seulement 5/7e des effectifs totaux. Il ne va pas plus loin. Continuons donc son raisonnement mathématique. Les effectifs ainsi dégagés se chiffreraient à 17 000 matelots environ et cela permettrait d'équiper environ une quinzaine de vaisseaux de ligne supplémentaires, ou bien d'utiliser ces 17 000 hommes, comme réserve générale à n'employer qu'au fur et à mesure des nécessités. En fait, La Luzerne voit d'autres avantages : « Premièrement, on opérerait par là une réduction considérable dans les levées d'hommes classés, et la fréquence des occasions où chacun d'eux doit être commandé... Deuxièmement : le commerce y gagnerait beaucoup, car en temps de paix et en temps de guerre le nombre des hommes classés qu'il pourrait employer, parce qu'ils ne seraient pas appelés à servir l'Etat se trouverait infiniment plus considérable. » Or cet « infiniment » se réduit quand même à 17 000 hommes. Mais La Luzerne voit dans la mesure qu'il propose un troisième avantage, essentiel à ses yeux : « L'Etat lui-même pourrait augmenter beaucoup ses forces navales qu'il est obligé de mesurer sur le nombre des hommes classés pour en former les équipages. Les mêmes marins nécessaires aujourd'hui pour armer 60 vaisseaux et autant de frégates en armeraient

100 et leur surabondance permettrait à la France de faire de bien plus grands efforts sur la mer. » Enfin en dernier lieu, « même en supposant que la marine militaire ne s'accrût pas dans cette proportion, il est difficile d'évaluer combien il serait » avantageux de disposer d'une pareille réserve. Le passage est capital à tous égards, tant dans les mesures pratiques qu'il propose que dans le type de raisonnement abstrait ainsi mis en avant.

Soulignons d'abord la faille de l'ensemble de la construction. Faute de chiffres précisément, La Luzerne surestime les conséquences, à supposer que tout « marche » bien. En effet, une flotte de départ d'une soixantaine de navires correspondant au chiffre de 50 à 60 000 matelots réels ne peut pas, par l'augmentation de deux septièmes de non-marins, être portée à 100 vaisseaux (et plus encore autant de frégates), mais simplement à environ 80. Augmentation substantielle certes. Or ce chiffre d'une centaine de vaisseaux va littéralement hanter l'esprit de tous les politiques de la période 1789-1815. Napoléon en fera son objectif majeur, jamais atteint totalement, ce pour des raisons autant financières que de capacité de chantiers navals et plus encore d'approvisionnement. On a attribué cette évaluation à la seule séduction du chiffre 100 : il n'en est rien, puisqu'il représente bien (dans un raisonnement rationnel, mais encore insuffisamment compatible avec un maniement efficace des chiffres), un objectif accessible. La Luzerne est ici le porte-parole de ses propres bureaux dont une partie du personnel perdure à travers toute la Révolution.

Quant aux mesures pratiques que La Luzerne propose, elles sont les suivantes. Vérifier d'abord cette proportion des 5/7e en fonction des types de navires ; maintenir ensuite des « garnisons de navires » en temps de paix, renforcer les troupes de débarquement de la Marine ; remplacer les gens de mer partout où ils ne sont pas indispensables ; créer des dépôts d'hommes en dehors des arsenaux trop encombrés, mais à distance moyenne ; choisir les non-marins parmi les jeunes gens d'entre 18 et 21 ans « de l'intérieur de la France et distantes (les paroisses) d'au moins 20 lieues de la côte », de manière à ne pas interférer avec le système des classes. On s'oriente donc vers un recrutement terrien, et tout, dans le raisonnement, aboutit à passer à un pourcentage inversé : 2 septièmes de marins (soit un tiers) et 5 septièmes de non-marins.

Leur instruction serait sommaire : l'exercice de quelques principes de subordination, la discipline de la marine étant beaucoup plus stricte que celle de l'armée de terre, maniement du fusil et du canon, ce en peu de temps, de manière à pouvoir les utiliser rapidement à bord des navires. Le tout est présenté de manière à ne pas bouleverser l'organisation existante « en sorte qu'il ne s'agisse que d'augmenter l'effet de la machine déjà mise en mouvement et non de la construire entièrement à neuf ». Car tout cela risque de coûter cher.

Les propositions de La Luzerne sont intéressantes, elles correspondent d'ailleurs à une tendance qui se constate dans la démographie de Brest. En effet, alors que le bassin démographique de la première moitié du XVIIIe siècle se limite, pour l'essentiel, à la région, et plus particulièrement au Léon et à la presqu'île de Camaret, il s'élargit brusquement au cours de la deuxième moitié du XVIIIe siècle au point de s'étendre sur quasiment tout le nord de la France, jusqu'en Alsace.

Ce genre de raisonnement repose cependant sur un préalable : la possibilité de mettre au courant des non-marins de l'ensemble des adaptations indispensables. La Luzerne a beau invoquer le témoignage de lord Anson : « Le service de l'artillerie exige beaucoup plus de force et moins de dextérité que celui de la mousqueterie. Nulle adresse n'est requise, si ce n'est dans l'homme qui doit pointer et qu'on ne peut, en même temps charger de commander. On peut... choisir partout ailleurs que parmi les hommes classés la foule des servants nécessaires pour manœuvrer les grosses pièces de canons. » C'est faire bon marché de deux éléments. A vouloir limiter le service « non-marin » aux seuls terriens, on risque, dans la bataille, de se trouver privé rapidement des éléments marins qui sont, par nature, les plus exposés : chefs de pièce et gabiers dans la voilure (qui font d'ailleurs office de tirailleurs). Il est évident qu'il faut une marge de sécurité assez large, redondante en hommes. Le souci des officiers de marine de disposer de maximum de gens de mer réels rejoint ainsi les observations des diplomates vénitiens. Deuxième point, et qui n'est pas le moins important : le tir en mer doit être à la fois très rapide et aussi précis que possible. Ces deux qualités ont toujours fait la force de la « Navy ». Ce sont les canonniers anglais, autant, et peut-être plus que leurs chefs, qui ont remporté les grandes batailles de l'Ancien Régime. Ce sera encore plus vrai sous la Révolution et l'Empire. Or il n'y a pas de secret : ces qualités ne s'acquièrent pas seulement par un exercice prolongé dans le port, qui ne sert que d'instruction de base préalable, mais bien plus par l'exercice incessant à la mer. Pointer juste, et charger vite par gros temps, par tangage et fort roulis ne s'improvise pas, aussi peu d'ailleurs que les autres manœuvres élémentaires que La Luzerne veut confier à des terriens d'origine. Ne parlons pas des difficultés régionales qu'aurait suscitées l'application de son projet dans les régions non soumises au système des classes (d'autant plus qu'il prévoyait un paiement inférieur aux classés).

La guerre de Sept Ans avait fait apparaître la nécessité de disposer d'écoles de canonnage en rade, et d'exercices en mer. Mais ces écoles, prolongées en temps de paix par la mise en commission permanente d'une escadre d'évolution, coûtent cher, et la réduction drastique des dépenses courantes consécutive à la crise financière à partir de 1788 a réduit à peu de choses ces indispensables innovations.

La Luzerne n'a sans doute pas tort. Il est plus que probable que la presse anglaise introduisait dans la « Navy » de très forts contingents de non-marins, tirés au surplus dans la « lie des ports ». Le fait que l'Angleterre n'ait pas disposé de système des classes, donc d'une administration fondée sur la statistique, la classique non centralisation de l'administration anglaise en général handicapent lourdement l'historien naval. Non sans avantages pour l'Angleterre. Alors que les consuls de France ont, en 1785, recensé sans trop de difficultés le nombre au moins approximatif des navires de commerce de tous les Etats européens, ils ont été dans l'incapacité, du moins en 1785, de chiffrer de manière valable le tonnage de la marine anglaise. Les consuls de France ont, évidemment, plus ou moins bien fait leur travail. Le grand recensement de 1785 comporte des erreurs certaines, variables en fonction de la capacité intellectuelle de l'enquêteur. Aini l'historien Georgelin, spécialiste de l'histoire vénitienne, pense qu'il faut doubler le tonnage de la marine vénitienne. Ce qui est possible, la tendance générale de l'époque (et de la nôtre) étant de ne voir en Venise, à la fin du XVIIIe siècle qu'une puissance secondaire. Le poste d'ambassadeur à Venise était, en tout cas, dans la hiérarchie diplomatique française, avec celui d'ambassadeur à la diète de Ratisbonne, le moins élevé, partant le moins rémunérateur. Mais ce rapport d'erreur de 2 à 1 (qui n'est pas fréquent, et ne change guère l'évaluation de l'ensemble de la recherche) n'est rien à côté de l'imprécision régnant à propos du tonnage anglais. On oscille en effet, suivant la source utilisée, française ou anglaise, entre 1 200 000 tonneaux et 2 500 000 tonneaux. Ce qui ne se différencie guère de la marge d'erreur vénitienne, mais porte sur des chiffres en soi astronomiques puisque 1 250 000 tonneaux représentent l'équivalent des flottes française, espagnole et hollandaise additionnées. L'espionnage français de la fin de l'Ancien Régime est ainsi singulièrement moins efficace que celui de Colbert et de Maurepas. Malheureusement, cette documentation n'a pas été conservée. Nous disposons, de plusieurs lettres d'envoi mentionnant tant au XVIIe qu'au XVIIIe siècle des listes accompagnatrices port par port. De celles-ci, il n'en demeure aucune. En sorte que l'on est obligé de se contenter d'approximations. Mentionnons, pour ce qu'elle vaut, une statistique espagnole. Elle donne pour la marine anglaise les chiffres suivants : 1700 : 273 693 toneladas ; 1715 : 421 431 ; 1728 : 432 832 ; 1738 : 476 941 ; 1750 : 609 798 ; 1785 : 951 885 ; 1790 : 1 260 828 et 1792 : 1 396 000. En dehors de la question complexe de la tonnelada, il semble que l'on puisse admettre la courbe d'évolution, les chiffres eux-mêmes restant discutables. Quant au nombre des gens de mer anglais, l'évolution, à notre époque aurait été la suivante 1785 : 65 880 (ce qui est peu par rapport aux chiffres de lord Liverpool) 1790 : 112 556 (l'on s'expliquerait difficilement une augmentation de près de 46 676 unités dans le laps de temps si court d'à peine 5 ans) ; 1795 : 116 467 et 1800 : 140 661 ; ce qui est peut-être beaucoup par rapport aux premiers chiffres du Lloyd au XIXe siècle. Disons simplement que par rapport aux effectifs du système des classes, le stock des matelots anglais représente près du double du stock français...

La marge de supériorité anglaise est évidente ; or, paradoxalement, le système de la « presse », pour arbitraire et injuste qu'il soit, aboutit, dans la réalité, à une formation pratique prolongée reposant sur les deux piliers de la force anglaise : la formation initiale au port, et la formation permanente en mer. La première n'est pas sans inconvénients. Maintenir des mois durant à la vue des rivages une masse d'hommes seuls qu'il faut constamment surveiller en leur imposant une discipline draconienne suppose une vie très dure : elle n'est pas sans évoquer celle des prisonniers français sur les pontons dont elle ne se différencie pas tellement. Pour peu que le ravitaillement en légumes et en viande fraîche ne soit pas convenable, il peut arriver qu'une station prolongée équivale à une forte partie du temps « d'incubation » du scorbut. La seconde suppose, en dehors de la maîtrise de fait de la mer, une capacité de financement qui est la condition sine qua non du maintien prolongé des escadres en mer, comme de leur ravitaillement en aliments anti-scorbutiques. Or, ni sous l'Ancien Régime, ni sous la Révolution, les milieux politiques français n'ont pleinement réalisé l'importance des investissements à fournir. Tous les politiques, sans doute, devinent l'énormité du financement nécessaire à la construction navale. Peu savent que ce n'est rien à côté des sommes exigées par le maintien en état des navires par radoubs plus ou moins complets, par reconstructions fréquentes qui finissent par transformer totalement les navires. En dehors du paiement des salaires, encore moins d'hommes d'Etat reconnaissent la nécessité capitale d'exercer la marine en mer dès le temps de paix ; or c'est le poste le plus aisément comprimable sans que, dans l'immédiat, il retentisse sur les statistiques annuelles. Eternel problème, qui n'est pas seulement du XVIIIe siècle. D'où d'ailleurs, pour l'historien, la nécessité de se méfier des chiffres globaux des navires. Il ne signifie, en soi, pas grand-chose, sinon un ordre de grandeur qu'il convient de vérifier soigneusement. Qui plus est, le problème des équipages est étroitement lié à celui de l'encadrement, maistrance et surtout corps d'officiers.

LE MONDE DES OFFICIERS

Le problème crucial du corps des officiers français du XVIIIe siècle réside dans la croissance du nombre des navires utilisés en temps de guerre. La tendance est de disposer dès le temps de paix du nombre d'officiers nécessaires en temps de guerre : « Le nombre des élèves et des officiers... entretenus par la France me paraît devoir être sur le même pied en paix qu'en guerre. Je crois, de plus, qu'il convient de le fixer sur le plus grand pied de guerre et même avec surabondance. » La conséquence logique de cette attitude est d'avoir, en temps de paix, des équipages réduits à environ un dizième des effectifs globaux (et même nettement moins) et pour les officiers, d'entretenir un nombre dépassant de beaucoup les besoins de la paix. Ce qui signifie qu'il n'est pas, en 1783, de démobilisation massive du corps des officiers. Ils continuent d'être payés, ce qui donne à la noblesse un avantage social évident. Notons que l'encadrement, en temps de paix, s'avère être de 1 à 4 sur le plan théorique. Dans les faits, dans la période sans crises, le nombre des officiers est dans les arsenaux de 1 à 10 hommes. En temps de guerre il passe de 1 à 66, voire légèrement plus. Ces faits ont une incontestable importance. Or le maintien des effectifs à ce niveau semble encore insuffisant aux bureaux de la Marine. L'Angleterre « entretient pour la seule marine militaire un nombre d'officiers qui, d'après notre manière de calculer, doit nous paraître exorbitant et qui est même disproportionné au nombre des bâtiments de guerre qu'elle pourrait armer... Voici le nombre des officiers de sa marine militaire : 55 officiers généraux de tout grade, 462 capitaines de vaisseau, 163 masters and commanders, 1 408 lieutenants, en tout 2 088 officiers. Elle entretient une grande surabondance de capitaines et une surabondance moins frappante de masters et de commanders. » En d'autres termes, le nombre des officiers français est très insuffisant. Nous voilà donc au cœur du problème majeur que va poser l'attitude des révolutionnaires face à la marine. Globalement, elle dispose d'environ 1 100 à 1 200 officiers de marines (contre quelque 11 000 officiers de l'armée de terre). Peut-on les augmenter en temps de guerre ?

Qui ne connaît la question des officiers rouges et des officiers bleus ? Elle a occupé, dans les controverses révolutionnaires, une place majeure, reposant sur l'équation : officiers rouges = nobles ; officiers bleus = roturiers. Il est incontestable que pendant la Révolution, plus d'un officier bleu a utilisé, à son profit, l'argument noblesse/roture. Mais les documents sont étonnamment peu nombreux : cas individuels trop facilement généralisés. La thèse de J. Aman a fait justice de ce qui n'est, au fond, que mythe sans grand fondement. Vu les disponibilités financières, la France n'a jamais pu entretenir un corps d'officiers aussi fourni que celui de l'Angleterre. Certes, les chiffres avancés par La Luzerne mériteraient une discussion critique. N'en demeure pas moins que la comparaison France/Angleterre en matière d'officiers démontre une nette marge de supériorité anglaise. Pour une marine supérieure d'un bon tiers (en fait un peu plus, entre 40 et 45 %) à la française, le corps d'officiers anglais est, approximativement, le double du français. Or les officiers bleus ne sont rien d'autre que des officiers de réserve recrutés pendant les guerres, et plus ou moins démobilisés en temps de paix. Ils sont, en tout cas comme il est logique, destinés à armer des navires de moindre importance. Plus grave : l'étude précitée révèle que leur origine est, grossièrement, similaire au recrutement social des officiers rouges : le « grand corps ». La répartition n'est cependant pas la même : la part des officiers issus de la défunte compagnie des Indes y est beaucoup plus grande ; mais le nombre des roturiers est réduit. Il existe, sans doute, une certaine rivalité entre les deux groupes d'officiers et certains officiers bleus s'estiment, avec plus ou moins de raisons, brimés, ou, du moins retardés dans leur carrière dès lors qu'ils souhaitent l'intégration. Il faudrait voir dans le détail si cela est vrai et dans quelle mesure cela est justifié : certaines plaintes reposent sur des jugements sévères de la part des officiers supérieurs. Sans nier l'existence d'un problème, il est évident que l'opposition rouges/bleus repose assez largement sur une reconstruction de type propagandiste sans grand rapport avec la réalité. Relevons au passage que les plaintes semblent émaner essentiellement des anciens officiers de la Compagnie des Indes, dont on sait par ailleurs (thèse de P. Haudrère) qu'ils sont pour une large part Malouins. Or cette rivalité entre cadres de la Compagnie des Indes et corps des officiers remonte à l'époque de la guerre de la succession d'Autriche et à celle de Sept Ans, guerres pendant lesquelles les escadres de Mahé de La Bourdonnais d'abord, du comte d'Aché ensuite avaient été constituées, pour l'essentiel, de navires de la Compagnie regroupés autour d'un ou de deux navires du roi. La coopération n'avait pas été parfaite et avait laissé, des deux bords, des traces. Dans les batailles, ces cadres de la Compagnie s'étaient cependant très bien comportés, plus habitués à ces mers tropicales que les officiers du roi.

Les chiffres ne sont qu'une donnée militaire. La qualité du corps des officiers et des équipages en est une autre. Le courage et la bravoure ne sont pas en cause. Autant le comportement de certains (nombreux) équipages espagnols est par moments douteux, autant la valeur des trois corps d'officiers espagnols, français et anglais est évidente : « Peut-on être surpris si ces malheureux (matelots espagnols) étaient épouvantés et de ce que, recevant l'ordre de monter aux vergues, tombaient à genoux et se lamentaient, demandant qu'ils préféraient être fusillés plutôt que de pouvoir exécuter cet ordre », note un historien anglais (W. James) : ne s'improvise pas marin qui est inscrit dans la « Matricola del Mar ». La réalité ne correspond pas aux belles pages des statistiques administratives. Il est des exemples plus dramatiques, comme ces matelots se réfugiant dans la bataille à fond de cale ou se cachant... sous les canons. L'improvisation révolutionnaire aboutira parfois à des résultats comparables. La bravoure exemplaire du « Cuerpo General » ne fait, en revanche, aucun doute. Formé à l'exemple de la marine française, recruté, lui aussi, dans la noblesse, le « Cuerpo General » était passé de 534 officiers en 1764 à un effectif de 1 333 membres en 1789 pour aboutir en 1801 au chiffre de 1 560 officiers. Soit, ici encore, pour une marine légèrement inférieure à la française, comportant en tout cas un nombre beaucoup moindre de petits navires, une comparaison numérique défavorable à la France. Corps attirant d'ailleurs puisqu'il comporte un nombre pas tout à fait négligeable de cadets d'origine étrangère, principalement des Russes, mais aussi des Anglais.

Le recrutement de ces officiers de marine pose en France nombre de problèmes. C'est qu'au moment où démarre la Révolution française, ce corps se trouve en pleine mutation. Le règlement du 29 juin 1788 avait, en effet, établi « un concours public et annuel où les places d'élèves-officier à donner sont pour ainsi dire légalement adjugées à qui est le plus instruit... Depuis cette époque, il n'en a point été accordé autrement, et la règle a été inviolablement observée. » En théorie ce concours d'entrée dans les cadres des cadets-officiers de marine est réservé aux seuls nobles. Il y a là une contradiction interne qui n'a échappé ni à La Luzerne, ni aux bureaux de la Marine. Nous avons l'impression qu'ils ont conçu le tout comme une étape préparatoire à la mise en place d'un concours sans limitation sociale. La Luzerne le dit, et le fait qu'il le dise en 1790 ne signifie rien : à plus d'une reprise, Malesherbes a tenté d'utiliser ce procédé pour entraîner plus loin le roi réticent. Le frein a été, une fois de plus, le roi lui-même. Laissons la parole à La Luzerne sur le sens de ces mesures. Il regrette « les préjugés de ce temps et contre lesquels il n'était pas en mon pouvoir de lutter exclusivement dans tous les services militaires, de la route qui menait directement au grade d'officier quiconque n'avait un certain nombre de degrés de noblesse. Cette règle antérieure et générale n'a point été révoquée par le règlement que je cite (29 juin 1788) mais il est aisé de sentir combien elle était contraire à son esprit, à la concurrence qu'il a eu pour objet d'établir et que j'aurais voulu générale. » Effectivement La Luzerne appartient à cette fraction, beaucoup plus répandue qu'on ne le dit, de la noblesse « libérale », très largement acquise à nombre de réformes comme à l'idée de la monarchie constitutionnelle. Et de préciser : « Votre Majesté sait que le temps présent ne change point mon opinion à cet égard ; que plusieurs fois avant que les changements actuels puissent être prévus, j'ai insisté fortement auprès d'Elle, et de son Conseil sur la nécessité de considérer, non ce que les hommes étaient nés, mais ce qu'ils étaient lorsqu'il s'agissait de distribuer entre eux des emplois importants. » Ce qui est un rappel délicat destiné à laisser comprendre à Louis XVI qu'il avait bien eu tort de ne pas suivre ces conseils. Une fois de plus nous possédons la preuve, ici indirecte, de ce blocage ancien de bon nombre de réformes par le roi en personne. La Luzerne précise : « Je crois cette maxime vraie, surtout à l'égard des officiers de marine. Le métier qu'ils doivent faire exige tant de connaissances et de talents qu'il est plus utile encore relativement à ce service qu'à tout autre d'admettre quiconque remplira les autres conditions exigées et de ne point restreindre par de vaines prétentions un choix dont il est difficile que beaucoup de prétendants se rendent véritablement dignes ; mais je crus faire beaucoup en 1788 d'opposer une barrière insurmontable aux titres qui donnai(ent) précédemment la faveur ;

de m'enlever à moi-même et à mes successeurs la possibilité d'en conférer jamais aucune, en ouvrant du moins un concours libre et public à tous ceux qui avaient acquis le privilège de s'y présenter, d'après les opinions alors reçues et en assurant entre eux les places vacantes aux plus dignes. Mais si l'espèce de condition imposée dont je viens de parler me paraissait nuisible au bien du service, les trois premiers articles du règlement en ont établi trois autres que je regarde comme nécessaire. » Phrase qui sonne en cette fin de 1790 comme un avertissement au roi de ne pas tenter de revenir en arrière : cette noblesse libérale a adopté quelques-uns des éléments essentiels de la Révolution de 1789.

Résumons ces trois conditions. La première fixe le niveau des connaissances requises ; la seconde comporte la définition même de la notion de concours de mérite : ne dépasser, en aucun cas, le nombre de places accordées ; la troisième situe l'entrée au concours dans une plage très étroite d'âge, entre 15 et 16 ans. Il ne s'agit pas, en effet, de recruter, voire de former des savants, mais de transformer « le jeune mathématicien en jeune navigateur » : « L'expérience a démontré qu'entre 15 et 16 ans des jeunes gens peuvent parfaitement par leurs études s'être avancés plus dans les sciences abstraites que le métier auquel ils se destinent. » Et de noter la sévérité de ce concours, puisqu'en 1790 il y avait 200 candidats dont 80 qui « avaient acquis plus de connaissances que le règlement n'en exige » sur lesquels on a reçu 40. Soit la proportion de un reçu pour cinq candidats « théoriques » et de un reçu sur deux candidats à la hauteur de l'épreuve. Ce qui permet à La Luzerne, avec la pointe d'emphase que comporte l'époque, de noter : « On observe tous les ans qu'il se présente au concours une foule surabondante et très disproportionnée aux besoins qu'on a de remplacer un certain nombre d'élèves, en sorte qu'on est contraint d'en refuser beaucoup. » On aimerait savoir dans quelle catégorie se situait le candidat Chateaubriand refusé au concours : candidat normal ou candidat disposant des connaissances au niveau du concours. « L'escapade » de Brest — au demeurant assez obscure, et quoique placée en 1783 sous les auspices de l'oncle maternel le comte Ravenel de Boisteilleul, chef d'escadre —, n'avait pas réussi... Ne nous exagérons d'ailleurs pas la portée scientifique de ces connaissances, fussent-elles mathématiques. L'âge du concours l'interdit d'ailleurs, et plus encore le niveau habituel des capacités mathématiques de l'enseignement de base de la fin du XVIIIe siècle. Même dans l'école des gardes de la marine, les ouvrages utilisés, comme le Bezout, relèvent d'abord des quatre opérations élémentaires, complétées par ce qui, par rapport à nos classes de mathématiques élémentaires serait simple introduction. Que certains officiers de marine soient de véritables savants, comme le chevalier de Fleurieu, voire comme Kersaint, que d'autres aient laissé des manuscrits (surtout de balistique) développés ne signifie nullement que l'on poussât très loin les connaissances algébriques ou autres. Les mathématiques servaient ici, comme elles le feront désormais jusqu'à nos jours, de moyen de sélection préalable. On n'y tenait d'ailleurs pas : « Il serait contre l'intérêt de l'Etat de retarder l'admission de tous les sujets et on la retarderait en effet en permettant qu'ils se présentassent jusque à un âge plus avancé : car dans l'adolescence un ou deux ans sont beaucoup relativement aux progrès qu'on peut faire dans les sciences mathématiques et s'il est décidé qu'on aura la faculté d'être admis au concours jusque à 18 ans, toutes les places d'élèves ne se trouveront par le fait devoir être adjugées qu'à des jeunes gens âgés de 18 ans ou à peu près, ce qui produirait un mal réel. On aura à l'avenir dans la marine un peu plus de géomètres et beaucoup moins de marins. » L'école est, en effet, complétée par l'exercice à bord d'une corvette d'instruction spécialement prévue « pour former les élèves à la pratique qu'ils embrassent dès le moment même où ils sont admis » c'est-à-dire pour recevoir « des leçons de manœuvre, de navigation, d'artillerie, de construction, de dessin ».

C'est dire que la réforme du recrutement des officiers était en plein développement, et qu'elle aurait abouti, à plus ou moins long terme, au but visé par La Luzerne et Malesherbes : ouvrir progressivement le corps à la seule compétence. Incontestablement, le modèle en partie désigné est ici l'Angleterre, le corps des officiers français ayant la réputation d'être plus fort sur le plan théorique que son congénère britannique, mais beaucoup moins sur le plan pratique. Revenons au corps des officiers lui-même. Remarque préalable : les historiens de tout bord ont critiqué le grand nombre d'officiers supérieurs que comporte la marine française. Comparé à celui de la « Navy », il ressort qu'en soi ce chiffre n'est nullement exagéré. La marine espagnole en a proportionnellement moins : en 1789 il existe, en dehors du « Director General » unique, 12 « Teniente General », 15 « Jefe de Escuadra » et 39 brigadiers pour 97 capitaines de navire et 137 capitaines de frégate. Plus grave est le vieillissement du corps des officiers supérieurs. En dépit d'une purge fondée largement sur la notion de « jeunesse » et de « vieillesse », Choiseul ayant mis automatiquement à la retraite qui lui semblait inapte, le sommet de la hiérarchie maritime française reste âgé. Nous ne possédons pas encore d'étude sur lui, la grande thèse de M. Vergé-Franceschi et les études de l'inspecteur général Taillemite ayant essentiellement porté sur les officiers supérieurs de l'époque de Louis XV. Ces études dévoilent une réalité très sensiblement différente de ce qu'on a eu longtemps l'habitude de dire et d'écrire — et qui s'écrit encore trop souvent.

La marine française de 1789 reflète encore, quoique très adoucis, les traits d'origine de la flotte de guerre. Colbert et ses successeurs immédiats ont été obligés d'improviser, de « bricoler » de pièces et de morceaux le corps des officiers, à une époque où la hiérarchie sociale commande seule l'obéissance. Le nombre des officiers marins était, en 1661, très insuffisant : il fallait donc — et l'on ne pouvait faire autrement —

élargir au maximum le recrutement. Comme la marine était, en outre, instrument récent, donc sans prestige, il fallait à tout prix en donner à l'ensemble du nouveau corps, et cela ne pouvait se faire qu'en y attirant de grands nobles, issus de familles prestigieuses. Leur nombre n'étant pas indéfini, le recrutement s'est donc opéré dans les grandes parentèles-clientèles des secrétaires d'Etat à la Marine intéressées à la montée en puissance de la marine. M. Vergé-Franceschi a eu l'heureuse idée de ne pas se contenter des classiques études de généalogie « remontantes », de type « Kékulé-Stradonitz », consistant à partir d'un homme pour relever systématiquement les ascendants directs (les fameux « quartiers » des preuves de noblesse à l'allemande), mais d'inclure dans ses décomptes la clientèle latérale des cousins, arrière-cousins avec, en plus, leurs liaisons matrimoniales. La méthode s'avère idéale pour la définition des clientèles. Il en ressort que les clientèles des divers membres de la famille Colbert (champenoise pour le contrôleur général lui-même, mais aussi largement issue du Centre-Ouest pour celle de cet homme déterminant et déterminé qu'est Colbert du Terron) se double de toute une série d'autres clientèles, dont l'une des principales a été celle de Madame de Maintenon. Autant il convient d'être prudent devant les accusations outrées de Saint-Simon, autant la descendante d'Agrippa d'Aubigné semble bien avoir été étrangère à la révocation de l'édit de Nantes, autant il est vrai, en revanche — ce dont personne ne se doutait — qu'elle est le sommet d'une clientèle maritime saintongeaise et du Centre-Ouest. Comme, par ailleurs, l'ascension sociale est, par définition, lente, le corps des officiers supérieurs de l'époque de Louis XV a ses racines profondes dans la marine de Louis XIV. On peut donc suivre l'évolution de ce corps en retenant pour les besoins de la démonstration simplement quelques éléments majeurs éclairant la situation de 1789.

Tout d'abord la continuité humaine entre le XVIIe siècle et le XVIIIe siècle est totale : Maurepas a eu soin de laisser subsister intégralement le corps des officiers, alors que le corps de bataille des navires s'amenuisait infiniment, entre 1708 et 1740. Ce qui a permis de récupérer assez facilement des fortes pertes entre 1740 et 1763. Par ailleurs il n'existe pas d'âge de retraite. Comme la sélection « naturelle » par les batailles et la mortalité en expédition est forte, seuls survivent les plus chanceux et les plus résistants. L'on a, ainsi, à la fin du règne de Louis XV, un remarquable groupe de vieillards dont quelques-uns sont encore très verts. Tout le monde n'a certes pas la vitalité de tel amiral de 70 ans convolant pour la deuxième fois en justes noces — et comme de juste — avec une « jeunesse » pour procréer. Mais il en est d'autres qui ont conduit les escadres au combat, sans faire moins mal que leurs émules plus jeunes. Enfin ce corps s'avère, à son sommet, nettement plus bigarré sur le plan social qu'on ne l'imaginait. En décomptant les roturiers arrivés en tant que tels au grade de chef d'escadre, il est nombre de nobles de naissance si douteuse qu'on est obligé de leur donner en tout hâte une lettre de confirmation de noblesse en tant que besoin. Avec les fils d'anoblis et les anoblis, l'on en arrive, vers le milieu du XVIIIe siècle, à un pourcentage frôlant ou dépassant le tiers des officiers supérieurs. Or ceci se passe au sommet. On peut donc en tirer la conclusion que les preuves de noblesse étaient une passoire finalement assez facile, sinon à éviter, du moins à percer. Nous manquons, à l'heure actuelle, d'une étude quantitative de l'ensemble du corps des officiers de marine de l'Ancien Régime. Travail immense, puisqu'entre 1661 et 1789 on n'en compte guère moins de 15 000. A priori, si cette situation est celle du sommet du corps, on peut en inférer qu'il n'en allait pas différemment dans le reste du corps et que les proportions devaient être sensiblement les mêmes.

Dernier point, et non des moindres. Les nominations d'officiers, les promotions doivent infiniment moins que ne le clame la légende, à la faveur et à la naissance liées à la noblesse de Cour. En réalité, les clientèles ministérielles et celles de Cour ont été largement relayées par la formation de clientèles portuaires régionales dominées par des patrons qui ne sont personne d'autre que les grandes familles d'amiraux. Il en a résulté une forte régionalisation du recrutement du corps des officiers, liée en partie aux arsenaux. La noblesse de Cour a donc perdu une partie de l'influence qu'elle exerçait au XVIIe siècle. Mieux encore : le courrier entre le secrétariat d'Etat et les responsables des ports montrent que l'opinion du corps compte énormément dans les promotions. Il ne faut pas laisser se développer « la grogne des ports ». Or l'opinion commune des officiers attache beaucoup d'importance à l'ancienneté, au nombre des blessures et des maladies au service du roi (brandies en toute occasion pour obtenir une faveur), au nombre des campagnes, aux services rendus par l'ensemble de la famille, suivant un schéma bien connu par l'étude des lettres de noblesse de mérite qui procèdent du même état d'esprit. C'est donc une image contrastée qui ressort de ces études. Il faudrait, sans doute, pousser davantage : la période de 1774 à 1789 a largement renouvelé les cadres inférieurs de la marine. Et l'on s'explique assez bien la froide malveillance qui a accueilli le futur Philippe-Egalité lors de son commandement par ailleurs si discuté à la campagne d'Ouessant au début de la guerre d'Indépendance américaine. Le haut commandement français s'est montré assez brillant durant la guerre : « Ce corps de la marine, si méritant, si illustre, ces compagnons des Suffren, des La Motte-Picquet, des Du Couédic, des d'Estaing, échappés aux coups de l'ennemi » comme le dit Chateaubriand. Mais La Motte-Picquet est descendant d'un greffier au Parlement de Bretagne, anobli, ne pouvant donc, en 1789, se présenter comme simple électeur dans le corps de la noblesse bretonne.

Quels sont les rapports entre ce corps d'officiers et leurs équipages ? Sous l'Ancien Régime — pas plus que pendant la Révolution — ces corps ne sont pas parfaitement homogènes et établissent entre eux des relations autres que purement « verticales ». La solidarité de l'origine géographique est très importante, et l'on en tient compte. Brest est « ravitaillée » par les hommes classés en Bretagne et sur les rivages de la Manche. Mais Bretons et Normands se détestent, tout comme les officiers issus des mêmes régions. Toulon s'appuie sur les ressources humaines, comme il est logique, du monde méditerranéen, alors que Rochefort reçoit ses hommes à la fois des régions aquitaines, qui sont insuffisantes, et des deux autres régions. L'antagonisme maximum s'avère dominer entre Bretons et Provençaux. La Révolution ne fera qu'attiser ces répulsions réciproques : les raisons politiques vont renforcer les préjugés, on serait tenté de dire xénophobes. Il existe d'ailleurs quelque chose de ressemblant dans la marine espagnole, entre les classés des côtes méditerranéennes, de l'amirauté de Carthagène et les gens de mer du nord-est de la péninsule. L'Angleterre elle-même n'en est pas exempte : les Irlandais qui sont assez nombreux dans la « Navy » (du fait de leur pauvreté) sont catholiques : ils seront travaillés parfois par des agents français ne jouant pas sur la religion, mais sur la haine de l'Anglais. Or les états-majors partagent souvent, plus ou moins, ces attitudes. Suffren est adoré par ses matelots provençaux dont il partage les habitudes de langage grossier, les manières de vivre, le sans-gêne, mais aussi la crasse (souvent considérée dans la marine comme une protection sanitaire, héritage des vieux préjugés sur l'obligation de « fermer » les pores de la peau pour empêcher l'intrusion de la maladie, alors que le bain, l'eau, les ouvre). De ce fait, il est haï des états-majors bretons (qui forment un tiers des cadres de la flotte, en forte progression par rapport au début du siècle) : refermés sur leur dunette , très attachés à la « propreté » vestimentaire et au décor social, ils ne peuvent que refuser le débraillé démagogique d'un amiral à qui il arrive de faire sortir ses pieds nus à travers les hublots de sa cabine. Petits détails, mais qui dans la promiscuité des jours et des nuits, finissent soit par rapprocher, soit par créer d'éternelles inimitiés. Il subsiste même quelque chose des rapports seigneuriaux chez les Bretons. Coupés par leur langue de tout contact avec les autres membres de l'équipage, les Bas-Bretons trouvent dans leurs officiers un certain recours.

Dans l'ensemble, les rapports entre officiers et équipages semblent, tant en France qu'en Angleterre, bons. Les manquements graves à la discipline sont rares, les mutineries, relativement fréquentes dans la marine de commerce, et plus encore chez les corsaires, sont peu répandues et peu importantes dans la marine de guerre. Plus d'un officier s'en flatte à la veille de 1789.

Encore convient-il de lire entre les lignes. La documentation dont nous disposons est officielle ; elle n'enregistre que ce que le capitaine veut bien laisser transpirer des événements réels. La discipline maritime, si elle a été quelque peu adoucie (surtout envers les déserteurs) reste rude et sévère :

elle masque par la peur qu'elle inspire plus qu'on ne le pense. N'en demeure pas moins l'essentiel : équipages comme officiers communient dans un commun mépris, une même méfiance, parfois une même haine envers l'Anglais. Ces sentiments sont particulièrement vifs chez les Bretons : à qui il arrive, même en temps de paix, de se « frotter » avec l'Anglais, que ce soient les pêcheurs de Terre-Neuve, les contrebandiers de la Manche et de la mer d'Irlande. Pour lutter contre ce fléau, la « Navy » a organisé au cours de la décennie prérévolutionnaire tout un système complexe reposant d'une part sur des troupes mobiles en Angleterre, et de l'autre sur un nombre grandissant de petits navires de guerre en commission chargés d'arrêter au maximum un commerce aussi préjudiciable, principalement à la Compagnie des Indes orientales anglaise (E.I.C., dont le thé est, avec la porcelaine, l'un des objets majeurs de la contrebande).

La Révolution va, nécessairement, interférer avec ces tendances générales, de manière infiniment complexe, et très diversifiée, des deux côtés de la Manche. N'empêche que, sur le plan numérique comme sur celui du qualitatif, l'Angleterre dispose d'une énorme avance sur son adversaire potentiel français. Le monde marin anglais dépasse les 100 000 unités, alors que le français ne dépasse guère les 80 000, dont seulement 50 000 matelots. Or, sur le plan matériel, l'avance anglaise, pour être moins nette, n'est pas moins évidente. Quels sont donc les instruments dont disposent d'abord les deux marines, et par delà, les autres marines réputées secondaires ? Car face à la supériorité humaine des effectifs (et de leur qualification initiale), la seule possibilité de compensation s'établit, sur le papier, par l'addition de deux puissances, et mieux encore, de trois d'entre elles contre l'unique dominante. Ce qui avait eu lieu pendant la guerre d'Indépendance américaine, non sans déboires. Or, dans sa première phase au moins, la marine française aura, de 1793 à 1795 affaire non seulement à la seule « Navy », mais aussi à la marine espagnole, hollandaise et même napolitaine...

CHAPITRE II

LES FLOTTES EN PRÉSENCE

LE PROBLÈME MATÉRIEL

Compter les vaisseaux de ligne et les frégates, c'est-à-dire les deux types de gros navires, les seuls à pouvoir participer aux grandes batailles navales est réflexe premier de tout historien. L'aspect numérique prime dans un premier temps. Cela ne date pas d'hier. Les archives regorgent de pareilles comparaisons, qui est exercice quasi obligé de toute la bureaucratie navale, partout en Europe. Les gazettes hollandaises, de leur côté, spéculent tout au long des conflits, et même en temps de paix, à la moindre alerte sur la mise en parallèle des effectifs de navires disponibles chez les parties en présence. Ceci au point que les services de renseignement se fondent parfois sur ces listes journalistiques.

A y regarder de plus près, ces listes se divisent en deux types : 1) la comparaison immédiate, à une date donnée, du nombre des navires des deux adversaires. S'y ajoutent souvent quelques rares données précises : le nombre des canons, leur calibre, le chiffre des équipages (chiffre théorique) et, parfois, le lieu et la date de construction. C'est sur ces données élémentaires que se fondent les calculs stratégiques des « experts » comme des politiques. Non sans inconvénients, comme on le verra, car ces chiffres théoriques faussent parfois la vision de la réalité ; 2) la comparaison chronologique, rétrospective, entre des escadres d'une même nation à des dates différentes. L'exercice, ici, est plus abstrait, et dans l'immédiat, peu utile. Il révèle simplement la prise de conscience de l'évolution des techniques, comme des conséquences, explicites ou implicites, que l'on en tire. Pour l'historien, ce deuxième type de comparaison est infiniment précieux : il prémunit d'emblée contre une vision très largement répandue parmi les historiens des sciences et des techniques, à savoir que rien ne ressemble plus à un vaisseau de ligne du XVIIe siècle qu'un vaisseau de la fin du XVIIIe siècle. Or rien n'est plus faux. L'évolution technologique a été, tout au long du XVIIIe siècle, très rapide, et elle s'accélère dans les dernières décennies. Pareil décalage entre le sentiment des contemporains et le « consensus » des historiens exige explication. La première est d'ordre visuel. Les dimensions des vaisseaux de guerre n'ont, par rapport à 1650, que peu évolué : les bâtiments se sont allongés de quelques mètres à peine. Ce qui, de loin, ne se voit guère. De prime abord, les gros tonnages, ceux qui frisent ou dépassent les 3 000 tonneaux de jauge — les « monstres » de l'époque — ne se distinguent guère, même à la lunette d'approche, des gros commerçants des compagnies des Indes orientales. Il y a donc une double illusion d'optique à éviter : la nôtre, consistant à confondre des navires d'époque différente (or, par la force des choses, une marine est nécessairement composée de navires anciens comme de navires plus récents) ; celle des gens du XVIIIe siècle. C'est ainsi que l'escadre de l'Ile-de-France, rencontrant dans les détroits malais un groupe de navires de la Compagnie des Indes orientales anglaise, les a pu prendre pour une escadre de guerre. L'amiral anglais commandant le convoi avait eu l'heureuse idée de multiplier les sabords (peints), donnant l'impression extérieure d'un navire de ligne, comme aussi de foncer sur l'adversaire, en espérant lui en imposer. C'est ainsi que la marine révolutionnaire a raté ce qui eût été son plus grand succès. L'illusion est révélatrice. Des dimensions et une silhouette peu différentes de celles des navires de commerce : comment ne pas être tenté de penser que ces navires se commanderaient de la même façon ?

Revenons cependant d'abord à l'aspect premier de ces décomptes. En 1783, la flotte française est formée de 69 vaisseaux de ligne et de 55 frégates. Deux vaisseaux et une frégate sont en construction. Ainsi, globalement, la flotte de ligne française correspond aux deux tiers de l'anglaise. En 1789, les chiffres ont sensiblement évolué : les listes de la marine française, tant celles des archives françaises que du service de renseignement anglais, situent la flotte française à 73 vaisseaux de ligne (soit quatre de plus qu'en 1783, chiffre relativement peu important) et à 63 frégates, soit un accroissement important de 11 unités. Sont à cette date en construction 4 vaisseaux de ligne et 4 frégates. Première indication : l'accent a été mis, contrairement à la tradition française du XVIIIe siècle, plus sur les frégates que sur les navires de ligne. Cette première constatation ne suffit cependant pas. De 1783 à 1789, en 7 ans, les chantiers français ont achevé au total 28 vaisseaux de ligne et 23 frégates (ce qui corrige le constat antérieur). C'est dire qu'en 1789 la moyenne d'âge des navires de ligne français est d'environ 11 ans (30 % ont moins de 5 ans et 34 %

entre 6 et 10 ans). Compte tenu des conditions d'entretien des navires de bois de l'époque, cela signifie, en réalité, que les deux tiers des navires de ligne sont presque immédiatement opérationnels. Ce sont là nombres rarement atteints dans les marines d'autrefois. Les chiffres correspondants des frégates sont encore meilleurs : les 63 frégates de 1789 ont une moyenne d'âge de moins de 10 ans. Un tiers, exactement, d'entre elles a moins de 5 ans, et 40 % d'entre elles se situent entre 6 et 10 ans. Les trois quarts des frégates sont immédiatement opérationnelles. Les moyennes de construction annuelles sont de 4 pour les vaisseaux, de 3 pour les frégates. Or ce sont des navires beaucoup plus puissants, plus rapides, plus solides que ceux du règne de Louis XIV.

Ces chiffres inédits, qui proviennent de l'enquête informatisée de Madame Acerra, révèlent l'énormité de l'effort naval de la dernière décennie de l'Ancien Régime, rarement soulignée dans les manuels. La Révolution, disons-le d'emblée, ne faillira pas à la tâche, et prolongera l'effort : chapitre encore plus rarement soupçonné de l'histoire révolutionnaire, chapitre passionnant d'efforts d'adaptation. Il faut prendre à la lettre l'assertion de Calonne dans l'un de ses discours à l'assemblée des notables ; quand il affirme que le déficit du budget annuel des années 1783-1787 correspond d'abord à la reconstruction de la flotte de guerre française, il ne fait que constater une réalité sur laquelle personne, ni à l'époque, ni de nos jours, n'insiste.

Le maniement de ces chiffres démontre, en effet, qu'on a construit 28 vaisseaux nouveaux pour ne voir s'accroître l'effectif total que d'à peine 4 bâtiments en état de servir, et que l'on a construit 23 frégates pour n'accroître leur nombre que de 11 unités. On a donc été obligé de condamner en 7 ans un total de 24 vaisseaux et de 12 frégates, qu'il a fallu remplacer en priorité. C'est dire que les chantiers navals français ont construit l'équivalent de 40 % de la flotte de 1783 en matière de vaisseaux de ligne, et de 50 % en matière de frégates.

Les chiffres sont ennuyeux, mais ils ont leur propre éloquence : ils illustrent de manière brutale l'orientation de la politique extérieure de la monarchie d'Ancien Régime. La marine de guerre est sa priorité absolue, et les chiffres des constructions de la poussière navale en dessous des frégates (corvettes, etc.) ne font que renforcer cette conclusion. C'est l'Angleterre qui est l'ennemie désignée, puisque la guerre d'Indépendance a été, au fond, un échec, l'apparition des Etats-Unis d'Amérique ne pouvant masquer le maintien, intact ou presque, de la puissance navale anglaise.

Ceci oblige aussi à repenser un autre aspect des relations franco-anglaises. Les révolutionnaires ont été, dans leur quasi-unanimité, des anglophiles convaincus, ce entre 1789 et 1792/93. Le « pays de la liberté » a servi, plus d'une fois, de modèle et de prétexte. Bien des milieux dirigeants de l'Ancien Régime partageaient ce point de vue. L'on comprend cependant que, au sommet de la « Navy », on ait été très circonspect en la matière, même entre 1789 et 1793. Car les chiffres de construction navale contredisaient en bloc ces discours et ces tentatives d'approche. De 1789 à 1793, cet effort de construction, loin de s'arrêter, continue sur sa lancée, et le renouvellement effectué par l'Ancien Régime commençant à faire sentir ses effets, l'augmentation du rythme des constructions de vaisseaux de ligne (5 en moyenne par an entre 1789 et 1793, contre 4 de 1783 à 1789) comme des frégates (4,5 par an entre 1789 et 1793 contre 4 par an entre 1783 et 1789) parle un langage tout à fait différent. Ce n'est pas un langage de paix. D'autant moins que les plus anciens des navires étant éliminés, cette flotte jeune de 1789, qui n'a plus besoin de remplacer beaucoup d'unités anciennes, s'accroît brutalement pour atteindre en 1793 le chiffre, inquiétant pour l'Angleterre, de 88 vaisseaux (15 de plus par rapport à 1789) et de 73 frégates (10 de plus par rapport à 1789). Ces chiffres peuvent d'ailleurs constituer un début d'explication de la légèreté avec laquelle on a accepté, du côté français, la perspective d'une guerre navale avec l'Angleterre. Celle-ci n'a pas fourni, entre temps, un effort correspondant : la marge de supériorité quantitative de la « Navy » s'est réduite, et c'est ce qui explique probablement l'affaiblissement des stations navales anglaises et le renforcement de la « Home Fleet ».

Chiffrer le seul effort français conduirait cependant à des erreurs d'interprétation : le réarmement naval est européen, sur une très large échelle, et l'antagonisme franco-anglais latent est loin d'expliquer tout. La guerre d'Indépendance américaine a provoqué un « boom » de toutes les constructions navales européennes, tant civiles que militaires. Toutes les nations y ont participé : en réalité, le mouvement se déclenche avec la guerre de Sept Ans. Dans les années 1770-1773, la flotte russe cherche désespérément des escales aussi bien en Méditerranée orientale qu'occidentale. La correspondance diplomatique de l'ambassadeur de France à Naples décrit aussi bien les intrigues russes dans l'entourage de la reine Marie-Caroline, que la présence parfois « brutale », voire « forcée », de bâtiments russes, tant à Messine qu'à Naples. Sous l'égide du chevalier Acton s'édifie rapidement une puissante flotte napolitaine, tandis que Venise, en un dernier sursaut, mais singulièrement puissant, renouvelle sa propre flotte. Cela est vrai de toutes les puissances navales : cette frénésie d'armement aboutit à ce qu'en 1789, il y a près de 600 vaisseaux de ligne en Europe, un peu moins de frégates, soit un total général approximatif de 3 000 navires de guerre totalisant, en cas de guerre au moins 350 000 « marins », armés de 60 000 canons (au moins dix fois plus que toute l'artillerie des armées de terre en campagne, artillerie de place exclue). Soyons prudents : le tonnage total des marines de guerre pourrait atteindre le chiffre extravagant de 1 500 000 de tonneaux. C'est dire que ce tonnage militaire, construit en moins de 20 ans, atteint plus du tiers du tonnage marin civil disponible. Ces chiffres et ces rapports sont plus ou moins connus, en dépit du fait qu'ils sont secrets d'état, des principaux dirigeants de l'époque, et ils s'en inquiètent. L'Angleterre voit se dresser face à elle, en ordre certes dispersé, toutes les puissances continentales, en train de muer en puissances navales. Robert Fulton, en 1815, à la fin du grand conflit, tentera sinon d'en faire le bilan, du moins d'en retracer, en technicien aux vues d'avenir, le point de départ.

Ce tableau exige, sans doute, beaucoup de commentaires. D'un document manuscrit ou imprimé, les chiffres varient parfois dans des proportions inquiétantes, cela même pour les plus faciles à recenser comme les vaisseaux de ligne. On ne sait pas toujours ce qui a été réellement compté. Parfois l'on inclut dans les chiffres les navires en construction sur cale, alors que d'habitude on ne tient compte que des navires déjà lancés (mais pas achevés). Parfois l'on ne compte pas les vaisseaux « périmés », « hors d'âge ». Les tempêtes, les erreurs de navigation exigent, de leur côté, leur lot de pertes annuelles qui sont, ou non, décomptées. Sous la rubrique 1789 les uns ne tiennent compte que des navires au 1er janvier 1789, d'autres comptent au 31 décembre. Peu importe, les chiffres globaux de navires sont des ordres de grandeur assez rapprochés. Prenons donc ceux de Fulton comme base de comparaison, en remarquant, en passant, que pour la France, la situation réelle est nettement meilleure que ne l'indique notre inventeur-historien, puisque là où il compte 81 vaisseaux il y en a exactement 88, et là où il compte 69 frégates, l'effectif réel est de 63 (situation moins favorable). Il est bien d'autres approximations ou erreurs. Les taux de fourchette de différence supposé/réel restent très acceptables.

Sur le papier donc, on compte, en Europe, douze puissances navales, en y incluant la Turquie (sa flotte est d'usage anti-russe, donc déterminante pour l'Europe) et Malte. En dehors d'elles ne comptent pas, ou guère, Gênes avec ses galères, les Etats pontificaux, Raguse, les villes hanséatiques. Notons au passage que ces Etats-villes disposent, paradoxalement, des plus gros navires de commerce, susceptibles de fournir un moyen de défense relativement efficace. Enfin, Fulton n'inclut pas les gros porteurs des compagnies des Indes orientales, dont la force réelle est celle d'une grosse frégate. On peut donc dire que les totaux de Fulton sont inférieurs à la réalité globale, surtout pour l'Angleterre et la France, dans une moindre mesure pour la Suède et le Danemark, tous deux disposant d'une Compagnie des Indes.

La France fait indiscutablement figure de deuxième puissance navale face à l'Angleterre créditée par Fulton de près de 200 vaisseaux de ligne. C'est qu'il compte les nombreux « 50 canons » anglais, un type de bâtiment abandonné par la plupart des autres nations, mais que les Anglais conservent, en les utilisant comme une grosse frégate dans les mers lointaines et la protection des convois. La « stratégie » de la construction navale anglaise s'avère spécifique. L'effort anglais d'avant 1789 a large-

ÉTAT THÉORIQUE DES FLOTTES EUROPÉENNES EN 1790 D'APRÈS ROBERT FULTON

PAYS	NOMBRE			TOTAL		
	de vaiss. de ligne	de frégates	de sloops	des navires	des canons	équi-pages
Angleterre	195	210	256	661	12 000	100 000
France	81	69	141	291	14 000	78 000
Espagne	72	41	109	222	10 000	50 000
Russie	67	36	700	803	9 000	21 000
Hollande	44	43	100	187	2 300	15 000
Danemark	38	20	60	118	3 000	12 000
Turquie	30	50	100	180	3 000	50 000
Suède	27	12	40	79	3 000	13 000
Venise	20	10	58	88	1 000	14 000
Portugal	10	14	29	53	1 500	1 000
Naples	10	10	12	32	1 000	5 000
Total	594	515	1 605	2 714	59 800	359 000

Robert Fulton, *Torpedo War and Submarine explosions*, New York, 1810 et Otto von Pivka, *Navies of Napoleonic Era*, Newton Abbot, 1980.

ment porté sur les frégates. Cette spécialisation ne se retrouve de fait que chez les Turcs et les Portugais et, dans une moindre mesure, en Hollande et à Naples. La règle générale est que la marine coûtant très cher, la priorité est partout accordée aux vaisseaux de ligne, sauf cas spécifique comme à Naples. Le tableau suivant donne la mesure de ces disparités.

POURCENTAGES ET CLASSEMENT DES NATIONS MARITIMES PAR RAPPORT AU VOLUME TOTAL DES MARINES DE GUERRE

Total des bâtiments de marine	%	Vaisseaux de ligne	%	Frégates	%
1) Russie	29,58	1) Angleterre	32,82	1) Angleterre	40,77
2) Angleterre	24,00	2) France	13,63	2) France	13,33
3) France	10,72	3) Espagne	12,12	3) Turquie	9,70
4) Espagne	8,17	4) Russie	11,27	4) Hollande	8,34
5) Hollande	6,89	5) Hollande	7,40	5) Espagne	7,96
6) Turquie	6,63	6) Danemark	6,39	6) Russie	6,99
7) Danemark	4,30	7) Turquie	5,05	7) Danemark	3,88
8) Venise	3,24	8) Suède	4,54	8) Portugal	2,71
9) Suède	2,91	9) Venise	3,36	9) Suède	2,33
10) Portugal	1,94	10) Portugal	1,68	10) Venise	1,94
11) Naples	1,17	11) Naples	1,68	11) Naples	1,94

La « donne » maritime européenne est donc, en 1789 — comme encore en 1793 — très complexe et mouvante. Les deux guerres en cours entre la Suède et la Russie d'une part, la Russie et la Turquie d'autre part sont en train de modifier les rapports de force en présence. Dans la réalité de haute mer, la double victoire navale russe, très nette en 1792, a fortement amputé le capital maritime et de la Turquie et de la Suède, et renforcé la puissance russe. Le tableau fait cependant ressortir les « politiques » et les « stratégies de matériel ». Puissance maritime mondiale, l'Angleterre a misé sur la double supériorité du nombre de ses vaisseaux et de ses frégates. Certains pays, poussés soit par les faibles tirants d'eau de leurs eaux littorales, soit par la médiocre qualification de leur construction navale, ont plutôt préféré augmenter le nombre de leurs frégates (c'est le cas de la Hollande, du Portugal, de la Turquie, mais non celui de Venise). La règle générale reste cependant la priorité accordée au vaisseau de ligne, instrument de prestige incomparable. Cette priorité témoigne des ambitions exagérées de certaines puissances navales : ainsi le royaume de Naples aurait plutôt besoin de chébecs et de petites frégates bien armées et rapides pour contrer la course nord-africaine que de vaisseaux.

Or les guerres révolutionnaires poseront de manière accrue cette question du choix. La frégate est un outil souple, apte à nombre de tâches, et la tendance est à la croissance rapide de son armement. Ainsi les frégates américaines du type « Constellation » du programme de 1794 (d'ailleurs expressément prévues pour la lutte anti-corsaire en Méditerranée, Tripoli en particulier) sont de véritables petits vaisseaux de ligne. Elles feront école. Ce choix ne s'explique cependant pas en Europe par des raisons exclusivement, ni même parfois majoritairement militaires. Les grands arbres, indispensables pour la construction des vaisseaux de ligne, se font rares et il est, en dehors de la Russie et de la Suède, de plus en plus difficile d'en trouver. Les arbres existants sont de proportion telle qu'on n'en peut tirer autre chose que des membrures et des courbes suffisantes seulement pour de petits vaisseaux ou des navires de dimensions inférieures. De plus, la montée en puissance des petites nations maritimes provoque un resserrement des marchés habituels. Quand démarre la construction d'une marine de guerre napolitaine, l'Etat des Deux-Siciles ferme, plus ou moins son marché aux achats traditionnels français dont on trouve traces dans la correspondance diplomatique. Le ravitaillement du port et de l'arsenal de Toulon s'en trouve partiellement compromis. D'où les rancœurs françaises face au ministre Acton, un ancien officier de sa marine. Ces constats posent deux problèmes majeurs : pourquoi ce brutal développement des marines de guerre entre 1770 et 1790 ? L'augmentation quantitative s'accompagne-t-elle, ou non, de progrès technologiques valorisant ces marines de guerre, et ce dans quelle mesure ?

La réponse à la première question est complexe. On a — dans la mesure où l'on a tenté d'approcher ce problème — avancé une raison majeure :

la cause de l'essor des marines de guerre serait le développement du grand commerce maritime, plus particulièrement du grand commerce transatlantique, et dans une certaine mesure, méditerranéen et oriental. Nul doute, en effet, que la croissance de la production sucrière, de la consommation du café, et des autres produits tropicaux issus des colonies de plantations esclavagistes ne connaisse un brutal coup de fouet. Le développement de certains ports — comme Hambourg et Bordeaux — est spectaculaire. Les nations maritimes de la périphérie nord et sud de l'Europe sont par la force des choses entraînées dans le circuit. Le fort développement des marines de commerce dano-norvégienne, suédoise, napolitaine, voire vénitienne nécessite le renforcement des forces de protection de ce commerce. La menace barbaresque n'a pas disparu en Méditerranée. L'on parle, un peu vite, de déclin de la flibuste des Etats-villes d'Afrique du Nord. Cela n'est vrai, en définitive, que pour le Maroc de Salé, dont le port offre décidément, des capacités d'accueil trop réduites. Cela est beaucoup moins vrai pour Alger et Tripoli. Distinguons à cet égard deux phénomènes divergents. La puissance de l'artillerie côtière des façades maritimes de ces deux villes s'accroît dans des proportions considérables, rendant totalement inopérantes toutes les tentatives de bombardement de la part des flottes les plus puissantes d'Europe. La grande tentative hispano-napolitaine de 1786 contre Alger se termine en fiasco, en dépit de l'énormité des moyens employés, et les bombardements américains ou autres n'auront guère d'autres effets que d'aboutir à une paix bâclée, vite désuète. Il faudra recourir, en 1830, à la prise à revers du front maritime par le débarquement à Sidi-Ferruch pour faire capituler Alger. Les Etats-villes barbaresques demeurent en attendant une formidable force passive, sur laquelle on ne peut rien ou pas grand-chose. Sur le plan offensif, les effets de la « piraterie » maghrébienne sont limités, mais d'impact psychologique considérable. Si sur le plan quantitatif, le nombre des corsaires mis en œuvre n'est pas énorme, l'amélioration qualitative du matériel algérien est patente. Prise de telle frégate portugaise par surprise, cession, en vertu des traités, d'autres frégates ou corvettes par l'Angleterre ou les nations nordiques (surtout le Danemark) fournissent aux chantiers navals algériens des modèles sur lesquels on construit d'excellent navires. D'ailleurs les chébecs algériens mus à la voile et à la rame sont des embarcations réputées. Il faut donc pouvoir se défendre, et l'ignominie de telle frégate napolitaine, inférieure en vitesse comme en armement, obligée, dans les années 1760, de se contenter d'assister, impuissante, à la prise de navires commerçants sans pouvoir intervenir, a pesé lourd dans la décision de se doter d'une marine solide. D'autant que plus d'une capitale est maritime et ne dispose pas nécessairement d'un front de mer aussi puissant que celui d'Alger. Espagnols et Français, Génois et papes continuent d'utiliser quelques galères, indispensables pour pouvoir lutter contre les navires corsaires à faible tirant d'eau.

A ces raisons spécifiques s'en ajoutent bien d'autres. Danois et Suédois mènent, depuis plus d'un siècle, une guerre « psychologique » où la marine joue, des deux bords, un rôle d'autant plus déterminant que la croissance de la marine russe a rompu les équilibres péniblement réalisés en Baltique au cours de la première moitié du XVIIIe siècle. Aussi la France de Vergennes a-t-elle conclu, immédiatement après la guerre d'Indépendance américaine, un contrat de subsides échelonné sur plusieurs années, destiné pour l'essentiel à permettre à la Suède de reconstruire une partie de sa flotte de guerre. D'où l'édification inachevée, à Karlskrona, d'un arsenal en étoile, modèle et type d'utopie, encore visible de nos jours.

Plus décisive nous paraît la montée de la puissance navale russe face à la Turquie. L'Angleterre et le Danemark ont contribué à cette montée en puissance des flottes baltes ou de la mer Noire de Catherine la Grande. Les Turcs, par nécessité, ont répondu par coups d'improvisations successives, gonflant leurs flottes dans des proportions quantitatives importantes ; mais le retard technologique va plutôt croissant.

Tous ces Etats ont, par dessus le marché, compris à leur manière les « leçons » de la guerre d'Indépendance américaine. La paralysie réciproque que provoque l'équilibre au moins relatif des forces anglaises et françaises fait que ces petites puissances maritimes peuvent, à juste titre, estimer qu'un effort naval, somme toute limité, peut se traduire dans ces conditions par un surcroît de puissance réelle plus que proportionnelle. D'ailleurs la mer devient à la mode et les codes maritimes fleurissent.

Reste le moteur principal : la guerre d'Indépendance américaine se traduit, dans les faits, par un équilibre naval anglo-français relatif, dont le grand bénéficiaire, y compris sur le plan technologique, est la France. Pas question, dans ces conditions, des deux côtés de la Manche, de renoncer à la « belle » qui forcément, finira pas s'imposer. Dans son livre récent « The Ship of the Line », l'historien anglais Brian Lavery intitulait le chapitre consacré à la période 1783-1801 : « The French Influence ». Signe révélateur.

Se borner à ces constats économiques et politiques ne suffit cependant pas à comprendre la rapidité de l'évolution, et l'importance des moyens financiers et humains mis en œuvre. Proportionnellement, jamais, en dehors de la Deuxième Guerre mondiale, les Etats n'ont autant investi dans leurs flottes de guerre qu'à la fin du XVIIIe siècle. C'est que la balance des équilibres navals suppose, non seulement l'accroissement des constructions neuves destinées à renforcer le potentiel existant, mais encore le remplacement des unités anciennes. Or ce remplacement est, en 1783, particulièrement urgent. C'est une lapalissade que de dire que les guerres navales sont menées avec le matériel des guerres ou de l'époque précédentes. Entre la décision de mise en chantier et l'entrée en service d'un gros navire, s'écoule, à l'époque, un laps de temps fort variable, dépendant, pour l'essentiel, des disponibilités financières et des réserves de matériaux disponibles, des intempéries, mais aussi du temps nécessaire pour achever un travail en soi énorme. L'investissement est tel que, par la force des choses, l'on tend à conserver les bâtiments qui se sont distingués par leurs qualités le plus longtemps possible, quitte à les radouber, les refondre, les reconstruire. Ainsi, la guerre d'Indépendance américaine s'est faite largement avec la flotte de Louis XV, tout comme les guerres révolutionnaires se feront, surtout au début, avec le matériel de l'Ancien Régime. L'usure rapide du matériel qu'engendre la guerre, et plus encore les séjours prolongés dans les mers tropicales à tarets, exige en 1783 un effort de remplacement accéléré. Certains types de matériels sont dépassés, et bon nombre de navires à bout de souffle.

Le progrès technologique y contribue dans une mesure insoupçonnée. Le doublage des coques sous la ligne de flottaison, introduit par les Anglais, est probablement l'innovation majeure. Il permet, en effet, en « lissant » la coque, d'améliorer les coefficients de pénétration dans l'eau de manière notable (d'approcher ainsi ce qu'ils seront plus tard avec les coques tout métal), et par conséquent d'augmenter les vitesses moyennes et les vitesses de pointe. Suivant le type de bâtiment et ses qualités (ou défauts) propres l'augmentation est parfois de quelques nœuds, en moyenne un à deux. Comme toutes les nouvelles techniques, celle-ci avait assez rapidement abouti à révéler aussi quelques inconvénients auxquels il avait fallu remédier. Mais laissons la parole au commandant du port de Toulon en 1783. S'adressant à son secrétariat d'Etat, il écrit :

« Nous avons examiné et fait la visite des feuilles de cuivre du doublage de la frégate « la Friponne » que nous avons tous trouvé dégradées, percées en beaucoup d'endroits, plusieurs morceaux même enlevés et absolument dans le cas d'être changées. Ayant fait enlever ce doublage, nous avons reconnu les inconvénients que nous craignions et que l'expérience a justifiés, tant par rapport aux étoupes des coutures, que pour les clous et ferrures du gouvernail. On a trouvé les étoupes de coutures extrêmement lâches et celles de la flottaison et aux têtes des bordages où elles étaient encore plus défectueuses... presque tous les clous extrêmement rongés, plusieurs réduits à rien et d'autres sans tête. On a même trouvé dans cette partie plusieurs trous de clous sans vestige de fers, mais bouchés par la vase. Les ferrures du gouvernail sur l'étambord dégradées mais extrêmement rongées dans la partie de la tête où se trouve le clou où passe le malle... La toile appliquée entre le franc bord et le cuivre a été trouvée extrêmement pourrie. » En d'autres termes, l'on découvre sans les comprendre, les phénomènes d'électrolyse contre lesquels les Romains savaient déjà se protéger.

« Après avoir réfléchi sur les inconvénients et dépenses que le doublage en cuivre occasionne dans la navigation si on faisait sortir des bâtiments doublés depuis cinq ans, sans en visiter les coutures, les clous et les chevilles », l'auteur considère que « il est indispensable de dédoubler tous les bâtiments destinés à désarmer et à rester au port, étant de l'opinion de ne faire usage du doublage en cuivre que dans les temps de guerre, ou pour les bâtiments destinés pour des voyages à long cours. On a aussi remarqué par expérience que le gros papier bien empreint de goudron était préférable à la toile. Il dure davantage, pèse moins sur le doublage en cuivre et conséquemment fatigue moins la tête des clous de cuivre. »

Ce qui n'est pas une solution, surtout pour le gouvernail. Lors de la visite de « la Suzanne », l'on constate que les ferrures du gouvernail sont rongées alors que le doublage date de moins d'un an.

La situation est analogue de l'autre côté de la Manche. Renoncer au doublage en temps de paix est solution dangereuse puisque ce serait se condamner à perdre plusieurs mois au début d'un conflit éventuel. Ainsi, les marines de guerre de l'après-guerre d'Indépendance américaine se trouvent confrontées à un « challenge » technique majeur. Remplacer les ferrures de fer par d'autres en fer « serait s'exposer au même inconvénient dans les treize à quinze mois ». L'on propose donc plusieurs solutions : remplacer les clous de fer par des clous de cuivre ; étamer les clous de fer. Et les essais de se multiplier dans tous les arsenaux. Finalement, on opte au conseil de marine pour le remplacement des clous de fer par des clous de cuivre. Résumons la situation telle qu'on la voit du secrétariat d'Etat à la marine :

« Si le doublage en cuivre a procuré des avantages très considérables en préservant les vaisseaux de la piqûre des vers, en augmentant considérablement leur marche, en dispensant de faire caréner aussi souvent que par le passé, il en est aussi résulté des inconvénients, auxquels on a cherché et l'on cherche journellement à remédier. Le vert-de-gris produit par le cuivre s'est attaché au fer et l'a corrodé avec une telle activité *qu'il n'y a plus eu de sûreté à naviguer avec des ferrures de gouvernail ordinaires.* Chaque port a cherché à mettre cette partie essentielle du vaisseau à l'abri des émanations destructrices du cuivre. Dans l'un on a étamé les ferrures de gouvernail, dans un autre on a enveloppé toutes leurs superficies d'un cuivre coulé que l'habileté du fondeur a su parfaitement adapter au fer, ce qui l'a préservé du contact de l'eau, dans le troisième on a fait des ferrures de gouvernail entièrement en cuivre. Pour préserver les chevilles et les clous du vert-de-gris on a employé plusieurs moyens tels que la toile goudronnée, le gros papier, le suif et le mastic ; mais ces moyens n'ont fait que rendre l'action du cuivre sur le fer un peu plus lente. Si au lieu de chercher à préserver les chevilles et les clous de l'effet destructif que le cuivre opère sur le fer on les faisait de ce premier métal, je crois que l'on remédierait à tous les inconvénients auxquels on a été sujet jusqu'à présent... si de la substitution du cuivre au fer il en résultait quelque augmentation de la dépense, elle était très peu considérable, surtout relativement aux avantages immenses que ce changement provoquerait... tels que celui de préserver le fond des vaisseaux de la pourriture qu'occasionne la filtration continue de l'eau autour des clous de fer, lorsque le vert de gris a commencé à les ronger ; celui de n'être pas obligé de les virer aussi souvent en quille et de les dédoubler même pour les visiter, celui de naviguer avec sécurité et de pouvoir, pendant la guerre, garder les vaisseaux à l'Amérique pendant un temps beaucoup plus long, *sans être exposé à les voir couler bas en revenant, comme cela est arrivé pendant la dernière guerre.* »

En d'autres termes, le doublage de cuivre a entraîné le déclassement, voire la perte de bon nombre de navires qui, normalement, eussent duré plus longtemps. Que l'on mesure l'énormité du défi technologique ainsi proposé, et la rapidité de la solution empirique rapidement mise en place. Demeure ce renouvellement. Il était dans la logique rationalisante de l'époque d'utiliser cette circonstance pour améliorer l'instrument de combat en fonction des expériences antérieures.

Nous commençons à bien comprendre le plan mis en place au cours même de la guerre d'Indépendance américaine. Il a été conçu essentiellement par le chevalier de Borda, s'appuyant plus ou moins sur les consultations menées par lui avec les officiers supérieurs (ceux du moins qu'il estimait, et ils n'étaient pas légion) et plus encore sur les ingénieurs-constructeurs de la marine. Il a, non sans arrogance, et grâce à l'appui des secrétaires d'Etat à la marine successifs, imposé ses idées et ses vues. Le maréchal de Castries comme son successeur La Luzerne ont totalement soutenu ces options. Le meilleur résumé que l'on peut en trouver est constitué par le rapport de démission, secret, adressé par La Luzerne à Louis XVI en 1790. Résumons-le. La Luzerne, ou plutôt l'un de ses commis, part, comme d'habitude du constat de l'évolution technologique très rapide du navire de guerre au cours du XVIIIe siècle. Reprenant, sans le savoir, l'une des idées force de Colbert — que celui-ci n'avait pu imposer parce qu'une construction navale coordonnée à l'échelle du pays employant les mêmes moyens et les mêmes techniques était, au milieu du XVIIe siècle, notamment impossible à réaliser — De Castries, La Luzerne et Borda, constatant ces progrès en puissance de feu, en manœuvrabilité comme en vitesse, veulent aboutir à ce qu'une escadre soit désormais composée de navires comparables. Chacun sait que c'est le maillon le plus faible — entendons le navire le moins rapide et le moins manœuvrant — qui impose sa vitesse à l'ensemble du groupe naval. Il faut donc des navires « de série », assez « homogénéisés » — la standardisation absolue restant un mythe — pour que le tout puisse agir de manière cohérente, sans être handicapé par l'un de ses éléments faibles. Apparaît ici implicitement un premier choix technique typiquement français. Constatant la faiblesse — relative — de feu des navires de 50 et de 64 canons, on abandonne, après 1783, la construction de ces deux types pour se focaliser sur le navire type de la France d'Ancien Régime et de la Révolution : le navire de 74 canons. Déjà, cependant, apparaît l'idée que même ce navire — l'une des très grandes réalisations de la technique navale française de tous les temps — n'est, à lui seul, plus suffisant, surtout face aux trois-ponts anglais. Or, avec les progrès réalisés (surtout en matière de finesse de coque et de voilure de manœuvre), les très gros navires ne sont désormais plus les monstres lents handicapant le reste de l'escadre. On peut donc envisager des escadres aux qualités homogènes, quel que soit le type de navires. Le type privilégié est le navire de 80 canons. C'est le compromis caractérisé : plus puissant que le 74, restant très manœuvrant, n'exigeant qu'un surplus d'équipage réduit, il présente surtout un avantage majeur : les dimensions de ses pièces de bois les plus volumineuses correspondent à ce que les forêts françaises et les marchés d'importation peuvent commodément fournir à des prix raisonnables. L'on se contentera donc de quelques trois-ponts de 100 et plus de canons pour jouer le rôle de navire amiral et de môle de feu.

Ce choix diffère de celui de l'Angleterre et de celui d'autres pays. L'Angleterre, comme nous l'avons déjà souligné, n'abandonnera pas ses « petits » vaisseaux, dont le type est le 50 canons. Ces choix français influent profondément sur les autres marines nationales. Le « 74 » amélioré de la fin de l'Ancien Régime est, en réalité, le « prototype » de base qui sert de référence à l'ensemble des marines européennes. Cependant, le faible tirant d'eau du plateau continental de plusieurs nations n'autorisant pas de déplacements trop importants, la Hollande, le Danemark, voire l'Espagne ont recours à un type dérivé d'un peu de moindre armement, comme le 70. Cette tendance est ancienne, dans la mesure où au 64 français a correspondu, entre 1750 et 1775, le 60 des autres nations européennes. Naturellement, chaque marine ne se contente pas d'une seule « série », mais se crée un ensemble composite déterminé à la fois par la quantité du matériel existant (et sa durée probable de vie), des choix « stratégiques » propres aux besoins du pays considéré (y compris les choix stratégiques commerciaux, en fonction des possibilités d'achats de bois) et du degré de complémentarité des types souhaités, le tout en fonction des disponibilités financières.

Ainsi, toutes les nations aboutissent à la « série », si possible construite par le même ingénieur. En Suède, par exemple, Chapman, dont la renommée est européenne, détermine, autant et plus que Borda en France, les types de navires qu'il dessine lui-même. Les merveilleuses maquettes du Musée naval de Stockholm en témoignent encore de nos jours. Seule la Turquie ne s'intègre pas vraiment à ce schéma collectif. Elle est obligée de faire feu de tout bois, en fonction des capacités techniques qualitatives limitées de ses arsenaux, et sans doute encore plus en fonction d'une politique navale intermittente, en « accordéon », assujettie aux disgrâces ou aux influences de tel ou tel personnage. Techniquement, c'est une marine retardataire, comportant encore, comme au bon vieux temps de la marine de Louis XIV, une large gamme de navires de puissance de feu très variée : l'homogénéisation n'a pas suivi et c'est le premier signe vraiment sérieux de l'ouverture de ce « gap » technologique qui s'accroîtra lentement au cours du XIXe siècle.

Quelles sont donc les « améliorations » introduites, ou plus exactement prolongées et accentuées par le chevalier de Borda ? On peut, non sans arbitraire, les réduire à deux considérations majeures. Premièrement, il s'agit de la « standardisation » — ici le mot a vraiment un sens — des pièces de bois des divers types de navires, et en particulier, de la voilure. Il convient, comme le dit La Luzerne, de pouvoir adapter en cas de nécessité les vergues, voire les morceaux de mâts interchangeables à n'importe quel type de navire. Les motivations en sont évidentes et les responsables en sont pleinement conscients : diminution du coût d'achat, de stockage, et surtout de l'entretien ; capacité de réparation rapide dans n'importe quel port ; rapidité enfin du remplacement des pièces considérées. Il va de soi que cette « standardisation » relative ne vaut, en manière absolue, que pour la série : interchangeabilité, par exemple, des pièces pour tous les vaisseaux de 74. Le but visé est cependant d'élargir cette gamme, de manière à ce qu'un nombre croissant de pièces soit effectivement adaptable sur plusieurs types de bâtiments. En second lieu, il s'agit de la généralisation des proportions, c'est-à-dire du rapport entre longueur/largeur, et dans une mesure moindre, le tirant d'eau des navires. Les ingénieurs français de la deuxième moitié du XVIIIe siècle, et plus encore Borda y ont attaché un prix considérable. Il faut bien comprendre que le but visé n'est pas seulement de déterminer les proportions « idéales » pour tel type de navire spécifique, comme on l'imagine souvent, mais bien d'établir pour les divers types de série (100, 74 et 80) des proportions telles que placés en escadre, ces types de navires, frégates comprises, soient réellement capables d'avoir à très peu de choses près les mêmes performances, contenu des cales comprises. Ce dernier élément répond aux préoccupations révélées sur une large échelle par la double expérience de la grande campagne de l'océan Indien menée par Suffren entre 1780 et 1783, comme par les séjours prolongés des escadres en Amérique. Il faut que les cales des navires soient assez grandes pour qu'elles puissent emmener une grande quantité de munitions (on a ainsi accru la dotation en nombre de coups par canons) mais aussi une quantité correspondante de nourriture. Or la fixation autoritaire des dimensions des navires eût pu permettre des dessins sensiblement différents des coques du navire. L'obligation d'une capacité d'emport singulièrement accrue limite le nombre des solutions possibles. A cette première préoccupation, qui est en rapport avec ce que nous appelerions de nos jours le « rayon d'action » (qui n'est plus limité que par la capacité d'emport en eau indispensable à l'équipage), s'ajoute une deuxième, qui apparaît moins dans les écrits du secrétariat d'Etat à la Marine que dans la correspondance portuaire. Il faut absolument supprimer autant que possible toutes les contraintes des « petites » réparations : carénage, calfatage, de manière à ce qu'une escadre puisse, à tout le moins, rester une année au loin sans nécessité d'intervention majeure. Le doublage en cuivre répond initialement à ce soin. On a vu comment, dans un deuxième temps, les dangers inhérents à l'électrolyse des différents métaux (fer et cuivre) aboutit à un résultat provisoire exactement inverse. Mais ce temps ne dure pas, à peine trois à quatre ans, entre 1781 et 1785, le temps de trouver la solution du métal unique (les Romains avaient utilisé les clous de bronze, autre solution parfois employée en France, mais le bronze avait l'inconvénient de coûter trop cher).

La fixation autoritaire par le haut des dimensions des navires n'est pas, en soi, bien neuve. La nouveauté réside plutôt dans le fait qu'elles sont majoritairement appliquées. Ce qui n'est pas sans inconvénients. La liberté d'action des ingénieurs constructeurs de la marine s'en trouve sensiblement diminuée, même s'ils conservent, pratiquement, bien des possibilités d'appliquer leurs propres idées. Le document La Luzerne révèle que cette fixation sérielle ne joue que pour les vaisseaux et pour les frégates : liberté entière d'expérimentation est laissée pour les navires de plus petites dimensions, spécialement pour les corvettes. Il existe donc une soupape de sûreté. Car, pour autant qu'on en puisse juger, il semble que deux attitudes coexistent. La première a tendance à considérer les dimensions fixées comme les meilleures possibles et donc comme définitives. C'est plus ou moins l'opinion du principal constructeur de la décennie de 1780-1790, Sané, qui va dominer toute la construction navale française pendant l'ensemble des guerres révolutionnaires et impériales. L'autre attitude consiste à mettre en doute le définitif de ces dimensions et considère que le voilier a encore énormément de progrès à faire. Le secrétariat d'Etat à la Marine adopte une attitude prudente, en laissant la possibilité de changement subsister pour les petits navires. Mais à bien lire un texte par moments plus ambigu qu'il n'y paraît, il nous semble, à tort ou à raison, que cette possibilité laissée pour les choix de solutions nouvelles pour les corvettes est plus une précaution de « porte ouverte, pour le cas où, par hasard », se dégageraient d'autres solutions. Il faut insister sur ces attitudes, qui reflètent profondément les réflexions des hommes (ceux de science compris) de la fin du XVIIIe siècle. Fiers des progrès, pour eux surprenants, réalisés au cours des décennies écoulées, beaucoup d'entre eux en viennent à penser qu'il n'y a plus beaucoup de progrès possibles, que l'on a atteint un stade de perfection difficilement dépassable. Cette attitude se retrouve plus nettement chez nombre de mathématiciens, et trouve son reflet dans l'Encyclopédie. La rationalisation — argument primordial de tous les réformateurs — ne peut, en effet, se faire que sur une base suffisamment stable et de durée assez longue pour qu'elle soit payante. L'idée de progrès est donc, en réalité, très ambiguë : le progrès réalisé permet une rationalisation — ici une « homogénéisation », des séries de bâtiments fondées sur une « standardisation » partielle des éléments les composant, sur une base qui a tendance à être considérée comme durable (ce qui est la négation même du progrès) ; alors que pour les novateurs, les progrès réalisés ne sont que la base de départ provisoire pour une accélération des vitesses de transformation et un élargissement des visions. Dilemme classique, en partie d'origine financière et qui est de tous les temps. Mais ce dilemme est ici particulièrement aigu.

On comprend très bien les raisons du choix des décideurs de la marine : dans le dialogue serré qui s'est instauré entre les autorités portuaires (le chevalier de Fabry, l'amiral d'Albert, l'amiral Hector) et les commis du secrétariat d'Etat à la Marine, seule compte pour l'instant la puissance de la marine française dans la décennie à venir. Or toucher aux dimensions prescrites par de Castries est, dans l'idée de tous ces responsables, mettre en question le principal : la capacité de manœuvre comparable des divers types de navires susceptibles de participer à une bataille navale. Voilà l'idée tactique et stratégique majeure. Comme les corvettes ne participent pas, vu la faiblesse du calibre de leur artillerie, à un grand combat naval, et que, par définition, leur action est individuelle et ponctuelle (protection des convois côtiers, missions spécifiques, etc.), la manipulation de leurs standards ne peut avoir que des répercussions soit heureuses (dans ce cas on pourra toujours généraliser le « truc » découvert) soit malheureuses, et en ce cas la perte ne sera pas bien grande. Attitude parfaitement logique, mais qui comporte un revers. Trop heureux d'avoir découvert « LA » solution, ces hommes, du moins la majorité d'entre eux y tiendront résolument. Or c'est ainsi laisser perdre l'avantage majeur que possède la marine française depuis 1715 : l'audace dans l'expérimentation qui oblige les autres nations à ouvrir le jeu et à suivre, sous risque de déclassement, la course à la supériorité technologique. Paradoxalement à notre époque, parce que nos navires appartiennent à une autre situation technologique et scientifique, nous avons tendance à privilégier le point de vue des « bureaux » et à ne voir dans cette marine de Louis XVI qu'une apogée à jamais insurpassable de la marine à voile. Car après vient la vapeur. Or ce sentiment dû à la distance repose sur une base totalement fausse. La vapeur ne s'imposera qu'à partir de 1843, et ce dans des conditions bien précises qui en limitent l'usage, et n'éliminera le voilier de guerre que dans la décennie de 1860. Or, entre 1790, et 1850 la marine à voile fera, de son côté, de tels progrès que Brian Lavery a pu écrire sans pouvoir être contredit que jamais cette marine à voile « classique » n'a fait autant de progrès qu'après 1790, plus en définitive, que tous les progrès réalisés antérieurement.

C'est dire que tout dépend du contexte européen. Avant 1790 la folle course aux armements maritimes induit un immense effort d'espionnage réciproque. Tout le monde espionne tout le monde. Les petites nations en particulier peuvent se passer assez largement d'un effort de recherche propre, puisque le système des alliances ainsi que l'espionnage industriel y supplée. Il existe, en outre, une sorte de « république » des sciences maritimes qui fait que la visite d'un ingénieur constructeur étranger est un événement, et que cette visite (comme celle de Chapman à Brest) est soigneusement organisée pour qu'il y voie ce qu'il doit voir, et ne voie pas ce qu'il est nécessaire de cacher. Même les puissances continentales comme l'Autriche participent à cette course à l'information : la correspondance diplomatique des ambassadeurs d'Autriche en Espagne en témoigne avec une singulière précision, surtout à partir de la guerre d'Indépendance américaine. La carrière de l'amiral anglais Philipp est largement une carrière d'espionnage : il a passé près d'une décennie en France dans les entre-deux-guerres. Ce n'était certainement pas pour rien.

Le danger que pouvait constituer, qu'a constitué la Révolution, est que l'isolement de la France, le danger qu'il y avait de se trouver après 1792 en contact avec des étrangers ne pouvaient qu'aboutir à une mise entre parenthèses de l'effort de recherche français. Entendons-nous : jamais il n'y a eu plus de suggestions d'inventions « marines » qu'entre 1775 et 1815 (la Révolution étant aussi continuité avec le régime précédent). La liste de ces propositions fantastiques ou hautement fantaisistes — dont quelques-unes prémonitoires d'un avenir technologique très lointain — serait très longue à établir. Mais elle émane largement, dès avant 1789, de milieux non marins. Signe certes, que la marine commence à intéresser des Français « terriens » ; mais signe aussi du danger que comporte l'intrusion de non-spécialistes dans un domaine spécifique. Non que les spécialistes eux-mêmes soient à l'abri de tout reproche. Le chevalier de Kersaint, l'un des grands inspirateurs de la Gironde, et par conséquent, l'un des principaux responsables de la déclaration de guerre maritime, est spécialiste et novateur. Il a même obtenu, après la guerre d'Indépendance américaine, la permission d'effectuer à bord du « Léopard » toutes les expériences qu'il pensait nécessaires. Il s'est heurté, rapidement, dans la marine, à un scepticisme général auquel participent non seulement ses pairs, mais aussi, et surtout les ingénieurs constructeurs de la marine. Cet échec, qui lui laisse une rancune profonde — qui n'est peut-être pas étrangère à certains de ses choix politiques — est révélateur. La novation n'a jamais été accueillie avec joie que par une petite minorité de spécialistes. Dans le cas Kersaint, la conséquence la plus utile a été l'apparition de cuisinières de fer, dites cuisines de Kersaint. Innovation d'apparence mineure, mais qui, outre la sécurité accrue qu'elle offrait par rapport aux feux plus ou moins ouverts, présentait l'avantage de pouvoir améliorer de beaucoup l'ordinaire de la nourriture en multipliant les repas réellement chauds.

Cette attitude double : contentement de soi d'avoir abouti à une « science » définitive, comme méfiance (en partie justifiée) devant des innovations qui n'ont pas encore fait leurs preuves, pose la question de la sclérose qualitative qui va caractériser la marine de la Révolution et de l'Empire. On continuera à faire de l'excellent Sané. Mais en 1799, la période de l'influence française sur la construction navale anglaise est terminée. Il faudra comprendre pourquoi : la Révolution n'est pas seule en cause.

LA VISION BRITANNIQUE DES CHOSES

Nous avons, jusqu'à présent, suivi la version française. Que disent, en revanche, les marins anglais ? Quels sont, aussi, les faits ? Car les documents français du secrétariat d'Etat présentent une certaine version, à destination du Contrôle Général, autant qu'une analyse interne. Il s'agit d'obtenir de l'argent. Il en va de même à Londres. Tout donc, dans ce qu'on avance, est loin de correspondre à la simple réalité. Côté français on omet toujours — de nos jours aussi — de dire que de 1783 à 1793, l'activité des chantiers navals anglais n'est pas très intense. Le second Pitt a été appelé pour rétablir une situation financière aussi dramatique que du côté français. Pitt a fait sa carrière sur sa capacité à redresser cette situation : ce qui a manqué du côté français. Or il ne peut être question en une période d'économie d'investir beaucoup dans des constructions navales nouvelles, alors que l'on dispose d'une large marge de supériorité, grâce au gros effort consenti pendant la guerre d'Indépendance américaine. L'on se contente donc de maintenir l'instrument en bon état, et en limitant les mises en chantiers à des navires expérimentaux. Mieux : l'effectif théorique, surtout en ce qui concerne les vaisseaux, s'amenuise par la mise hors service des navires atteints par la limite d'âge.

Deuxième point critique : le rapport des forces en présence en ce qui concerne les trois-ponts. Côté français, on invoque sans cesse la supériorité anglaise en la matière. Mais ce sont les Français qui, après 1783, sont les meneurs du jeu. En 1793, la flotte française dispose de trois navires de 120 et de cinq de 100, face à soixante navires de 80 et de 74. Or même ces chiffres, pas plus que la déclaration de guerre de la France, ne déclenchent de véritable programme de constructions navales nouvelles en Angleterre. C'est dire le sentiment de sécurité profonde dans lequel vivent les responsables anglais, tant politiques que professionnels. Ce n'est nullement inconscience, mais au contraire sentiment de la marge de supériorité réelle obtenue à la fin de la guerre d'Indépendance américaine : nul besoin d'augmenter encore une marge largement suffisante. Ce constat, qui n'est jamais fait côté français, induit à penser que la prolongation de la guerre d'Indépendance américaine eût été désastreuse pour la France non seulement pour les raisons que l'on peut avancer d'ordinaire, comme l'épuisement du stock des matelots disponibles dans le contrôle des classes, mais tout simplement par suite d'une infériorité numérique de plus en plus grande entre 1780 et 1783.

Le troisième élément du débat laisse infiniment perplexe. L'opinion commune des historiens est celle de la supériorité qualitative des navires français. Cette affirmation s'appuie sur un grand nombre de textes bien connus qui semblent ne laisser aucun doute. Les plaintes sur l'infériorité qualitative de la « Navy » sont, en effet, nombreuses. Parmi elles l'on cite d'ordinaire les conclusions des essais menés par l'Amirauté anglaise avec le « Commerce de Marseille », capturé en 1793 par les Anglais à Toulon. Ce trois-ponts de 120 canons, jaugeant 2 747 tonneaux, est estimé par l'un des expérimentateurs comme un navire « aux lignes exceptionnellement fines, un bon navire de haute mer » : « En dépit de ses dimensions, il navigue comme une frégate, il a une bonne tenue de mer. Peu de navires sont comparables à lui c'est un remarquable navire, très sûr et aisé », etc. Soit un concert d'éloges de prime abord fort convaincant. En un mot, la supériorité de la construction navale française (et espagnole) aurait été « proverbiale » en Angleterre.

Le dossier est pourtant beaucoup plus complexe et exige quelque attention. Comme le remarque, un peu rapidement, Brian Lavery, les opinions anglaises sont très partagées, et l'on passe ou on tait les opinions contraires. L'historien Charnock, qui est pour beaucoup dans ce « consensus » sur la supériorité navale française, admet qu'avec des bâtiments comme le « Commerce de Marseille » on avait dépassé la limite du raisonnable dans la taille du navire. L'un des plus importants constructeurs anglais, Gabriel Snodgrass, spécialiste des navires de l'East India Company (qui a été pour beaucoup dans le développement des nouvelles techniques dans la flotte de guerre) était totalement hostile à la doctrine française, et considérait spécialement les trois-ponts français comme « des monstres ridicules ». Lavery avance un argument d'un poids encore plus lourd : ce célèbre « Commerce de Marseille » a été, finalement, de très peu d'utilité à la « Navy », qui ne l'a pratiquement pas armé, puisqu'elle le convertit en ponton dès 1796. Sort tragique pour un navire réputé excellent. Rien de comparable avec l'enthousiasme avec lequel la « Navy » avait incorporé les prises françaises pendant la guerre de Succession d'Autriche et la guerre de Sept Ans. Il faut donc rouvrir le dossier. Frappe, tout d'abord, la différence de ton dans les éloges anglais sur les navires français des années 1740 et des années 1783-1800. Durant la première des phases, tout ce qui est français est bon, et tout ce que produisent les chantiers anglais est réputé médiocre. Pendant la seconde, la critique des chantiers navals anglais est beaucoup moins vive et l'on pourrait résumer très schématiquement le dossier en disant que l'Amirauté anglaise considère que les arsenaux et les chantiers privés pourraient « mieux faire ». Ce qui est une évidence de toujours pour tout le monde et relativise singulièrement les choses.

Deux directions de recherches s'offrent, en réalité, à nous. Pareille campagne de critique est toujours à usage interne. Elle émane, en l'occurrence, des officiers de haute mer et est adressée aux ingénieurs constructeurs. L'historiographie française a été tellement obnubilée par le fameux conflit : officiers de plume / officiers d'épée qu'on a totalement oublié de se pencher sur un tel type de problème à l'étranger.

Démesurément grossi pour la marine française, on n'a pas songé qu'il existait ailleurs : toute la polémique que l'on vient de résumer, ainsi que les recherches récentes de plusieurs historiens anglais laissent penser qu'il existe dans l'Angleterre des années 1780 quelque chose de comparable que l'on connaît aussi mal qu'en France et qui pourrait être l'indice d'un malaise général européen dépassant de beaucoup la simplette opposition d'officiers nobles et de constructeurs roturiers. Encore une question presque inconnue qui pose, à l'heure actuelle plus d'interrogations que nous ne possédons de réponses.

La deuxième direction de recherche est désormais assez bien balisée. La construction navale repose d'abord sur un compromis variable suivant les options choisies par les stratèges, les tacticiens, les utilisateurs et les décideurs. Les dossiers d'expérimentation des prises françaises effectuées par l'amirauté sont exceptionnellement bien documentés. Les données en ont été bien étudiées en ce qui concerne les frégates. Résumons rapidement : les frégates françaises sont fines de ligne, donc très rapides, surtout par vent arrière et mer calme. Elles sont, dans ces conditions, plus rapides que les frégates anglaises. Cet avantage comporte cependant deux inconvénients majeurs. Elles durent peu, leurs dimensions très aiguës faisant jouer le bois et provoquant « l'arquage » accéléré de la coque, qui diminue très rapidement (un laps de temps de quelques années à peine) la valeur intrinsèque du navire. Accessoirement cette finesse se paie dans quelques frégates par une diminution de l'artillerie à l'avant du navire, la place n'étant pas suffisante pour installer deux canons en même temps. Inconvénient plus grave : ces qualités disparaissent, même dans les navires neufs, par gros temps. Telles sont les analyses anglaises. On peut y ajouter quelques remarques : ces frégates sont assez fragiles, et plus d'une est survoilée, ce qui multiplie les accidents de mâture. Le lestage est difficile, et le poids de l'artillerie pas toujours en rapport avec le tonnage.

Nous sommes donc en présence d'un choix qui est d'ordre tactique. Les frégates françaises sont conçues pour effectuer des « missions » bien précises, dont la principale est la liaison avec les colonies des Antilles et des Mascareignes, donc dans des mers à tempêtes rares, à condition de choisir sa saison. La tenue par gros temps a donc moins d'importance, la qualité principale requise est la rapidité. Mais peut-on étendre ces conclusions aux vaisseaux de ligne, dont l'étude n'a pas encore été faite ?

Pour l'instant, une donnée apparaît nettement : le « Commerce de Marseille » a une structure interne trop faible pour sa puissance. Ses membrures, en particulier, ne sont à la fois pas assez proches les unes des autres et sont de dimensions insuffisantes. C'est que les Anglais ont l'habitude de rapprocher au maximum les éléments de la charpente du navire, en les espaçant de telle manière à ce que l'écartement soit inférieur à la dimension des boulets au moins du plus gros calibre. Ce qui est un avantage considérable puisqu'à l'épaisseur, déjà grande, de la coque en elle-même s'ajoute, en réalité, celle des éléments porteurs. Ce renforcement a un autre avantage : l'armature du navire lui-même s'en trouve considérablement améliorée. Le navire travaille beaucoup moins, surtout par gros temps, fatigue moins, mais est aussi plus lourd, partant plus lent par beau temps. Ces choix, dont les documents parlent rarement et peu, résultent en partie de vieilles habitudes. Les navires anglais sont par nécessité adaptés aux dangereuses mers du Nord et de la Manche, mers parmi les plus difficiles du globe, avec des périodes de beau temps relativement courtes. Le réflexe est donc logique. Il explique peut-être aussi (à titre d'hypothèse à vérifier) l'attachement des Anglais à des dimensionnements compacts, une largeur plus grande et une longueur moindre que celle des navires français. Or ce dimensionnement a longtemps provoqué la surcharge en artillerie. Plus ennuyeuse est une autre conséquence : la hauteur de la batterie basse (celle des plus gros canons) sur l'eau est plus faible dans les navires anglais que dans les navires français ; théoriquement, par gros temps, les navires anglais ne peuvent utiliser cette batterie basse sous peine de risquer le chavirage. Est-ce choix stratégique conscient ou choix « naturel » ?

L'analyse des navires capturés à Aboukir vient plus ou moins conforter la réflexion présentée ci-dessus. Globalement, ce sont des navires qui sont rapides par « brise légère arrière » mais marchent mal par autre allure.

Allons plus loin. Un choix tactique ou stratégique est toujours plus ou moins provisoire, alors que la structure générale d'un navire ne se modifie plus. Osons une remarque simple. Pendant la guerre de Sept Ans, la stratégie anglaise a été très élémentaire. C'est celle du blocus rapproché qui consiste à cerner étroitement les principales bases ennemies par une escadre puissante croisant à proximité, toujours prête à intervenir au moindre signe de « sortie ». Il faut donc des navires capables de tenir longtemps à la mer, aptes à essuyer tous les temps. Tels sont les navires anglais. Rien de semblable pendant la guerre d'Indépendance américaine : il a fallu disperser la flotte anglaise dans les mers des Antilles, de l'Amérique du Nord et de l'océan Indien. Plus question de blocus rapproché, mais de protection de la mère patrie en réunissant à Portsmouth le gros de l'escadre capable d'arrêter une intrusion française dans la Manche, — cette Manche que les officiers français connaissent si mal et qu'ils redoutent au plus haut point. Pour réussir ce type de manœuvre il faut disposer de deux éléments. En premier lieu, il faut un nombre suffisant de solides frégates surveillant par tous les temps les parages des ports français. Elles seules doivent disposer de deux qualités à la vérité très contradictoires : la solide tenue en mer et la rapidité nécessaire pour alerter le gros de la flotte de combat pour le faire sortir à temps. Or en Angleterre, la majeure partie des frégates est construite par les chantiers civils, sur contrat : le travail est souvent moins bon que dans les chantiers d'état. Ensuite, les vaisseaux de ligne, longtemps retenus au port, ont beaucoup moins besoin d'une tenue exemplaire à la mer, mais en revanche, ils doivent être assez rapides pour intervenir à temps, les dimensions d'une mer comme la Manche étant réduites et la moindre erreur lourde de conséquence. On le verra bien en 1942 quand dans de tout autres circonstances, le « Scharnhorst » et le « Gneisenau » s'échapperont de Brest et ne seront repérés qu'avec des heures de retard. Même au temps de la voile, par bon vent, il suffit d'une journée et demie pour aller des parages de Brest aux environs du détroit de Douvres.

Posons donc, à la suite d'une autre remarque de Lavery, la question de l'adaptation des navires à la conception de base de la guerre maritime. Pendant la guerre d'Indépendance américaine, les qualités traditionnelles des navires anglais n'avaient pas eu l'occasion de se faire valoir comme dans les guerres précédentes. On avait donc eu l'attention tournée sur la nécessité de la vitesse. Or si l'on examine le choix des navires d'expérimentation construits en Angleterre ente 1783 et 1793, deux faits sautent aux yeux. D'une part a lieu la construction de gros trois-ponts pour les navires de plus de 80 canons. Ce qui n'est après tout qu'une réplique de précaution imposée par la mise en service de navires français correspondants. Beaucoup plus révélatrice est la tendance générale au « surdimensionnement » des navires de 80 et de 74 mis en chantiers. A la place des classiques « 80 », dont la conception remontait au début du XVIIIe siècle, qui étaient des trois-ponts, les nouveaux « 80 » sont des deux-ponts à la française, beaucoup plus longs, un peu plus étroits, et plus puissamment armés que le vieux modèle. L'influence française est ici directement, et indirectement, manifeste. La mode est désormais pour un temps au navire de grandes dimensions. Il n'est pas jusqu'à la disposition de l'artillerie qui ne soit copiée sur les navires français.

Or, par un singulier paradoxe, ces nouveaux navires n'allaient jouer qu'un rôle très mineur dans les grandes victoires anglaises de la période révolutionnaire et impériale. Le paradoxe n'est qu'apparent, car il nous reste à peser la dernière des grandes données de la construction navale : l'évolution de l'armement et de la tactique de la bataille navale.

ARMEMENT ET TACTIQUE

Un vaisseau de guerre n'est jamais qu'un vecteur transportant un système d'armes. Ses qualités nautiques ont de l'importance dans la mesure où elles assurent le meilleur usage du système d'armes embarqué, tout en maintenant les utilisateurs dans le meilleur état de préparation au combat possible. Il peut sembler anachronique de qualifier l'artillerie de marine d'autrefois de « système d'armes ». Pourtant, l'évolution de la tactique du combat naval va faire avancer, de concert avec le développement technologique, le navire vers un système d'armes combinées et complémentaires.

La guerre d'Indépendance américaine avait ouvert en ce domaine des perspectives nouvelles. L'on sait que depuis Tourville et son aumônier, le père Hoste, les instructions de combat préconisaient impérativement le combat en deux lignes de file parallèles se canonnant réciproquement. Les résultats n'avaient guère été concluants, puisque suivant le mot fameux de Maurepas, « la mer n'en restait pas moins salée pour autant ». En des circonstances occasionnelles la ligne de file avait été rompue, soit du fait de la supériorité numérique considérable d'une partie ayant permis l'enveloppement d'un groupe ennemi ainsi voué à l'anéantissement, soit du fait d'une saute de vent coupant une escadre de son ensemble sans que le groupe non encerclé puisse remonter le vent. Ce qui s'était, en particulier, passé à la bataille des Saintes où l'amiral de Grasse avait été pris avec cinq de ses vaisseaux. Suffren, de son côté, semble avoir tenté de couper la ligne adverse, sans être bien compris de ses propres commandants de navire.

Il en avait résulté une intense réflexion intellectuelle des deux côtés de la Manche. Côté français, l'amiral Bigot de Morogues avait mis au point l'idée de couper la ligne de bataille adverse. L'Ecossais Clerk avait systématisé, de son côté, en étudiant les batailles de la guerre d'Indépendance américaine, la théorie de la rupture de la ligne adverse. Mais côté français, les instructions de combat restaient très strictes, alors que côté anglais, elles avaient subi des atténuations très sensibles.

Or la rupture de la ligne adverse implique le combat rapproché à très courte distance. Ce qui rompait avec la tactique de la canonnade à « longue » distance, c'est-à-dire, en réalité, à 150-300 mètres. On retournait au combat à distance de pistolet. C'est là que la notion de système d'armes devient opérationnelle. Car voici revitalisé, ressuscité le tir de mousqueterie, mené par les gabiers perchés dans la mâture. D'autre part, le combat rapproché renforce dans d'énormes proportions l'efficacité du tir des canons. Les boulets, désormais, à 50 et encore plus à 20 mètres pénètrent beaucoup plus facilement à travers les coques. C'est donc celui qui aura le tir le plus rapide et le plus précis qui l'emportera. Apparaît ainsi l'avantage, brutalement revalorisé, du système de construction lourd anglais où les membrures renforcent la coque. La « cuirasse » anglaise redevient efficace, alors que la légèreté des charpentes françaises, fût-elle relative, joue contre elle. L'avantage est de plus à celui qui dispose du meilleur bois.

A ces deux types d'armes : l'ancien de la « mousqueterie » du premier âge du vaisseau de ligne du XVIe siècle, l'actuel de la puissance de feu de l'artillerie lourde qui, dans le combat à petite portée, relavorise la « cuirasse », s'ajoute le dernier élément : celui de la novation intégrale. La victoire anglaise des Saintes est en effet en partie due à une arme surprise : la caronade anglaise. Il s'agit d'un tube court, donc léger, mais de grand diamètre, donc d'une pièce à courte portée, d'une redoutable efficacité. La caronade avait été introduite dans la « Navy » par l'ordre de 1779, restant purement facultatif et laissant le choix au capitaine de navire de l'utiliser ou de le refuser. L'effet dévastateur l'apparente à une nouvelle arme. Ainsi, le vaisseau de ligne dispose de trois moyens complémentaires, l'un ancien, l'autre actuel (le plus important) et le nouveau : c'est bien d'un système d'armes qu'il s'agit. Mais son utilisation est difficile et délicate, et suppose chez le chef une audace et une confiance en soi — et dans l'équipage — certaines ; mais surtout une maîtrise du vent supérieure à celle de l'ennemi. Or, en coupant la ligne, on peut prendre en enfilade les deux navires ennemis, les touchant dans leur partie la plus fragile, surtout celle de l'arrière. Le combat devient un combat à tuer. Demeure certes une difficulté théorique : pendant l'approche, le groupe et les navires arrivant en perpendiculaire par rapport à la file s'exposent, pendant un temps, au feu concentré de toute la ligne, ce que plus tard on appelera « barrer le T ». L'inconvénient, pour l'instant est mineur, la portée utile des canons de l'époque limitant la durée de ce « passage » dangereux. En 1789, cet armement avec des caronades constitue un complément de puissance, juché sur les parties élevées avant et arrière, ne disposant pas d'artillerie. Ce qui estompe quelque peu la définition classique des types de navires : un « 74 » peut comporter avec ses caronades plus d'artillerie. L'Angleterre dispose ici d'un avantage initial, lié à sa puissance industrielle. La France, certes, suit mais plus lentement. Notons, d'emblée, que la période révolutionnaire va voir la marine anglaise étendre l'utilisation de la caronade, en en faisant non plus une partie complémentaire, mais une partie remplaçante de l'artillerie des petits navires (1794), puis en 1797 les caronades remplaceront même une partie de l'artillerie des navires de combat. Ainsi la notion même de type de navire devient trompeuse et l'armement, paradoxalement, va redevenir hétéroclite, variant d'un vaisseau à l'autre, en fonction des buts assignés comme des préférences individuelles des capitaines de navire. L'Angleterre prend ainsi une avance considérable.

Cette rénovation du système d'armes aurait pu avantager le navire le plus rapide et surtout le plus manœuvrant. Mais le navire le plus rapide n'est pas nécessairement le plus manœuvrant. Deux facteurs vont donc prendre, ou reprendre un avantage considérable : le doublage en cuivre et plus encore l'état de préparation de l'équipage. On a déjà évoqué les difficultés qu'a provoquées dans la marine française ce système d'origine anglaise. Les problèmes ont été les mêmes du côté anglais, mais s'étant posés plus tôt, ils ont aussi été plus tôt surmontés. En tout cas, le doublage en cuivre annulait l'un des atouts français, du moins dans un premier temps. Le dessin des navires français avait été conçu plus particulièrement pour améliorer la vitesse. La preuve était apportée qu'on pouvait y parvenir par d'autres méthodes. Bien entendu, très vite, l'on s'est aperçu que les deux méthodes étaient complémentaires et que le doublage en cuivre améliorait encore plus le navire déjà rapide en soi. L'avantage penchant du côté français comportait cependant deux ombres au tableau : la France manquant de cuivre était obligée d'en importer. Or le principal et premier producteur mondial est l'Angleterre, et ce sur son propre sol. D'où une étroite dépendance impliquant un stockage massif du produit. De plus, il y a cuivre et cuivre. Le cuivre laminé exige une méthodologie industrielle que la marine française a mis un certain temps à maîtriser. On a certes tenté de remplacer l'Angleterre comme principal fournisseur en utilisant le cuivre suédois, voire le cuivre espagnol (provenant du Chili et du Pérou) ; mais en dehors du coût, ces routes pouvaient être contrôlées, en temps de guerre, par l'Angleterre. La technologie d'avant-garde joue donc doublement au détriment de la France. La double amélioration — celle du système d'arme d'abord, celle du vecteur porteur ensuite — ne pouvait avoir d'effets maxima que par l'utilisation extrême de l'efficacité humaine. Dans un tir à courte distance, la rapidité devient absolument déterminante. Pour le feu de mousqueterie, l'adresse française n'est pas moindre que celle des « marines » anglais. A Trafalgar, c'est un coup de fusil qui tue Nelson. La rapidité et la précision du tir en mer avaient toujours constitué l'une des faiblesses essentielles de la marine française. On l'avait bien compris après la guerre de Sept Ans, et les écoles de canonnage avaient été pour beaucoup dans les demi-succès français de la guerre d'Indépendance américaine. Ces écoles ne suffisent pourtant pas, rien ne remplaçant l'exercice en conditions réelles en mer, par tous les temps. D'où l'importance des « escadres d'évolution », tant prônées par de Castries et par La Luzerne. Le but de ces escadres d'évolution est, en soi, double : il faut placer les futurs officiers, et les officiers surtout dans des conditions d'exercice du commandement les plus difficiles. La théorie ne peut remplacer la pratique. Ensuite, il faut multiplier les exercices de canonnage. Après 1784, l'on trouvera même le moyen d'en tirer un troisième avantage : utiliser cette escadre d'évolution pour aller chercher une partie des bois en mer Baltique. Ce qui, sur le plan diplomatique, pouvait avoir quelques avantages comme aussi quelques inconvénients, l'Angleterre admettant difficilement que cette escadre soit vraiment importante. Or ces escadres d'évolution, de pratique courante sous des formes diverses en Angleterre, coûtent cher en temps de paix. Maintenues à tout prix en France jusqu'en 1788, elles sont « naturellement » les premières à être sacrifiées sur l'autel de la compression des dépenses budgétaires. L'entraînement en mer est d'abord une question financière...

LA GÉOGRAPHIE DES MATIÈRES PREMIÈRES

Tout ce que l'on vient de décrire a des conséquences économiques majeures. La montée en puissance des grandes, et moins grandes marines, la multiplication des forts navires, la croissance des marines de commerce provoquent un énorme accroissement de la demande. Le problème du bois, déjà crucial, ne cesse de s'aggraver. Ce sont les pays médiocrement dotés de bois qui en sont les victimes. Prenons les deux exemples les plus patents : la France et l'Espagne. Leurs politiques sont très similaires. Leur souci est de se ménager, pour les temps de guerre, des forêts-réserves, situées, autant que possible, à proximité d'un arsenal, de manière à éviter les transports maritimes. Chaque arsenal, a, en France, sa forêt privilégiée, soigneusement réservée à proximité. En temps de paix, l'on s'adresse à des régions de plus en plus lointaines : ainsi les Vosges et le Jura du nord sont intégrés dans les circuits marins, alors que la Bourgogne fournit de moins en moins de bois de marine. Toulon s'appuie sur les forêts de Provence. Rochefort justifie en partie sa survivance en tant qu'arsenal par son excellent ravitaillement en tout genre par le bassin de la Charente.

Les ressources françaises en bois de marine s'épuisent cependant. Ainsi l'intendant de Toulon écrit en 1782 : « J'ai l'honneur de vous prier de donner des ordres qu'il nous soit envoyé des bois des ports du Ponant, car les forêts qui avoisinent les canaux et les rivières de la Méditerranée ne présentent en ce genre aucune ressource », et de préciser : « Les sieurs Thorey et Gairoard, fournisseurs des bois de Bourgogne et de Franche-Comté m'ont prévenu qu'ils ne pouvaient continuer leur fourniture, ni renouveler même leur marché, fût-ce avec augmentation, attendu la disette de bois, et les retards de paiement ». Les « merrains » manquent et « l'on ne trouve que du bois courbans dans le Dauphiné ». L'on se rabat par conséquent sur les bois de la Bresse, encore peu employés jusque-là. Il se pose même des problèmes pour le bois de hêtre, utilisé pour les avirons, et qui provient du Dauphiné. Ce n'est pas une simple question de ressources en dimensions. Comme la survie des navires dépend essentiellement de la qualité des bois et des conditions de leur stockage, les ingénieurs ne veulent utiliser que des bois d'origine très précise : « Ceux du Dauphiné sont proscrits en ce port de Toulon et on ne sert même que pour le radoub de ceux du Languedoc. La qualité supérieure des bois de Provence a accoutumé nos ingénieurs à ne vouloir employer que ceux-là dans la construction des vaisseaux » et de décider : « nous proscrivons ceux de Lorraine et d'Alsace, étendons progressivement la même proscription dans plusieurs de nos provinces méridionales telles que le Lyonnais, Dauphiné, Languedoc, et nous réduisons enfin à la seule Provence, qui n'a bientôt plus de ressources à nous offrir. Quelle est donc notre perspective et quels moyens de construction aurons-nous dans 10 ans si l'avis de Monsieur Coulomb (l'ingénieur-constructeur en chef de Toulon) devient un précepte dans l'administration ? Je conviens de l'infériorité, de la moindre durée des bois du Languedoc et du Dauphiné ; mais quelles mesures a-t-on prises pour leur conservation ? Aucune ? » Et de mettre le ministre au pied du mur : « L'objet de cette lettre, Monseigneur est de vous engager à prendre un parti sur la conservation des bois. Les mettre sous l'eau, ou sous des hangars voilà l'alternative ».

En effet, le grand remède, largement utilisé dans la période de 1783 à 1790, réside dans le stockage massif des bois dans les arsenaux, bois français ou bois étrangers. Le retour à la paix se traduit, en 1783, par des arrivées massives de navires russes, suédois, danois, voire prussiens, mais d'abord et avant tout hollandais apportant planches de chêne de la rive sud de la Baltique et bois de résineux du nord de cette Baltique, de Norvège comme surtout de Russie, c'est-à-dire de Riga et de Saint-Pétersbourg.

Cette insuffisance des forêts françaises n'a pas que des raisons matérielles, comme l'épuisement des bois assez volumineux pour servir à la marine. C'est aussi que les forêts se dégradent sous l'impact du monde paysan. Les forêts de Provence connaissent des incendies répétés, plus fréquents qu'au milieu du siècle : « La première cause est le défrichement par le feu, la plupart (des paysans) abandonnent le feu à lui-même, et le vent venant à souffler, le feu se communique dans la forêt, et y cause des ravages affreux. » L'intendant et les commissaires de la marine envoyés sur les lieux incriminent paradoxalement aussi le progrès technique : « Il est bon d'observer que depuis Fréjus jusqu'à Vidauban on compte 15 scies qui font aller 33 lames nuit et jour que chaque lame peut produire 30 douzaines de planches en sorte que les 33 lames peuvent donner dans ledit temps 990 douzaines. » A ces causes locales s'ajoutent « l'inobservation des ordonnances des Eaux-et-Forêts, et la suppression de la police qui en assurait l'exécution ». L'envoi de quelques ingénieurs-constructeurs de la marine sur les lieux ne suffit pas à compenser l'impuissance croissante des officiers des Eaux et Forêts, ni l'interdiction faite par l'ordonnance de 1776 (article 118) aux commissaires des ports et des arsenaux de la marine de visiter les forêts tant publiques que privées. Nous rejoignons ici le grand problème de l'attitude de la France « profonde » face à l'observation des lois en général, celles des Eaux et Forêts en particulier. Dans sa thèse, A. Corvol a pu dégager les grandes lignes de l'application réelle, sur le terrain, des ordonnances de Colbert. Mal appliquées et plus mal encore observées sous le grand règne, c'est, comme souvent, la Régence qui pour la première fois cherche à traduire les intentions dans les réalités. Dans un long conflit entre l'administration des Eaux et Forêts qui dure toute la première moitié du siècle, le gouvernement français réussit très largement à plier, non sans graves conflits, le monde paysan au respect de la forêt. Les résultats, à vrai dire spectaculaires, ainsi obtenus durent peu : soit les décennies de 1740 à 1770. Dès la fin du règne de Louis XV, le monde paysan, pour des raisons mal élucidées (où le rôle de la pression démographique a dû être essentiel, combiné à la hausse du prix du bois) revient à ses habitudes, paralysant progressivement l'administration des Eaux et Forêts, l'une des plus détestées de l'Ancien Régime. Le monde paysan est d'ailleurs soutenu très souvent par les propriétaires des forêts car « il est certain que les fournisseurs (de la Marine) ont souvent vexé les communautés et les particuliers faute par ceux-ci de connaître leurs véritables droits qui consistent à ne vendre qu'à l'amiable au fournisseur et à fournir eux-mêmes au Roi s'ils le jugent à propos ». Aveu qui pour provenir de la Marine, n'en a que plus de poids.

Le bois devient donc précieux, et « l'augmentation des prix en annonce la disette » future. Face à cette opposition grandissante des propriétaires des bois, les maîtres charpentiers de la marine qui ont remplacé les commissaires de la marine ne font pas le poids. D'où, à partir de 1784, l'envoi sur place des ingénieurs-constructeurs de la marine, qui voient donc leur compétence s'étendre. L'analyse, trop rapide, ainsi faite s'insère bien dans le processus de dégradation générale des rapports entre l'Ancien Régime et la population française, plus profonde et plus précoce qu'on ne l'imagine.

Il en va de même dans tous les arsenaux du Ponant. Le cas de Toulon est exemplaire d'autant que son arsenal est relativement privilégié, car la Méditerranée occidentale lui offre des ressources proches que ne possèdent pas les ports du Ponant. L'une des raisons majeures de l'achat de la Corse réside, en particulier (en dehors de sa situation géostratégique évidente, qui contrebalance l'installation, jusqu'en 1783, des Anglais à Minorque) dans l'importance de ses forêts, et, notamment, de ses résineux de pins laricio. Jusqu'en 1789 la Corse s'avère cependant décevante : ses compagnies d'exploitation de bois sont très mal gérées et ne réalisent pas, en dépit de prix souvent plus élevés que ceux du continent, de bénéfices substantiels. Ainsi démunies de réserve, elles ne sont pas à même d'entretenir les travaux nécessaires. La situation s'améliore d'autant moins que la marine se refuse, en l'occurrence, à privilégier le seul fournisseur aux reins solides, « le sieur Houvet », de peur de créer un monopole, et plus encore de susciter le mécontentement des autres producteurs « qui seraient ruinés ». Mais la Corse constitue une réserve naturelle sans prix en cas de guerre et la Révolution saura en profiter. L'arsenal de Toulon devra à la proximité de la Corse un ravitaillement en bois sinon suffisant, du moins important, qui, à l'exception des dernières années de l'empire (1811-1814) permettra de maintenir toujours un minimum d'activité.

Au-delà de la Corse, l'horizon matériel de l'arsenal se tourne vers l'ensemble de l'Italie. On n'en finirait pas d'énumérer les tentatives multiples de trouver de nouveaux marchés de bois. Ces fournitures passent par les sieurs Scieurbert et Biondi qui cherchent à obtenir des bois des Etats pontificaux, de la république de Gênes, mais surtout de Toscane et du royaume de Naples. On a vu qu'en ce domaine, la naissance et le développement de la marine « du sieur Acton » crée de plus en plus de difficultés aux marchands de bois liés à la marine française. On se tourne donc vers... Venise avec ses forêts d'Istrie, encore abondantes, vers la côte dalmate (Raguse). C'est dire la complexité de la géographie du bois où une forêt comme celle de Castro (Etats pontificaux) prend une importance insoupçonnée, « la seule de l'état... où se trouvent des bois de grandes dimensions... c'est une ressource aussi intéressante en bois de chêne de haute futaye que la plupart des puissances maritimes de l'Europe seraient jalouses de se procurer ». Mais elle est destinée à être épuisée en... cinq ans. D'où les horizons magiques de la Dalmatie où l'ingénieur toscan installé à Trieste, Nocetti, fait miroiter « des espaces de 20 lieues couvertes d'arbres les plus gros, plus droits et plus grands les uns que les autres. Chaque particulier a des propriétés dans ces bois (de l'Esclavonie) dont la plus grande partie est le chêne d'une beauté rare. » Hélas, ces forêts sont situées sur le versant Est des Balkans et « descendent la Save et le Danube en radeaux » pour aboutir au port de « Galatz » où des navires turcs les chargent... Bien peu arrivent en France pour des raisons diverses. Ainsi les entrepreneurs allemands (autrichiens ?) installés en force à Constantinople comme dans la Russie du sud ne veulent pas livrer à la marine française, trop réputée dans l'ensemble du monde méditerranéen pour ses énormes retards de paiement, vice majeur du système de ravitaillement français.

Les années 1783-1790 sont, en Méditerranée, des périodes de recherche fébrile de nouveaux marchés : « Les forêts voisines de la mer Baltique sont aujourd'hui presque épuisées et l'on tire même du fonds de l'Ukraine les mâts qui s'embarquent à Riga. Il y aurait intérêt et de l'économie à se les procurer par la mer Noire. » Plan gigantesque de détournement des grands courants d'exportation russes en grains et en bois de la Baltique vers la Méditerranée. Encore faudrait-il que les Russes et les Turcs soient d'accord. Ce qui, en tout cas, est peu compatible avec une éventuelle conquête de l'Egypte par la France. Aussi la tentative française est-elle menée à titre individuel avec infiniment de précautions, véritable jeu d'espionnage, de chantage et de pression qui ne débouche sur aucun résultat tangible. L'on se rabat donc sur les bois d'Albanie, voire de Turquie, d'excellente qualité (ceux de Turquie proviendraient de la côte nord de l'Anatolie au climat pontique très arrosé). L'intérêt local de Toulon est en jeu et d'aucuns rêvent, grâce à des « quantités immenses de bois » de ravir à Brest et à Rochefort la palme de principaux constructeurs de vaisseaux de France : « Si comme on a lieu de le présumer on pouvait se procurer une très grande quantité de bois d'Albanie et de Turquie, il y aurait une immense économie à construire dans ce port la plus grande partie des vaisseaux neufs ; car on peut évaluer la durée d'un vaisseau fait avec ces bois à celle de trois vaisseaux construits successivement à Brest ou à Rochefort avec les bois qu'on y employe. » L'assertion est, à tout le moins, optimiste et ne correspond pas aux statistiques fondées sur l'informatique en cours de développement.

Les espoirs ainsi placés dans l'Albanie n'ont été que très partiellement réalisés. Le déplacement des Français y est trop dangereux : « Cette tournée... ne pourrait avoir lieu sans risquer de faire égorger ceux qui en seraient chargés, ainsi que cela est arrivé et dans les autres contrées de l'Italie et de Trieste. » On ne disposerait d'ailleurs pour ce faire que de jeunes sous-ingénieurs frais émoulus de l'école, sans expérience. Il faut donc traiter avec les intermédiaires grecs, dont on n'a guère à se louer. Les Stamati et Micapolo ne sont guère des exemples d'honnêteté et à la mort du premier, le second a provoqué une terrible histoire de succession qui a mis sur son dos la justice turque. Il faudrait donc traiter directement avec les pachas. Les problèmes politiques qui seraient liés à ces discussions font annuler la grande tentative des années 1783-85. Mais on garde un œil attentif sur l'Albanie dont les « bois sont les plus précieux », et par conséquent, déjà, sur les îles Ioniennes par lesquelles tout transite. Or ces mêmes îles sont, dès ce moment, tout autant l'objet de l'attention de la diplomatie russe. Se dessine ainsi l'intérêt de Bonaparte pour ces îles après la prise de Venise : rappelons qu'à ce moment, dans les années 1797-1798, son principal conseiller en matière maritime est l'ingénieur-constructeur Forfait, un ancien de Toulon (créateur, plus tard de la flottille de Boulogne) et sur le moment le « récupérateur », au profit de la marine révolutionnaire, de la flotte vénitienne.

Passons sur les problèmes du Ponant : ils seront développés dans d'autres travaux en cours. Disons simplement que la seule grande ressource de la rive atlantique est le bois des Pyrénées, et spécialement les résineux dont on peut faire des mâts. D'où l'importance éventuelle de Bayonne. L'ennui est que les résimeux des Pyrénées ont, depuis Colbert, mauvaise réputation. Ils ne sont pas « raisineux » comme il faudrait, le « grain » n'en est pas assez fin, et plus grave encore, « la sève est volatile », s'évapore vite, en sorte qu'au bout d'un an, le bois devenu « sec » rend les mâts cassants, source de déboires sans fin pendant la Révolution comme pendant les guerres antérieures du XVIIIe siècle. D'ailleurs les dimensions en sont insuffisantes : on n'atteint pas celles des grands mâts de Riga. L'idéal est de posséder un « bon assortiment » de grands, moyens et petits troncs à mâts en proportion, ceux de 25 à 30 palmes constituant le matériau le plus sûr pour former ces « mâts d'assemblage », chefs-d'œuvre de la technique de l'époque, qui s'apparente à celle du contre-plaqué de nos jours. En 1784, l'utilisation de ces mâts est réglementée. Il faut réserver les pièces de mâture de 20 palmes et au-dessus pour les mâts d'hune de vaisseau de premier et de second rang, et « n'employer que de petites pièces pour les mâts d'assemblage. Cette mesure (est) dictée par l'économie et la prudence, vu la rareté et la cherté des gros mâts ». L'interruption des approvisionnements de la Baltique a toujours constitué, tant pour la marine française que pour l'espagnole, une catastrophe, la mâture des grands navires de ces pays se trouvant ainsi très rapidement fragilisée au-delà du concevable. Il ne suffit pas, en effet, d'incriminer la médiocrité des équipages ou des états-majors : encore faut-il tenir compte de l'humble réalité matérielle de la vie quotidienne. Les journaux de bord d'après 1790 regorgent de vergues, de hunes cassées à tout propos, par vents à peine forts. L'on devine ce que cela représente par tempête ou au combat. L'histoire des objets est tout aussi déterminante, sinon plus, que les spéculations intellectuelles.

Pour l'essentiel, le ravitaillement en bois provient des marchands des grands ports de l'Atlantique : Nantes, Bordeaux. Ils concentrent, comme aussi au Havre, bois de France et bois étrangers, achetés aux marchands du Nord et plus encore aux Hollandais. Ceux-ci exercent, en la matière, un rôle majeur, surtout en temps de neutralité hollandaise. Tout comme la Hollande est devenue, au cours du XVIIIe siècle, le principal répartiteur des denrées coloniales françaises vers le Nord et le monde germanique, de même elle est devenue parallèlement le grand pourvoyeur de la France en bois de marine (et en crédits y afférents). L'Espagne dépend essentiellement, à l'époque, du consul de Hollande à... Lisbonne. Il est le principal fournisseur en bois de la flotte de guerre métropolitaine. C'est lui qui, au moment du grand naufrage du « San Pedro » (1785) transportant une cargaison d'argent péruvien et chilien d'une valeur de plus de 5 millions de livres (sans compter la cargaison complémentaire de cuivre) se charge du relevage et de la récupération de ce fabuleux chargement. Or en dépit des moyens techniques de l'époque (on a tout tenté à cette occasion), les plongeurs — principalement marocains — vont réussir et récupérer quelque peu « noirci » la totalité de l'argent. Opération gigantesque, dont les répercussions sur les principales places financières de l'Europe ont été extrêmement variées, mais toujours aussi importantes. L'effondrement de la Hollande en 1795, précédée de l'échec de sa « révolution » en 1785-87, ne doit pas faire oublier son importance majeure en toutes ces matières maritimes. Pour en finir avec l'Espagne, celle-ci dispose cependant d'une ressource essentielle. Le tiers environ de sa flotte de vaisseau a été construit dans l'immense arsenal de La Havane. Les bois proviennent tous des côtes tropicales de la mer des Caraïbes, ou éventuellement, du Pérou et de l'Equateur : bois tropicaux durs, comme l'ébène, qui donnent à des vaisseaux espagnols une durabilité exceptionnelle (ce qui n'empêche nullement certains navires, comme le « San Pedro », d'être mal construits et encore plus mal réparés). La construction de cette flotte n'est d'ailleurs pas à la charge de la métropole, le financement étant fourni directement, sur place. Avantage qui eût pu être, pendant la Révolution, d'un poids capital et qui n'a pas joué pour des raisons qui restent à élucider.

Toute cette description, pour sommaire qu'elle soit, fait ressortir la nécessité pour la France et l'Espagne, de disposer d'énormes réserves de bois en prévision de la guerre future. Effectivement, le secrétariat d'Etat à la Marine a fait dans ce domaine un immense effort après 1783 non seulement pour reconstituer, mais encore pour augmenter les capacités de stockage de bois. La Luzerne, non sans raison, y insiste. En 1790, ces stocks sont suffisants pour une durée de guerre d'au moins quatre ans.

Encore faut-il que ces bois soient correctement stockés. Problème complexe, qui débute avec le déchargement. Il est partout très lent : « Il arrive une infinité de bâtiments chargés de bois d'Italie, de Corse, d'Arles, de Provence, et je n'ai point de journaliers pour les débarquer et les enfermer. Ce transport sera successif jusqu'au commencement de l'hiver, je vous supplie, Monseigneur, de venir à notre secours, pour éviter le dépérissement de ces bois exposés à l'ardeur du soleil », écrit le chevalier de Fabry. On utilisa donc les galériens. Le résultat fut à Toulon déplorable : « Pour tirer une pièce de bois d'une pile, il faut abattre la pile voisine, parce qu'elles portent réciproquement l'une sur l'autre. Quel temps perdu, Monseigneur, et quelle dépense en journées. Le Roi ne parut jamais plus riche en bois de construction qu'en ce moment. Le sol de l'arsenal est couvert de celui qu'on sort des hangars et de celui qui arrive ; l'un et l'autre exposés aux ardeurs du soleil, qui fait fendre les plus belles pièces d'un bout à l'autre. les bâtiments chargés de bois se succèdent, ne peuvent débarquer. » Les forçats étant occupés à autre chose, on a recours... à des invalides (bagnards). Le ministère en est très bien informé : il a d'ailleurs ordonné en 1785 un recensement général des bois de tous les ports militaires. Donnons quelques extraits de ces documents : « Nous pouvons placer sans inconvénients 1 900 mâts de 12 à 28 palmes de diamètre au gros bout. Il y en a 1 768. Nous avons, en outre, 622 matereaux de 11 à 7 palmes, et on ne pense pas pouvoir en placer davantage. » Pour les autres bois, il faut, en toute hâte construire de nouveaux hangars avec les moyens du bord, au prix le plus bas, ranger comme on le peut : « On culbute nécessairement les piles. » Pour donner une idée de ce que peut représenter l'amoncellement énorme de ces bois laissons la parole à l'intendant Malouet : « J'ai l'honneur de vous envoyer l'état montant à 520 000 pieds cubes de bois de toute sorte, dont 244 520 pièces de haute futaye, 138 743 de courbants, 191 000 de toute espèce et seulement 4 367 de défectueux hors service, au lieu des 136 000 que j'avais annoncé. »

Amoncellement de notations inutiles dans leur détail ? C'est restituer, en réalité, l'importance des choses. La perte temporaire de Toulon a toujours été calculée sur la seule base des navires emmenés ou détruits par les Alliés. Perte sèche considérable, qui équivaut à la perte d'une très grande bataille navale. Ce n'est pourtant pas, et de loin, le plus grave pour l'avenir. Tous ces bois recensés par Malouet en 1785, et ceux qui les ont placés, s'en sont allés en fumée en 1793. Ainsi se trouve compromis à Toulon tout le plan de construction navale si soigneusement préparé par l'Ancien Régime, au prix d'un effort financier et diplomatique énorme, au prix enfin d'un endettement considérable. Les autres arsenaux ont été épargnés par ce fléau. Mais, de 1789 à 1793, ils seront victimes de ce désordre généralisé qui a permis, du haut au bas de l'échelle, de « puiser » plus que largement dans le stock, amenuisant dans des proportions considérables les autres stocks de bois de la marine. L'admirable, dans l'affaire est que la Révolution ait réussi à maintenir, en dépit de tout, une construction navale augmentée. C'est peut-être le problème le plus pasionnant de l'époque, mais aussi le moins étudié. Le prix en a été cependant très lourd. Car il a fallu faire feu de tout bois, et recourir aux matériaux les plus immédiatement utilisables, rapidement dangereux pour la sécurité des navires comme de leurs équipages. Il y a là, tant pour la fin de l'Ancien Régime que pour la Révolution, une activité économique sans commune mesure avec tout autre branche industrielle, qui s'effectue nécessairement dans une certaine improvisation permanente. Car ce que nous venons de détailler pour le bois se retrouve, à une moindre échelle, pour tous les autres produits nécessaires, les « munitions navales » : cuivre, fer, charbon, chanvre, etc. En tous ces domaines apparaît la dépendance de la marine française de l'extérieur. L'on trouve certes des moyens de substitution. Les arsenaux français s'avèrent très vite être des spécialistes de la récupération des vieux cuivres, mais cela ne représente qu'une fraction des besoins accrus par une marine en pleine expansion. Et quand la France est elle-même productrice, elle ne fournit pas toujours les qualités nécessaires. Prix et qualité sont des exigences qui se superposent : « La qualité des fers du Dauphiné est à la vérité supérieure à celle des fers du Berry, dont le prix, quoiqu'un peu plus fort par l'éloignement, que ceux de Franche-Comté est cependant au-dessous de celui des fers du Dauphiné. » Là encore, on récupère les vieux matériaux. En 1764 avait été créée, une forge dans la vallée de Dardennes « à une lieue de Toulon », utilisant les vieux canons « entiers ou en morceaux ».

Ce genre d'installation débouche enfin sur un autre problème, particulièrement ressenti dans les premières années de la Révolution. La question posée est de savoir si les arsenaux ont, ou non, atteint une dimension par trop gigantesque. Paradoxalement, il semble que ce soient les autorités locales qui penchent pour la solution du « maximum sur place », alors que les autorités centrales préféreraient déconcentrer au maximum les installations. Pour Paris, dès avant la Révolution, mais plus encore après le déclenchement de la première révolution, il faut d'urgence réduire les effectifs humains des villes arsenaux. L'argumentation est très logique : la concentration, en un lieu donné, d'ouvriers en trop grand nombre ne peut que créer des ennuis. A vrai dire, La Luzerne n'ose formuler trop ouvertement, même face au roi, le fond de ses craintes. C'est que les arriérés de paiement des salaires normalement dus aboutissent inévitablement à des révoltes qui peuvent dégénérer en troubles plus graves. A partir de 1789, ce ne sont pas tant les marins qui sont à redouter, que les ouvriers des arsenaux. Dès que les crédits sont réduits, il faut licencier, donc payer. Et, en licenciant, l'on se prive d'un stock d'ouvriers bien utile en cas de guerre. D'où, comme on l'a déjà dit, une série d'attitudes qui ne font que transpirer à travers les documents, car personne ne peut les mettre noir sur blanc, de peur de se trouver en butte à des accusations graves qui, devant la justice, ne pourraient aboutir qu'à une condamnation sans recours. Pour compenser les arriérés, l'on tolère, à tous les échelons de l'ensemble de la hiérarchie marine, le vol. Les chantiers navals français sont demeurés, très longtemps, lieux de vols systématiques, sorte de compensation occulte qui permet, au bas de l'échelle sociale, de survivre. En cas de nécessité, les intendants de marine ont recours à des distributions gratuites de vivres prélevées parfois en grand sur les réserves de la marine. C'est le prix à payer pour maintenir les villes portuaires dans une tranquillité relative. S'y ajoute une politique humanitaire insoupçonnée : ainsi, en 1784 et 85, la famine qui sévit dans la Calabre et le royaume de Naples provoque l'envoi d'une quantité importante de grains de Toulon à Messine et Naples. Peut-être pour mieux obtenir par la suite du bois ? Quoi qu'il en soit, les conséquences de l'accumulation des dettes et des arriérés de paiement provoquent des rétroactions très graves. Quand plus de six mois de salaires n'ont pas été payés, les commerçants locaux refusent tout crédit, à commencer par les boulangers. Il en va de même chez les fournisseurs de bois et autres munitions navales. En 1789, la Marine avoue plus de 400 millions de dettes : comment, dans ces conditions, envisager une guerre ? L'insuffisance des ressources financières finit par créer une situation totalement incompatible avec l'ensemble de la politique — au fond aggressive — menée par l'Etat. Prenons, au hasard, un cas parmi tant d'autres, celui de François Capelin, fournisseur à Toulon de toiles à voile comme de l'habillement des chiourmes du bagne : « Il ne peut remplir les conditions de sa fourniture, attendu les sommes considérables qui lui sont dues, malgré la teneur de son traité, par lequel il doit être payé, mois par mois, en argent comptant ou au moins en lettres de change à 6e usance, dont l'intérêt à défaut de payement lui serait bonifié à 5 %. » Le traitant avait cru avoir pris toutes ses précautions : il se trouve en dépit de tout entraîné dans le maelström des non-paiements.

La marine tente souvent de tourner la difficulté qui résulte de la rupture de facto de traités non respectés par elle en recourant à d'autres fournisseurs : le procédé atteint très vite ses limites évidentes. Parfois cette recherche de solution à tout prix débouche même sur l'innovation pure et simple. Ainsi devant les difficultés résultant des marchés passés pour le chanvre et le lin, on tente de remplacer ces deux textiles par du coton. Il était déjà utilisé pour les voiles de la « poussière navale » des petits bâtiments. On élargit la tentative aux frégates comme aux corvettes : « J'ai pensé que puisque ces toiles (de coton) étaient employées pour les corvettes, elles pourraient l'être également pour les frégates, si on parvenait à les rendre plus fortes... Il en résultera pour les frégates les mêmes avantages qu'on a trouvé qu'il y avait à employer des toiles de coton pour les petits bâtiments, qui sont l'économie résultant de la plus grande durée des voiles, de ce qu'elles ne sont pas sujettes à pourrir, comme celles en toile, et de ce qu'elles sont infiniment plus faciles à manœuvrer que ces dernières et à serrer par mauvais temps. » Et de suggérer de faire une expérimentation comparative à bord du même navire avec un jeu de toiles de lin et un autre jeu de coton : « Il y a tout lieu de croire que les toiles de coton seraient préférées ; l'exemple des Maltais (il s'agit de la petite flotte de l'ordre de Malte) doit le faire présumer, puisqu'ils font des voiles de coton non seulement pour leurs frégates mais même pour leurs vaisseaux. » Voilà l'une de ces innombrables tentatives, si peu connues, d'innovation d'apparence mineure, mais dont l'accumulation finale eût pu constituer, si l'ensemble s'était concrétisé et généralisé, une percée technologique majeure faite de coalescence de petits faits multipliés dans des secteurs variés.

Le coton, cependant, est produit tropical, dépendant donc des importations. Il est vrai qu'au cours du XVIIIe siècle la culture du chanvre a tellement reculé en France, y compris dans les vieilles régions productrices de l'Ouest, qu'il faut, surtout pour les bonnes qualités, de plus en plus recourir aux chanvres italiens, russes (donc baltes) ou d'Alsace et d'Allemagne.

Les problèmes maritimes existent donc à l'échelle internationale, et le progrès se paie par la complexification des circuits économiques internationaux qui le soustend et le permet. L'un des problèmes majeurs de la Révolution une fois repliée sur elle-même et coupée du reste du continent sera de trouver les matières premières nécessaires et plus encore d'en assurer le paiement. Il sera possible, un jour, en établir à la fois la prosopographie (c'est-à-dire la description des hommes qui assurent ce ravitaillement, marchands compris et marchands d'abord) et la cartographie. Nous comprendrons alors infiniment mieux la raison de la permanence profonde des problèmes marins à travers les régimes successifs. En la matière, les choses bougent très lentement, et la Révolution ne fera, en beaucoup de domaines, que recourir aux mêmes hommes, aux mêmes crédits et aux mêmes circuits de financement. C'est dans le domaine où cette permanence (accompagnée, certes, des indispensables adaptations et renouvellements) jouera que la Révolution réussira. Au prix des pires difficultés, la marine disposera longtemps du matériel nécessaire. C'est, en revanche, dans celui du commandement et de la discipline des hommes que l'échec sera le plus patent, et le plus lourd de conséquences. Bornons-nous pour l'instant au constat d'un historien anglais : « La révolution a réussi le renouvellement profond de l'armée, elle a largement échoué dans cette tâche dans le domaine maritime. »

Récapitulons ces deux premiers chapitres. Comment se présente la situation de la marine française au début de la Révolution ? Traditionnellement, la réponse est très positive. Auréolée de la gloire récoltée pendant la guerre de l'Indépendance américaine, la marine a fortement augmenté l'effectif de ses navires. Leur qualité s'est améliorée, et, à tort ou à raison, ils passent pour les meilleurs d'Europe avec ceux d'Espagne. Les stocks de bois ont été reconstitués ainsi que ceux des autres munitions navales. Les arsenaux et les ports militaires sont en pleine activité, sans aucun des hiatus qui avaient affecté les précédents entre-deux-guerres. Donc la population de ces arsenaux dépasse, elle aussi, au prix d'une immigration très variable de port à port, des sommets insoupçonnés. Le personnel des officiers supérieurs s'est renouvelé depuis Choiseul et compte des noms prestigieux. Le corps des officiers s'est amélioré. Les ingénieurs-constructeurs de la marine exercent une forte influence européenne. La marine a largement acquis la maîtrise de ses marchés d'Etat, en dépit de l'insuffisance de ses crédits. Voilà pour le positif. Il est très largement souligné dans le rapport de La Luzerne à Louis XVI. Le document pourtant, pour important qu'il soit, n'en est pas moins un plaidoyer pro domo pour lui-même et son prédécesseur. Il gomme quelque peu les handicaps et les difficultés. A sa suite, et plus encore à la suite de bien d'autres documents, les historiens de tout bord ont eu quelque tendance à exagérer le brillant de cette façade, tant elle paraît, au-dessus des opinions partisanes, évidente pour tout le monde.

A la réflexion, il faut pourtant plus que nuancer ce tableau par trop idyllique. Ce n'est nullement une marine parfaite, comme ont tendance à le penser quelques bons esprits de l'époque. Elle comporte des faiblesses structurelles, et dans l'impitoyable compétition qui va s'engager en 1793, elles vont apparaître graves, face à la « Navy ».

Supposons, pour un instant, à titre de pure hypothèse, que la Révolution n'eût pas eu lieu et que les choses se fussent passées comme on l'envisageait au secrétariat d'Etat à la Marine. La guerre avec l'Angleterre était pour ainsi dire programmée pour les années 1795-1797, moment où la flotte française aurait atteint l'apogée compatible avec les moyens français. Il est évident que l'optimisme régnait très largement dans les milieux maritimes, et qu'il était partagé, pour ainsi dire, de confiance par les révolutionnaires. Non pas simplement, comme on le dit un peu facilement, par la certitude que les peuples opprimés — entendez ici les équipages anglais et ceux d'autres adversaires — se soulèveraient à l'appel de la liberté promise. Mais tout simplement parce que la façade brillante de la marine rassurait, que les succès de la guerre précédente retentissaient encore dans tous les cœurs, avivés par les exploits et les drames des grandes entreprises de voyages de découverte. L'on avait oublié la sévère leçon des Saintes pour ne retenir que les réussites, pourtant mitigées, d'un Suffren, ou les demi-victoires des Guichen, La Motte-Picquet et autres d'Estaing (de Grasse étant tombé dans une profonde disgrâce que le corps presque tout entier des officiers approuvait). La discipline paraissait bonne, et le commandant de l'escadre d'évolution de la Baltique, l'amiral Barrin, commentant la révolte de deux équipages russes, croyait pouvoir affirmer que pareilles choses ne pouvaient se produire ni dans la marine française, ni dans l'anglaise.

Certes, les leçons de la guerre n'avaient pas été perdues. On a souligné plus haut l'immense effort d'amélioration des divers types de navires. Mais les Anglais avaient fait des progrès parallèles, voire supérieurs. C'étaient eux qui avaient inventé le doublage en cuivre, les caronades. Il semble même que leur avance ait été plus forte qu'on ne l'a dit. Pour ne prendre qu'un seul détail, qui n'en est pas un, ils avaient mis au point une machine à vapeur qui fabriquait automatiquement les poulies des navires. Or un amiral français au moins avait cru pouvoir affirmer que les poulies anglaises étaient l'une des raisons parmi les plus importantes de leur supériorité. L'on s'était empressé de copier le système en installant à Lorient une machine similaire. Ce fut un fiasco. Elle souleva contre elle la vigilance des artisans « poulailleurs » de Brest et de Toulon, qui firent grève. Le produit d'ailleurs ne satisfaisait par les utilisateurs, à tort ou à raison. En sorte qu'on arrêta le tout. Pourtant les poulies anglaises étaient moins chères, plus régulières, vraiment standardisées, et à tous points de vue, supérieures aux procédés anciens. Petites choses apparemment, mais qui, multipliées, comptent infiniment plus qu'on ne le pense. D'autres procédés commençaient à se répandre, timidement il est vrai. Ainsi la « Navy » va emprunter aux charbonnages anglais les grandes chaînes forgées pour remplacer les câbles en chanvre. L'amélioration de l'équipement des navires, l'introduction de T de fer remplaçant de plus en plus les courbes de bois, la progression rapide de la métallurgie anglaise donne ainsi des avantages souvent de prime abord peu visibles, mais dont l'addition finit par compter.

Le corps des officiers français s'est amélioré, mais il est loin d'être parfait. L'indiscipline, les refus d'obéir dont ont été victimes De Grasse et

Suffren révèlent le manque de cohésion de ce corps relativement plus « savant » que l'anglais, mais qui reste théorisant, et moins exercé. Les réformes du système des classes introduit en 1785 — qui s'apparente à un début de réforme de structure — ont amélioré le fonctionnement de l'ensemble et augmenté quelque peu les effectifs disponibles — à moins que ce ne soit la croissance du grand commerce. L'infériorité numérique française demeure cependant patente : en cas de guerre prolongée, elle ne peut qu'influer sur les événements. C'est pourquoi La Luzerne tente, sans grand succès, d'ouvrir le corps à un recrutement terrien, porté en cela par l'opinion. Ce qui ne va pas sans dégâts sur la suite : l'on n'imagine guère en France la complexité de l'art du commandement en mer. Les officiers supérieurs français ont fait leurs preuves entre 1778 et 1783 ; mais à part un certain nombre d'entre eux, ils sont peu portés à oser utiliser des tactiques nouvelles. Enfin, l'accent mis sur l'innovation a pour conséquence une dépendance accrue envers les importations, faciles à couper. C'est dire qu'une guerre déclenchée vers 1794 par l'Ancien Régime pouvait aussi bien aboutir à des succès comparables à ceux de la guerre précédente, qu'à des désastres comme celui des Saintes.

L'essentiel cependant réside dans la faiblesse financière de la France en général, et de la marine en particulier. Elle totalise à elle seule 400 millions de dettes, qui provoqueront d'âpres controverses à l'Assemblée Nationale. La France d'Ancien Régime pouvait-elle seulement envisager une nouvelle guerre d'envergure ? On avait reculé avec l'affaire de Hollande, on avait reculé devant l'affaire du Nootka Sund (1791). Il y a, en effet, une contradiction fondamentale entre l'immense effort fourni entre 1783 et 1793 pour améliorer l'état de la Marine française et l'impossibilité pratique de l'utiliser. L'étranger avait tôt compris la tendance, une fois passée l'euphorie des deux premières années d'après-guerre. La meilleure preuve en est que les Anglais n'ont jamais ressenti avant 1794 le besoin de lancer un grand programme de construction navale. Confortablement assise sur l'avance prise en maints domaines, l'amirauté avait devant elle tout le temps nécessaire pour expérimenter ce qui semblait utile à prendre chez l'adversaire potentiel. Elle pouvait même laisser s'amenuiser quelque peu sa marge de supériorité. Non sans danger certes, et nombre de contemporains ont critiqué cette attitude.

En réalité, une victoire française n'était envisageable, sur le papier, qu'avec l'addition des trois grandes marines des rives de l'Atlantique : Espagne, Hollande et France qui à elles trois équilibraient la flotte anglaise. C'est ce qui s'était produit entre 1779 et 1780. Mais depuis 1788 la Hollande était rentrée, par la grâce de la force prussienne, dans l'orbite anglaise.

Ainsi toute guerre navale devenait incertaine au-delà de l'habituel. L'on pensait compenser par la diplomatie, en renouvelant en tant que besoin la Ligue des Neutres. On peut se demander si les stratèges civils du secrétariat d'Etat à la Marine, conseillés par les excellents amiraux de la nouvelle génération, les Hector et les Albert, n'étaient pas conscients du danger. On a l'impression qu'ils préparaient surtout des opérations de « diversion ». D'aucuns pensaient concentrer l'essentiel des moyens en Méditerranée, en vue de la conquête de l'Egypte : les plans étaient très avancés. D'autres envisageaient le classique débarquement de diversion en Irlande. Aucune de ces opérations n'était, en elle-même, impossible à mener au début d'une guerre où la force navale française serait ce qu'elle était encore en 1789. On avait dans ces secteurs des chances de succès prolongés beaucoup plus importantes que dans la campagne d'Egypte de Bonaparte, à la vérité très mal engagée, avec des moyens déjà très sensiblement amenuisés. Commençaient, finalement, à devenir inquiétantes les divergences de vues, et même de politique, que ces choix supposaient. On envisageait une stratégie résolument offensive, portée à l'échelle du globe ; mais le Contrôle Général, plus prudent, restait partisan des anciennes alliances. Il y a dans tout cela une légèreté intellectuelle assez typique, il est vrai, des hommes d'Etat de l'Ancien Régime. Les révolutionnaires allaient la partager. Ainsi Kersaint proposait rien de moins en 1793 que la conquête terrestre du... Portugal, prétendant provoquer ainsi l'effondrement du grand commerce maritime et du crédit d'Etat de l'Angleterre. Remède « miracle », dont la multiplicité n'allait nullement refroidir les amateurs d'utopies.

IIe PARTIE

LA PÉRIODE DE PAIX (1789-1793) ET LES PRÉMISSES DE LA GUERRE

INTRODUCTION

La Révolution se subdivise, au point de vue naval, en plusieurs périodes successives : de 1789 à 1793, beaucoup de choses prolongent encore l'Ancien Régime. Le commerce français, grâce en partie aux capitaux hollandais se développe même dans des proportions considérables jusqu'au milieu de 1792. La date de 1789 ne signifie rien en ce domaine économique précis : la coupure est celle de 1792, avec la révolte des Noirs à Saint-Domingue, et l'assombrissement du climat international. Pour la flotte de guerre l'on assiste à deux évolutions contradictoires, aussi mal perçues par les contemporains que par les historiens. D'une part la construction navale s'emballe et la croissance quantitative de l'instrument naval militaire est évidente. Tout se passe comme s'il n'y avait pas de difficultés financières. D'autre part la désagrégation de l'instrument humain a commencé très tôt : il aboutit à la fois à l'émigration des officiers, au point qu'à la fin de 1792 les deux tiers du corps des officiers est porté manquant, et à des heurts multiples, avec des rébellions caractérisées dont le sommet est atteint quand, au début de la guerre avec l'Angleterre, l'escadre de Brest refuse le combat en pleine mer.

De 1793 à la chute de Robespierre, intervient de la part du gouvernement révolutionnaire un violent mouvement de redressement qui porte incontestablement des fruits : l'effort de construction navale se poursuit jusqu'en 1795, la discipline des équipages est plus ou moins rétablie, et les batailles ne sont pas déshonorantes, à défaut d'être victorieuses. Parfois même une défaite tactique peut constituer une semi-victoire stratégique. Durant cette période la France est seule, et fait face à la coalition maritime anglo-hispano-hollandaise, dont la marge de supériorité est énorme.

Mais les difficultés intérieures handicapent lourdement cette marine qui arrive, en 1795, à bout de ses stocks comme à bout de tension. L'effort matériel, si réussi, et dont l'on ne parle jamais, comporte une indispensable réorientation : comme il devient de plus en plus difficile de construire des vaisseaux de ligne, on les remplace sur les chantiers des villes de commerce par des frégates. Modèle de l'adaptation intelligente ; mais une frégate ne remplace pas un vaisseau.

De 1795 à la bataille d'Aboukir (1er-2 août 1798), tout s'effondre progressivement. Pourtant les données continentales sont favorables. L'Espagne et la Hollande abandonnent en 1795 l'alliance anglaise pour se tourner vers la France : le rapport numérique se renverse. Plus grave encore, les victoires de Bonaparte en Italie lui permettent d'abord la prise de la petite flotte génoise, puis celle de la non négligeable flotte vénitienne, renforçant ainsi la force française. Plus tard ce sera le tour de la petite flotte maltaise. Pire, ou mieux, l'Angleterre est un moment obligée de quitter la Méditerranée, au point d'abandonner un temps l'allié fidèle entre tous qu'est le royaume de Sicile. Enfin, la grande mutinerie anglaise paralyse pendant plusieurs mois la Navy. Pourtant, côté naval français, tout échoue. Les nouveaux alliés sont immédiatement écrasés (bataille du cap Saint-Vincent du 14 février 1797, le 11 octobre de la même année bataille de Camperdown). Les tentatives de débarquement en Irlande échouent lamentablement. On laisse passer, parce qu'on ne s'en rend pas compte, l'occasion unique de la grande mutinerie anglaise (avril-août 1797). Quand on se décide pour la campagne d'Egypte, il est déjà trop tard : la flotte française ne vaut plus grand-chose ; elle est épuisée par les pertes successives infligées par les tempêtes (c'est-à-dire l'incapacité des cadres et des équipages) et la bataille désastreuse d'Aboukir ne fait que consacrer un état de fait préalable. La bravoure n'y change rien, et ne fait qu'augmenter encore les pertes.

Après Aboukir, tout est en réalité décidé, sort de l'Empire compris, Trafalgar n'étant que la conséquence inévitable d'Aboukir. La victoire terrestre crée un court moment de répit avec la paix de Lunéville (1802). Elle arrive à temps pour sauver ce qui subsiste de la flotte française. La tentative de rétablir la Ligue des Neutres est brutalement réprimée par la bataille de Copenhague (2 avril 1802). Or la trop courte période de paix ne permet pas à Napoléon de rétablir une flotte qui est, en réalité, jusqu'en 1808, le cadet de ses soucis. Et quand il se met à réarmer, c'est à la fois sur de nouvelles bases et déjà trop tard. Constatant l'efficacité du blocus rapproché de Brest et de Rochefort, qui étouffent ces ports, la nouvelle marine est celle d'Anvers et de la Méditerranée. C'est un autre projet, à l'échelle européenne. Trafalgar vient anéantir dans l'œuf tout espoir réel (21 octobre 1805). Ainsi la Révolution et sa fille illégitime et pourtant naturelle enregistrent échecs sur échecs et de plus en plus cuisants, de plus en plus coûteux en hommes comme en navires. Là encore les chiffres parlent d'eux-mêmes. En 1793 la flotte française est à son apogée numérique avec 88 vaisseaux et 73 frégates : c'est une flotte singulièrement jeune et moderne. En 1799 les listes navales n'enregistrent plus que 49 vaisseaux, soit une diminution des effectifs réellement disponibles de 39 vaisseaux (44 %). Des 73 frégates du début de la guerre, ne sont plus utilisables que 54, soit une diminution de 19 (26 %). Or, entre ces dates, les chantiers français avaient achevé 21 vaisseaux (soit une moyenne annuelle de 3,5, inférieure aux époques antérieures) et 54 frégates (soit une moyenne annuelle de 9 par an).

Plus grave encore : les chiffres révèlent une autre face des choses : sur ces pertes, 62 % sont dues, pour les vaisseaux, à des actions de guerre ; tandis que les pertes par tempête se chiffrent à 12 %, un quart à peine des « pertes » provenant du déclassement consécutif au vieillissement normal. Le pourcentage pour les frégates est de 55,5 % par action de guerre. Chiffre massue : 40 % des vaisseaux et 42 % des frégates disparus ont moins de 5 ans d'âge. Le bilan général pour la construction est en 10 ans de 42 vaisseaux et de 65 frégates ; les pertes totales sont de 39 vaisseaux et de 47 frégates.

Le régime napoléonien n'a pas à présenter un bilan plus favorable. En 15 ans les constructions représentent 87 vaisseaux et 59 frégates ; les pertes 73 vaisseaux et 79 frégates. Récapitulons : de 1789 à 1815 on a construit 133 vaisseaux et 127 frégates, on a perdu (déclassement d'âge non compris) 112 vaisseaux et 126 frégates. Inutile de commenter, hélas.

Comment donc en est-on arrivé là ? C'est la seule question qui compte.

CHAPITRE PREMIER

DE L'ORDRE A LA CONFUSION (1789-1792)

D'une liste théorique à la réalité opérationnelle, il y a toujours eu une large marge, voire un monde. Les Anglais avaient un moyen de contrôle assez bon, distinguant les navires « en commission » et les autres, aux effectifs très limités dont la date de mise en œuvre était affectée d'un retard planifié par rapport au début de la guerre. Cette différence s'explique pour deux raisons. Premièrement, le matériel lui-même se trouvant plus ou moins âgé et étant en « état d'abandon organisé » plus ou moins long, la remise en état d'utilisation effective peut être plus ou moins rapide. Certains navires n'attendent qu'une « mise à niveau » limitée, effectuée par l'équipage au complet dès qu'il est disponible. D'autres nécessitent des carénages, ou des radoubs plus ou moins importants, exigeant des délais de plusieurs mois. Deuxièmement, le recrutement des effectifs, que ce soit par le système des classes ou de la presse, prend du temps, et est toujours, en tout pays, décevant. Les équipages en attente, incomplets, peuvent enfin être eux-mêmes atteints par des maladies pendant le séjour au port. Cette mise en route de la puissance navale demande donc toujours du temps et, d'abord, beaucoup d'argent. Ce sont là opérations longues, délicates. Une révolution aussi profonde que celle de 1789 devait, nécessairement, dans l'état de désorganisation/réorganisation, affecter profondément l'état de la marine.

Or la période de 1789 à 1793 est, pour la marine française beaucoup plus encore que pour l'armée, phase difficile, se traduisant tant dans les ports que dans les escadres par des révoltes, des conflits, des crises, des mutineries. Le point le plus grave s'est trouvé être le conflit surgissant entre les officiers et les équipages, affectant profondément la capacité d'intervention réelle de la flotte. Mais ne voir que cet aspect des choses serait s'exposer à ne pas saisir l'ensemble en son infinie complexité. Car, parallèlement, on assiste à une mise en cause du recrutement et à une mise en tutelle des autorités maritimes par les municipalités des villes portuaires. Mieux, ces villes : Brest et Toulon connaissent une radicalisation rapide de leurs éléments directeurs, qui font d'elles, en 1792, les agglomérations les plus extrémistes, quitte à ce que, par exemple, à Toulon, l'on assiste à un retournement profond en 1793-94, suivi, après la chute de la ville par une reprise en main qui fera de la ville une citadelle plus ou moins jacobine, en tout cas fidèle d'abord aux gouvernements révolutionnaires, puis à l'Empire. Comparons avec la grande mutinerie anglaise de 1796-97 : ici la mutinerie n'affecte que les escadres elles-mêmes, déborde très peu sur les ports, en sorte que les autorités militaires n'ont eu à régler que le seul problème naval, et, pour utiliser une image peut-être abusive, n'ont eu à « combattre » que sur un seul front. Les amiraux français se sont trouvés confrontés à une situation totalement inédite : ils avaient à faire face à leurs propres problèmes, comme à ceux qui leur étaient posés par l'intervention incessante à la fois des autorités municipales, tantôt alliées, tantôt hostiles, comme surtout des « masses » insurectionnelles populaires, et ce en présence d'une autorité centrale double : la ministérielle et royale d'une part, totalement impuissantes, et souvent d'attitude ambiguë ; la parlementaire des assemblées d'autre part, peu au courant des questions navales et toujours profondément méfiante envers le militaire. C'est dire l'extraordinaire difficulté de l'étude.

Or celle-ci n'a jamais été faite que très partiellement. Nous ne possédons aucune vue d'ensemble de la question. Que l'on consulte, à cet égard, les histoires les plus récentes de la marine française : elles passent toutes très vite sur la période, l'englobant dans la phase ultérieure guerrière. Or la situation n'est pas du tout la même avant et après 1792. L'on s'est donc toujours contenté de répéter, en définitive, les assertions classiques des historiens du XIXe siècle. Elles reflètent les prises de positions politiques de l'époque, et ne sont donc pas nécessairement vraies. Posons des questions : quelle était, en 1789, l'attitude du corps des officiers de la marine, de ce « grand corps » nobiliaire « coupable » de mépriser les officiers bleus, de s'opposer à la « plume » roturière des ports, quand on ne les écrase pas de mépris pur et simple. L'exemple du comte Hector est caractéristique : il se trouve victime de la coupure entre histoire moderne et histoire contemporaine. Les spécialistes de la Révolution lui reprochent sa « faiblesse », en 1789, face aux émeutiers, sa volonté de dialogue ; d'autres expédient la question en se contentant de le classer comme « aristocrate » plus ou moins accusé de complot. A la lecture de la correspondance ministérielle, cet homme s'avère le véritable stratège, avec le chevalier de Fleurieu, de la guerre d'Indépendance américaine, énergique entre tous, très courageux : s'il a adopté l'attitude qu'il a eue à Brest, c'est que, probablement, il ne pouvait faire autrement. Allons plus loin : quelle était, en 1789, l'attitude dominante de ce corps d'officiers : était-il pour les réformes, et lesquelles ? Quel est le pourcentage de ces 1 200 officiers qui a rejeté d'emblée la Révolution ? De quand date le « virage » à la contre-révolution ? Autant de questions pour lesquelles il n'existe aucun commencement de réponse. Pourtant il y a des indices qui devraient pousser à la réflexion : ce sont ces mêmes officiers qui ont mené la guerre d'Indépendance américaine ; ce n'étaient pas des incapables, loin de là. Un certain nombre d'entre eux iront loin dans la Révolution (mais quel est leur pourcentage ?). Ce sont non des ignorants, mais des gens parfois très cultivés, comportant une forte minorité de vrais « savants » appartenant de fait à l'élite scientifique de l'Europe. Si l'on accepte les clichés à la mode, ayant connu les U.S.A., ils auraient dû faire partie de ces « transmetteurs » du message démocratique américain en France. L'étude menée pour l'armée de terre par M. Bodinier a démontré qu'en réalité, les officiers du corps expéditionnaire n'ont été ni des volontaires, ni des enthousiastes de ce qu'ils avaient vu là-bas. Nous ne possédons pas d'études semblables pour la marine.

Dans le domaine des relations entre plume et épée, l'expérience des correspondances portuaires que nous possédons nous induit à la plus extrême prudence. Dans la vie quotidienne, le nombre de conflits jusqu'ici constaté n'est pas très grand, mais parfois d'autant plus violent. Il nous semble que la plupart de ces accrochages relèvent autant et plus d'incompatibilités personnelles que de querelles de principe. Mais le volume de cette correspondance est tel que ces constats reposent sur des sondages au cinquième. Le problème, en revanche, existe, latent et patent, dans les milieux du secrétariat d'Etat, provoquant une législation abondante se traduisant par des décisions successives et contradictoires. C'est que se trouve sous-jacent une question majeure, d'ordre administratif : qui dirige les ports, les arsenaux ? Les « militaires », c'est-à-dire les officiers généraux de la Marine, ou bien les « officiers de plume », c'est-à-dire les intendants de marine, appartenant au monde civil ? L'on sait que la dualité se retrouve à une autre échelle aux colonies (donc dans le domaine du secrétariat d'Etat à la Marine), dans la juxtaposition, souvent conflictuelle, entre le gouverneur militaire et l'intendant — et c'est sans doute l'une des faiblesses de l'Ancien Régime. Matériellement parlant, les deux parties ont leurs raisons. Il est évident que les commandants de navire veulent avoir leur mot à dire à la fois dans la composition de leur équipage, dans la construction de leur navire, et surtout dans l'avitaillement et l'armement de leur bâtiment. La manière la plus efficace est de tout pouvoir contrôler. Or la gestion « militaire » (donc nobiliaire) est loin de mériter les accusations dont on l'a accablée : il est des futurs amiraux qui s'en sont fort bien tirés. Mais il est évident que toute administration exige une compétence, et plus encore un « suivi » qui implique une continuité de carrière logique. Ajoutons que, depuis Louis XIV, la tendance a toujours été à la méfiance vis-à-vis du militaire en tant que maître de ses propres opérations : l'Ancien Régime est d'abord un régime civil fondé sur un état à dominante et à spécialisation militaire. La question ne se résume donc absolument pas à ce type de conflit plume/épée. Non que ce conflit n'existe pas ; mais là encore, il a été singulièrement gonflé. Il est, d'ailleurs, fort possible que ce conflit, exagéré pour l'Ancien Régime, se soit aggravé pendant la période de 1789 à 1793. Les ingénieurs-constructeurs de la marine sont, en effet, en majorité restés favorables à la Révolution et ont donc été relativement moins attaqués ou mis en question, même s'ils étaients, comme Sané lui-même, anoblis.

En d'autres termes on ne peut accepter les explications traditionnelles qu'à titre de simple inventaire provisoire. Inversement la composition même des « foules » ameutées dans les arsenaux et les villes reste aussi mal définie. On peut compenser ces manques en ce domaine en partie grâce à l'analyse sociale de ces villes qui permet d'inférer un certain nombre de conclusions provisoires. Dans ces conditions, il apparaît prudent de partir à la fois d'une chronologie précise des événements (qui ne sont pas nécessairement parallèles d'un port à l'autre) en s'appuyant sur les deux cas brestois et toulonnais, les mieux étudiés, comme sur la description de l'atmosphère sociale de ces villes. L'interprétation est d'autant plus difficile qu'au fur et à mesure de l'avancement de la Révolution, les attitudes individuelles, les comportements sociaux ont nécessairement évolué, pour aboutir parfois à des renversements de situation contradictoires.

Une chronologie sommaire fait apparaître quelques tendances profondes. Dès 1783 les classiques difficultés de levée des classes connaissent des recrudescences dangereuses qui, en particulier en Provence, aboutissent à des comportements prérévolutionnaires. L'arrivée des nouvelles de Paris provoque, à partir de juillet 1789, le remplacement des autorités municipales de l'Ancien Régime (l'on se gardera d'utiliser ici le mot « oligarchie » qui n'a, en l'espèce, guère de sens) par des autorités nouvelles, révolutionnaires, qui juxtaposées à l'autorité militaire, entrent en conflit avec celles-ci. Parfois, comme à Toulon, cette révolution municipale, qui, en soi est générale dans toute la France, mais atteint dans les arsenaux un sens beaucoup plus radical qu'ailleurs, est précédée par des émeutes à la fois anti-fiscales, frumentaires et politiques. A partir de la fin de 1789 la chronologie de la radicalisation est de plus en plus différenciée, comme aussi les contre-courants qu'elle provoque par effet de refus. De la ville et de l'arsenal le nouvel état d'esprit se transmet aux navires, avivant le conflit. La rapidité de cette évolution s'explique par le climat très particulier qui règne dans les arsenaux : les arriérés de paiement, les licenciements, attisent les conflits latents ou ouverts. Se dessinent ainsi des lignes de clivage à l'intérieur même de tous les corps, les uns provisoires, les autres durables mais dont les effets se superposent. En somme, comme dans tous les milieux en butte à une politisation rapide et non préparée, les conflits s'amplifient par effet d'auto-accélération — le phénomène de foule comptant pour beaucoup — provoquant les radicalisations réciproques des « fronts » en présence. Le tout est inséparable des difficultés de la vie quotidienne, exaspérées par les mauvaises récoltes, ensuite par l'inflation des assignats comme par le mouvement politique. Femmes et enfants jouent souvent un rôle capital, donnant à ces heurts frontaux une double tonalité à la fois d'archaïsme de révolte de la misère, spontanée, et aussi de « modernité », l'arsenal étant non seulement une « manufacture » d'artisans, mais aussi un lieu où la machine a transformé une partie de ces artisans en ouvriers. L'avance technologique de la marine se traduit en effet, inévitablement, par l'apparition de phénomènes sociaux typiques du XIXe siècle. Demeure, enfin, une autre interrogation : d'où provient, en définitive, le « mouvement » ? Nous serions tentés de « dévier » la question en demandant qui a lancé, amplifié le mouvement : les artisans et les ouvriers de l'arsenal, les marins, ou, enfin, les « bas-officiers » que sont les officiers mariniers et les contremaîtres des chantiers ? Quel a été, en l'occurrence, le rôle, très varié en fonction du temps, de ce que l'on appelle les « bourgeoisies » portuaires ? La formulation de l'enquête serait, par ailleurs, incomplète, si, comparant ce qui se passe dans les ports de guerre avec ce qui ne se passe pas encore dans les ports de commerce, l'on n'insérait pas l'histoire des troubles dans le contexte plus général de l'ensemble de la vie maritime française.

Car, à force d'utiliser le microscope, l'on perd parfois de vue les contrastes majeurs. Alors que les ports de guerre connaissent une vie politique particulièrement intense, avec ses massacres toulonnais qui précèdent ceux de septembre (parisiens), les ports de commerce ne sont, jusqu'à l'été 1792, que peu affectés. Sans doute y a-t-il révolution municipale, avec toutes ses conséquences. Mais la prospérité maintenue atténue singulièrement les problèmes, ceux de l'inflation compris, alors que la réduction des budgets militaires affecte plus gravement la vie portuaire des villes militaires. Le ravitaillement des ports de commerce, partant les prix des grains, sont mieux garantis et provoquent moins de misères. Les grandes villes de commerce possèdent enfin une haute bourgeoisie d'affaires de mentalité très différente de la très moyenne (à tous points de vue) bourgeoisie des ports de guerre. Cette haute strate continue de s'enrichir, de pratiquer la traite négrière, et est politiquement, en majorité, assez indifférente aux événements politiques, les accueillant d'abord avec une sympathie quelque peu mêlée de prudence, et ne s'écartant que très lentement, par fractions progressives, du nouveau régime. La minorité révolutionnaire des négociants — à Nantes un peu plus de 10 % du total — n'est pas assez puissante pour s'imposer, d'autant moins qu'une partie d'entre elle a été très touchée par les mauvaises affaires d'abord du libre commerce avec les Indes, puis du soutien aux « Insurgeants » et enfin, par le refus du gouvernement américain d'honorer une partie de ses dettes. Quand enfin, en 1792, son moment paraît venu, elle se trouve supplantée souvent par une moyenne bourgeoisie en partie issue, comme Fouché, du milieu des capitaines de navires comme aussi, inévitablement, du monde judiciaire. Contrairement à une légende soigneusement entretenue, ce haut négoce portuaire, véritable ploutocratie, a été très réservé face à une possible guerre avec l'Angleterre. Certains ont multiplié les avertissements prophétiques et se sont retrouvés, lors de la Terreur, du mauvais côté de la barrière, le « négociantisme » se trouvant assimilé au crime « d'aristocratisme ». Si la fraction révolutionnaire est relativement peu nombreuse, la fraction potentiellement contre-révolutionnaire ne l'est pas moins, au moins au point de départ. A Nantes, elle fournit, dans la mesure où elle se dévoile, moins de 10 % du stock des négociants. Elle ira croissant, mais très lentement. Il ne faut pas se laisser leurrer par l'activité brouillonne des « jeunes gens » qui ont tant fait parler d'eux, par exemple en Bretagne, au printemps 1789. Les villes maritimes sont beaucoup plus distantes des événements révolutionnaires que les villes parlementaires et à plus forte raison que les villes maritimes de guerre.

LES PROBLÈMES PRÉRÉVOLUTIONNAIRES

Les premières difficultés apparaissent dès la guerre d'Indépendance américaine avec la levée des classes. Quand, à Toulon, l'intendant du port envoie son représentant le commissaire aux classes Bousquet en février 1783 contrôler les paroisses du Bas-Rhône et de la Camargue, celui-ci nous décrit une situation à la limite de la révolte. A Aigues-Mortes qui a été le « théâtre de la révolte la plus considérable... il y a 55 matelots fuyards ayant des avances de 1780, 1781 et 1782 qui font impunément la pesche et la chasse sur les étangs et marais, qui inondent ces contrées et qui situées dans le plat pays, leur offrent à toute heure le moyen de voir venir de partout et de fuir avec certitude et n'être que difficilement arrêtés ». L'on songe à la Grande Brière... D'autres se laissent lever et « quelques-uns se présentèrent au Bureau des Armements et furent destinés sur les vaisseaux « le Dictateur » et « le Suffisant » ; la majeure partie resta en ville au cabaret et les syndics furent destinés au canot du bureau des armements ; mais dès que les deux vaisseaux furent en rade toute la levée d'Aigue-Mortes revint sur ses foyers et il ne resta à Toulon que les syndics... Je parvins à faire arrêter trois des sept chefs de party et les plus insolens, je les fis enchaîner en public et je chargeoi les cavaliers de mettre dans traduction tout l'éclat possible, afin que cet exemple en imposât aux autres. » Et d'ajouter que « ils savent tous que la peine des galères suit de près une pareille conduite. J'ai donné à penser qu'il y aurait des exemples et M. l'Intendant jugera ce que sans cela il est impossible de ramener ici la subordination nécessaire. » En 1783-85, la machine administrative fonctionne encore ; il n'empêche que, dans ce cas précis, ce seul ressort compte 146 réfractaires nommément désignés au vu et au su de tout le monde. A Massillargues « il ne m'a pas été possible de faire paraître un seul matelot de cette paroisse ; un exemple est absolument nécessaire. » La maréchaussée n'est d'aucune utilité, car « elle se laisse acheter ». Il faut recourir aux « archers, ce moyen est le plus sûr et le moins coûteux pour le Roy ». Menu incident, en cette Provence qui, plus que toute autre province, est restée mal disposée au système des classes ?

Certes, mais anecdote significative. Parlant des ouvriers nécessaires à l'achèvement de « 18 vaisseaux », qui se trouvent presque terminés, l'intendant note : « ... mais ces ouvriers ne sont pas ici ; l'argent pour les payer n'y est pas non plus ; il faut bien 20 jours avant que je reçoive vos ordres, et combien en faudrait-il ensuite pour que ces ouvriers arrivent au port ? Ce dernier article, Monseigneur, est le plus intéressant, et celui sur lequel je n'ay jamais pu avoir satisfaction. Vingt ou trente charpentiers et calfats que je demanderais à Marseille, qui n'est qu'à deux pas, n'arriveraient qu'au bout de 3 semaines, et la plus part y retourneraient quelques jours après. Il faut à peu près le même tems pour les faire revenir, ainsi des autres quartiers... les retards ne proviennent pas de nous. » Sans commentaires.

Les autorités navales cherchent des explications. Elles sont contradictoires : « La rareté de cette espèce d'hommes, l'éloignement où ils sont du port, la répugnance qu'ils ont pour le service, *le peu de cas qu'ils font des ordres qu'on leur donne,* les ressources qu'ils trouvent dans leur pays, ressources beaucoup plus fortes que celles que le service du roi peut leur procurer, tels sont les motifs de ces retards. » Comme tout est relatif en ce bas monde, une autre autorité toulonnaise ne juge pas la question sous le même angle, sinon pour constater une commune désobéissance. Résumons le propos qui serait beaucoup trop long à reproduire. Les matelots ne viennent pas, non plus que les ouvriers parce qu'en cas de disette d'argent, on les licencie. Or, pour les spécialistes de la marine, l'offre est rare. Marseille a ses propres stocks et il n'y a pas de grande vie maritime en Provence, contrairement à la Bretagne, où les matelots peuvent toujours se retirer dans leurs campagnes et mener la vie de paysan, ou bien trouver dans les petits ports bretons quelque travail. Il est des degrés dans la misère.

Aussi la question, particulièrement pour les arsenaux, est celle de savoir, de 1783 à 1792, qui il faut licencier, qui il faut retenir. Le leitmotiv des correspondances est le mot clef : comment les payer ? « Il ne faut que des ouvriers pour les convertir (les matières premières en navires) et de l'argent pour payer les ouvriers. J'ose pourtant vous promettre, vu le génie de la Nation que vous trouverez dans les matelots, si on leur paye tout ce qui leur est dû, toute la bonne volonté possible. Je demande de l'argent. » Combien de fois retrouvera-t-on, de 1783 à 1802, ce même cri. Et pour en trouver, il faut renvoyer matelots et ouvriers, quitte à les rappeler dès que nécessaire. Il faut se représenter ce qui, pour beaucoup de « gens de mer » de l'époque, n'a été qu'une valse perpétuelle entre le port et le lieu d'attache.

On commence donc d'abord en 1783 par licencier les ouvriers étrangers. « J'ai même cherché à rendre ce renvoi économique en leur faisant insinuer de demander des permissions pour aller chez eux... ce qui ne les met pas dans le cas d'exiger une conduite. Ils en ont été très contents » En somme, au recrutement, la force, au renvoi, la misère. Le 9 mars 1783, 600 ouvriers étrangers ont été ainsi renvoyés et il est « impossible de conserver des ouvriers dans l'arsenal sans payer les Etrangers tous les 15 jours, et ceux de Toulon, La Seyne et Sixfours tous les mois ». Or il faudrait à tout prix conserver les derniers nommés « qui n'ont d'autre ressource que les travaux de l'arsenal et qu'il faudrait payer ». Quelques semaines plus tard il faut en renvoyer 700. Or ce sont « espèce de gens très précieuse, qui nous fournit nos excellents maîtres, et qui ne pouvant être tous employés, parce que la somme allouée ne peut le permettre, va s'expatrier, n'en doutez pas. Les ports d'Italie offrent un azile et des établissements aux plus jeunes. Les plus âgés n'en profiteront pas, je l'avoue, pour ne pas abandonner leurs femmes et leurs enfants, mais qui seront dans la misère, dez que l'arsenal leur refusera une journée, qui les faisait vivre, et la mer une ressource dont ils ont profité pendant la guerre qu'ils viennent de faire, comme ouvriers et comme mariniers. S'il m'était possible, Monseigneur, de faire passer jusqu'à vous les gémissements dont je commence à être témoin, ils vous toucheroient, j'en suis assuré. » Tout au long de la période, et les choses n'iront que s'aggravant, se multiplie ce type de lettre : « Comment pouvoir faire face aux dépenses dont le payement est arriéré, telles que les appointements des *officiers* de marine, et autres, de mars et d'avril, les ouvrages de charpente et de transport des bois de vaisseaux en construction, le sciage, etc. » Car tels sont les gens dont une partie sera assassinée, renvoyée, emprisonnée. Nous sommes loin des monstres décrits par une certaine propagande. Mais la responsabilité gouvernementale est lourde, tant avant qu'après 1789 : la construction de la flotte a été, sciemment, en partie planifiée par le rejet sur les autorités locales des mesures à prendre pour couvrir le fossé existant entre les possibilités de financement et les dépenses réelles. Les petites gens en font les frais, et les autorités locales y ont usé tout leur prestige et toute leur crédibilité. Il en résulte un fossé grandissant entre deux mondes qui, seul, explique la violence extrême de certaines réactions. Un dernier exemple, à titre d'illustration. Comme les fonds assignés ne suffisent pas, « nous prendrons le parti de faire cesser le travail un jour par semaine... dans cette fâcheuse circonstance, j'ay donné ordre qu'on ne travaillerait pas le samedy, soit aux constructions, soit aux ateliers, ce qui réduit le mois à 21 jours (payés). Malgré cette réduction nous serons encore bien en dessus de la somme (allouée par le Ministère) je ne peux vous le cacher. » Conséquence, la misère des ouvriers « sera d'autant plus extrême et plus touchante que le commerce languit, et que les boulangers refusent de leur donner du pain à crédit dans la crainte de défaut de payement ». Quand intervient enfin un envoi suffisant d'argent « les gens de mer... sont aujourd'hui aussi satisfaits qu'ils étaient mécontents... les matelots, les ouvriers de Toulon ne souffrent plus ». Mais cela ne dure guère. En 1783 il était dû à ce titre plus de 3 millions pour le seul port de Toulon, et parfois pour des armements remontant à... 1778. A défaut de pouvoir payer toute la somme, il faut, du moins « faire payer un acompte et la conduite des équipages »...

Le choix des passages utilisés est tiré, certes, d'une période difficile ; mais à des nuances près, c'est le tout quotidien de 1783 à 1793. On s'en tire avec des moyens d'infortune. Ainsi l'intendant de Toulon est-il obligé d'emprunter sur la place de Marseille « malgré ce qu'on dit de la disette d'espèces à Marseille et des banqueroutes qui s'y préparent ». Effectivement les années 1781-1786 connaissent le sommet de la courbe des banqueroutes des négociants du XVIIIe siècle. Les emprunts de l'intendant sont gagés sur le crédit propre des autorités militaires locales. Tout cela, les foules affamées ne pouvaient le savoir.

Un autre élément a joué dans tous les ports-arsenaux : le passage partiel du travail « au roi », c'est-à-dire le travail payé à la journée au travail « à l'entreprise ». Le travail salarié passait pour revenir très cher. Or le mot d'ordre est à l'économie. L'idéal, aux yeux des bureaux de Versailles et de Paris, eût été de « commander » les navires, y compris ceux de ligne, à des entreprises privées, en bloc, moyennant le respect d'un cahier de charges. C'était le procédé qui, à vrai dire, était utilisé pour les navires de moindres dimensions, frégates comprises. L'Angleterre utilisait de plus en plus cet appel d'offre à des chantiers navals privés. La Luzerne explique bien les arrière-pensées de cette transformation de base. Elle rentre dans le cadre de la tentative, encore fort peu décrite, de « dégraisser » les ports dont la croissance démographique inquiétait de plus en plus les autorités centrales. La concentration sur les arsenaux de toutes les activités en un complexe industriel « vertical » rencontrait dans l'administration à la fois des partisans et des adversaires. Parmi les partisans, les spécialistes du doublage des coques en cuivre faisaient remarquer que la fabrication des clous en cuivre ou en bronze revenait à beaucoup moins cher si ces produits étaient faits sur place que s'il était nécessaire de les faire venir de loin ; d'ailleurs la situation de monopole privé pouvait aboutir à des hausses très fortes de prix. Il en était ainsi pour infiniment de fabrications délicates. Mais l'administration centrale y était de plus en plus hostile. Une ville portuaire ne consomme, en effet, pas seulement ses propres aliments, mais encore ceux des flottes qu'elle arme. Ainsi le marché urbain d'un port représente infiniment plus — plus du double — d'une consommation de ville terrienne. La situation excentrique des grands ports rendait, même en temps de paix, le ravitaillement difficile, et constituait ainsi un facteur de hausse des prix, partant d'éventuels troubles. Bien avant la Révolution, existe, dans l'esprit des secrétaires d'Etat, la hantise de troubles portuaires difficiles à maîtriser. Mais la distinction, imposée par la nature plutôt que par l'absence d'un grand capitalisme, entre ports de guerre et ports de commerce, rendait impossible le passage d'une commande en bloc d'un gros vaisseau à un « particulier ». Le faible tirant d'eau des rivières-estuaires empêchait enfin la construction de ces monstres de plus de 2 000 tonneaux d'un tirant d'eau de près de 7 mètres, impensable dans les grandes cités portuaires. Il n'est pas impossible que ce soit une raison de ce genre qui ait, après la suppression de la Compagnie des Indes (1769) pesé lourd en faveur de la spécialisation de Lorient, espèce de doublet de Brest, limitant ainsi la croissance folle de la ville. Cette situation obligeait donc à confier le travail à des entrepreneurs privés travaillant à l'intérieur de l'arsenal. Comme leur capitalisation n'était pas suffisante, on n'a jamais pu faire des commandes portant sur un navire complet, comme c'était souvent le cas en Hollande et en Angleterre. On la passait donc « paquets » par « paquets », en morcelant l'ensemble du chantier en « séquences » confiées à des entrepreneurs différents, s'intercalant entre d'autres segments travaillant de manière classique. On voit le bénéfice de l'Etat : il en résultait, théoriquement, une très sensible économie. On voit encore mieux la difficulté qui en résultait pour les travailleurs des arsenaux : une sensible diminution de leurs revenus, en une période de hausse des prix des grains en particulier, donc un facteur supplémentaire de mécontentement.

Les autorités portuaires avaient rapidement réagi. L'on devine que certaines d'entre elles ont poussé les ouvriers à se regrouper en « sociétés » se chargeant d'intervenir comme des entrepreneurs, auxquels les arsenaux donnaient la préférence plutôt qu'aux fabricants privés, et à des prix raisonnables. Compromis difficile, fonction des personnalités en présence : ce ne sont d'ailleurs pas des transactions de ce genre que l'on confie à des documents officiels.

En d'autres termes, l'après-guerre d'Indépendance américaine se traduit dans les arsenaux français par une situation sociale de réductions drastiques de personnel et d'économies réalisées en grande partie sur le dos des « salariés ». La charité privée de certaines dames arrivait à atténuer quelque peu la prolétarisation en cours, et les mêmes foules qui, à Toulon, massacrent des officiers, protègent en revanche celles qui se sont penchées sur leur sort, comme la mère de l'amiral Truguet, sauvée en 1793, quoique veuve de chef d'escadre et coupable de protection de prêtres réfractaires, contre la volonté du Comité de Salut public.

L'émeute du 23 mars 1789, dite du « piquet », illustre tout notre propos. Première des grandes émeutes portuaires de la Révolution, elle est à la fois révolte antifiscale et émeute frumentaire. Elle est dirigée contre le piquet, impôt municipal sur la farine, particulièrement inopportun en cette période de difficultés alimentaires. L'occasion en est fournie par la loi elle-même, puisque les assemblées préparatoires aux Etats Généraux offrent le cadre de ce rassemblement populaire. Menacée, l'ancienne municipalité cède et diminue d'urgence les prix des produits de base. Une fraction cependant de la foule dévaste les archives fiscales municipales (maisons Beaudin et Mourchon), ainsi que le palais épiscopal. Par là, l'émeute prend, d'emblée, un tour anticlérical inattendu à cette date. Est-ce témoignage d'une précoce déchristianisation ou de simple anticléricalisme ? Le 24 mars, l'émeute se développe. La maison du maire est mise à sac ainsi que les édifices administratifs en liaison avec l'impôt du piquet. Tout cependant rentre dans l'ordre dès que la troupe intervient. Mais à l'arsenal, on a arrêté le travail, et l'on a posé la question des retards de paiement des salaires. Il ne faut, ce nous semble, ni exagérer, ni minimiser la portée du mouvement.

Il est dirigé contre l'impôt municipal et les autorités de la « vieille » municipalité ; il est le signe des difficultés matérielles. Mais il inclut aussi, et c'est le côté le plus visible, la mise en cause de l'autorité ecclésiastique, à un moment où elle n'est encore contestée par personne, au moins dans la rue. L'amiral Albert note la présence d'un grand nombre de femmes et d'enfants. L'on discerne mal l'importance exacte de tout cela, qui relève encore largement de « règlements de compte » envers des individualités discutées ou envers un évêque trop méfiant vis-à-vis des vieilles « institutions » et confréries comme celles des « Pénitents blancs »... L'émeute n'a en tout cas pas rencontré une approbation unanime : même à l'intérieur de l'arsenal les maîtres-artisans de la ville et du port ont, pour quelques-uns, contribué à rétablir la situation. Cependant, des meneurs sont apparus, « se disant élus de la populace », comme Chaillan ou Beausoleil, qui feront parler d'eux plus tard. Le parlement d'Aix condamne, le 13 juillet, sept d'entre eux à mort ; la suite des événements empêche l'exécution de la sentence. Suprême imprudence : la municipalité rétablit l'impôt du « piquet ».

LES TROUBLES RÉVOLUTIONNAIRES

La lecture des cahiers de doléances des grandes villes-arsenaux donne, de prime abord, un son très classique : on y rencontre les revendications attendues. Ils sont cependant intéressants sur plusieurs points : ils sont d'abord très détaillés et révèlent dans les cahiers des communautés, outre un souci parfaitement normal de constructions édilitaires indispensables, une étroitesse extrême de vues (maintien des corporations). On insistera sur deux aspects. A Toulon, évêque et noblesse acceptent l'égalité devant l'impôt, tandis qu'à Brest, le ton change singulièrement entre les cahiers de base et la rédaction finale. Le ton est beaucoup plus incisif que dans les autres villes du royaume : à Brest le clergé est violemment pris à partie en tant qu'ordre. Signe que quelque chose s'opère en profondeur dans la strate « bourgeoise » qui forme la tête du Tiers.

Rappelons ce que l'analyse des structures sociales effectuées par exemple par C. Nières pour Brest apporte d'éléments de compréhension. Les villes-arsenaux ne possèdent pas de haut Tiers. Il y a très peu de grands négociants. Nous sommes en présence d'une pyramide sociale tronquée : la « bourgeoisie » toulonnaise, et a fortiori brestoise, ferait, dans d'autres villes, piètre figure. Comme on l'a déjà souligné, le heurt social avec le grand corps nobiliaire, latent, en prend une dimension particulièrement explosive. Il existait, surtout à Brest, une véritable haine dirigée contre la noblesse maritime par ce qui est, en réalité, une « petite bourgeoisie » aux contours mal délimités, à l'intérieur de laquelle les artisans occupent une place à part. D'autant plus qu'à Recouvrance, existe un embryon de « bourgeoisie » bretonnante. Traditionnellement, le lien social était, sous l'Ancien Régime, formé par le groupe, difficilement définissable (celui d'oligarchie ne signifie pas grand-chose) des familles municipales. Elles sont discréditées. A Brest, les conflits entre maire et groupe municipal ont été très vifs au cours de la seconde moitié du XVIIIe siècle.

Le deuxième acte des troubles révolutionnaires des ports militaires est donc formé, comme partout ailleurs, par la classique « révolution municipale » de la seconde moitié de juillet 1789. L'annonce de la prise de la Bastille, par le « bulletin de la correspondance de la députation du Tiers Etat de la Sénéchaussée de Brest » (19 juillet 1789) révèle le tournant pris par les esprits. L'on connaît encore assez mal ces événements. A Brest, le mouvement « populaire » s'appuie sur les canonniers de la marine, et des éléments des régiments de Beauce et de Normandie de la garnison, qui s'étaient déjà fait remarquer dès avant le 18 juillet. On assiste à une véritable panique fondée sur la rumeur du « complot aristocratique » précurseur, toutes choses égales d'ailleurs, de la grande peur rurale. Comme il était naturel, l'autorité maritime avait pris des précautions militaires : elles furent interprétées, comme à Paris, comme dirigées contre le « peuple ». A Toulon comme à Brest ou Rochefort, la révolution municipale aboutit sinon à la disparition de l'ancienne municipalité (à Brest elle survit sans jouer de rôle), du moins à la formation d'une nouvelle puissance « municipale » coiffée par exemple à Brest d'un « conseil général de la commune ». Ainsi apparaissent des hommes nouveaux, qui entrent immédiatement en conflit avec la marine.

L'amiral d'Albert accuse nommément à Toulon ces hommes d'ambition « démesurée ». Certains historiens ont récusé ce témoignage. Pour qui a lu la correspondance de d'Albert, la mise en doute ne se pose même pas. Il est d'ailleurs normal qu'en période de bouleversement des institutions apparaissent des hommes qui, à tort ou à raison, s'estiment capables de construire quelque chose de nouveau. On en connaît quelques-uns. A Brest ce sont des membres même de la marine : le commis de la marine Marec, rédacteur du cahier de doléance, Siviniant qui se veut porte-parole du « peuple » ou encore, à la tête de la nouvelle milice, un ingénieur des travaux maritimes : Nicolas Trouille, dont l'appartenance à la loge des « Elus de Sully » l'a fait accuser de « complot maçonnique ». Ils mériteraient des études plus approfondies. Dès lors, c'est partout le conflit direct entre ces nouvelles municipalités et les dirigeants de la marine. C'est, en partie, question de personnes : Marec assouvit un certain nombre de vieilles rancœurs. Mais grossir cet aspect réel des choses serait prendre la question par le petit bout de la lorgnette. Le conflit était inévitable : il porte sur le maintien de l'ordre public, indispensable pour que le programme des constructions navales se poursuive. La question est très simple : ouvriers de l'arsenal, les soldats de la garnison, les marins de la flotte peuvent-ils entrer dans les comités, clubs qui fleurissent, et plus encore dans la garde nationale ? Les autorités militaires pensent que non, les municipales que oui. Ce qui a pour conséquence rapide d'inverser la situation : par qui la défense des arsenaux doit-elle être menée, par les militaires seuls ou par la garde nationale ? La question est, en outre, doublée par une autre dont on sous-estime l'importance : c'est que nombre d'officiers de la marine sont propriétaires et seigneurs dans les environs des ports et donc, en tant que tels, menacés par la mise en question du régime seigneurial. Cet aspect des choses a, peut-être, été plus marqué à Toulon, au climat plus favorable à l'implantation terrienne du grand corps. Ce n'est pas pour rien que le peintre Vernet avait donné comme premier plan de la célèbre vue de Toulon une scène de réception campagnarde de « pique-nique » (l'expression est d'époque) de maison seigneuriale, quitte à tricher avec le paysage. C'est donc le moment de nous reposer, en d'autres termes, la question de l'attitude du corps des officiers face à la Révolution. De la réponse à cette question dépendent en effet en grande partie nos problématiques contemporaines.

LE CORPS DES OFFICIERS FACE AUX DÉBUTS DE LA RÉVOLUTION

Interpolons, à la suite de M. Vergé-Franceschi, ce que l'on peut, à l'heure actuelle, dire de ce corps. Les officiers sont au nombre de 1655, quatre fois plus que sous Louis XIV. C'est un corps qui n'a jamais été plus nombreux, et, fait digne d'être relevé, surtout au sommet. Il y a, en 1789, 59 officiers généraux pour 1 008 lieutenants et sous-lieutenants de vaisseau, pour 411 élèves officiers. Il y a donc un officier général pour 28 officiers, ce qui est énorme. Par la force des choses, ces officiers généraux sont plus âgés que le corps qu'ils commandent, et sont surtout beaucoup plus exposés à la critique comme aux événements. Cette marine est jeune : ce qui explique la mobilité dont le corps va faire preuve. Il est plus facile pour des jeunes lieutenants de vaisseau de prendre parti pour la Révolution parce qu'ils ne sont pas d'emblée pris à partie. Ce corps est très « attractif ». Il a bonne réputation et il attire les jeunes. La Marine, en effet, et c'est un fait fort peu souligné, n'a jamais connu aucune vénalité des offices, contrairement même à l'armée de terre : le corps s'y est très énergiquement, et très efficacement opposé. Il est auréolé de la gloire des victoires récentes — au contraire d'une armée qui n'a pas combattu sur le continent depuis 1763 (près de trois décennies, le temps d'un âge d'hommes). Ce corps a le prestige national et international de sa participation aux grands voyages de découverte. En somme, il est une exception dans la structure sociale de l'Ancien Régime. La Marine est un moyen d'ascension sociale pour les cadets de famille, et, en dépit des retards de paiement qui ne l'épargnent pas plus que les ouvriers, sur le long terme, la marine nourrit honnêtement son homme, à condition de ne pas exiger un train de vie trop élevé. Etre officier est presque à coup sûr disposer dans sa vieillesse d'une « pension »-retraite. Enfin, le corps est « distingué » par la participation de la noblesse de Cour qui superpose aux clientèles régionales, maritimes ou non, des familles d'amiraux un apport raisonnable de grands noms. Les promotions sont équilibrées sous la pression « des ports » : l'ancienneté, le nombre des campagnes, des blessures, des services rendus par la famille sont récompensés, et somme toute, la noblesse de Cour, d'ailleurs représentée par des hommes qui ont, pour leur immense majorité, fait leurs solides preuves n'est pas surrécompensée. De fait, les officiers de marine appartiennent à l'élite sociale éclairée. Ce n'est donc nullement le corps caricaturé.

Face à la Révolution, ces hommes des « Lumières » ont, dans un premier temps, réagi, avant les troubles du printemps de 1789, de manière très favorable. Malheureusement, nous n'avons aucune idée sur les prises de position de ces officiers. A nos yeux, les marins appartiennent, en leur immense majorité, à la contre-Révolution. Or nous n'en savons rigoureusement rien. Nous sommes, à l'heure actuelle, uniquement en possession de listes d'officiers ayant les uns épousé la contre-Révolution dès ses débuts, et d'autres ayant, au contraire, servi la Révolution. Ce qui donne des indications, mais rien d'autre. Nous ne connaissons absolument pas l'évolution de la majorité d'entre eux entre 1788 et 1793. Bornons-nous donc à quelques constats. Les noms de la contre-Révolution appartiennent tous au corps des officiers supérieurs, ce qui est logique. Ils étaient les premiers exposés. Les noms des membres de la noblesse ralliés appartiennent, à peu d'exceptions près, aux jeunes lieutenants et sous-lieutenants de l'ancienne marine. Villaret-Joyeuse est lieutenant de vaisseau depuis 1784, Villeneuve a été reçu garde de la marine en 1778, Missiessy s'est fait connaître en 1789 par un « Traité sur l'arrimage des vaisseaux » et est lieutenant de vaisseau ; Rosily-Mesros est de même lieutenant de vaisseau ; Truguet est major de vaisseau ; Bruix et Decrès sont lieutenants de vaisseau. En somme tous les grands noms de la Révolution et de l'Empire ont commencé leur carrière dans la marine d'Ancien Régime, ont servi les régimes successifs : pour eux, la Révolution a même été un tremplin idéal, non sans risques. Arrêtons-nous sur le cas Missiessy : au mois d'août 1789 son château des environs de Toulon est perquisitionné et pillé par la foule qui l'accuse d'avoir établi un dépôt d'armes clandestin. Ainsi elle s'en est pris jusques et y compris à ceux des officiers de marine qui se sont faits révolutionnaires.

Il importe donc de comprendre. Les officiers de marine appartiennent à plusieurs mondes, comportent toujours plusieurs « facettes » : ils sont marins détenteurs d'une autorité souvent énorme et participent donc de la profonde impopularité des mesures imposées par Versailles, y compris les plus novatrices en matière économique ; ils sont seigneurs et propriétaires terriens, châtelains, victimes des pillages de 1789 comme les Forbin, les Colbert et tant d'autres. Dans le Midi de la France ces propriétés se doublent de celles de l'ordre de Malte, auquel appartiennent tant de familles d'officiers de marine provençaux (comme Suffren). Or plus des deux tiers des revenus de l'ordre de Malte viennent du Midi de la France. « Sans la France, l'ordre de Malte n'est rien ». C'est dire que le prélèvement qu'est la rente rurale, surtout dans le Midi, fait apparaître le grand corps, directement et indirectement, comme un privilégié plus privilégié encore que les autres. C'est dire qu'il faut poser la question de savoir contre qui sont dirigés les troubles : contre l'homme, le seigneur, l'officier, ou l'administrateur détenteur du pouvoir ? Dans nombre de cas, les révolutionnaires n'ont pas fait la relation entre ces fonctions. En sorte qu'il en résulte une disparité profonde entre l'état d'esprit initial de ces officiers, très favorables aux réformes (y compris dans la marine) et leur rapide évolution vers la contre-révolution, d'autant plus que leur poste est plus élevé donc plus exposé. En fait, la Révolution a rapidement, plus rapidement que partout ailleurs, acculé les officiers de marine à des choix dramatiques.

Se greffe dès lors sur cette description la question, capitale pour la survie de la marine, du remplacement des officiers émigrés. Car l'émigration est massive. En mars 1792, il n'y a plus dans les ports que 2 vice-amiraux sur 9 (un sur cinq), 3 contre-amiraux sur 18 (16 %), 42 capitaines de vaisseau sur 170 (un quart), 356 lieutenants de vaisseau sur 530 (soit cette fois 67 % des effectifs, largement les deux tiers de présents). En d'autres termes, la coupure se situe à cette date au niveau des capitaines de vaisseau : la majorité des gradés élevés ayant déjà émigré, alors que les deux tiers des jeunes sont restés. Donc à la veille de la guerre, la majorité du grand corps est encore présente. Et on aurait pu parfaitement les retenir.

Pourquoi donc cette émigration beaucoup moins massive qu'on ne l'a dit avant l'été 1792 ? Car sur les 727 cas ainsi recensés, 403 n'ont pas encore émigré (soit 55 % du total de la revue de mars 1792 alors qu'à la fin de la même année 900 des 1 200 officiers de 1789 ont quitté la France). On a avancé les arguments les plus divers : politique du pire des divers ministres de la marine, et en particulier de Bertrand de Molleville ; conseils « impératifs » donnés par la famille royale ; et plus encore la pression sociale du corps de la noblesse. Le premier point n'est nullement prouvé et ne s'impose pas comme une hypothèse bien solide : pour se succéder à un rythme effréné, ces ministres de la Marine n'avaient ni démérité, ni mérité les accusations absurdes dont on les a abreuvés. Rappelons qu'après 1799, Bertrand de Molleville, l'ancien intendant de Bretagne, qui avait soutenu à fond le tiers contre la noblesse, a été accusé d'avoir rendu possible la Révolution. Quant au roi, il a poussé nombre de marins à rester, et pas seulement des marins : en témoigne la lettre manuscrite de Marie-Antoinette au chevalier de Jaucourt (protestant), qui lui demande de ne pas émigrer. Plus consistante est la thèse de la pression sociale, dont Chateaubriand a donné, dans ses Mémoires, des preuves explicites.

Ce sont les événements eux-mêmes qui ont poussé à ce résultat. Constatons d'abord que, d'emblée, l'Assemblée Constituante, dès les premières sessions, a envisagé une réorganisation totale de la marine qui a provoqué l'indignation, justifiée, de l'ensemble du corps, toutes tendances confondues. Or ce sont des idées qui contiennent, en elles-mêmes, toutes les raisons majeures de l'échec de la Révolution en matière navale. Elles se trouvent le mieux décrites — et combattues — dans le document si souvent évoqué de La Luzerne (proche parent, rappelons-le, de Malesherbes). Ces idées couraient d'assez longue date, dans une partie croissante de l'opinion « éclairée ». Elles partent d'un constat de base véridique : l'insuffisance à la fois du stock de matelots confirmés, et partant du corps d'officiers. La Luzerne lui-même a évoqué longuement cette question. Il est inutile, à ses yeux, d'accumuler trop de marins sur un navire. Il en faut limiter le nombre aux seules manœuvres « hautes » à la voile. Dans ces conditions, on peut remplacer les matelots, insuffisants en nombre en France, par des gens de terre, tirés, éventuellement, de provinces terriennes. Cette solution justifie, par ailleurs, l'extension du programme de construction navale à un niveau beaucoup plus élevé. C'est dans cet esprit que la Convention lance en janvier 1793 un programme idéal de 90 vaisseaux de ligne et de 54 frégates pour passer, au 10 mai 1793, au célèbre programme dit des 100 vaisseaux de ligne, qui comporte en outre la prévision de 160 frégates. Il est évident que si ce programme, repris et presque réalisé (sur le papier) par Napoléon, avait été exécuté, toute la noblesse française n'eût pas suffi à fournir les cadres compétents indispensables. Dès 1789 ce recrutement commençait à poser des problèmes, le niveau mathématique demandé au concours étant, pour l'époque, élevé.

A cette question de fond, l'Assemblée Constituante n'a pas répondu : ce n'était pas une urgence. Elle est partie d'un point de vue beaucoup plus simple, théorisant : l'égalité. Il n'est, pour elle, pas question de continuer à réserver les carrières d'officiers de marine aux seuls « nobles ». Il s'agit d'ouvrir la marine militaire à tout le monde et surtout aux marins du commerce, et pas seulement aux « officiers bleus ». D'où deux mesures complémentaires : en premier lieu, le concours est désormais ouvert à tout marin ayant navigué pendant quatre ans, les reçus jouiront du grade « d'enseigne entretenu » et accéderont ultérieurement à la hiérarchie classique ; en second lieu, l'assimilation des officiers bleus (surtout issus de la Compagnie des Indes) aux officiers du grand corps s'accompagne d'autres mesures d'intégration, sous condition, des capitaines de navires de commerce dans le corps des officiers jusques et y compris celui de capitaine de vaisseau. Sous-entendu, quand on a navigué longtemps sur mer, l'on est aussi bien capable de diriger un vaisseau de ligne qu'un navire de commerce. D'où la conséquence évidente : à quoi bon s'efforcer de garder des officiers nobles, peu sûrs, alors qu'on peut les remplacer si facilement par des gens tout aussi compétents qu'eux, sinon plus ? La Luzerne s'efforce de démontrer au roi lui-même combien cette idée d'égalité de compétence est fausse. Suivons son argumentation.

Un capitaine de navire de commerce est d'abord un marchand. Son rôle est double : diriger le navire en mer, mais surtout s'occuper de la cargaison. Or les navires de l'époque naviguent finalement peu : les escales dans les ports des Antilles et d'ailleurs durent souvent des mois et sous le chiffre officiel de la durée des campagnes en mer se cachent, en réalité, surtout les longs séjours en escales tropicales. L'argument essentiel réside dans la différence énorme existant entre un vaisseau ou une frégate et les navires de commerce. Avec des dimensions comparables, les tonnages diffèrent du tout au tout. Les plus gros navires de commerce, qui se comptent dans la flotte française sur le bout des doigts, atteignent à peine 1 000 tonneaux. La moyenne s'établit aux alentours de 100 tonneaux ; le navire de « droiture » ou de trafic négrier a, d'ordinaire, entre 100 et 200 tonneaux. Les navires de ligne frôlent, pour les plus gros, les 3 000 tonneaux. Pire, ou mieux : alors que l'équipage commercial a tendance à baisser au point qu'un « négrier » dispose à peine d'une quarantaine d'hommes, et qu'un navire de 250 tonneaux exige à peine 20 à 25 hommes, les équipages d'un 74 se chiffrent à 750 personnes, et ceux d'un vaisseau de 100 à plus d'un millier. Les échelles ne sont plus du tout les mêmes. Un vaisseau ne se manœuvre pas comme un navire de commerce ; ses vitesses de pointe sont très supérieures, sa manœuvrabilité encore plus. D'un côté le capitaine commande un groupe limité où chacun se connaît personnellement, de l'autre une véritable usine déjà très complexe, où il ne peut, en réalité, vraiment connaître tout son monde. Même une frégate de 150 hommes pose problème. Les différences hiérarchiques ne font que traduire une réalité que le terrien ne soupçonne guère. Et nous n'évoquons pas même toute l'instruction, la culture et la pratique que supposent les évolutions d'escadres, et les tactiques nécessaires au combat. L'opinion en était partiellement restée au stade de la croyance des vertus de l'abordage.

Le heurt officiers du grand corps-bourgeoisies locales ne peut donc, en aucune façon, être limité au seul problème noblesse-bourgeoisie. Non qu'il ait sa singulière importance. Car la morgue nobiliaire, bien réelle, se double et se renforce encore par le sentiment d'une immense supériorité intellectuelle. Mieux : ce sentiment de supériorité est aussi, avant le printemps 1789, celui d'une supériorité dans le domaine de la politique des « Lumières ». Ces officiers se sentaient, et étaient à beaucoup d'égards les représentants de l'avenir, tandis que ces bourgeois, petits et moins petits, étaient, à bien des égards, les représentants d'un monde périmé de corporations. Le futur des « Vendéens », des contre-révolutionnaires, a masqué, et masque encore trop le passé de gloire, de succès, de modernité de ce groupe qui en un mot est tout ce que l'on voudra, sauf médiocre. C'est dire l'immense distance, l'abîme qui sépare ces officiers de leurs propres équipages... Or ce sentiment de supériorité a abouti non pas simplement à une cascade de mépris classique dans la société traditionnelle, mais à des comportements invraisemblables. Il n'est que de lire les « Souvenirs d'un Bas-Breton », d'Emile Souvestre, pour se rendre compte de la quantité de brimades auxquelles se livraient, surtout les gardes de la marine, envers la population civile. C'est le domaine de l'arbitraire le plus total, même si la légende dorée locale en a rajouté. Au théâtre de Brest, — propriété de la Marine —, il n'est pas bon pour un civil de se prendre, ou même simplement de se laisser engager dans une querelle avec un membre de la marine. C'est dans l'immense gamme des brimades « spirituelles » que se trouve la racine de tant de comportements « bourgeois » aberrants. La Révolution en ce domaine est d'abord et avant tout le défoulement collectif et individuel faisant payer des décennies d'humiliation. Les clivages politique ultérieurs, y compris à l'intérieur des partisans de la Révolution, ne feront qu'ajouter leurs tonnes d'incompréhension, de suspicions, de haines enfin.

Tout cela se déroule dans une atmopshère dans laquelle la moindre rumeur atteint des proportions invraisemblables pour nous. Dès l'été 1789 courent à Brest des « rumeurs » empoisonnées attribuant au « complot aristocratique » le dessein de livrer le port aux Anglais. Cela n'a évidemment aucun sens. Toute rumeur, cependant, a son origine et est rarement innocente... C'est dans ce climat empoisonné que vont se développer les conflits ultérieurs. Tout l'été 1789 est marqué par des « incidents » divers : perquisitions dans les châteaux du voisinage, indiscipline, mise en question de l'autorité des militaires de haut grade. Lâchés par Versailles, sans instruction aucune, les amiraux ont donc joué la carte de la conciliation. Ils ne pouvaient faire autre chose.

LA FIN DE L'ANNÉE 1789

Dans tous les arsenaux les six derniers mois de l'année 1789 sont marqués par une tension permanente due aux rumeurs de complot aristocratique : c'est probablement au cours de ces mois que le corps des officiers, rejeté par le monde « bourgeois », est rapidement passé au camp de la contre-révolution d'intention. L'insubordination s'étend désormais aux arsenaux et commence à pénétrer dans les équipages. Les documents officiels dont nous disposons ne disent qu'une partie de la réalité. C'est dans la correspondance privée que se révèle le quotidien des événements. Ainsi, tel officier signale à sa femme qu'il n'est plus en état d'obliger son équipage à effectuer les corvées de nettoyage. Progressivement, les navires vont sombrer dans la crasse. Non qu'il faille généraliser. Nous avons trop l'impression d'une désorganisation générale, qui n'a jamais touché qu'une partie des escadres. Il est près de la moitié des unités où la vie a continué comme si de rien n'était. Ce sont les conflits les plus apparents, les plus lourds de conséquences, qui marquent la rapidité des changements de situation. Les « incidents » se regroupent en deux moments dramatiques, culminant avec les heurts de Brest du 23 juillet au 4 août 1789, puis avec ceux de Toulon du 30 novembre au 1er décembre 1789.

Le 23 juillet le comte Hector acceptait de recevoir la députation du conseil général de la Commune de Brest venue demander l'acceptation de la cocarde tricolore. Visite rendue le soir même à l'hôtel de ville, avec la cocarde de rigueur. La rumeur de la livraison du port aux Anglais force vers le 25 juillet les amiraux à accepter que la milice-garde nationale soit associée à la défense et la surveillance de l'arsenal. Le 28 juillet, le régiment de Beauce se mutine : l'on avait répandu le bruit que le château de Brest, dans lequel il était cantonné, était miné par les officiers. Le calme fut rétabli par l'intervention oratoire du conseil. En contrepartie on exigea des officiers le serment « fédératif » rédigé par Siviniant aux termes implicitement injurieux (et en tout cas ressentis comme tels) pour les officiers. Hector, en dépit de ces concessions, se voyait infliger la honte de ce que le conseil général demandait le rappel à Brest du comte d'Estaing. Comme celui-ci refusait, le gouverneur de la Bretagne, le comte de Thiard, se vit confier une mission de réconciliation de l'armée, de la marine, et de la population. L'échec fut total, son départ évita des incidents plus graves. Le résultat était qu'en dépit de tous les changements de commandants, la haine, la méfiance, restaient la règle.

A Toulon les choses semblèrent se passer d'abord quelque peu mieux, en dépit de heurts comme celui du sac du château de Missiessy (août 1789). L'épreuve de force éclata ici sur un accident tout à fait secondaire. Le 30 novembre 1789, d'Albert licencie deux meneurs qui avaient voulu entrer dans la garde nationale et porter la cocarde tricolore. Or c'étaient deux maîtres de manœuvre. La municipalité toulonnaise impose le 1er décembre sa médiation, mais n'accepte le « dialogue » que sur son propre terrain : l'hôtel de ville. D'Albert tente l'épreuve de force. Face à la foule qui manifeste, les soldats refusent de tirer. C'est la mutinerie au sens militaire du terme. Plus exactement, ce n'est encore que le refus d'obéissance, les troupes rentrant dans la caserne. Mais la foule arrête immédiatement les responsables du maintien de l'ordre et parmi eux l'amiral d'Albert ainsi que d'autres officiers réputés, à tort ou à raison, comme « contre-révolutionnaires ». La municipalité, restée seule maîtresse du terrain, limite les dégâts en faisant emprisonner les officiers arrêtés, ce qui les sauve, peut-être, du massacre. L'Assemblée Nationale joue les Ponce-Pilate, partageant les responsabilités entre les parties en présence.

Ainsi l'année 1789 s'achève sur la capitulation et finalement l'élimination des deux meilleurs officiers supérieurs, les meilleurs tacticiens et stratèges de la marine française : Hector et d'Albert. L'événement fut célébré par la « Navy » comme une victoire sans frais. Les bourgeoisies municipales appuyées sur leurs gardes nationales restaient les seules autorités plus ou moins « respectées » des ports.

LES ANNÉES 1790-1791

L'atmosphère allait encore être empoisonnée par le brutal développement de la question religieuse. La constitution civile du clergé posait le problème du serment. La situation des quatre ports allait évoluer dans des sens très différents. Le clergé des ports, à l'exception de celui de Recouvrance, adhère dans sa majorité au serment. Mais tant dans le Morbihan autour de Lorient que dans le Léon, l'immense majorité du clergé passait du côté des réfractaires. L'opposition entre les arsenaux anticléricaux, largement ouverts aux « Lumières », villes « françaises » d'immigration étendue à l'ensemble de la France du Nord, avec la campagne bretonnante et profondément religieuse, allait devenir totale. Les véritables razzias de grains opérées par les gardes nationales aggravèrent les choses. Très vite les deux arsenaux bretons sont des îlots révolutionnaires dans une campagne de plus en plus hostile à cette révolution. La diminution des crédits de la marine, combinée avec la crise de subsistance, fait ses effets habituels.

A Toulon comme à Rochefort, la situation est moins dramatique. Le clergé toulonnais ne pose pas, en dépit de l'émigration de son évêque, de problèmes. La suppression des ordres religieux masculins s'opère sans difficultés. La ville reprend à son compte les biens d'Eglise. Ici pas d'opposition ville/campagne. Mieux : dans les clubs toulonnais, il est des ecclésiastiques à voisiner dans la société des amis de la Constitution (le club « Saint-Jean »).

Cependant, même à Toulon, les problèmes de fond demeurent et s'aggravent. Aux retards de paiement des salaires se rajoutent, comme en 1783, les licenciements. Ceux-ci déclenchent le 3 mai 1790 la « journée » qui déborde sur des questions politiques. Le commandant de la place, de Glandèves, qui ne brille pas par le sens de l'opportunité, s'en tire à bon compte, la municipalité lui évitant un mauvais sort. A Brest, en septembre, les salaires de sept mois restent dus. La ville emprunte pour faire vivre les misérables : un demi-million, somme énorme par rapport à la médiocrité du « budget » de la ville. Ce n'était pas suffisant. Le 1er septembre 1790, l'arsenal se met en grève : ici encore la municipalité évitait, de justesse, le pire en promettant ce qu'elle ne pouvait tenir. L'Assemblée Nationale trouva les fonds en sorte que fin septembre le travail reprenait normalement. A Brest comme à Toulon se met en place une société des Amis de la Constitution : face à la municipalité le club se transforme d'abord en institution de discussion, puis, très vite, en véritable autorité locale concurrentielle avec la municipalité. L'élément « activiste » semble avoir été formé par les « jeunes gens » de 1789 — on dit qu'ils sont au nombre de 1 800 —, intégrés dans la garde nationale. Ce noyau des « jacobins » brestois se radicalise en concentrant et focalisant son énergie contre et sur les deux adversaires majeurs : le clergé réfractaire et les aristocrates. C'est qu'à Brest la question religieuse prenait des dimensions dangereuses. Sur les 63 membres du clergé brestois, 38 prêtèrent serment (60 %) alors que seulement 25 refusèrent le serment (40 %); Brest était même le premier diocèse de France à se doter le 31 octobre 1790 d'un évêque constitutionnel : Louis Expilly. Les assermentés étaient en majorité des aumôniers de la marine ou de l'armée...

Ainsi, l'année 1790, que nombre d'historiens considèrent comme l'année de tous les espoirs, l'année « tranquille » de la Révolution, n'avait rien arrangé. Les officiers généraux de la marine étaient, ou s'étaient éliminés, la discipline, même à bord des navires, était contestée : rien, ou presque, n'avait été fait pour remédier à la situation qui se dégradait. Seuls les chantiers continuaient de fonctionner sinon normalement, du moins à un rythme raisonnable. La situation était dominée par les municipalités, mais celles-ci, à leur tour, pour avoir participé au maintien de l'ordre indispensable, se trouvaient en butte aux attaques de deux bords opposés. D'une part les officiers de marine ne pardonnaient pas les atteintes portées, jusque dans le plus quotidien des faits, à leur dignité, voire à leur honneur et participaient de plus en plus nombreux aux conciliabules qui annonçaient la véritable contre-révolution, qui n'était plus, à la fin de 1790, un mythe ou une affabulation, mais une puissance sourde, et réelle. D'autre part, les municipalités se trouvaient à leur tour contestées par plus révolutionnaires qu'elles : les clubs.

L'élément le plus efficace devenait lentement le groupe des maîtres en construction navale : les artisans-ouvriers spécialisés, en étroite liaison avec leurs congénères civils. Ils nouent de multiples relations avec les officiers mariniers de la flotte et les bas-officiers des régiments casernés dans les ports. Le tout dans une tension anticléricale grandissante qui marque profondément l'année 1791. La flotte elle-même était contaminée par la subversion...

Toulon reste relativement calme, la mutinerie est surtout l'affaire du Ponant, et principalement de Brest. On peut distinguer deux phases : en avril-mai c'est le refus de Hector de tirer une salve d'honneur pour les « fédérés » qui provoque une série de cortèges attaquant officiers « réactionnaires » et prêtres réfractaires. Les choses en restent là. Fait significatif : la proposition de fédération provenait des sous-officiers canonniers et des bas-officiers des régiments de Beauce et de Normandie, mais aussi de ceux des régiments nouvellement arrivés du Poitou, Forez et Rouergue. Puis le début de la fin de l'ancienne marine se situe début juillet 1790 : ce sont les marins qui prennent le relais de l'arsenal.

L'Assemblée Nationale avait entrepris et réalisé un nouveau code pénal de la marine. Celui-ci reprenait en partie les dispositions anciennes, jugées très dures. La lecture de ce code devant les marins assemblés provoqua la révolte. Eclatée à bord de « l'America », la révolte se propage, gagnant le navire-amiral, le « Majestueux ». Des marins débarquent, forment un cortège de plus de 2 000 hommes (?) qui suscite à travers la ville une formidable panique. Une fois de plus, l'assemblée municipale réussit à faire rentrer les « mutins » dans leur devoir. En réalité, l'ampleur du mouvement est mal connue. Combien de navires ont-ils été touchés par cette révolte ? Et à bord des navires considérés comme mutins, quel est le pourcentage réel des révoltés, face aux matelots restés fidèles à leurs commandants, et face, plus encore, aux indécis ?

Le mois suivant, le départ de la petite escadre destinée à la Martinique provoque le refus pur et simple d'appareillage : le phénomène devient très grave. Or l'arrivée du « Léopard », de retour des « Isles », fait rebondir la crise. Les députés des colonies dénoncent en effet, dès leur arrivée (le 11 septembre), non seulement le gouverneur et les officiers de terre et de mer des Antilles de menées antirévolutionnaires, mais accusent les autorités de vouloir renforcer par l'envoi de l'escadre la répression aux colonies. Cette fois, le conseil général décide d'interdire tout nouvel appareillage : c'était assurer l'impunité absolue aux mutins et miner totalement l'autorité morale des états-majors des navires. Quelle a été cette fois encore l'ampleur réelle du mouvement ? Assez inquiétante, en tout cas, pour que l'Assemblée Constituante envoie deux commissaires pour tenter de rétablir l'ordre. Lorsque les mutins, et en particulier des officiers mariniers se trouvent sur un navire en minorité, ils s'échappent à la nage pour rejoindre soit un navire où leur arrivée ne pose pas les mêmes problèmes, soit les clubs de la ville. A terre, le 15 octobre, un quasi-combat met aux prises soldats et marins demeurés dans l'obéissance et les mutins. La société des Amis de la Constitution en arrive elle-même à s'inquiéter. Certes l'adresse aux citoyens composant les équipages de l'armée navale prend fait et cause pour les matelots contre les officiers, mais souhaite le rétablissement de l'ordre. L'adresse est portée à bord de l'escadre par l'ingénieur constructeur Geffroy, que protègent des représentants des ouvriers du port, des régiments stationnés à Brest, et de la garde nationale. Il fallut trois jours, du 19 au 21 octobre, pour aboutir à un semblant de rétablissement de la situation. Désormais la flotte était inutilisable pour longtemps. Sans doute des navires n'avaient pas participé à la révolte et beaucoup semble avoir dépendu de la qualité du commandant du navire, mais un peu partout, même sur les navires apparemment « sains », la tension avait été vive, et la situation des officiers peu enviable. Objet, à leur tour, à terre, de sarcasmes et de menaces, beaucoup d'entre eux songent à l'émigration. A l'automne 1790 le mouvement devient massif.

L'ANNÉE 1791

Alors que le roi reste assez largement populaire, la municipalité brestoise avait, dès août 1790, refusé de célébrer la fête de la Saint-Louis. La fuite du roi à Varennes, ici comme partout provoque un vif regain de la tension. Au cours de la seconde moitié de l'année, les incidents deviennent partout de plus en plus graves. Leur liste serait trop longue, aussi se bornera-t-on à souligner les principaux « tournants » brestois et toulonnais. Dans le jeu des interréactions que se tissent entre les événements religieux, militaires et civils, Brest se distingue par la virulence de l'anticléricalisme dirigé contre les prêtres réfractaires. Les « Amis de la Constitution » ont été parmi les toutes premières institutions nouvelles à prôner les mesures qui allaient transformer la Révolution en instrument de persécution religieuse. Le département suivit et le 27 avril interdisait aux prêtres réfractaires, considérés comme les principaux piliers de la contre-Révolution, de s'éloigner de plus de quatre lieues de leur lieu de naissance. La fuite du roi accéléra le mouvement : le 28 juin l'annonce de l'événement vit la foule s'ameuter autour de l'hôtel de ville, hurlant « à mort les prêtres réfractaires ». Une fois de plus, la « rumeur » prit des formes de grande peur. On annonçait le débarquement du roi à la tête d'une armée d'émigrés soutenue par l'étranger à la pointe Saint-Mathieu. L'énorme invraisemblance de pareils faits illustre plus que tout commentaire l'ignorance totale de la situation politique réelle, tant sur le plan national qu'international. Aussitôt le district, en partie à son corps défendant, ordonne l'internement des prêtres réfractaires au couvent des Carmes : on y enferme 71 prêtres. L'armistice proclamée par l'Assemblée à l'annonce de la sanction par le roi de la Constitution permit de les libérer le 27 septembre. Ceux-ci en tirèrent profit, et forts de l'appui du pays léonard, se mirent à contrecarrer partout où ils le pouvaient la Révolution. Les clubistes n'avaient d'ailleurs pas été très enthousiasmés par cette libération. Dès le 29 novembre, on en revenait aux mesures d'arrestation des prêtres « non-jureurs », ce en avance sur la législation centrale.

De leur côté, les officiers encore présents ne cachaient plus leur hostilité, se réunissant dans des cafés réputés amis. Sur une simple nouvelle de propos et de graffiti antirévolutionnaires, l'émeute reprit le 23 juin 1791. Un officier, Patry (régiment du Poitou), fut massacré par la foule et il fallut l'intervention du maire, de la garde nationale, de la société des Amis de la Constitution, pour empêcher l'assassinat d'autres officiers. Mais la tête de Patry fut promenée au bout d'une pique. L'on sous-estime singulièrement l'effet choc, tant sur la France que sur l'Europe, de ces « incidents ». Nouvelle poussée de fièvre le 27 novembre : le commandant du « Dugay Trouin » échappa de peu à un lynchage : ce fut encore la garde nationale qui le tira d'affaire en le conduisant en prison, d'où il fut libéré on ne peut plus discrètement. C'était, en fait, l'échec des officiers les plus favorables à la Révolution. Hector avait été remplacé par Bernard de Marigny : constatant l'inanité de sa tâche et de son idéal, il démissionna. Le 14 juillet 1791 avait été caractérisé par des manifestations antimonarchiques, et toutes les cérémonies de « réconciliation » et d'union nationale n'y pouvaient rien.

A Toulon, les choses ne se passaient pas mieux. Comme à Brest, plus qu'à Brest, le désordre et les émeutes aboutissaient à radicaliser les attitudes des uns et des autres et repoussaient une partie des artisans et de la bourgeoisie dans le camp antirévolutionnaire. Comme le constate au début août 1791 le maire (jacobin) de Toulon, les lignes de clivage passent désormais à l'intérieur de toutes les strates sociales. Les « bourgeois » rejoignent la « contre-révolution », le « camp jacobin », pour se maintenir, est obligé de s'appuyer sur les éléments les plus radicaux du peuple (qui, lui-même, est plus divisé qu'on ne le dit). Ne parlons pas des seuls ouvriers de l'arsenal : ils sont rejoints par des artisans « indépendants ». C'est le parti des « hommes en chemise », des « étrangers », disons le camp qui se veut « patriote ». Le contenu même des clubs s'en trouve affecté : le club Saint-Jean se « gauchit » et désormais la municipalité révolutionnaire, la garde nationale sont mises en question. S'opposent donc de plus en plus le district et le département, tous deux modérés, et la tendance urbaine radicale. Les premiers arrivent à créer un club rival : le « club Saint-Pierre », dit aussi des « Défenseurs de la Constitution » ; alors que la seconde emporte municipalité et justice locale. L'affrontement aboutit le 23 août 1791 à la bataille rangée de la place bien nommée d'Armes, avec pour résultat sept morts. Le club nouveau-né est mort-né, et la rue domine le débat.

Ainsi l'année s'achève sur une inquiétude générale, les villes-arsenaux étant, avec Paris, les lieux de la radicalisation et des premières victimes. Phénomène plus grave encore, à l'exception de la région de Rochefort, les campagnes provençales et bretonnes se trouvent de plus en plus hostiles au nouveau régime, la persécution religieuse contre les réfractaires ne faisant qu'aggraver les antagonismes. Ainsi les villes-arsenaux risquent, en cas de guerre civile et étrangère, de se trouver villes quasi assiégées, face à des ruraux exaspérés par les razzias urbaines, à la fois expéditions politiques à la recherche d'adversaires réels ou potentiels, et tentatives d'assurer par la réquisition la subsistance de villes de plus en plus vulnérables. Le tout se déroule dans un climat interne d'affrontements violents, de haines, de désordres incessants. Le vieux corps d'officiers de marine finit par se décomposer dans une émigration qui n'a désormais plus besoin d'aucun encouragement. La prudence la plus élémentaire voulait, dans le propre intérêt de la Révolution, que l'on en restât à la paix, base première et nécessaire de la transformation interne. L'on sait comment, d'un commun accord, l'on glissa vers une guerre qui n'était, d'aucune façon, inévitable. Cette imprudence suprême ne tourna, finalement, pas trop mal sur terre : encore fût-ce aux prix d'avatars que l'on eût pu prévoir. Sur mer, ce ne pouvait que tourner à la catastrophe.

Il faut bien dire ce que d'ordinaire on ne dit pas. Les villes-arsenaux n'étaient déjà pas, en temps ordinaires des villes sûres, encore moins des villes propres, ni non plus des villes de moralité assurée.

Dernier élément de ce tableau très sombre : la gabegie et le « coulage ». C'étaient, il est vrai, de vieilles habitudes. Avec la Révolution, pour éviter le pire, la marine fut obligée de puiser, comme elle l'avait fait bien auparavant, dans ses réserves de nourriture pour éviter la famine. Comme les retards de paiement s'accumulaient, il fallait, en dépit de toutes les bonnes résolutions, fermer les yeux sur le coulage. Le bois de construction passa en partie en « copeaux » pour le chauffage privé du personnel de l'arsenal, et le surplus se vendait. Ce qui se passait à petite échelle était quelquefois pratiqué en grand, à l'échelon supérieur. Les troubles ont profité à plus d'un et parfois de la manière la plus inattendue. Il semble que le corps des ingénieurs-constructeurs de la marine fut celui qui en usa à son plus grand bénéfice. S'il y eut certes quelques-uns parmi eux à refuser la Révolution, la majorité du corps y adhéra. Ils ne furent jamais mis politiquement en question : ils étaient, de toute évidence, et aux yeux de tous, personnages indispensables, sans lesquels rien ne se pouvait faire. L'objet complexe qu'est le bâtiment de guerre et sa construction exigeait des spécialistes. Dans cette mise en question des compétences qu'est aussi la Révolution (Foucault l'avait souligné), les ingénieurs échappèrent au lot commun. Certains surent en faire fortune : inamovibles de l'Ancien Régime à Napoléon, nombre d'entre eux firent leur « beurre ». Le dossier personnel du grand ingénieur qu'est Groignard contient une série de lettres de dénonciation aussi pittoresques que révélatrices. Maison de campagne construite avec les matériaux prélevés sur l'arsenal avec des forçats et des ouvriers du port, fêtes données avec des vivres de la Marine, tissus de même origine : tout semble y avoir passé. Ni le régime du gouvernement révolutionnaire, ni Napoléon n'y purent mettre autre chose que des sourdines temporaires. Groignard sans doute est un cas ; pour être moins gourmande, toute une partie de la hiérarchie, pas trop assurée de pouvoir rester en place, se livra à la « compensation occulte ». Le mot est d'ailleurs impropre. Car cela se faisait, et se fera, au grand jour, au vu et au su de tout le monde, de Cherbourg à Bayonne, pour finir à Toulon. Comment, dans ces conditions, arrêter, ou même simplement ralentir les vols populaires quotidiens, qui, du moins avaient l'excuse de la pauvreté et du non-paiement des salaires ? Encore une fois, ce ne sont pas là procédés nouveaux ; mais, depuis 1789, ceux-ci n'avaient fait que croître et embellir. Climat délétère. On ne sait pas, et l'on ne saura probablement jamais, combien, de 1780 à 1800, un Groignard a accumulé de ce qu'il faut bien appeler des vols. On a parlé, à l'époque, de plus d'un million de livres, d'autres, plus modestes, d'un demi-million « seulement ».

L'IMMÉDIAT AVANT-GUERRE : 1792

Le 31 décembre 1791, à la suite d'une longue campagne, les jacobins brestois obtenaient satisfaction : les responsables du massacre de leurs officiers (régiment de Châteauvieux à Nancy) détenus au bagne de Brest, étaient amnistiés. Ce fut l'occasion de grandes fêtes. Ils repartirent pour Paris coiffés du bonnet rouge, dit phrygien, des bagnards dont ils assurèrent le succès que l'on sait. Aux élections de la fin 1791 les deux Brestois élus furent un commis de la marine, Blaise Cavellier, et un imprimeur franc-maçon, Nicolas Malassis. Ils étaient tous deux jacobins. A Toulon, jusqu'à la déclaration de la guerre à l'Autriche en avril 1792, nul incident majeur, mais de manière continue une dégradation ininterrompue de la situation. Aux agressions politiques en pleine rue ou à domicile s'ajoutaient les perquisitions, la plupart totalement illégales, avec les « prélèvements » consécutifs, le tout culminant dans le désarmement du régiment suisse d'Ernest, réputé, parce que suisse, comme « contre-révolutionnaire ». D'où un climat d'exaspération qui devait, fatalement, un jour ou l'autre, se retourner si on aboutissait à des excès trop spectaculaires. La déclaration de la guerre à l'Autriche assura que la suite deviendrait dramatique.

Pourtant, rien ne semblait, logiquement, menacer les ports de guerre. Brest, Toulon, Rochefort étaient loin de la frontière terrestre. Dans l'humble réalité de la documentation disponible, cette déclaration de guerre était inutile, en tout cas prématurée, dangereuse. Aucune puissance européenne n'était bien décidée à la guerre contre la France, et, en particulier l'empereur Léopold II, l'ancien roi très éclairé de Toscane, n'en voulait à aucun prix. Il n'avait cessé de conseiller à Marie-Antoinette le calme et la patience. La fin des guerres contre la Turquie, et le deuxième partage de la Pologne donnaient en réalité, à la France révolutionnaire, tout le temps nécessaire et une large marge de liberté de manœuvre. La désagrégation de la marine française était jugée en Angleterre, surtout par Pitt, telle qu'elle ne constituait à ses yeux aucun danger. Il prit le risque de diminuer les effectifs de l'armée de terre anglaise de 17 000 hommes, et, fait plus révélateur encore, de diminuer même ceux de la « Navy ». En plein été 1792. Il existait, certes, des partis de la guerre, tant en Angleterre qu'en Autriche (où ils se regroupaient derrière l'héritier éventuel, le futur empereur François II) ; mais, pour l'instant, rien ne pressait. Ce fut l'assemblée française qui déclencha la guerre. Ils furent dix députés seulement, dont Robespierre (non sans de longues hésitations), à la refuser. Parmi ces dix, si l'on met à part le chevalier de Jaucourt, fort conscient des faiblesses et de l'armée et de la marine française, les autres redoutaient non la défaite, mais le succès de l'armée française qui remettrait en selle la royauté. C'était, en tout cas, le calcul de Louis XVI et d'une partie de son entourage. Comment des politiques intelligents (ce n'est pas la qualité principale de Louis XVI) pouvaient-ils en arriver à une vision aussi stupide ? Il est vrai qu'on n'est pas moins saisi de stupéfaction devant l'aveuglement des diplomates européens : ils attendaient tranquillement que la France révolutionnaire soit militairement assez affaiblie pour, éventuellement, faire « une petite expédition punitive » de rétablissement de l'ordre en France. La marine continuait lentement à augmenter le nombre de ses navires ; l'encadrement croissait en déficience à tous les niveaux ; le personnel ne subissait plus que des exercices illusoires, quand il le voulait bien et le concédait en sa magnanimité provisoire. On n'en était pas encore à la guerre contre l'Angleterre. Le pays « de la liberté » chanté par Mozart restait encore quelque peu populaire. Paradoxalement, alors que les rumeurs d'arrivée à l'improviste de la flotte anglaise avaient peuplé les fantasmes des années 1789-1790, ceux-ci, sans disparaître, se raréfient. La peur de l'étranger, la volonté de conquête, se reportent vers l'Est et parmi les premiers gestes de la guerre il faut citer le prélèvement du matériel léger : fusils et canons de petit calibre de la marine au profit de l'armée de terre. On aura, par la suite, tout le temps de le regretter.

C'est donc dans un état de délabrement relatif que se trouve la marine. Les réparations se sont faites, mais au cours des années 1789-1792 les retards sur les navires « anciens » se sont accumulés. L'entretien de tous les navires laisse beaucoup à désirer, avec plus que des nuances : les différences d'attitude entre commandants de navires sont très importantes. A côté de vaisseaux impeccables, qui ont fonctionné de 1789 à 1792 comme si rien ne s'était passé, d'autres, submergés par la crasse et la vermine, aux réserves de cordages et de voiles rongées ou pourries, demanderaient une réfection plus ou moins complète.

Le système des classes, maintenu, et rebaptisé inscription maritime, continue de fonctionner sur le papier. Faute d'argent, les levées ont été limitées, et y répondait de plus en plus, qui le voulait. L'avantage en est que les équipages nouveaux étaient sincèrement révolutionnaires, plus en Bretagne qu'en une Provence plus réticente que jamais. Mais le nombre ne pouvait, de ce fait, être au rendez-vous d'une guerre. Par-dessus le marché, ces équipages n'étaient plus exercés. L'escadre d'évolution avait été supprimée par mesure d'économie. Les écoles de canonnage de même. Or c'est ce qui avait fait la décision au cours de la guerre d'Indépendance américaine. Comme la guerre maritime va encore se faire attendre six mois l'on perdait enfin le grand avantage qu'avait donné à la France le système des classes : une mobilisation rapide, permettant en début de guerre à notre marine d'avoir une très temporaire supériorité en navires réellement utilisables.

Evénement lors de la présence de Louis XVI à Cherbourg : départ d'une caisse conique destinée à la construction de la digue. 23 juin 1786. (Bibliothèque Nationale, cabinet des estampes. Paris.)

Lancement d'un navire lors du passage de Louis XVI au Havre. 27 juin 1786. (Bibliothèque Nationale, cabinet des estampes. Paris.)

Bataille russo-suédoise de Hogland. 17 juillet 1788. (Huile sur toile de J.L. Desprez. Cliché Musée de la Marine.)

Portrait du comte de Kersaint. (Huile sur toile. Cliché Musée de la Marine.)

Portrait en pastel d'un officier de marine. 1795. (Musée de l'Armée. Paris.)

Portrait de Surcouf. (Peinture anonyme offerte par le musée de Saint-Malo à l'escorteur «Surcouf».)

Série d'uniformes de l'époque révolutionnaire. Capitaine de vaisseau 1791; capitaine de vaisseau chef de division 1795; lieutenant et enseigne 1799. (Estampe de Valmont. Bibliothèque Nationale, cabinet des estampes. Paris.)

Insurrection des vaisseaux «Léopard» et «América» dans le port de Brest. Septembre 1790. (Bibliothèque Nationale, cabinet des estampes. Paris.)

Caricature représentant Pitt sur le dos du roi d'Angleterre observant l'escadre française. (Musée Carnavalet. Paris.)

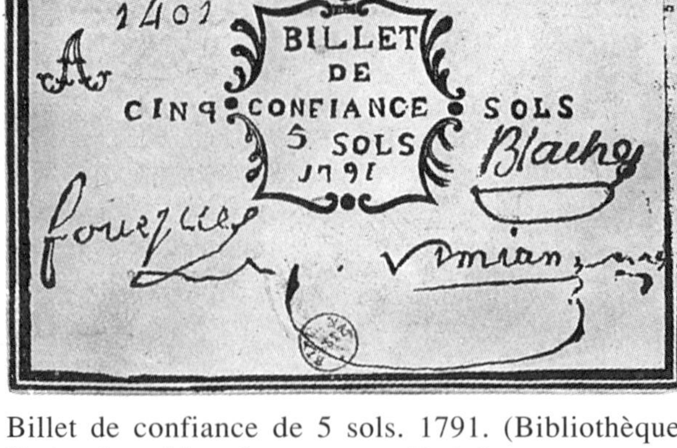

Billet de confiance de 5 sols. 1791. (Bibliothèque Nationale, cabinet des estampes. Paris.)

Entrée des Anglais à Toulon sous le commandement du vice-amiral Hood. 27-28 août 1793. (Cliché Musée de la Marine.)

Siège de Toulon. Décembre 1793. (Dessin de Paul Grégoire. Bibliothèque Nationale, cabinet des estampes. Paris.)

FRANCE MARITIME

Citoyen Ministre
Le vice-amiral Thevenard me fit passer hier un decret portant
que tout militaire possesseur de brevet commission ou lettres
de service expediées avec les signes odieux de la royauté
les fera passer au ministre dans le delai de deux mois
je te previens que jai demandé tous mes papiers a Lorient
pour faire ce triage mais il mest impossible de les
avoir et de te les faire passer par consequent avant lexpiration
du terme fixé parceque lordre ma eté communiqué trop tard
jen ai prevenu larmée quoique tu ne m'ayes rien dit
a ce sujet
je recus hier le decret relatif a la prise de Toulon
Les dispositions seront executée en ce qui concerne lescad

G[d] V

Villaret joyeuse

Portrait de Villaret-Joyeuse accompagné d'un texte signé faisant allusion à la prise de Toulon. (Musée de l'Armée. Paris.)

Evacuation de Toulon par les Anglais. 18 décembre 1793. (Bibliothèque Nationale, cabinet des estampes. Paris.)

CHAPITRE II

LES DÉBUTS DE LA GUERRE MARITIME

LA RÉVOLTE DE SAINT-DOMINGUE

Il est difficile de s'imaginer l'atmosphère brutalement détériorée des huit derniers mois de 1792. Dans les villes maritimes, c'est un sentiment d'effondrement brutal. La guerre n'est pas seule en cause, car, en l'espace de quelques semaines, les villes commerciales jusque-là relativement épargnées, entrent dans le maelstrom. Les affaires, souvent bonnes, avaient continué, de 1789 à mai 1792. Jamais, à Nantes comme à Bordeaux ou Marseille et Le Havre — les quatre grands ports coloniaux —, le nombre d'armements de navires en droiture ou négriers n'avait été plus important. Puis ce fut le coup de tonnerre de la révolte des Noirs de Saint-Domingue. Puisque nous avons tenté de supputer ce qui eût pu subvenir si la Révolution n'avait pas éclaté, tentons brièvement de deviner ce qui eût pu survenir si les députés n'avaient pas déclaré la guerre. Elle aurait peut-être eu lieu quand même, quelques mois plus tard. Mais l'évolution interne avec le 10 août, l'arrestation du roi, son jugement et son exécution, se fût sans doute faite bien plus lentement. Les massacres de septembre ne se fussent pas faits : l'horreur de l'étranger ne se fût pas exprimée. Mais la prospérité maritime, donc économique, eût, de toute façon, subi un rude coup : au point où en étaient les choses, le refus des grands colons (et des petits colons) d'accorder une égalité réelle au monde des mulâtres aboutissait fatalement à la révolte noire là où elle était numériquement possible, à Saint-Domingue. C'est là la grande cassure irrémédiable. Rappelons que les affranchis représentent numériquement à peu de choses près l'équivalent du peuplement blanc, soit, aux Antilles, environ 70 000 personnes contre 700 000 Noirs. La faute politique des Blancs des colonies a été de se couper des affranchis.

Or avec l'effondrement économique de Saint-Domingue, c'était tout un pan de la prospérité économique française qui s'effondrait, et avec lui, ce que l'on appelait le « change », l'excédent de la balance des marchandises et des comptes. Car, au cours de la période 1763-1789, l'économie française s'était largement « colonialisée » : les exportations de la métropole ayant tendance à diminuer par rapport aux réexportations des produits coloniaux. Mieux : les colonies constituaient de plus en plus, et en particulier pour l'industrie textile, un débouché croissant. Or la Révolution avait été d'autant mieux acceptée ou supportée qu'elle ne s'était pas traduite, au fil des premières années, par des difficultés de ravitaillement supplémentaires. L'on savait que les années de récoltes insuffisantes avaient de lourdes conséquences : c'était le propre de ces temps. Mais la révolte noire mettait en cause à la fois les nouvelles habitudes alimentaires, le fonctionnement des grands ports comme la situation financière de l'ensemble du pays. On ne saurait surestimer les conséquences profondes de la révolte.

Ce qu'elle fut a été abondamment décrit, plus par les contemporains que par les historiens. Ce fut horrible. Le choc sur l'esprit européen, en dehors de la France, fut profond, plus qu'on ne l'imagine en France. Goethe en fit l'objet de contes et romans. Le racisme ultérieur trouve là l'une de ses origines. Le massacre répondit au massacre. Ne minimisons pas la situation et sous prétexte de condamner l'immonde traite des noirs, ne taisons pas la lourde contrepartie. Car il y a l'autre aspect de la réalité. Les colonies forment une part majeure de la prospérité française : c'est au prix des larmes, du sang des populations noires. Et l'on comprend très bien toute la profonde justification morale de l'anticolonialisme de toute une partie de la France. Dilemme qu'on a tendance, de nos jours, à ne pas (vouloir ?) mesurer. Ou bien l'on coupe la racine immorale du système en supprimant l'esclavage, quitte à placer les colons non pas seulement dans une situation économique inconfortable, mais dans un état de survie précaire ; ou bien on tente de maintenir (si possible en le corrigeant) un système économique aussi fructueux pour l'ensemble du pays. Pour tout un pan de « l'opinion publique » habituée de longue date à l'idée du citoyen frugal, proche de la nature ou du christianisme primitif des jansénistes, sans luxe, l'inconvénient est minime, s'il n'est pas avantage moral évident. L'on reconnaît là la thèse profonde de l'abbé Raynal et de son « Histoire philosophique des deux Indes », comme l'ancienne controverse Voltaire-Rousseau sur le luxe inutile. Ce qui n'avait pas empêché Voltaire de condamner l'esclavage tout en participant à la traite. Il est, en 1988, aisé de savoir ce qu'il eût convenu de faire : procéder par étapes progressives, de manière à ménager sur place les transitions, et, sur le plan du commerce extérieur, à ne pas trop avantager ceux qui se refuseraient à abolir l'esclavage. Personne n'y était prêt. D'ailleurs l'importance même des chiffres d'importation du nombre des esclaves noirs au cours de la décennie de 1783-1792 était telle qu'à Saint-Domingue la situation devenait de longue date explosive et singulièrement fragile. L'effondrement des îles à sucre françaises donna d'ailleurs un bon coup de fouet aux rivaux commerciaux. Le plus spectaculaire est celui de l'île de Cuba. Celle-ci était entrée tardivement dans le cycle de la grande plantation sucrière esclavagiste, dans les années 1770. La chute de Saint-Domingue fit la prospérité de Cuba pour qui les années des guerres de la Révolution et de l'Empire furent extraordinairement fastes : l'Espagne remplaçait, en ce domaine, la France, et la traite allait y connaître des apogées jusque tard dans le XIXe siècle.

Les conséquences de la révolte de Saint-Domingue furent rapides. Le commerce maritime s'effondra en quelques semaines, entre avril et août 1792. Les armateurs arrêtèrent leurs envois, on tâcha de faire rentrer des colonies ce que l'on pouvait. Tout n'était pas perdu : la Guadeloupe, la Martinique et les Mascareignes pouvaient, en cas de paix externe, contrebalancer dans une certaine mesure les désastres financiers de Saint-Domingue. D'une part, les groupes sociaux « contre-révolutionnaires » se trouvèrent très affaiblis : la grande noblesse de Cour, la noblesse libérale, le grand négoce se trouvèrent en partie ruinés. Ce ne pouvait être une consolation pour les marins de commerce, les ouvriers des ports. Et l'arrêt des exportations de toiles de l'Ouest, des produits agricoles du bassin d'Aquitaine faisait rentrer tout un pan de la France profonde dans l'économie d'autarcie, la coupant de l'économie de marché. Donc, même sans guerre maritime, le désastre était grand. Il devait se répercuter dans les arsenaux, désormais privés de toute possibilité de « caser » les licenciés dans des villes du commerce voisines. On n'a pas souvent l'habitude de marquer ces évidences, tant la politique obnubile, en France, les autres événements.

La guerre terrestre suffisait à ajouter les conflits aux raisons de se mieux haïr encore. Les défaites de la bataille des frontières aboutirent à la chute de la royauté. Les ports arsenaux eurent la primeur des semaines sanglantes, prélude à ce qui se passait à Paris. Au plus grand dam de la Marine. Toulon mena le bal. Le printemps inquiet de 1792 y avait vu la succession de ces fêtes à la fois burlesques et inquiétantes qui, reprenant les traditions populaires des carnavals, y revêtirent l'allure de banquets souvent grinçants avec les pendaisons en effigie d'un « monstre », nouveau « caramantran » censé incarner le nouveau ministre de l'Intérieur (donc de la police) Terrier. Ce fut, du 27 juillet 1792 au 10 septembre le spectacle atroce de bandes armées faisant des « promenades civiques », mutilant et pendant les autorités réputées contre-révolutionnaires.

Le nombre des victimes se situe aux alentours de 20 à 30 personnes : administrateurs de département ou de district, négociant, prêtre réfractaire et, hasard ou non, un militaire anonyme. Les circonstances mêmes, des massacres aggravaient terriblement ce qui se voulait justice expéditive. Les « explications »-« justifications » données par les historiens ont un singulier arrière-goût. En vérité, l'on s'interrogera toujours, au gré de ses propres opinions, sur les motivations : intoxication indirecte pour permettre, en une deuxième étape, de se débarrasser de gêneurs ? L'hypothèse, et ce n'est pas sans importance, a couru à l'époque, accusant qui le Club, qui Barthélémy. Notons d'abord que rien ne le prouve et que la Marine, en tout cela, n'est même pas nommée, preuve qu'elle a perdu une bonne partie de son poids politique. Une autre hypothèse, classique en la matière, combine à la « spontanéité » supposée, le jeu des forces sociales. A chacun de choisir sa version, probablement aussi insuffisante l'une que l'autre. Disons simplement que l'effet d'entraînement et d'auto-intoxication de la foule, quelle qu'elle fût, est immense, imprévisible, dangereux. De très braves gens intoxiqués de politique peuvent devenir des tueurs-tortionnaires (c'est le cas) sans mauvaise conscience, sinon que tardive. « Qui rassemble les peuples les ameute ». Pour notre part, aucune explication, quelle que fût sa véracité, ne peut justifier torture et exécution, de quelque part qu'elles viennent, révolution ou contre-révolution. La foule peut être hideuse en sa nudité de prise de position partisane et refus de comprendre l'autre. C'était, en tout cas, annoncer les massacres de septembre. Ces scènes ne pouvaient, en cette ville qui était restée dans le petit peuple aussi profondément religieuse (y compris et d'abord de « religion populaire ») que provoquer l'horreur, la peur (et celle-ci peut provoquer soit la soumission, soit au contraire la révolte) et préparer un revirement politique. Ce qui aboutit à poser la question de l'attitude toulonnaise au cours du reste de la Révolution. En caricaturant, on peut dire qu'à partir de la « semaine horrible », Toulon va, en un certain sens, évoluer à contre-courant du reste de la nation politique : « réactionnaire » pendant la période du gouvernement révolutionnaire ; « jacobine » pendant la Révolution thermidorienne et le Directoire. Il y aura une certaine identité d'attitude pendant l'Empire, auquel la ville va demeurer au fond d'elle-même fidèle. Ces revirements (qui ne sont pas exclus des votes du XXe siècle) sont terriblement difficiles à expliquer ; d'autant que dans la marine elle-même, l'évolution, pour être beaucoup moins nette, n'en demeure pas moins parallèle. L'explication ne peut être univoque.

Le premier fait est typique des grands ports-arsenaux. La guerre est période de « prospérité » et la pulsation démographique est celle de l'afflux provoqué par les commandes massives de navires, et de reflux non moins brutaux en cas de décélération de ces commandes. Après les grands licenciements de 1783, les effectifs toulonnais se situent dans un rapport de force égalitaire : quelque 2 000 hommes à l'arsenal, encore

2 000 pour la garnison et quelque 2 000 forçats. Le chiffre de ces derniers a peu évolué. Avec l'été 1792, la garnison a diminué d'importance autant en termes absolus que relatifs. La guerre cependant va gonfler dans d'énormes proportions le nombre des ouvriers de l'arsenal. En 1794, on atteindra les 10 000 hommes : c'est du moins le chiffre que l'on a avancé et sur lequel il faudrait probablement émettre quelque réserve. Peu importe : le petit noyau d'ouvriers proprement toulonnais s'est fatalement trouvé noyé sous le flot des nouveaux arrivants. Or nous ne connaissons ni sa ventilation géographique, ni sociale. On peut seulement supposer qu'une bonne partie provient de Marseille, dont le nombre des emplois a diminué avec la guerre. Les effets du siège de 1793-94 vont dans le même sens. On en reparlera plus tard. Disons simplement que la reprise de la ville par les troupes républicaines a provoqué une immense panique, et une fuite éperdue devant les représailles. D'un niveau de 25/30 000 habitants, la population semble être tombée, suivant les témoignages assez vraisemblables des contemporains, au niveau de quelque 7 000 habitants. La ville se repeuplera rapidement, tant les besoins navals étaient pressants ; mais ce n'est guère qu'avec le début de l'Empire que l'on retrouve le seuil atteint à la veille de la Révolution. Une partie de cette population est formée de Toulonnais revenus après coup ; mais on ignore totalement dans quelles proportions. Le gouvernement révolutionnaire et les représentants en mission ont eu tout naturellement tendance à privilégier les éléments sûrs, jacobins. Ceux-ci avaient, de leur côté, tendance à fuir les villes de commerce dont l'état d'esprit leur était de moins en moins favorable. Les transformations profondes de la composition sociale de la marine révolutionnaire et impériale jouaient dans le même sens. La seule question qui se pose est donc celle du pourquoi et du comment cette ville, à l'avant-garde jacobine au cours de l'été 1792, a si brutalement versé en quelques mois dans ce qui, du point de vue purement français, est une trahison face à l'ennemi et une reddition à l'Angleterre aux lourdes conséquences, qui eussent pu être encore plus graves. La question mérite d'autant plus d'être posée que Brest allait aboutir au mouvement fédéraliste après que les « fédérés » brestois eurent, de concert avec les Marseillais, passé, à tort ou à raison, pour les acteurs majeurs de la journée du 10 août 1792.

Le résultat le plus patent de la proclamation de la République fut le nouveau baptême de la flotte. Les navires dont le nom rappelait l'Ancien Régime furent rebaptisés et tous les noms chantent dans les mémoires, tant le symbolisme s'oppose en sa brutalité verbale. Le « Sceptre » s'appela la « Convention », non sans sourires contraints ou ironie amusée ; le « Diadème » devint le « Brutus », le « Royal Louis », le « Républicain », etc. On chanta le chant de l'armée du Rhin, de Rouget de l'Isle, popularisé à Paris par l'entrée des fédérés marseillais, on cria « Vive la République » et la flotte resta la flotte, continuant (est-ce symbolisme ou volonté secrète ?) à arborer encore pour un peu de temps la flamme blanche simplement marquée par un petit carré tricolore, qui était devenue l'emblème de la marine depuis 1790. Sous l'apparente unanimité et la joie arborée, couvaient cependant les lourdes appréhensions des marins devant une guerre maritime de plus en plus probable, et les angoisses des révolutionnaires modérés, partisans des réformes de 1789. Ces derniers voyaient avec inquiétude ou horreur la « tyrannie parisienne », autre forme, à leurs yeux, de la dictature non plus individuelle, mais collective de « la lie de la population parisienne », la « plus corrompue » de France. La bourgeoisie brestoise, toulonnaise ou rochefortaise qui avait jusqu'à présent dominé la scène et mené le jeu politique, devait désormais lutter à la fois contre le radicalisme révolutionnaire et contre la « contre-révolution ». C'était Brest la ville la plus menacée : le Léon bougeait, et le premier « devoir » était donc de préserver le port pour la République. Brest agit donc comme Nantes et Lorient : en face du « péril » qui monte dans les campagnes bretonnes, l'on réagit en révolutionnaire, quitte à se dresser avec bonne conscience contre le « monstre » radical. A Toulon, où la menace immédiate de l'intérieur était beaucoup moins proche, le mouvement de pendule pouvait aller beaucoup plus loin, et le mot fédéralisme ne recouvrait évidemment pas les mêmes idées et attitudes à Brest et Nantes qu'à Marseille ou à Toulon. Dans le Midi de la France, le fédéralisme incorpore en réalité beaucoup plus d'attitudes royalistes que dans les ports du Ponant. La haine des Anglais, dans le petit peuple des marins, y était beaucoup moins vive que chez les Bretons dont les souvenirs des prisons anglaises, pour être moins vifs que pendant la guerre de Sept Ans, comportaient cependant leur lourd fardeau de rancunes.

LA MONTÉE DE LA PUISSANCE NAVALE RUSSE

On ne peut comprendre la Révolution française sans savoir ce qui se passait ailleurs : la Révolution a échoué pour avoir négligé de le faire. Les révolutionnaires se fussent épargnés beaucoup de drames s'ils avaient pris la peine de se renseigner valablement, surtout en matière de marine. Ne tombons pas dans le même travers. Car pendant que se jouaient les premiers actes de la pièce révolutionnaire, l'Europe ne demeurait pas inerte. L'on songe, évidemment, en premier lieu au drame des partages polonais. Ils ne sont cependant que la conséquence des guerres navales russo-turques et russo-suédoises. Suède et Turquie demeuraient, au moins officiellement, des alliés traditionnels de la France. Automatiquement, tout au long de la deuxième moitié du XVIIIe siècle, la Russie jouait la carte du camp ennemi de la France.

S'estimant menacée par l'intrusion russe dans une mer séculairement fermée et turque, la Sublime Porte déclare la guerre à la Russie en 1787. Ce n'est qu'au cours de l'année 1788 que la puissante flottille russe du

Dniepr commence à intervenir en attaquant la forteresse d'Otchakov, qui contrôle la rive nord du vaste estuaire du Dniepr, tandis que la côte sud à Kinburn est sous contrôle russe. Une partie de la flotte turque est ancrée au début de juin sous les canons de la forteresse d'Otchakov. L'attaque russe se déclenche le 28 juin sous une double forme. Une flottille de 70 canonnières, sous le commandement du prince de Nassau-Siegen, est soutenue par une escadre de haute mer placée sous la direction du célèbre Américain Paul Jones. Ainsi, les deux chefs ont participé à la guerre d'Indépendance américaine sous les couleurs françaises, et on peut interpréter cette décision de la Sémiranis du Nord comme le constat de la valeur retrouvée de la marine de guerre française. Le 28 juin, la flotte turque tente de sortir de l'estuaire, mais est repoussée par la double action de la flotte russe et des batteries terrestres de Kinburn. Le 29 juin, ce qui subsiste de la flotte turque est coulé : 10 navires de haute mer avec 1 700 prisonniers. Les Russes n'ont perdu qu'une frégate et à peine une centaine d'hommes. Paul Jones s'est avéré très supérieur à l'amiral turc Hassan el Ghazi. Deux années plus tard une escadre russe bombarde plusieurs ports de la côte nord de l'Anatolie, dont Sinope, Anape et Samsun, détruisant au passage une vingtaine de navires turcs (juin 1790). Le 19 juillet 1790, soit quelques jours après la fête de la Fédération française, l'amiral russe Ushakov, qui a remplacé Paul Jones mécontent de n'avoir pas été mieux récompensé, interdit l'accès du détroit de Kertsch, et donc de la mer d'Azov, à une flotte turque de 18 bateaux. La grande bataille navale de cette guerre est celle du cap Tendra (à proximité de l'embouchure du Dniepr) les 8-9 septembre 1790. C'est une classique bataille de ligne entre 10 vaisseaux russes soutenus par 6 frégates contre 14 vaisseaux turcs et leurs 8 frégates : 830 canons russes contre 1 200 turcs. L'après-midi du premier jour, les deux lignes se canonnent jusqu'à la nuit tombée ; le second jour la victoire est russe. Un vaisseau turc se rend, et le vaisseau-amiral, après une défense héroïque contre trois ennemis, saute. La flotte russe n'a perdu que 50 hommes, tant d'un côté les canonniers sont excellents, et de l'autre mauvais. C'eût pu être un avertissement sans frais pour la marine française. La dernière bataille a eu lieu le 11 août 1791 au cap Kaliakra (au nord du port de Varna, sur la côte bulgare). La bataille, de trois heures à peine, est gagnée par le même Ushakov, par la fuite de l'escadre turque. Le lendemain est signé un armistice, transformé en 1792 en paix (paix de Jassy) qui donne à la Russie le contrôle de toute la côte nord de la mer Noire avec l'embouchure du Dniepr. Les clauses sont clémentes pour la Turquie, la Russie se trouvant engagée dans une autre guerre navale : la guerre russo-suédoise (1788-1790).

Celle-ci est la guerre revanche voulue par le roi de Suède Gustave III. Ayant rétabli son pouvoir absolu contre la noblesse suédoise, le roi, avec l'aide de subsides français, a reconstruit sa flotte, lui donnant même pour un temps une légère supériorité sur l'escadre russe de la mer Baltique. C'est une guerre très particulière. Gustave III l'a commencée par surprise, pensant prendre de court Catherine II engagée contre le Turc. Calcul exact, mais la défense russe sera meilleure que prévue. Guerre double, puisqu'elle est menée à la fois, et des deux côtés, par des escadres classiques de haute mer et par une flotte de galères et de canonnières côtières destinées à agir de concert et sous le commandement théorique des armées de Finlande. C'est que les « jardins d'écueil » de la côte sud de la Finlande présentent, avec leurs innombrables récifs, îles et îlots des dédales aux faibles profondeurs, inacessibles aux gros navires de haute mer et leurs trop forts tirants d'eau. Côté suédois, le matériel est excellent, la Suède ayant disposé d'un ingénieur naval de génie, peut-être le meilleur de toute l'Europe d'alors : Chapman. Les vaisseaux de ligne et les frégates suédoises peuvent se comparer au meilleur matériel occidental, et même la flottille de Finlande, à vrai dire trop peu nombreuse, est une réussite technique difficilement surpassable. Il n'en va pas de même pour les hommes. La Russie a improvisé sa marine, une partie de ses cadres sont des Européens (surtout des Danois et des Ecossais), et ses matelots directement passés de l'armée à la marine. La Suède, en dépit de sa récente accession au rang de grande puissance commerciale maritime, n'a que peu de matelots. La guerre commence en pleine prérévolution française, pour s'achever le 14 août 1790. Le conflit est dur, non conforme à tout ce que l'on pouvait en attendre, riche en rebondissements imprévisibles. Détaillons les faits que les histoires générales de la Révolution française ne décortiquent jamais.

L'attaque suédoise menée par le propre frère du roi Gustave menace directement la capitale Saint-Pétersbourg : le 17 juillet 1788 la rencontre oppose donc l'escadre de 17 vaisseaux de ligne russe (la dernière chance de la Russie surprise) sous la direction de l'amiral d'origine anglaise Greigh à celle du duc Charles composée de 25 vaisseaux de ligne et de 5 grosses frégates. Le son de la bataille de Hoglund, en pleine baie de Finlande, porterait (?) jusqu'à la capitale russe. Tactiquement, c'est un classique indécis : un navire de ligne perdu des deux côtés. Stratégiquement, c'est une victoire défensive russe : le débarquement suédois n'a pu avoir lieu. L'hiver sépare les belligérants. Le but russe est clair : réunir les deux escadres russes surprises isolément, celle de Kronstadt et celle rassemblée dans le Sound danois pendant l'hiver avec les bateaux auparavant dispersés à travers les mers d'Europe. Le but suédois est exactement inverse. Le 29 juillet 1789 la bataille d'Oeland est tout autant tactiquement indécise, puisque la flotte russe abandonne le champ de bataille (21 navires de ligne de chaque côté). Mais stratégiquement, c'est encore un succès russe, puisque les deux escadres se réunissent, et disposent désormais d'une supériorité nette, qui leur permet de bloquer leur adversaire dans le port de Karlskrona. Les Russes peuvent donc se retourner contre l'escadre suédoise de Finlande : elle s'est solidement retranchée dans le golfe de Svensksund (première bataille de Svensksund le 24 août 1789). La supériorité russe est énorme : 86 galères, semi-galères, canonnières, etc., avec 1 283 canons contre à peine une trentaine de navires de même type suédois et leurs 680 canons. Repoussés au sud, les navires du prince de Nassau-Siegen — le vainqueur d'Otchakov en 1788 — remportent cette fois une nette victoire. L'amiral suédois Ahrensward perd 14 transports et 2 navires hôpitaux, plus de 6 navires de combat et 16 autres petits navires. La situation logistique de l'armée suédoise de Finlande est compromise.

L'année 1790 voit les combats se poursuivre. Dès le 13 mai 1790, le duc Charles, avec une forte supériorité numérique, attaque par surprise la flotte russe ancrée dans le détroit de Reval (Esthonie). L'innovation n'est pas payante, car par malchance un brusque retournement du vent surprend la flotte suédoise en formation d'attaque, perdant de ce fait un vaisseau de ligne, exposé à la canonnade de toute la ligne d'ancrage russe. C'eût pu être l'Aboukir suédois. Jouant le tout pour le tout, les Suédois décident dans la foulée d'attaquer une seconde fois directement la capitale russe. C'est la bataille de la baie de Kronstadt et cette fois nul doute : la canonnade s'entend du palais impérial (3-4 juin 1790). Le plan suédois est audacieux : comme les Russes ont coupé leur flotte en deux parties, dont l'une se trouve à Reval, et l'autre à Kronstadt, il s'agit de se glisser entre les deux, d'attaquer, et si possible de défaire l'escadre de Kronstadt avant que celle de Reval n'arrive (17 navires de ligne de chaque côté et 19 frégates). La bataille d'artillerie du 3 juin n'aboutit à aucun résultat : elle est menée à trop longue distance. Le 4, la flotte suédoise est obligée de décrocher devant l'arrivée de l'escadre de Reval et se réfugie dans la baie de Viborg, où se trouve déjà l'escadre de l'armée de Finlande. Les Russes bloquent le tout. Après presque d'un mois d'indécision, Gustave III ordonne à la flotte suédoise de forcer le blocus, en dépit de la supériorité russe écrasante. L'amiral Chichagov dispose de 31 vaisseaux de ligne, dont plusieurs 100 canons, de 24 frégates et de 300 unités de l'escadre russe de Finlande. Le tout est disposé en croissant peu prononcé devant la baie de Viborg (orientée vers le sud-ouest). Les Suédois disposent de seulement 21 navires de ligne, de 15 frégates et de 240 bâtiments d'une escadre de Finlande largement formée d'unités plus ou moins improvisées. A bord beaucoup de soldats. L'attaque surprise suédoise est jugée dans les manuels d'histoire maritime de manière très différente. Pour les uns c'est une défaite suédoise majeure, pour les autres c'est une non moins indiscutable victoire suédoise. En réalité, on ne peut séparer cette bataille du golfe de Viborg du 3 juillet 1790 de la suivante, la seconde bataille de Svensksund du 9 au 10 juillet 1790, qui en est la conséquence logique. Les deux batailles offrent d'ailleurs un contraste total : la première annonce l'avenir, la seconde est paradoxalement une bataille du passé.

Pendant qu'au sud la flotte suédoise lie l'escadre de haute mer russe, la flottille côtière s'échappe en se faufilant le long de la côte nord, suivie par l'escadre suédoise. Les Suédois ont donc réussi la rupture, mais en la payant très cher : ils perdent 7 vaisseaux de ligne, 3 frégates, une trentaine de plus petits navires de guerre, soit au total 6 000 hommes. Plusieurs des vaisseaux de ligne suédois sont capturés par les Russes, ayant échoué sur des hauts fonds. De ce point de vue, la victoire est russe. Mais ils ont beaucoup souffert de leur côté : 11 de leurs vaisseaux sont hors combat et l'un d'eux a été incendié par un brûlot suédois. Leurs pertes humaines sont même supérieures à celles de leurs adversaires : plus de 7 000 hommes. De ce point de vue, les Suédois ont non seulement réussi à se sortir d'une situation désespérée, mais le reste de leur escadre de haute mer a pu revenir en Suède, tandis que la flottille côtière suédoise s'est réfugiée dans la rade de Svensksund. Elle y a débarqué une partie de son artillerie sur les petits îlots et s'y est retranchée. Trop sûrs, désormais de leur victoire, les Russes prennent leur temps et leur amiral, désireux d'offrir à Catherine la Grande une victoire pour son anniversaire, perd plusieurs jours à aménager le navire à bord duquel il espère conduire le roi de Suède prisonnier. Les Russes disposent de moins de navires, mais de dimensions supérieures aux unités suédoises (140 contre 195) ; ils sont aussi plus nombreux (18 500 hommes contre 14 000) et mieux armés (1 500 pièces d'artillerie contre 1 200). La flottille suédoise attend l'attaque en formation de croissant-nasse. Le 9 juillet, l'escadre russe attaque, mais est repoussée avec des pertes sévères : l'artillerie débarquée à terre fait des ravages. Le 10 juillet, les Suédois passent à la contre-attaque et obligent la flotte russe à s'enfuir en désordre. Les Russes y perdent 6 000 hommes faits prisonniers plus 3 000 morts et blessés. En face les pertes sont négligeables. La Suède est sauvée ; la Russie est épuisée par ces deux guerres concommittantes qui ont sévèrement touché ses finances. Le 14 août 1790 la paix est signée à Wereloe (Varela) : c'est une paix de statu quo. Ainsi, le grand dessein de Gustave III a échoué, mais il a réussi à éviter le pire.

En quoi ces événements concernent-ils la France ? D'abord en ce que les deux guerres neutralisent l'Europe orientale de 1788 à 1791, et dans un certain sens, jusqu'au début de 1792 puisque la paix de Jassy n'est signée qu'à cette dernière date. Or la Russie en guerre, l'Autriche, son alliée, contre la Turquie, et qui n'y a guère gagné, sur terre, que des horions ne peut intervenir ailleurs — et elle n'en a aucun désir. Les deux puissances se trouvent dans une situation difficile, et sont obligées de réorganiser et leur armée de terre et leur armée de mer. La Prusse est restée dans une expectative menaçante, négociant avec la Turquie. Ainsi, l'intervention éventuelle de ces trois pays en Pologne a été retardée de cinq ans, et le second partage de la Pologne ne pourra se faire qu'en 1793. Dans ces conditions, toute intervention contre la France révolutionnaire ne peut que prendre l'allure d'une campagne marginale, menée avec des moyens limités, la Russie de Catherine préférant liquider la « jacobinière » polonaise qu'elle redoute (ou fait semblant de redouter). Les guerres navales — car contrairement à nos manuels, elles sont d'abord et essentiellement navales —, la logistique danubienne pour les Autrichiens, finlandaise pour les Russes comme les Suédois, et enfin celle des grands fleuves russes jouant un rôle considérable, parfaitement méconnu de 1788 à 1792, exercent donc sur la grande politique internationale une influence considérable. L'Angleterre, quant à elle, peu favorable à la Suède, soutient indirectement la Russie.

Ces guerres sont importantes enfin d'un dernier point de vue, plus purement maritime. Pour la France, elles signifient d'abord que les tentatives de ravitaillement en munitions navales par la mer Noire se trouvent, dès 1788, hors de saison. L'essentiel cependant est que ces guerres ont révélé les faiblesses structurelles de la marine turque, alors que les armées ottomanes ont redressé la situation, non face aux Russes mais aux Autrichiens. Joseph II y a perdu de sa popularité, déjà bien émoussée par ses réformes intempestives qui mènent ses états à la limite (et au-delà) de la guerre ouverte. Sa mort facilite la tâche pacificatrice de son successeur : par un paradoxe qui n'est qu'apparent, car la « bonne » politique est celle du possible dans les circonstances données, ce réformateur des Lumière, est obligé de revenir sur la majeure partie de l'œuvre rationalisante de son prédécesseur.

Si nos chefs politiques et militaires avaient eu le temps de suivre le détail des événements, ils eussent cependant pu en tirer des leçons. Ce n'était pas impossible puisqu'en dehors des relations de nos ambassades, ils disposaient d'une source de renseignements en la personne de Paul Jones, l'Américain, qui après ses déceptions russes, s'était retiré à Paris pour y mourir peu de temps après. Quant aux Anglais, l'amiral « russe » Greigh n'était pas le premier venu, et le nombre d'officiers d'origine anglaise non négligeable.

De surcroît, les deux guerres constituent un laboratoire expérimental de toutes les nouvelles tactiques maritimes. Il n'est guère de procédé nouveau, ancien, ou rénové qui n'ait été, en ces cinq années, utilisé, avec plus ou moins de succès : liaison artillerie de terre/flottes ; attaques de convois de transport stratégiques ; organisation de réseaux de ravitaillement à longue distance à travers des étendues de terre considérables ; attaque d'escadres ennemies ancrées dans des rades (Reval, Svensksund), en liaison avec le procédé du blocus rapproché des centres portuaires ennemis repris des Anglais de la guerre de Sept Ans ; sortie en force d'escadres enfermées (Viborg et 2e bataille de Svensksund) ; brûlots ; canonnières ; tentatives de débarquement stratégiques (Hogland, Kronstadt). La liste n'est pas exhaustive. Il est rare qu'une guerre navale comporte autant d'innovations face aux classiques combats en lignes parallèles, qui n'ont pas manqué (Tendra, Kaliakra, Hoglund, Kronstadt) : tout annonçait un renouvellement profond de l'art de se battre sur mer. Paradoxalement, l'innovation est beaucoup moins apparente dans le domaine technologique. Certes les navires des trois adversaires sont bâtis sur les meilleurs modèles occidentaux, preuve de l'efficacité de l'espionnage industriel (le turc compris), et la Suède avait beaucoup innové en ses propres navires. Mais manque, surtout du côté russe, l'effet choc d'armes nouvelles, comme ces fusées mystérieuses qui avaient été employées contre l'escadre turque de Tchesmé et que les informateurs russes de l'amiral de La Galissonnière décrivent comme des armes du « diable », que « l'on ne peut utiliser contre des chrétiens ». En sorte que, non moins paradoxalement, Viborg et Svensksund sont, de fait, les dernières grandes batailles de navires à rame, leur apogée inattendu, alors que les galères méditerranéennes ont perdu toute importance stratégique et ne sont plus représentées, à l'intérieur des flottes de la mer chaude, que par des unités isolées utilisables seulement pour des fins très spécifiques, relevant largement de la logistique. Il est vrai que ces « galères » suédoises ou russes n'ont plus que des rapports très lointains avec leurs « modèles » du Midi de l'Europe. Ce sont de fort bons voiliers à la rame, dont les plus grands possèdent des aménagements variés leur permettant de disposer non plus simplement de canons d'attaque et de fuite, mais de bordées entières, comparables à celles des petites unités à voile de haute mer. Simplement leurs rames leur donnent une liberté de manœuvre extrême, indépendante du vent ; cette liberté que la vapeur ne donnera efficacement qu'à partir des années 1850-1865 est l'un des facteurs majeurs de la victoire de Svenskund, dont il faut répéter qu'elle a sauvé la Suède.

Avec le traité de Varela, les souverains de l'Europe centrale et orientale pouvaient enfin s'occuper, à nouveau, des affaires proprement européennes. C'était Gustave III qui était d'entre eux tous, avec le roi du Piémont, le plus hostile à la Révolution française et le plus désireux d'en découdre avec elle. Mais les deux souverains n'étaient pas en mesure de fournir plus qu'un appoint militaire, encore moins d'influencer le sens de la politique européenne. En déclarant la guerre, les Girondins, soutenus par la quasi totalité des révolutionnaires, facilitaient singulièrement les plans des partis de la guerre antirévolutionnaire...

IIIe PARTIE

LA FRANCE MARITIME EN GUERRE (1793-1798)

INTRODUCTION

Aboukir constitue une défaite telle que la marine française n'aura pas le temps de se remettre. Il est donc logique d'étudier à part la période qui va de la déclaration de guerre de la France à l'Angleterre (janvier 1793) à la date d'Aboukir (1er août 1798). Elle se décompose en plusieurs phases : 1) l'année 1793 marquée par de terribles déconvenues, qui n'étaient surprises que pour les aveugles ne voulant pas voir : à la fin de 1793 la situation paraît difficilement redressable ; 2) l'année 1794 et encore le début de 1795 sont marqués par un redressement spectaculaire, qui est en grande partie l'œuvre, à plus d'un égard cependant marquée par une singulière étroitesse de vue, du Comité du Salut public et surtout attribuée, à tort ou à raison, à Jean Bon Saint-André ; 3) les années 1795-1797 marquent une forte retombée des capacités militaires de la marine française, mal masquées par des circonstances pourtant fort favorables comme la conquête de l'Italie aboutissant, avec le renversement des alliances (Espagne) à l'évacuation provisoire de la Méditerranée par les escadres anglaises. Pourtant la marine française ne peut pas non plus vraiment profiter de l'alliance hollandaise, encore moins de la grave mutinerie de la flotte anglaise. Mais l'Angleterre réussit totalement le sursaut que la France n'a pas pu consolider après 1794. Les forces françaises suffisent encore à exécuter, une immense chance aidant, l'expédition d'Egypte, vieux rêve de l'Ancien Régime, longuement préparé par les deux régimes successifs. Le tout aboutit à la première bataille de destruction intégrale qu'est Aboukir. Tout est changé à partir de là, et la marine semble s'abandonner léthargiquement à son sort, laissant l'armée de terre assurer la survie de la Révolution.En fait, avec Aboukir, nous sommes entrés dans une autre phase, qui s'achève à l'autre grande tragédie — inutile —, celle de Trafalgar. Après, la cause est définitivement entendue ; mais elle l'était déjà à une très forte probabilité, à Aboukir.

La description de la guerre maritime révolutionnaire est particulièrement difficile, les partis pris et les légendes à caractère hagiographique ou mythiques s'avérant, en la matière, particulièrement tenaces. Débarrassons donc d'abord le terrain de quelques péchés par omission. L'on fait souvent semblant de ne voir face à face que la seule France et la seule Angleterre. Or, de 1793 à 1795, la France a eu affaire à une coalition qui est celle de l'Europe maritime, qui mène sa propre guerre contre la France révolutionnaire, tout comme, côté continental, elle est obligée de se défendre contre la coalition terrestre : Prusse/Autriche et leurs petits alliés. C'est dire qu'il ne suffit nullement de comparer escadres anglaises et françaises. Cette mise en rapport contribue à fausser la vision des choses, car elle privilégie la France outre-mesure. Si, en effet, l'on élimine, côté anglais, les vaisseaux de 50 et de 64 réservés à la protection des convois, l'on ne peut plus mettre à l'actif anglais que 85 navires de 74 et plus de canons, contre 61 pour « la République ». C'est oublier que les vaisseaux de 50 et de 64 ont participé à la conquête des colonies françaises, et ont largement rempli leur rôle de défense du commerce anglais. C'est oublier encore plus que l'Espagne et la Hollande ajoutent leur contingent, énorme, donnant à la coalition antifrançaise une supériorité écrasante.

La situation s'inverse en 1795, et paradoxalement, l'avantage acquis à ce moment par la Convention thermidorienne et le Directoire n'est jamais souligné. En chiffres de navires, et en dépit des pertes déjà subies par la marine française, l'addition de l'appoint espagnol et hollandais constitue pour la France une aide d'autant plus importante que la conquête de l'Italie permet à la France d'annexer à sa propre marine, la flotte vénitienne, et de nombreux petits bateaux d'origine diverse. L'ingénieur-constructeur de la marine Forfait, conseiller maritime du général Bonaparte, a à ce moment effectué un travail considérable qui explique la confiance ultérieure de Napoléon. Or la République n'a guère su exploiter cet énorme avantage, avantage encore plus évident dès que l'on songe que la flotte anglaise est pratiquement paralysée par la mutinerie pendant de longs mois. Preuve, à tout le moins, que le service de renseignements français s'est avéré, tout au long de ces années, presque totalement déficient, alors qu'il comptait parmi les meilleurs de l'Ancien Régime. Pièce à verser dans le dossier difficile des appuis étrangers de la France révolutionnaire.

Face aux difficultés et aux défaites, les révolutionnaires ont, sur le plan de ce que nous appelons propagande, fait un sort aux actes d'héroïsme. Rien de plus naturel, et de plus justifiable en soi. Ils les ont même gonflés, parfois outre mesure comme dans l'épisode du « Vengeur » : c'est arrivé à bien d'autres régimes. Reste que l'historien n'a à en tenir compte que dans la mesure où le mythe a joué et influé sur l'histoire. Or face à ces innombrables actes d'héroïsme parfois les plus purs, l'on oublie souvent de signaler les refus de bataille et la lâcheté tant de certains officiers généraux (roturiers autant que nobles) et plus encore de nombre d'équipages. Les conséquences en ont été souvent dramatiques. Demeure une question majeure : ces actes d'héroïsme cachent mal un changement profond d'attitude. A la guerre « en dentelles » d'Ancien Régime, qui obéit à certaines règles dont la première est que l'on est parfaitement justifié à se rendre quand la bataille est perdue et que l'on a fait ce qu'il était possible de faire, succède l'obligation, rapidement transformée en code d'honneur valable jusqu'à nos jours, de la résistance à outrance jusqu'à la mort incluse. S'expliquent ainsi la brutale augmentation des pertes chez le vaincu, car parvenue à un certain stade de supériorité, la poursuite de la défense ne peut plus aboutir qu'au seul massacre, sans utilité. On peut se demander si cette attitude, qui relève dans un premier temps de la propagande (supériorité sur « l'aristocrate » dans le domaine qui est le sien : le courage) est tellement favorable au « peuple ». Quoi qu'il en soit, les guerres navales de l'époque de la Révolution sont ainsi le moment du difficile tri entre l'extrême héroïsme, et son exact pendant. La haine politique n'épargne naturellement pas les dirigeants. Ainsi Jean Bon Saint-André a été accusé de couardise pendant les batailles navales : c'est un bon vieux trait bien français que de dénigrer ainsi ses chefs d'origine civile, hérité de l'Ancien Régime. Le duc de Chartres, futur Philippe-Egalité, avait été traité de la même façon au moment de la bataille d'Ouessant pendant la guerre de l'Indépendance américaine. Ce sont là faits en réalité incontrôlables, suspects, qui d'ailleurs n'ont pas beaucoup d'importance historique.

Cette question est liée au problème des mutineries de la marine française et anglaise. On a tenté, plus haut, d'en dégager quelques raisons d'être. Ces mutineries se sont poursuivies tout au long des années 1792 et surtout 1793, au point de rendre impossible un moment toute opération navale. Or nous ne possédons encore que des approches et manque une étude d'ensemble, à l'échelle de toute la France. Les Anglais sont, en la matière, plus avancés que nous. La grande question, à notre avis la seule essentielle, de la Révolution face à la marine a été le rétablissement de l'ordre, de manière à obtenir une efficacité maximum de l'instrument de combat, qui suppose la compétence professionnelle. Or l'affaire de Toulon révèle que le commandement a un comportement identique, qu'il soit d'origine noble ou révolutionnaire : on est soit royaliste, soit républicain, quelle que soit l'origine... Le rétablissement de l'ordre nécessaire dès lors que l'on avait déclaré la guerre a été entrepris trop tard, trop partiellement : c'est que le jacobinisme s'est trouvé ainsi en porte-à-faux entre la nécessité militaire impérative, beaucoup trop tardivement et trop incomplètement prise en compte, et le soutien « populaire » des clubs. Position hautement inconfortable, particulièrement mal vécue à Toulon, Lorient et Rochefort, beaucoup moins mal à Brest. Après la remise en ordre du Comité du Salut public, le ressort révolutionnaire est brisé aussi bien dans les arsenaux que dans la flotte. A trop retarder les inévitables échéances, les professionnels ont manqué surtout dans le commandement, en quantité suffisante. Il faut donc soigneusement éviter de tomber dans certains excès injustifiables. Ainsi l'historien américain Jenkins écrit : « Les équipages français n'étaient plus qu'une racaille désordonnée ; leurs sous-officiers des braillards révolutionnaires qui n'avaient même pas un semblant de compétence... les officiers de marine étaient désormais recrutés presque n'importe où et n'importe comment ». Ce sont là généralisations abusives qui peuvent, certes, s'appuyer sur un certain nombre de faits précis. Mais, à vrai dire, quelle était la différence avec les résultats du système de la « presse » anglaise ? On pourrait invoquer, côté anglais, des phrases très similaires s'appliquant à des équipages anglais. Le problème n'est pas là. Si, dans un premier stade, le maintien du système des classes fonctionnant de plus en plus mal, n'a pu réussir à fournir la quantité des équipages nécessaires, ceux-ci équivalaient en pratique à des volontaires. C'étaient des marins. Avec la levée des 300 000 hommes, qui généralisait dans une certaine mesure le service national obligatoire, l'énorme injustice de fait qu'était le seul service obligatoire pour les seuls marins sous l'Ancien Régime perdait son caractère discriminatoire. Les levées de marins de 1793-1794 furent bonnes, avec relativement peu de refus, y compris, paradoxalement, chez certains « chouans ». Avec la suite des défaites, il fallut incorporer de plus en plus de non-marins. L'Angleterre disposait de la possibilité de « chasser » à bord des Neutres des matelots réputés « Anglais ». Ces attitudes des historiens, qu'ils soient les uns favorables, les autres défavorables à la Révolution, ont l'énorme inconvénient de ne pas tenir compte de deux facteurs majeurs : 1) les équipages anglais, aussi disparates que les français, étaient amalgamés de manière très efficace par les exercices d'abord de rade dans les port, puis prolongés en mer. Vieille habitude anglaise : suivant les statistiques de N. Rodgers, valables il est vrai pour le milieu du XVIIIe siècle, le temps réel passé en mer par les navires anglais représente souvent plus de 40 % du temps de leur maintien « en commission ». On en était, traditionnellement, très loin dans la marine française. La question d'argent, plus cruciale que jamais à partir de 1789, avait en outre réduit, la situation aidant, ces temps d'exercice à une peau de chagrin devenue ridicule. Or on ne gagne pas de bataille avec des marins restés trop longuement au port. 2) La situation sanitaire des ports français n'a pas cessé de s'aggraver pour se transformer rapidement en véritable catastrophe. Elle est très mal connue, mais ce qu'on en sait la situe à un degré de gravité encore supérieur à celle de la guerre de Sept Ans : avec un stock de matelots aussi réduit que les 60 000 marins français, les résultats ne pouvaient qu'être désastreux.

C'est dire que toute généralisation ne tient pas compte de l'extrême diversité des situations à bord des navires. Nous la soupçonnons plus qu'on ne peut, à l'instant, la décrire. Cette diversité est d'abord régionale : les marins du Ponant sont réputés beaucoup plus patriotes que ceux du Levant, et dès qu'on les mélange, les difficultés apparaissent. Ceux de Brest sont plus « républicains », disons de manière plus ample, plus français et anti-anglais que les gens de Rochefort. Il n'y a jamais eu véritablement d'escadres entières à refuser le combat, même en 1793. Mais comment oser se mesurer à l'ennemi quand un tiers des navires veut rentrer au port ? Un tiers, c'est beaucoup moins que le tout, et c'est même, d'un certain point de vue, peu. Mais c'est assez pour ne pas pouvoir combattre.

Cela oblige à réviser les jugements trop sévères portés sur le corps des officiers. Nul doute que les déficiences de l'ancien grand corps et l'émigration — la plupart du temps forcée ou décidée sous la pression de tiers et de quarts —, a déterminé la constitution d'un nouveau corps d'officiers. Il était, naturellement, très hétérogène. Le simple fait que tous les grands noms de la marine française de la première moitié du XIXe siècle s'y trouvent devrait inciter à la réflexion. Ce n'étaient pas tous, loin de là, des incapables. Les meilleurs furent, comme il était logique, des « professionnels », c'est-à-dire ces nobles lieutenants de vaisseau ou enseignes en 1789. Ils manquaient d'expérience ; ils se la firent... à coups de morts souvent. Les officiers de l'ancienne Compagnie des Indes furent souvent excellents : ils déméritèrent rarement. La grande déception vint des anciens capitaines de la marine de commerce : double déception, sur le plan quantitatif (ils sont peu nombreux) et plus encore qualitatif. On en a déjà évoqué quelques raisons. Bien entendu, les commandants promus par les clubs ou par l'élection truquée ou non, furent, tous, lamentables.

Il faudrait connaître les pourcentages réels des origines de ces officiers : or nous ne disposons d'aucune étude précise d'ensemble chronologique...

D'ailleurs toutes ces défaillances ont une raison d'être : quelle est la part, dans les refus de combattre de certains commandants, de la conscience aiguë de ce que leur équipage n'est pas, ou ne peut pas, ou ne veut pas être en état de combattre ? Quelle est la part de la prise de conscience de l'état déficient de leurs vaisseaux ? Ce n'est guère qu'au niveau d'une analyse globale qu'on peut commencer à approcher une vérité bien approximative. Car le désordre qui atteint en 1793 des sommets se traduit jusque dans les archives.

Enfin, plane l'éternelle et insoluble question du financement de la marine. L'effondrement de l'armée de terre en 1792 rejette la nécessité du financement de la marine au second plan. Et l'on se trouve, comme si rien n'avait changé, dans les mêmes situations absurdes que sous l'Ancien Régime : retards de plus en plus accusés de paiement, paiement cette fois pendant plusieurs années en papier-assignats, etc. On a donc été obligé de faire plus que jamais feu de tout bois ; donc d'avoir recours aux mêmes intermédiaires financiers qu'autrefois. Chapitre pudiquement tu par une historiographie qui, pendant longtemps, a sciemment voulu oublier le rôle de l'argent.

CHAPITRE PREMIER

L'ANNÉE TERRIBLE : 1793

Cela avait bien mal commencé : pendant les six mois de 1792, la marine française n'avait, face à elle, qu'une flotte parmi les plus faibles d'Europe : celle du Piémont-Sardaigne. La supériorité numérique française était totale : sur le papier elle pouvait tout se permettre. Ce fut un fiasco absolu. Le gouvernement demandait l'armement de 9 vaisseaux de ligne pour effectuer une manœuvre « d'intimidation » : Toulon n'en put armer que 5, et il fallut faire appel... à Brest. Cette escadre improvisée bombarda Oneglia, dont les corsaires avaient mis à mal quelques navires de commerce français, sans grands effets. Puis l'on se risqua jusqu'à Naples, histoire de faire peur à la dynastie bourbonne. Cela tenait à la fois de la visite de courtoisie comme de la politique de la canonnière : renouvelant les excès de Louis XIV, on exigea des excuses pour une insulte plus ou moins réelle. Naples les fit, attendit le départ d'une flotte française déjà passablement malmenée par la tempête, et surtout l'arrivée de l'escadre anglaise. Et ce fut tout. La marine avait été dans l'incapacité d'aider en quoi que ce soit l'armée de terre.

Avec l'entrée en guerre de l'Angleterre, cette misérable affaire trouva un prolongement encore plus minable. A la fin de 1792 l'escadre de Méditerranée débarqua en Sardaigne, près de Cagliari, des troupes destinées à la conquête de l'île. Les batteries côtières sardes firent ce qu'elles purent : pas grand-chose. On débarqua donc les volontaires, parmi lesquels les révolutionnaires marseillais. A peine enfoncés dans l'intérieur, la panique les prit, on ne sait pour quelle raison, ou plutôt en l'absence de toute raison. En ce cas, le prétexte du « complot aristocratique » des officiers joue toujours. L'armée, sur sa demande, fut donc rembarquée, et l'on revint à domicile. Le tout avait coûté deux vaisseaux de 74 perdus, l'un en rade de Cagliari et l'autre en baie d'Ajaccio (février 1793). L'ennemi n'y était pour rien.

L'ouverture avait été plus que manquée, alors que l'armée de terre redressait une situation difficile...

Du moins y avait-il, derrière ce débarquement en Sardaigne, une idée. Quel était donc le plan, ou plus exactement les plans de guerre maritime des milieux « responsables » ? Pour la Sardaigne, l'enjeu était net : s'emparer de l'île était disposer face à l'Angleterre appuyée sur le seul Gibraltar (mais aussi sur Naples, Livourne, Palerme et Carthagène) à la fois d'une protection doublant celle de la Corse, comme d'une base d'attaque possible vers le sud, au bénéfice du maintien du commerce français. Le tout avait échoué sans phrases.

Qui donc a conçu les plans français ? C'est, semble-t-il, l'entourage du ministre de la Marine Dalbarade. C'est possible, mais ces plans ne sont que la reprise, la mise en page de maints plans provenant de l'Ancien Régime, d'entre les années 1783-1789. Les conseilleurs n'ont pas manqué. Ils émanent parfois de spécialistes de la marine, comme Kersaint, le Girondin.

Si on écarte la vague de petits et de grands projets, la stratégie envisagée au début de 1793 sur mer apparaît tiraillée entre deux tendances majeures. L'effondrement du grand commerce maritime français avec la révolte des Noirs d'abord, la déclaration de guerre à l'Angleterre ensuite le détermine à exercer sa pression sur les décideurs. Cette contrainte a des motivations variées. Privé d'une partie de son activité traditionnelle, le commerce se tourne vers la course : les leçons de la guerre précédente avaient montré qu'elle pouvait redevenir rentable. Il se heurtait cependant à un obstacle législatif ennuyeux : dès les prémisses de la guerre avec l'Autriche, la Législative avait décidé l'interdiction de la course. La motivation de cette attitude est évidemment idéologique : espérant mener une guerre dans laquelle les peuples se soulèveraient contre les rois et les « tyrans », une bonne partie des Révolutionnaires ne voulaient pas voir se dresser contre eux cette puissance considérable qu'était le grand commerce international avec toutes ses multiples connections. Peut-être y avait-il aussi le désir non avoué de rassurer, à cette date, l'Angleterre. Ce n'était pas sans apparentes bonnes raisons — à condition qu'il n'y eût pas de guerre avec l'Angleterre. De toute façon, le commerce maritime de la coalition terrestre antifrançaise ne comptait guère, et par conséquent l'espoir de réaliser des bénéfices substantiels contre le Piémont-Sardaigne, la Prusse et l'Autriche demeurait très mince. C'est donc dans l'esprit de bien des députés, geste de circonstance, provisoire. Kersaint avait résumé en une formule souvent reprise l'esprit de cette défense : « La course aigrit les peuples en ruinant les particuliers ». Cette défense de la course fut maintenue en février 1793 quand débuta la guerre avec l'Angleterre. Or le commerce français allait rapidement se trouver dans une situation difficile. Non que le blocus des côtes françaises par les escadres anglaises fût, et de loin, aussi efficace que pendant la guerre de Sept Ans. La tactique du « blocus rapproché » contre les ports de guerre comme la surveillance constante des ports de commerce n'étaient pas, en 1793, dans les possibilités, ni les idées des dirigeants anglais. Prévalait la théorie du maintien d'une escadre très puissante à Portsmouth, avec simplement un rideau de « sonnettes » d'avertissement sous la forme d'un cordon de frégates très rapides. Ajoutons que les préparatifs navals demandant toujours beaucoup de temps, l'espionnage anglais, qui avait eu tout le temps, à grand renfort d'argent, de se fortifier entre 1789 et 1793, prévenait à temps de toutes les sorties militaires et commerciales. La lutte contre le commerce français dans les eaux européennes était donc largement confiée aux « privateers » anglais des îles anglo-normandes et de la côte sud de l'Angleterre. Leur expérience était fort ancienne, et leur efficacité certaine. S'y adjoignirent des corsaires hollandais et espagnols. C'est dire que, comme toujours, le grand sacrifié est le commerce français de la Manche : traditionnellement, il se convertissait alors, de Saint-Malo à Dunkerque, à la course. Celle-ci se trouvant interdite, le marasme de la Normandie et du Nord ne pouvait que se développer. Les choses étaient provisoirement moins dramatiques ailleurs. Mais là aussi il fallait protéger le commerce, réunir des convois vers les Antilles pour les produits tropicaux de la Martinique et de la Guadeloupe comme vers les U.S.A. devenus depuis deux décennies les grands pourvoyeurs de grains, et plus encore de farines des Antilles comme des pays européens touchés par une crise frumentaire. On comprend donc la double pression du commerce unanime : exiger une protection efficace pour le commerce tout en agissant pour la levée de l'interdiction de la course. Il obtint satisfaction sur le deuxième point par la Convention dès qu'il s'avéra que les grands plans de la marine de guerre ne reposaient sur aucune possibilité concrète d'action. Quant au premier point, il allait directement contre le principe même de ce grand plan stratégique. Terminons ce paragraphe consacré au commerce en soulignant deux erreurs d'optique assez courantes : contrairement à ce qui a été affirmé à l'époque, le grand commerce maritime a été très divisé, et somme toute très réservé face à une guerre avec l'Angleterre. Ainsi le commerce de Nantes avait, dès le début de 1792, insisté sur les dangers de pareille guerre. Il paraît difficile, dans l'état actuel de la recherche, d'assimiler le « parti » girondin à un groupe de pression déterminé par le commerce. Les vrais négociants y sont rarissimes et se comptent sur les doigts d'une seule main ; ils ne sont, en outre, pas des négociants importants. La demande, en revanche, d'autorisation de la course va être renforcée par l'effondrement du commerce transatlantique : les ports du Ponant atlantique se retrouvant dans la même situation que ceux de la Manche.

Tirant les « leçons » de la guerre d'Indépendance américaine, les bureaux civils des ministères avaient donc ébauché une stratégie globale de la guerre maritime. Elle était, naturellement, double : accélérer le rythme des constructions navales ; déterminer la meilleure manière d'atteindre la coalition maritime.

On ne parle guère du premier volet : il est pourtant essentiel, d'autant plus qu'il ne correspond, en aucune façon, à l'idée trop simple du désordre arrêtant tout travail. Les chiffres se passent ici de tout commentaire, comme en témoigne le tableau suivant des constructions neuves réalisées.

Année	Vaisseaux	Frégates
1789	4	4
1790	4	5
1791	7	6
1792	3	1
1793	7	6
1794	5	14
1795	4	20

Ces chiffres doivent être appréciés en fonction de la situation politique générale : avec la guerre contre l'Angleterre et tout le continent, le mécontement antirévolutionnaire provoque la révolte partielle ou complète de tout l'Ouest français, isolant Brest et Lorient en citadelles assiégées, auxquelles il est difficile et coûteux de faire parvenir le ravitaillement nécessaire en dehors des convois côtiers ; l'hostilité plus ou moins latente de la Provence crée une situation moins grave pour Toulon, mais néanmoins difficile. D'où l'importance accrue de la Corse, seule région de ravitaillement en bois externe à la France continentale. C'est dire l'importance de la domination des fleuves, et principalement du Rhône et plus encore de la Loire. C'est le port de Nantes qui a réussi à empêcher la Vendée de couper l'artère essentielle pour la marine que constitue la Loire entre Angers et la rade de Mindin. Armant une série de petites flûtes manœuvrantes, soigneusement « cuirassées » de madriers, de bois, voire de sacs de sables, ces embarcations étaient armées de deux ou trois pièces de canons. Elles s'appuient, à terre, sur les deux bords des rives, sur une ligne de points d'appui constitués par l'arsenal — usine de fabrication de canons de la marine qu'est l'établissement ultramoderne, édifié sous Louis XVI, d'Indret, comme aussi sur des forteresses improvisées comme le château d'Aux, « folie » de plaisance d'un négociant nantais.

Ce système a perduré tout le temps des troubles et s'est avéré très efficace, coupant l'essentiel des relations entre la Vendée ouvertement soulevée, et la Bretagne. Il n'a certes pas pu empêcher le franchissement du fleuve par des armées en force ; mais l'exploit s'est avéré unique et de peu de durée. Ainsi a pu être maintenue la liaison avec le centre de la France, avec sa production de charbon de terre, de chanvre, de bois, d'ancres de marine, de produits métallurgiques qui a permis à Nantes de résister, et à la marine de subsister. Ce succès, dont on ne parle guère (et qui est l'une des raisons de l'échec vendéen) est à mettre très largement à l'actif nantais. Indret a continué à travailler : or c'est l'une, sinon la plus grosse entreprise de fabrication de canons de l'Europe (mise au point en 1783 par l'Anglais Wilkinson, qui, après ce succès, a édifié le complexe industriel — lui économiquement beaucoup moins bien réussi du Creusot). Cet établissement est géré jusqu'en 1792 par les de Wendel.

Ce qui se passe en grand sur la Loire s'est passé en beaucoup moins important un peu sur tous les fleuves de France : l'une des raisons pour lesquelles la Révolution a pu survivre est la maîtrise qu'elle a rapidement acquise sur l'essentiel du réseau fluvial français. Sans lui, en tout cas, l'effort naval n'aurait pu aboutir. Celui-ci repose en outre sur tout un système de convois côtiers remontant de Bayonne (devenu place de terre contre l'Espagne) les résineux des Pyrénées vers Rochefort, Lorient et Brest ; ou se dirigeant du Havre vers l'Ouest jusqu'à Brest. Ces convois doivent évidemment être protégés contre les corsaires : ils ne sont pas encore obligés de frôler de trop près les rivages, ni d'utiliser la mauvaise saison, comme ils seront obligés de le faire plus tard quand la domination anglaise des mers sera devenue quasi absolue.

C'est dire que le ministère de la Marine a beaucoup mieux fonctionné qu'on ne pourrait le croire. La méfiance maladive des assemblées se voulant omnipotentes n'a pu se passer de l'efficacité des « bureaux » à qui revient une large part du mérite de cet immense effort industriel entrepris dès l'année 1792. Les arsenaux, entre 1789 et 1794, sont les lieux singuliers des pires déchaînements politiques, de la gabegie et de la corruption, mais aussi, et en même temps, d'une incontestable efficacité. Les ingénieurs-constructeurs de la marine d'Ancien Régime ont assuré la réussite du programme de construction navale, en dépit de toutes les difficultés. Ils ont ainsi permis, de concert avec les bureaux, la mise en route du programme des années 1794-1795, qui est une merveille d'adaptation intelligente aux circonstances. Car cet immense travail continue de reposer sur des bases fragiles : d'une part l'accent continuant d'être mis sur la construction des vaisseaux de ligne, le problème des bois de grandes dimensions comme celui des mâts devient très vite angoissant, et d'autre part l'isolement politique se superposant à la distance géographique, les arsenaux atteignent très vite les limites de possibilités de fabrication. D'autant plus que tout cela exige une forte augmentation de la population ouvrière des arsenaux, avec toute la série de complications résultant de la crise du ravitaillement, du financement étatique comme des difficultés monétaires (assignat/monnaie de métal précieux).

Cette description, pour sommaire qu'elle soit, démontre la solidité des structures mises en place sous l'Ancien Régime, qui continuent de fonctionner sous le nouveau. La permanence allait être beaucoup moins heureuse de conséquences en matière de stratégie.

Elle ne se fonde, en effet, plus du tout sur la notion très classique dans l'histoire de notre marine de « mission » ponctuelle, dont l'essentiel se ramenait à assurer le trafic colonial. La notion de maîtrise de la mer est à l'avant-plan des préoccupations : d'emblée se profile l'idée, reprise des premières années de la guerre d'Indépendance américaine, d'un débarquement en Angleterre. Les plans ébauchés sont mirifiques : on envisage le débarquement de 100 000 hommes ; il faut rechercher le contact direct avec l'ennemi, le battre en Manche pour pouvoir débarquer. Le Comité du Salut public ne songera pas à autre chose. Mais, en même temps, il faut atteindre le commerce anglais et comme, dans un premier temps, on a interdit la course, ce seront, comme au temps de Louis XIV, les escadres qui assureront la course en s'installant sur l'entrée de la Manche et de la mer d'Irlande pour intercepter unités commerçantes isolées et convois anglais. D'aucuns songent à aller plus loin, dans l'Atlantique.

Pour l'essentiel, le gouvernement révolutionnaire reprendra, en le développant, ce même programme. Ajoutons que les clubs des petits et grands ports inondent services administratifs, assemblées et députés, autorités militaires et navales d'un flot de demandes de protection qu'il faudrait au moins en petite partie, satisfaire. Car le total de ces exigences est proprement extravagant.

LA DURE RÉALITÉ

Ce programme ne sera jamais exécuté, et l'année 1793 est sur le plan maritime désastreuse au possible. On a noté le succès du programme naval : encore faut-il ajouter qu'il est dû, très largement, au Ponant, et surtout à la Bretagne (Brest et Lorient, qui, il est vrai, avaient fabriqué près ou plus de la moitié des vaisseaux de ligne de l'Ancien Régime). Il y a pourtant une différence fondamentale entre construire un navire et l'armer. Si la construction est décisive pour l'avenir, l'effort immédiat de l'armement est déterminant à très court terme dans le domaine des opérations militaires. Or là les résultats sont franchement médiocres : le total des armements de 1793 est de 22 navires de ligne et d'une vingtaine de frégates. Une chance majeure (encore une) de la Révolution a résidé en ce que l'effort anglais, de son côté, démarre avec une extrême lenteur. C'est que Pitt le Jeune n'est pas... son père ; que les Anglais très (trop) conscients de leur supériorité ne se pressent pas et laissent une partie de l'effort aux flottes alliées : Naples, Espagne et Hollande. En sorte que la marine française n'a pu profiter de cette occasion unique. Toulon et Rochefort sont de « rendement médiocre » et à Toulon, les choses tournent politiquement très mal.

A ces armements lents correspond, en 1793, une autre faiblesse. La « mobilisation » des matelots, entendons la « levée » des classes, s'opère très mal, lentement, et non sans incidents. Des secteurs entiers de l'administration ne donnent pratiquement rien et les autres seulement une fraction de ce qu'ils devraient. Et dans le lot de ceux qui, de gré ou de force, se trouvaient sur les navires, le choix en hommes de qualité n'allait pas très loin. Les petits navires se font facilement prendre par les Anglais. D'avril à décembre, compte non tenu de Toulon, la marine française perd en combat 16 unités, dont 8 frégates. Les Anglais en perdent 10, dont 4 accidentellement de risques de mer divers. Six pertes seulement sont dues à l'action d'unités françaises. Il est vrai qu'il y a là un vaisseau de 74 (incendié au port) et deux frégates (de 36 et de 24). C'est dire que pour une année de guerre, les pertes ne sont pas énormes, et les vraies grandes batailles inexistantes : rien de comparable avec ce qui s'était passé au début de chaque guerre sous l'Ancien Régime. C'est que les escadres françaises ont du mal à sortir et à se maintenir simplement en mer face au seul gros temps. L'épisode le plus significatif est la sortie de l'escadre de Brest en mars 1793. Les trois vaisseaux de ligne et les cinq frégates sont commandés par un ci-devant rallié à la Révolution : Morard de Galles ; c'était un ancien de Suffren, compétent, et pour qui la France passe avant les régimes. Excellent manœuvrier au surplus. Ce fut effroyable : les navires entrèrent en collision, plusieurs perdirent leurs mâts et l'escadre dut rentrer vite, trop heureuse de n'y avoir pas laissé plus de plumes. Or ce n'était qu'un coup de vent qui n'eût posé aucun problème aux escadres d'avant 1789. Son rapport est clair : désobéissance des états-majors incapables d'exécuter un ordre, refus d'obéissance, par peur, des équipages. Sur le navire-amiral, le chef se trouva, avec, en tout et pour tout, 30 hommes sur le pont ; sur un autre navire le capitaine fut tué en exécutant une manœuvre qu'aucun de ses hommes ne voulait faire. Hisser une voile, la carguer devenaient problèmes insolubles. On répara tant bien que mal. Ayant reçu l'ordre de protéger un convoi commercial, Morard se trouva en face de la flotte de Howe et dut se réfugier dans la baie de Quiberon. Howe ne jugea même pas utile de le combattre. Une troisième sortie fut décidée par le gouvernement : il s'agissait de se placer en cette même baie de Quiberon, pour empêcher la France révoltée de l'Ouest de recevoir des renforts anglais. Ce qui était d'ailleurs parfaitement inutile, les Anglais n'ayant, à cette date, aucune envie de soutenir quiconque, n'étant militairement pas en état de le faire, tant les troupes de terre étaient en métropole peu nombreuses, et tant était grande la conviction que cela n'en valait pas la peine, la France s'effondrant. Morard devait, en outre, protéger les convois côtiers et attaquer les convois ennemis. On se demande vraiment comment quelqu'un pouvait donner des ordres aussi stupidement contradictoires. Morard voulait démissionner : il fut maintenu sur place. Au début de l'automne s'offrit une possibilité d'attaquer un convoi hollandais. Les hommes refusèrent purement et simplement de partir. On peut d'ailleurs les comprendre : le scorbut commençait à faire son œuvre, l'escadre étant restée trop longtemps sans ravitaillement frais, ... à moins d'une centaine de kilomètres des côtes. Les équipages imposèrent le retour à Brest.

On fit donc ce qu'on put : de bien petites missions littorales sans grande portée, ni utilité.

Il est vrai qu'on a fort à faire ailleurs, à commencer à défendre les arsenaux sur terre. Là encore Brest fit moins mal qu'ailleurs. Les gardes nationaux (deux bataillons brestois) se trouvaient sur le front : il fallut recourir aux troupes du général de Canclaux, primitivement destinées à Saint-Domingue. Toute la population patriote se joignit à elles pour tenter de réprimer les révoltes paysannes et parer au plus pressé. Tout au long du mois de mars 1793 ce fut, dans le Léon, une véritable campagne et une série de petites batailles : 18 mars à Ploudalmezou ; 19 mars à Saint-Pol-de-Léon ; 24 mars au pont de Kerguiduff. Les troupes révolutionnaires frôlèrent la défaite, mais le 24 mars Brest était maîtresse de la terre des prêtres, le Léon, sa « banlieue » immédiate. Les pertes réciproques n'étaient pas négligeables : on a parlé, sans preuves certaines, de 400 à 500 morts chez les paysans ; de plus d'une centaine pour les républicains. La répression fut féroce : otages, contributions extraordinaires, dont celles de remboursement des frais dus aux opérations, condamnations à mort par les tribunaux. Brest s'était donné de l'air, un minimum de ravitaillement assuré, et pouvait ainsi rester le bastion révolutionnaire que la Convention félicita. Sans Brest, le Léon serait sans aucun doute devenu une autre Vendée.

A Toulon, la suite fut tragique. Le début de l'année y fut très lourd. A la suite des massacres de l'automne précédent, perpétrés par la rue, s'était installé un système de dénonciation et d'arrestation des « suspects » : militaires, cadres de la marine et négociants. Les « riches » dont devenus des cibles. L'afflux d'ouvriers réquisitionnés pour les travaux de l'arsenal provoque, en cette année de crise de subsistance ou plutôt de ravitaillement une tension grandissante. La peur de l'Anglais, qui rappelle à Brest qu'on est en guerre, est ici tout à fait au second plan. On travaille certes aux fortifications de la ville : preuve qu'on n'est pas entièrement rassuré en face du... Piémontais. Mais pour que l'arsenal ait au moins une relative efficacité, il faut rétablir l'ordre. Aussi le Club a-t-il, en septembre 1792, fermé les assemblées sectionnaires populaires. L'on se retourne contre les « pendeurs » des mois précédents : le 15 janvier 1793, la guillotine fonctionne pour la première fois à Toulon, et c'est l'un des chefs des mouvements « spontanés » qui en est la victime (Figon). L'interprétation que les divers historiens donnent en versions infiniment contrastées n'offre pour notre histoire de la marine qu'une importance secondaire. Le fait est que dans l'été 1793 l'on débouche sur la crise dite fédéraliste. C'est, comme tout un chacun le sait, un phénomène de rejet provincial du radicalisme parisien, et c'est, justement, la France maritime qui porte le mouvement qui dégénère en révolte ouverte : Bordeaux, Nantes, Marseille, Toulon, et dans une moindre mesure Brest (il faut y ajouter Lyon). L'interprétation du girondinisme a suscité et suscitera encore maintes controverses : c'est que le mouvement n'est nullement uniforme, comme la France est diversité. Les cas toulonnais et brestois n'ont rien, ou pas grande chose à voir avec ceux des grands ports commerciaux.

La rapidité de la reddition de Toulon la « radicale » a, en effet, de quoi confondre. On a attribué cette reddition d'abord à l'esprit royaliste des officiers supérieurs de la marine, ce qui n'est que très partiellement vrai et relève d'ailleurs de l'explication trop simpliste (quoique pas totalement fausse) du complot ; on l'a tout autant attribué au désir des Anglais de posséder un nouveau Gibraltar sur la côte française. Ce qui n'est pas exclu ; mais il est évident que Hood a agi uniquement en fonction des circonstances. Il faut donc en revenir à la situation interne de la cité et à l'attitude des équipages. Commençons par les chiffres : l'escadre de la Méditerranée était composée de près de 10 000 marins. La moitié seulement d'entre eux opta, au moment décisif, pour la République. Le rapport numérique à l'intérieur de la ville et de l'arsenal était encore moins favorable. Le vocabulaire est ici trompeur. Attribuer les massacres au « peuple » n'est pas faux, ces gens-là font effectivement partie du peuple. Mais ils ne sont qu'une minorité. Rappelons que Toulon a été au XVIIIe siècle une citadelle du catholicisme « baroque » et qu'elle le demeurera en plus atténué au XIXe siècle. Au début de l'été, Toulon présente encore l'aspect extérieur d'une « citadelle » jacobine dominée par son Club, mais au plus profond de lui-même, le peuple de la ville plus que celui de l'arsenal ou des équipages, est profondément divisé : 25 à 30 000 personnes d'un côté, 2 000 bagnards, 5 à 7 000 ouvriers de l'arsenal, et 10 000 marins, soit en réalité une agglomération réelle de 50 à 60 000 habitants suivant les estimations : à peu près les deux tiers de l'agglomération marseillaise. Combien y a-t-il de « jacobins » en cette foule ? Certainement la moitié des marins, plus d'un tiers des ouvriers de l'arsenal et combien parmi la population ? Disons une « forte » minorité face à une majorité de gens excédés oscillant vers le refus soutenu par une autre forte minorité...

Le Club arrive encore en juin-juillet à envoyer des renforts républicains à Arles ou Draguignan, à Fréjus ou dans d'autres petites villes du littoral prêtes à passer à la contre-révolution. Ce n'est certainement pas du goût des cadres civils ou militaires traumatisés par les perquisitions, les arrestations et les massacres de 1792. Quant aux « jacobins » radicaux, la « remise en ordre » ne rencontre probablement pas leur compréhension : il est difficile de s'élever au-dessus des réactions immédiates et le désir de sauver la patrie ne va pas jusqu'à comprendre et encore moins à accepter les disciplines et le professionnalisme militaire. Le Club a senti le danger et libère quelques otages. Ce n'est pas suffisant. Tout bascule très vite à partir de la nuit du 12 au 13 juillet 1793 et paradoxalement, tout part des sectionnaires dissous qui signent une pétition sous forme d'ultimatum adressé à la municipalité. Les faits demeurent obscurs. Il semble que la municipalité ait été surprise, et que l'attitude de la garde nationale ne lui ait laissé d'autre choix que l'acceptation de cet « ultimatum ». Paradoxalement, ce sont donc les petits cadres du mouvement sectionnaire — primitivement « radical » — qui sont à l'origine de la réaction en chaîne, incontrôlable, dès le départ, par leurs promoteurs. Le Club Saint-Jean est supprimé, puis le 17 juillet, la municipalité, le 27, les administrations du district et du département ; les deux représentants en mission subissent la cérémonie expiatoire en assistant, cierge en main, au « Te Deum » (le fait est significatif) ; enfermé, Baille se suicide, et Beauvais mourra dans sa prison quelques semaines plus tard. Le mouvement en route, les vrais jacobins menacés s'enfuient. Les prisons se vident pour se repeupler immédiatement en sens inverse, y compris le ponton (les Anglais ne sont pas les seuls à posséder cette « spécialité ») le « Thémistocle ». Le tout avec une singulière organisation, espèce de contre-pouvoir se modelant pourtant sur le système révolutionnaire et auquel participent les autorités de la marine, le port, l'arsenal et la garnison. Dans le « comité général » apparaissent les anciennes élites : négociants, hommes de loi, militaires, voire ingénieurs de la marine, que l'on rencontre décidément partout. Rapidement les éléments « populaires » initiaux sont refoulés au rang de simple minorité, et un tiers du tout appartient à l'ancienne administration municipale d'avant 1789. On se veut républicain, mais l'on s'inquiète des suites. Sur ce point, on peut estimer que la Convention, par son attitude abrupte, a raté peut-être une possibilité de dialogue : comme on la sait intransigeante, que Marseille s'est révoltée, l'on prend d'abord ses précautions en s'abouchant avec les Marseillais. En fait, on ne sait pas très bien quoi faire. Seule certitude : le recours au sentiment religieux réhabilité avec la triomphale procession à la Vierge de fin juillet. C'est que le mouvement ne possède, pas plus que le club précédent, de pouvoir sans limite, et se heurte à la réticence d'une partie du petit peuple « ouvrier » : les vivres sont chers, car le périmètre urbain dominé ne dépasse pas les 30 à 40 km. Il y a de petits soulèvements : dès lors l'on s'engage, tout comme les Jacobins, dans la répression. Un « tribunal populaire » utilise la guillotine qui fera une vingtaine de victimes, dont une majorité de 14 petites gens d'origine diverse, non sans tentatives de les libérer par la force. Scène atroce que ce jacobin blessé dans l'échauffourrée, et porté à l'instrument fatal. Celui-ci, devenu trop impopulaire, est remplacé par la potence.

Le tournant — si tournant il y a — est pris fin août. Se crée ou est créé un « comité de sûreté générale » où dominent les marins, porteurs de noms illustres : de Grasse, Duhamel du Désert et des personnages municipaux du cru. C'est au petit pied, un « gouvernement » dictatorial contre-révolutionnaire, ouvertement royaliste. Dès le 1er août contact a été pris, d'abord par l'intermédiaire des Marseillais, avec l'escadre anglaise de Méditerranée de Hood. Ce sera le 24 août que la décision est prise, curieusement par consultation populaire, une fois de plus passablement ambiguë. On connaît mal les événements réels, et les récits autojustificatifs que l'on possède, ne concordent guère. Ce qui se passe à Marseille, reprise par Barras et Fréron, ne pousse pas d'ailleurs à se faire d'illusions, et pour beaucoup, la « trahison » n'est que la conséquence de l'impossibilité d'entrevoir une autre solution de vie sauve.

Ce qui nous importe ici est l'attitude de la marine. Elle aussi est partagée, y compris au sommet. A sa tête se trouvait l'amiral Trogof de Kerlessy, nommé après la désastreuse affaire de Sardaigne. Or la marine avait été choquée par « l'affaire de la frégate ». S'étant révolté au début de l'année 1793, l'équipage s'était vu placé par l'ancien Club de Saint-Jean devant un conseil de guerre. Procédé tout à fait illégal. Ce « conseil de guerre » jugea donc... le commandant, le motif de l'acte d'accusation majeur étant son appartenance à la marine royale. Cela n'avait pas été sans laisser des traces. Mais, par ailleurs, d'autres mutineries n'avaient pas été du tout sanctionnées : la marine se trouvait, en 1793, en état de révolte latente, dont le plus clair motif était le refus de lever l'ancre pour toute opération militaire quelque peu importante. Situation complexe devant laquelle il est bien difficile de « juger » et même de comprendre. On saisit un peu mieux les hésitations quand on ajoute que Hood avait refusé de soutenir les Marseillais. Allait-il soutenir les Toulonnais ? Trogoff tomba malade, maladie réelle ou maladie feinte. Le commandement fut pris par l'amiral Saint-Jullien. Il organisa la résistance aux Anglais : on peut être noble et détester les Anglais. Le ministre de la Marine, Dalbarade, consulté par Trogoff, s'était refusé à prendre en considération les demandes de ce dernier et n'avait rien pu faire. Beaucoup dépendait de Saint-Jullien : il se laissa, en fin de compte, convaincre pour l'acceptation des conditions anglaises. Non sans obtenir une garantie essentielle, qu'il faut comprendre : les marins qui voudraient rester fidèles à la République pourraient se faire « rapatrier » dans un port du Ponant. L'offre était visiblement destinée à éviter une résistance désespérée des matelots et des officiers hostiles à la trahison. Elle fut d'ailleurs tenue, puisque les 5 000 hommes purent être transférés sur quatre vaisseaux de ligne, qui partirent sous escorte anglaise. L'accueil qui leur fut réservé permet de comprendre en partie l'attitude de Saint-Jullien : un certain nombre de ces matelots furent traduits devant un tribunal militaire et exécutés à Rochefort. L'escadre ainsi conservée à la France avait été placée sous le commandement de Bouvet, officier d'une famille de la Compagnie des Indes, liée à l'exploration des mers australes. Saint-Jullien, en tant que noble, n'eût pas échappé à la mort.

Tout est vague dans cette histoire : le chiffre de 5 000 est discuté (l'on parle aussi de 4 000), et il semble bien que ce n'étaient pas uniquement des marins, mais aussi des soldats de la garnison. En tout cas, Toulon resta occupée à compter du 29 août 1793, date de l'arrivée des Anglais (la cérémonie de la remise des clefs de la ville se déroulant le 15 septembre), peu de jours après la reprise de Marseille (25 août). Le siège rapidement entrepris s'acheva par la reprise de Toulon, largement due à un certain officier d'artillerie du nom de Bonaparte, les 17-18 décembre 1793. L'histoire du siège appartient à celle de l'armée de terre. Rappelons simplement quelques données qui permettent de dépasser légendes napoléoniennes, révolutionnaires ou contre-révolutionnaires. Au total, les Alliés réussirent à débarquer 17 000 hommes (chiffre théorique) dont 12 000 soldats. Parmi eux, il n'y avait que 2 100 Anglais. L'essentiel était formé de contingents espagnols et napolitains, complétés par quelques petits renforts de l'ordre de Malte et de Portugais : au total cinq nationalités. L'armée française assiégeante de Dugommier passait en quelques mois de 30 000 hommes à plus de 45 000, soit un rapport de 4 à 1, les troupes alliées étant retombées à la fin du siège à moins de 11 000 unités.

La prise de la ville s'explique donc sans difficultés. Il n'en va pas de même du résultat définitif de l'opération. Car le succès que la chance apportait sur un plateau à l'amiral Hood eût pu être encore beaucoup plus grand, et donc plus grave pour la France. Au point de départ, la tentative de résistance de Saint-Jullien n'avait aucune chance de succès : quatre vaisseaux de ligne avaient suivi Saint-Jullien à La Seyne. Il préféra se constituer prisonnier des Anglais. L'épisode tend à montrer que si la moitié des équipages étaient républicains, tous n'étaient pas décidés à combattre, puisque quatre vaisseaux représentent un effectif de quelque 2 000 à 2 800 hommes suivant que l'équipage est plus ou moins complet. Or Hood offrait sur un plateau la survie assurée de 5 vaisseaux : se débarrasser d'une « cinquième colonne », comme on l'a suggéré, relevait de la part de Hood d'une forte conscience de la faiblesse numérique de son armée de débarquement. Mais on aurait pu assurer ce transfert sans utiliser des navires aussi précieux.

La même « incohérence » apparente se déduit des chiffres. L'escadre de la Méditerranée se composait de 31 vaisseaux de ligne (2 de 120 ; 4 de 80 et 25 de 74), soit 35 % de la flotte de ligne française ; et de quelque 27 frégates et corvettes. Tout cela eût pu être totalement, soit anéanti, soit emmené en Angleterre. Et pour ce faire les Alliés ont quand même disposé d'un laps de temps raisonnable de près de trois mois et demi. Or le désastre français a été limité. Ont été brûlés ou détruits neuf vaisseaux (un de 80 et 8 de 74), alors que quatre seulement ont été pris et emmenés par les Anglais (plus 8 frégates et 4 navires plus petits), soit un total de 13 unités de grand combat. Ce qui n'est pas rien, et équivaut à trois fois les pertes d'une grosse bataille comme celle des Saintes (en y incluant les frégates). Le coup était sévère ; il eût pu l'être infiniment plus. Le résultat majeur de l'épisode toulonnais a peut-être été l'anéantissement des énormes stocks de bois subsistants qui ont paralysé des mois durant toute reconstruction navale, par ailleurs absorbée par la réparation des unités subsistantes, toutes plus ou moins endommagées. L'effet négatif de l'occupation anglaise a perduré sur le plan matériel jusqu'au début de l'année 1795. La France a pu conserver ainsi en dépit de tout 18 vaisseaux. Or, à la fin de l'année, et malgré l'arrivée des nouvelles unités en cours d'achèvement dans le Ponant, la ligne de bataille française se trouvait réduite à 78 unités (– 10) et à 64 frégates (– 9). Si la victoire anglaise avait été aussi ample qu'elle pouvait l'être, on n'eût plus disposé que de 60 bâtiments, chiffre en dessous duquel on ne tombera qu'en 1796.

Comment les Anglais ont-ils manqué une telle occasion ?

Il est évident que ni Hood, ni le gouvernement anglais ne s'attendaient à cette tournure des événements. Ils n'ont pris aucune mesure susceptible de permettre une exploitation à fond de l'occasion qui s'offrait. Ils ont donc paré au plus pressé, en ayant un recours massif aux alliés dont ils disposaient. Preuve que la fameuse thèse du complot anglais ne tient guère sur des bases sérieuses. Inversement, tout le monde a cru la Révolution en un tel état qu'elle ne pourrait réagir efficacement. On a cru que tout s'effondrant de soi-même, il suffisait d'attendre la suite logique. Et quand il apparut que la fortification réalisée (le « petit Gibraltar ») ne résisterait pas à l'artillerie de Bonaparte, Hood fut obligé de procéder à une évacuation d'urgence et à une destruction hâtive, dirigée par le capitaine William Sydney, qui réalisa des miracles. Car les Anglais durent compter non seulement avec les Français, mais aussi avec leurs alliés. L'amiral espagnol de Langara n'avait jamais caché à quiconque le dépit que lui eût causé le fait de voir l'intégralité de l'escadre française passer aux mains des Anglais : ils étaient, à son gré, déjà bien trop puissants. Agissait-il de son seul concept, ou ces vues représentaient-elles la volonté de son propre gouvernement ? Aussi bien Langara voulut-il superviser personnellement toute une partie de l'œuvre de destruction confiée à quatre canonnières anglaises et trois espagnoles. Les Espagnols semblent y avoir mis autant de maladresse que de volonté peut-être délibérée de sabotage. A l'époque, les Anglais les ont accusés de trahison. La frégate française « l'Iris » (une ancienne frégate anglaise capturée en 1779, de 32 canons) avait été préparée pour exploser après l'évacuation totale du port. Les Espagnols tirèrent sur elle, et elle explosa, réduisant en poudre la canonnière anglaise « l'Union », la mal nommée et un autre navire (tout l'équipage de « l'Union » survécut, sauf trois). Un deuxième navire, le « Montréal » explosa au dernier moment dans des circonstances mal définies. Un deuxième événement obligea les Anglais à agir trop vite : l'évacuation de l'un des forts de la défense alliée se transforma en panique ; les troupes napolitaines rembarquant sur leurs propres navires dans un désordre total. En sorte que Sydney ne put pénétrer à temps à l'intérieur du port. Il avait fait le maximum...

Face à la désorganisation de la marine française, le disfonctionnement de la coalition alliée n'était pas moins patent. En somme, grâce à l'artillerie terrestre, les Français avaient singulièrement limité les dégâts. Le spectacle de l'explosion des navires, les énormes incendies les dévorant n'en présenta pas moins un aspect déprimant. Une partie de la population, et en particulier les forçats contribuèrent beaucoup à empêcher les Anglais d'atteindre tous leurs buts, et réussirent à préserver les navires subsistants de l'incendie en cours.

L'escadre alliée était partie en évacuant tout ce qu'elle pouvait de la population civile. D'après les documents de la « Navy », ce furent 14 877 hommes, femmes et enfants, environ la moitié de la population du Toulon de 1789. Si la flotte anglaise avait pu rester plus longtemps et emporter davantage, ce chiffre eût été sensiblement plus élevé. La peur des représailles l'explique en partie. Ce furent des scènes atroces : les soldats républicains massacrèrent à la baïonnette et à coups de fusils hommes, femmes et enfants restés sur les quais. Les témoignages anglais parlent de centaines, voire de milliers de victimes ; beaucoup préférèrent se jeter dans l'eau et y périr. Le gouvernement révolutionnaire avait demandé la mise à mort de tous les habitants ; le général Dugommier protesta, et se refusa, comme l'exigeaient les autorités, à détruire la ville, qui fut rebaptisée Port-La-Montagne. Dans le détail, l'attitude des marins napolitains et espagnols semble avoir été beaucoup plus humaine que celle des Anglais qui furent accusés d'avoir repoussé à coups d'avirons les nageurs civils pour les écarter des dernières barques et canots se retirant. Les inévitables tribunaux d'exception sévirent contre les survivants qui étaient restés dans la ville : environ 6 000 personnes s'étaient heureusement réfugiées dans la campagne. La ville elle-même avait naturellement beaucoup souffert du bombardement, du siège et de la destruction d'une partie de la flotte ; nombre de maisons restèrent longtemps inhabitées... Les premières exécutions furent sommaires : on parle de 200 marins fusillés du premier jour, suivies d'autres non moins sommaires les jours suivants. Enfin, quand les fusillades furent remplacées par une « commission révolutionnaire », celle-ci, en quatre mois, prononça encore près de 300 condamnations à mort, dont 8 % de femmes. Ainsi, à chaque changement de cap politique, la répression se faisait proportionnellement plus féroce. En fait, on ignorera à tout jamais le chiffre exact, les évaluations, aussi partiales les unes que les autres oscillant entre un minimum de 600 à 800 (le plus vraisemblable cependant, compte tenu de l'importance du nombre des fuyards par mer et par terre) à plus de 1 000. On était loin de la vingtaine du premier massacre jacobin et de la centaine (?) de la phase contre-révolutionnaire. Restait sur place environ un quart de la population de 1789. Quant aux statistiques de répartition sociale des « émigrés » publiées, elles n'ont guère de valeur probante quand on ignore la profession de 36 % de l'échantillon utilisé... Le noyau « bourgeois » avait totalement disparu, il fut remplacé par un groupe de nouveaux possédants enrichis par les rapines obtenues au détriment de la reconstruction de la flotte. La ville, repeuplée, sera, comme on l'a dit plus haut, de forte majorité jacobine.

Brest n'eut pas à subir pareils désastres. La situation n'y était cependant pas tellement meilleure : on mesure mal la catastrophe de Toulon quand on ne précise pas qu'une partie des « munitions navales » brestoises avaient été transférées au cours de l'année 1792 à Toulon... dans la prévision d'une guerre contre le Piémont et l'Autriche. A Brest la crise de subsistance et la hausse des prix consécutive furent extrêmement sévères durant l'année 1793. L'entretien du port et de l'arsenal était on ne peut plus médiocre. Le paiement en assignats était fort mal accepté. Pourtant, l'annonce des nouvelles de Toulon eut un effet à la fois répulsif et désastreux. Il est pour beaucoup dans le refus de l'escadre de Morard de Galles de rester en rade de Quiberon : les matelots préféraient revenir à Brest avec l'excellent argument, pour eux, d'éviter à Brest la trahison de Toulon. Encore un indice. Le ministre de la marine du début de l'année, le savant Monge, qui s'avéra un fort mauvais administrateur et accumula les bévues, avait ordonné une « expédition d'Irlande » (mars 1793) : l'escadre ne put dépasser Ouessant ; et on avait failli perdre un vaisseau ; tous les navires étaient plus ou moins gravement endommagés. On n'obtient rien avec des équipages à la fois indisciplinés et incompétents, commandés par des états-majors suspectés (à tort ou à raison), improvisés en partie, et soucieux de ne déplaire à personne.

A la fin de l'année 1793, 12 vaisseaux se trouvaient en mutinerie ouverte, pour ne pas parler des plus petits navires. La cause en était en partie l'épisode du fédéralisme brestois qui fut durement réprimé. La Terreur s'installa à Brest. Elle pouvait s'appuyer, plus qu'à Toulon, sur une assez large fraction du peuple et l'on peut parler , toutes choses égales d'ailleurs, d'une « sans-culotterie » locale. Les attaques contre les « aristocrates » n'avaient jamais discontinué et l'anticléricalisme brestois est de date ancienne : Recouvrance, la bretonne, mise à part, la ville de Brest n'avait rien de la baroque piété toulonnaise. Pourtant, la Terreur fut à l'ordre du jour, ce qui était du point de vue de la Convention logique, l'importance de l'arsenal, du port et de la marine devenant primordial au fur et à mesure que l'Angleterre apparaissait de plus en plus comme le seul élément moteur de la coalition, tant terrestre que maritime. Le 11 octobre 1793 arrivaient les deux représentants en mission, tous deux d'ailleurs membres du Comité de Salut public : Jean Bon Saint-André et Prieur de la Marne. Ils allaient même être temporairement renforcés pendant quelques mois par l'envoi de deux représentants supplémentaires : Bréard, un ex-seigneur, violent, et Tréhouart, député d'Ille-et-Vilaine, Malouin ami de Dalbarade, ancien capitaine de vaisseau. Enfin, Laignelot représentait la tendance hébertiste, qui avait fait ses « preuves » à Rochefort. Ils « régénérèrent » l'administration, traquèrent Girondins et Fédéralistes, peuplèrent les instances de leurs créatures, dont Jullien, un commis de la marine, membre le plus notoire des clubs, bombardé procureur-syndic de la commune en attendant de pouvoir disposer d'une force capable de soutenir et d'imposer une politique de la Terreur. Ce fut au début de 1794.

En attendant, la situation à bord de la flotte n'avait cessé d'osciller entre une apparente apathie opposant sa force d'inertie à tout ordre susceptible de demander un engagement marin, et des mutineries d'ampleur et d'intensité variables.

Au total le bilan maritime de l'année 1793 est médiocre. L'énorme force navale française a démontré son inefficacité et semble vouée à la dissolution progressive. Elle a, sans combats d'importance, perdu plus du tiers de sa capacité matérielle. Ce bilan n'est pourtant pas totalement négatif : des convois ont passé ; la liaison avec les petites Antilles et les Mascareignes a été tant bien que mal maintenue. Seule l'île de Tabago a été perdue, tandis que la tentative d'une partie de l'escadre de Hood de s'incruster en Corse a assez piteusement échoué, la supériorité de l'artillerie terrestre sur la marine, fût-elle de bien moindre calibre, ayant une fois de plus joué. De même une autre tentative de s'emparer de la Martinique a été un échec complet. Il avait été, en revanche, facile pour les Anglais de prendre les deux petites îles de Saint-Pierre et Miquelon. Toulon avait été repris. Mais on était bien loin des phantasmes de stratégie à grande échelle. Il fallait d'abord refaire de la marine un instrument de combat utilisable. L'année 1794 vit un redressement spectaculaire, même s'il fut limité.

CHAPITRE II

LE REDRESSEMENT DE L'ANNÉE 1794

Il fut, en réalité, encore plus spectaculaire qu'on n'a l'habitude de le dire ; mais aussi plus fragile. Ce succès fut surtout obtenu dans le domaine de la construction navale, au prix d'une révision totale de la stratégie des constructions, tant sur le plan technologique que géographique. Laissons encore une fois parler les chiffres : ils sont explicites. Durant les deux années 1794 et 1795 le total des nouvelles constructions se répartit comme suit :

	Vaisseaux	Frégates
1794	5	14
1795	4	20

On a donc dans les deux années les plus difficiles de la Révolution construit 9 vaisseaux (contre 10 entre 1791 et 1792, et 8 les deux années 1789 et 1790). On peut donc dire que le rythme se maintient. Mais en deux ans, on a construit 34 frégates contre 9 en 1789 et 1790, et 7 en 1791 et 1792. Ce rythme ne sera plus jamais atteint ni pendant la période directoriale, ni sous l'Empire, et de loin. Il y a donc ici une originalité particulièrement évidente. Or les arsenaux étaient dans l'incapacité totale d'en construire autant. Déjà l'Ancien Régime avait commandé quelques-unes de ses frégates aux chantiers des ports de commerce. La Révolution systématisa le procédé. Les bonnes raisons ne manquaient pas. Les chantiers des ports de commerce étaient privés depuis l'effondrement commercial de 1792 de grosses commandes. Leur en fournir était assurer la paix sociale. Souvent placés à l'embouchure de fleuves aisément contrôlés ils pouvaient s'approvisionner beaucoup plus facilement que les arsenaux aux sites plus excentrés. On évitait, en outre toutes les difficultés résultant des révoltes de la France de l'Ouest. Autre avantage qui n'est pas le moindre, les frégates, et à plus forte raison les corvettes et autres, exigent des bois de dimensions plus faibles que ceux des vaisseaux. Enfin, ces ports, même troublés par le fédéralisme et la Terreur dirigée désormais aussi contre le « négociantisme », étaient quand même plus tranquilles que les ports-arsenaux aux soubresauts difficilement contrôlables. Mais de part leur nature, et plus encore leur faible tirant d'eau, ils ne pouvaient pas construire des vaisseaux. Il fallait donc réorienter, au moins de manière provisoire, la construction sur les frégates. C'était une tendance qui commençait à se dessiner partout dans le monde, et la France n'était plus en avance en ce domaine. Aux U.S.A., les nouvelles frégates, merveilles d'innovation (mais non sans difficultés de lancement) constituaient un défi technologique face à la vieille Europe : elles étaient plus rapides que n'importe quel vaisseau, et armées comme de petits vaisseaux de 50 avec du gros calibre. En fait, la distinction entre frégates et vaisseaux commençait, au moins sur la ligne de démarcation les séparant, à s'estomper. Qui plus est, la reprise de la guerre de course poussait littéralement à adopter ce type de navire aussi apte à assurer les liaisons rapides avec les colonies qu'à escorter de gros convois, ou à attaquer des formations ou des corsaires isolés. L'usure de ces frégates fut d'ailleurs très rapide : leur nombre en service avait atteint son apogée fin 1793 avec 73 unités. Une année plus tard, il était retombé, en dépit de l'apport de 14 nouvelles frégates, à 64 : les pertes totales avaient été de 21 unités. Les constructions de l'année 1795 permirent de maintenir le chiffre de 64, au prix de la construction de 20 unités. Les pertes avaient donc été plus importantes que les constructions : 41 pertes contre 34 lancements. Ce qui marque et les succès, et les points précis des échecs de la marine révolutionnaire. Il est vrai que l'usure des vaisseaux n'était pas moindre : ils étaient encore 88 en 1793 ; ils n'étaient plus que 78 en 1794 et 65 en 1795. En deux ans, la diminution des effectifs globaux se chiffrait à 23 unités (un quart du point de départ) alors que les constructions nouvelles montaient à 12 vaisseaux, soit une perte totale de 35 unités. L'effort de construction est fabuleux mais ne compense pas l'énormité des pertes. Le redressement dont on parle est réel, mais ailleurs que dans la construction navale. A ce rythme de pertes, et en dépit de l'énorme effort accompli, la fin est inexorable dans des délais aisément prévisibles. Or le nombre des grandes batailles est restreint. Et dès la fin de 1795, la corde trop tendue casse. Cependant, il est légitime d'inclure toute l'année 1795 au crédit du gouvernement révolutionnaire : un programme naval est long à mettre en train et on peut difficilement l'arrêter sans respecter des délais importants.

Pourtant, même dans le domaine de la construction navale, l'effort accompli se trouve loin derrière les programmes envisagés. Certes l'effort français est très supérieur à l'effort anglais, contrairement à ce qui s'écrit et se pense. Pour les vaisseaux le rapport atteint presque la proportion de 3 à 1. Si l'on avait pu respecter les injonctions des gouvernements successifs, la France aurait dû atteindre entre 1795 et 1796 le niveau d'une flotte de 90 vaisseaux et de 54 frégates d'après le programme de janvier 1793, révisé en forte hausse en mai 1793 avec 100 vaisseaux et 160 frégates. L'inflexion vers les frégates est donc à mettre au crédit de la première moitié de l'année 1793.

Pareils résultats demandent un énorme effort d'organisation, donc de remise drastique en ordre. L'exemple d'Indret peut en donner quelque idée. Sans Indret, l'effort marin eût été vain : l'arsenal fournit l'essentiel de la production de l'artillerie de marine. Etablissement neuf, âgé en 1789 de moins de dix ans, il est à la pointe du progrès technologique du moment. Les canons y sont coulés pleins, contrairement au procédé antérieur, qui ressemblait à celui de la coulée des statues de bronze. La nouvelle manière est beaucoup plus économique, et permet surtout beaucoup plus de précision : c'est en effet une machine à vapeur qui donne la force motrice pour forer l'âme du canon avec une précision maximum. Autrefois, les canons étaient coulés sur un moule interne qui subissait, quoi qu'on fasse, des déformations. Pour mineurs qu'elles aient été, les inégalités qui en résultaient étaient suffisantes pour déterminer, au moment de la mise à feu, une déperdition importante des gaz d'éjection, diminuant ainsi la force, donc la portée du coup, et, circonstance aggravante, augmentant dans des proportions variables la « régularité », donc l'imprécision du tir. Le forage à plein faisait disparaître ces défauts et renforçait considérablement l'efficacité de l'artillerie navale. C'est un bel exemple de ces innovations dont nous sommes toujours tentés de minorer l'importance.

La direction d'un établissement aussi important qu'Indret était donc chose capitale. Enlevée aux de Wendel, l'usine fut confiée à l'un de ces acteurs encore trop mal connus qui ont permis de « durer » : Demangeat. Ce Vosgien né au col du Bonhomme se trouvait être parent proche du député colmarien Reubell, qui aura sous le Directoire une très forte influence sur la politique extérieure de la France, d'ailleurs orientée vers les frontières « naturelles », c'est-à-dire reposant sur l'annexion de la rive gauche du Rhin. La nomination de Demangeat est une preuve patente de l'influence politique précoce de cet homme d'Etat qui mériterait une nouvelle étude approfondie. Demangeat eut donc carte blanche pour organiser une production maxima d'artillerie de marine. Indret réussit à suffire à tous les besoins, et l'homme donna tellement satisfaction qu'il fut maintenu à son poste jusqu'en 1814 : Napoléon l'avait fort en estime. Nous ignorons en revanche comment Demangeat a été attiré vers cette spécialisation.

L'usine en soi ne posait que des problèmes mineurs mais son bon fonctionnement supposait le maintien d'un ravitaillement à la fois multiforme et constant, dans une région où la guerre civile rendait les transports difficiles, dangereux et intermittents. Nous avons décrit par ailleurs cette organisation qui préfigure, à certains égards, les « combinats » du XXe siècle. A vrai dire, la marine d'Ancien Régime avait déjà poussé assez loin l'intégration géographique verticale pour les besoins des industries travaillant pour elle. Elle préférait certes s'adresser à des entreprises privées. Mais ces dernières pouvaient difficilement résoudre les deux questions insolubles des marchés militaires de l'époque, soit l'irrégularité des paiements (donc l'accumulation des dettes) ainsi que la variabilité des commandes militaires. Nombre d'entre elles avaient fait ou se trouvaient en faillite. Aussi la marine avait-elle été dans l'obligation de se substituer à plusieurs d'entre elles. La guerre maritime ne fit qu'aggraver la situation, d'autant plus que la majeure partie de la métallurgie française se trouvait être propriété de la noblesse dans des régions qui étaient dominées par la contre-révolution.

Le système industriel plus ou moins intégré dépendant d'Indret comprenait ainsi les mines de charbon de terre de Montrelais (entre Nantes et Angers), les forges bretonnes et angevines de la région de Châteaubriant (La Provostière, etc.) et du nord de l'Anjou, les mines de charbon et les établissements industriels de Decize et de La Machine, les forges (entre autres celles, capitales, d'ancres de marine) du Nivernais et du nord du Massif Central. Toutes ces régions dépendaient de longue date en partie des commandes de la marine. Demangeat organisa le tout en un ensemble à la fois souple et cohérent, axé sur un système de transport protégé là où il le fallait, naturellement saisonnier en fonction des crues et des étiages de la Loire, complété par un ensemble de lieux de stockage permettant de pallier les à-coups des transports accrus par les avatars politiques. De fait, le Vosgien régna sur le tout avec une singulière autorité, évitant le bruit mais avec une fermeté qui laissa subsister, après 1814, des rancœurs tenaces. Il fit plus : tant que dura le gouvernement révolutionnaire et même pendant une partie de l'année 1795, il assura à ses ouvriers une paie relativement régulière, parfois même avec des paiements partiels en monnaie « sonnante et trébuchante », complétée par des dotations individuelles en fers qui pouvaient ainsi être revendues par les ouvriers pour leur subsistance. En général, ces paysans-ouvriers des forges étaient favorables à la Révolution et défendirent efficacement leur instrument de travail. Tout le monde y trouva vite son compte : comme les contre-révolutionnaires avaient eux-mêmes besoin de fers, les dotations individuelles des ouvriers leur permettaient de se ravitailler. On ferma les yeux, des deux bords : chapitre très mal connu (et difficile, faute de documents) de ces connivences tacites qui permettaient la survie quotidienne. Ce qui n'empêchait nullement embuscades, assassinats réciproques. Les minerais de fer provenaient souvent d'un rayon de 25 à 40 km. Le système se détériorera avec le Directoire. On retrouva très vite la situation aggravée de l'Ancien Régime : retards sans cesse accrus des salaires, dévaluation accélérée de l'assignat et du mandat territorial (les paiements en papier valaient d'autant moins que les campagnes environnantes étaient hostiles à la République), chouannerie en reprise à la fin du Directoire, etc. On paya donc « en nature », en « fers » revendus par les ouvriers. Comme, par ailleurs, l'effort de construction navale s'essoufflait, tout se dégrada progressivement pour ne reprendre qu'avec le rétablissement de l'ordre sous Napoléon.

Demangeat utilisa très largement le procédé des « réquisitions » et il fut soutenu sans ambiguïté ni réticences par tous les représentants en mission, enfin conscients de l'importance de cet enjeu industriel : sans lui la guerre ne pouvait même pas se mener. L'ensemble de ce système intégré politiquement avait du moins l'avantage que, formé par des partisans de la Révolution placés dans une situation de survie quotidienne immédiate, les querelles internes des révolutionnaires passaient au second plan. Il n'en allait pas de même dans les ports-arsenaux.

LA TERREUR A L'ORDRE DU JOUR

Les arsenaux vivent un rythme démographique exactement inverse de celui des villes maritimes commerçantes. La guerre maritime, en réduisant dans des proportions considérables le commerce régulier, a d'inévitables répercussions sur la population. Cette influence est d'ailleurs loin d'être directe, car les flux d'immigration, déterminés par le niveau plus élevé des salaires urbains des ports, ont leur propre autonomie. Ils continuent plus longtemps que les « causes » qui les ont engendrés. Toutes les villes maritimes commerçantes ont cependant atteint, en 1792, un apogée : désormais non seulement leur population ne s'accroît plus, mais demeure, dans le meilleur des cas, étale pour refluer par la suite. L'essentiel de ce recul s'opérera d'ailleurs plutôt sous l'Empire que sous la Révolution dès lors qu'il s'avérera que l'interruption du grand commerce ne sera pas, comme on l'espérait, un épisode temporaire, comme sous l'Ancien Régime, mais un phénomène durable, à conséquences infiniment plus graves. On ne mène pas impunément un quart de siècle une guerre de commerce sans merci.

Les arsenaux, en revanche, vivent comme des « pulsars » en phase opposée aux villes commerçantes. Ils fonctionnent en plein pendant les guerres, provoquant un afflux d'ouvriers. Prenons le cas de Toulon, d'autant plus évident que la ville, réduite au tiers de ses effectifs à la fin de 1793, devait être repeuplée d'urgence. Il ne pouvait, dans la réalité, être question de la raser entièrement en dehors des établissements de la marine, comme l'exigeaient les orateurs déchaînés de la Convention. Les militaires n'étaient d'ailleurs pas prêts à exécuter n'importe quels ordres. En mars 1795, l'arsenal de Toulon occupait 10 000 ouvriers, réduits en septembre à 8 000. C'était encore énorme. L'effectif des forçats, lui aussi, avait été accru : ils étaient 2 300 à la même date (1795). Ce qui explique une reprise relativement rapide de la ville qui atteignait encore en 1800 environ 22 000 habitants. Il en allait partout de même : Rochefort comme Brest maintenaient ou augmentaient leur population (cette dernière jusqu'à l'Empire, qui allait entraîner son déclin : trop étroitement bloquée par les escadres anglaises, trop isolée au bout de la France, la ville fut abandonnée par la marine impériale et les constructions navales reportées sur Anvers et les pays annexés, Toulon maintenant sa part des commandes). Ces chiffres, à vrai dire, n'ont pas le même sens que pour les autres villes non militaires. La part de la « population flottante » y est trop importante pour que l'on puisse tabler sur un chiffre moyen d'habitants véritable. C'est largement une population de passage qui varie au gré des disponibilités d'argent de la marine comme du degré d'efficacité du recrutement des ouvriers tirés d'ailleurs. C'est dire aussi la difficulté de contrôler une population aussi instable, et la nécessité, après les années de désordres quasi institutionnalisés, de prendre des mesures énergiques. Une seule ville commerçante connaît un rythme analogue : c'est Bayonne, devenue de 1793 à 1795 ville militaire de front, soutien logistique immédiat de l'armée des Pyrénées luttant contre l'Espagne. Ville maritime de « substitution » profitant de la richesse en bois des Pyrénées, bois de mauvaise qualité certes, mais bois quand même ; et quand on n'a rien d'autre, on « fait avec ce que l'on a ». Car est-il besoin de dire que l'hostilité des gouvernements suédois et russe se traduisait par le seul type de mesure qu'ils pouvaient prendre sans faire la guerre : refuser de vendre un bois précieux. Ainsi les Anglais avaient à peine besoin de surveiller la route de la Baltique : le commerce français y avait d'autant moins de chance d'y pénétrer que, par-dessus le marché, les grands négociants de bois traditionnels étrangers fournisseurs de la marine d'Ancien Régime étaient hollandais. Bayonne revit donc, et quand la guerre terrestre prend fin en 1795, la reprise des relations commerciales avec l'Espagne remplace les militaires appelés sur d'autres fronts. Bayonne devient ainsi port de substitution partiel de Bordeaux ; il est beaucoup plus difficile de la surveiller au fond de ce golfe de Gasgogne par définition dangereux pour les bateaux à voile. Enfin, et surtout, Bayonne reprend un rôle qui lui est traditionnel : lieu de passage de la contrebande de l'argent espagnol venu d'Amérique, dans lequel la banque d'origine bayonnaise a depuis longtemps excellé, et qui explique l'influence énorme, et sous-estimée des Cabarrus de toute sorte. Les années 1795-1800 ont été bénéfiques aux familles bayonnaises...

L'essentiel, dans l'immédiat, était de faire travailler au maximum les arsenaux. Ce ne fut pas sans peine et Toulon, en dépit de l'énormité de sa population ouvrière, eut toujours la réputation de réussir moins que les ensembles du Ponant. Cependant à Toulon, la Terreur découlait directement de la reconquête du port. A Brest, on a vu dans le chapitre précédent que la mise en place du système fut plus prudente et plus progressive. La présence de l'armée révolutionnaire fut complétée par la mise en place d'un comité de surveillance et d'un tribunal révolutionnaire. Les principaux membres furent choisis parmi les clubs locaux. Mais les représentants en mission étaient très divisés entre eux. Il y eut en fait deux tribunaux successifs, installés dans l'ancienne chapelle du grand séminaire. Le premier fut de tendance hébertiste, dura un mois, avec la présence du redoutable « épurateur » de Rochefort, Hugues. Le second fut « robespierriste », imposé par Jean Bon Saint-André. Il fonctionna jusqu'au 11 août 1794, accélérant son rythme à partir de mai 1794. Son bilan est le suivant : 180 accusés, 70 condamnations à mort (39 %), 65 acquittements (36 %) et diverses autres peines, dont 13 déportations (7 %).

On jugera la Terreur en fonction de ses propres opinions politiques : était-elle indispensable ou non ? Eût-il été plus sage de la réduire au minimum ? Importe seul ici le problème de l'efficacité des arsenaux. C'est dire que la question centrale est celle de la personnalité de Jean Bon Saint-André. Elle a été, à l'époque, très diversement jugée. D'origine protestante, ayant même été un moment pasteur, l'homme s'était reconverti dans le commerce et était devenu commandant de navire. Ce capitaine du commerce avait donc des idées sur la question et est très rapidement devenu le spécialiste du gouvernement révolutionnaire en matière maritime. Son but a été très simple : rétablir une marine efficace. Il a donc lutté sur deux fronts : celui des « complots » antirévolutionnaires, celui du rétablissement de la discipline dans les ports, les arsenaux et surtout de la marine elle-même. Se faisant, il s'est heurté au corps des officiers, y compris à des marins expérimentés, et à des officiers nobles pourtant solidement attachés à la Révolution. Il était d'une indomptable énergie, et à suivre les étapes de son activité, il apparaît doté d'une sorte d'ubiquité qui fait probablement à la fois sa force et sa faiblesse. Car il est évident que nombre de critiques techniques dressées contre lui sont parfaitement valables : trop voyageur, il ne pouvait être partout, encore moins approfondir toutes les questions. Son jugement maritime n'est pas infaillible et il n'échappe nullement aux préjugés communs de la marine de commerce contre celle de guerre. Ceci dit, dans les circonstances qui étaient celles qu'il avait à affronter, il fit plus que redresser la situation, utilisant la manière forte sans vergogne aucune, ni excès de scrupule de conscience. C'est avant tout un patriote, qui veut le succès de la patrie, et qui pour atteindre ce but frappe aussi bien à droite qu'à gauche. Il a été cependant assez populaire pour quelqu'un qui est aussi un « terroriste ». Personnalité singulièrement diverse, peu commode, tentant d'équilibrer les mesures autoritaires avec le souci de maintenir la vie quotidienne des marins et du peuple des arsenaux dans des conditions tolérables. Nommé à la veille de Thermidor à Toulon, il y demeura après, prolongeant de neuf mois le régime jacobin, tant sa personne semblait nécessaire pour maintenir l'efficacité de la marine. Il a d'ailleurs joui dans l'historiographie du XIXe siècle d'une relative sympathie, assez rare, et finira sous l'habit d'un préfet de l'Empire, ce qui ne semble pas lui avoir posé plus de problèmes de conscience que son ralliement à la Révolution.

A terre on peut parler de sa part d'une « politique sociale », ce qui est, peut-être, un bien grand mot pour désigner un ensemble de mesures de circonstances. Car rien ne pouvait fonctionner sans un ravitaillement régulier. C'est une politique d'ailleurs beaucoup plus souple, sur certains points, qu'on ne l'imagine. Il fallait vivre d'abord, c'est-à-dire disposer d'argent et assurer le ravitaillement en nourriture et en « munitions navales ». Or le monde paysan, révolutionnaire ou non, n'a jamais vendu que payé. Nous abordons là une question très complexe, soigneusement occultée, qui exige d'énormes études préalables : comment la marine a-t-elle été payée, comment a-t-elle payé ? Qui a agi en son nom, et quels sont les intermédiaires ? Question capitale : si on en possédait les clefs, bien des aspects de la Révolution s'éclaireraient. Or, en l'occurrence, on ne peut émettre aucune réponse en toute certitude. On peut simplement, à titre d'inventaire, avancer quelques remarques fort provisoires.

Il est incontestable qu'une partie des financiers de l'Ancien Régime ont pris position très vite contre la Révolution. Cela est d'autant plus facile à comprendre que, à la fin de l'Ancien Régime, ils s'étaient vus en partie refoulés par l'offensive des banquiers, genevois en particulier, dont un certain nombre allaient devenir des supporters de la Révolution. Deux exemples sont clairs : à Saint-Malo l'ancien banquier de la Cour Magon fut condamné à mort et exécuté comme banquier du duc d'Artois et de Provence ; à Bayonne l'entourage de l'autre banquier de la Cour Laborde fut rapidement hostile au nouveau régime. Le rôle et l'influence du milieu genevois (qui ne se limite nullement à Necker) demanderait à être précisé. Ce qui ne veut pas dire que tous les financiers de l'Ancien Régime aient été éliminés ou hostiles à la Révolution. Ils étaient beaucoup trop indispensables. Une bonne partie — sinon la majorité — des financiers spécialisés dans la marine restèrent en place et servirent (tout en continuant à se servir) la Révolution. Cela devint d'autant plus nécessaire que l'assignat se dépréciait. Bien plus que sous l'Ancien Régime, il était désespérément nécessaire de se faire faire des avances en bonne monnaie, voire en papier, de payer les achats de contrebande à l'étranger de « munitions » navales, d'effectuer aussi, en France les achats de denrées alimentaires. Les « réquisitions » n'ont jamais qu'un temps. Or Jean Bon Saint-André a parfaitement saisi, au bout d'un certain temps, le problème. Il s'est aussi appuyé sur ces milieux financiers divers, tout comme ses prédécesseurs et tout comme ses successeurs. Les conditions de ces indispensables intermédiaires ont été draconniennes. Les « bureaux » du Ministère de la Marine étaient, naturellement, d'autant plus au courant qu'ils passaient, volens nolens, sous les mêmes fourches caudines — non sans avantages. La marine, une fois de plus — comme l'armée — a survécu grâce à cette heureuse « corruption ».

L'armée de terre se trouvait dans une situation moins vulnérable : elle exigeait infiniment moins de matériel stratégique ; il suffisait d'assurer sa paie et sa vie quotidienne. Or, avec les succès, on pouvait largement vivre sur le pays. Les campagnes révolutionnaires se déroulent dans les pays les plus riches de l'Europe d'alors : les plaines de Belgique, les campagnes de l'ouest de l'Allemagne, et la vallée du Pô. Pays idéaux pour les campagnes éclair dans lesquelles il est aisé de se déplacer sans avoir à trop transporter ses impedimenta. Qui plus est, dès que la discipline révolutionnaire sera relâchée (et même beaucoup plus tôt) nombre d'états-majors sauront se servir, et largement. La guerre nourrit la guerre, le Directoire compris. Or la marine ne peut exploiter ses plaines liquides, sinon sous la forme de la course, soumise à la réglementation, et relativement plus facile à surveiller. La marine de guerre exige un soutien financier, humain et matériel permanent. Elle exige plus encore, de la part de ses fournisseurs, compétence et crédit. Dans ces conditions, le chantage à la Terreur n'a qu'un temps, et son efficacité est singulièrement limitée. Elle peut même devenir dangereuse. Se créent ainsi entre les autorités et les milieux des fournisseurs comme des financiers des liens terriblement ambigus, qui, dans certains cas, se sont concrétisés heureusement par des mariages.

Cette politique de la « compromission » a été tue autant que possible, et dénoncée — timidement — par les hébertistes. Elle est une réalité profonde. De longue date, les premiers commis étaient habitués au maniement de l'argent : c'est l'un d'entre eux, qui, au Contrôle Général, a obtenu, pendant la guerre d'Indépendance américaine, une bonne partie des crédits hollandais nécessaires à la marine. La tradition s'en est perpétuée sous la Révolution. Se pose dès lors l'inévitable question : dans quelle mesure le Comité du Salut public a-t-il, ou non, été au courant ? Il est, à l'heure actuelle, impossible de répondre honnêtement à la question. Le maquillage financier de Cambon — le ministre des finances — a été tel que bien malin eût été celui qui eût pu s'y retrouver. Robespierre l'a soupçonné ; il a été informé par des « concurrents ». Dans quelle mesure Thermidor lui-même a-t-il été soutenu, ou « planifié », avec l'aide de ces milieux financiers qui se seraient sentis mis en danger par les menaces d'enquête de Robespierre ? Aucune réponse ne peut être donnée. Il faudra une longue étude comparative, étendue à l'ensemble de la période 1740-1850, pour pouvoir dégager quelques éléments de réponse. Cela dans la mesure où la documentation le permettra, car les archives financières et celles portant sur les marchés ont été, en France, très appauvries d'abord par la « mise en gargousse » des papiers « inutiles » de l'Ancien Régime (qui avait intérêt à les faire disparaître ?), puis par les tris des archivistes du XIXe siècle qui, obnubilés par l'histoire-bataille, n'avaient pas encore compris l'intérêt majeur des études économiques.

Le fait brutal demeure : sans ces liaisons bayonnaises, dunkerquoises, génoises (où le « parti » français a été, surtout au début de la Révolution, très fort) et d'autres encore, la marine, arrivée au plus profond des désastres et de la décomposition, n'eût pu se reconstruire. Comme l'homme est complexe, il faut ajouter, très simplement, le patriotisme, au sens le plus simple du mot, qui a fait passer le service de la France avant toute considération politique. Le fait est patent pour le nord-est de la France ; il l'est, tout autant, pour les milieux « maritimes » de l'Ouest. Les réponses complexes, indispensables, ne sont pas incompatibles avec les réflexes simples : à Toulon a sans doute joué, au moment de la « trahison » un autre réflexe : on ne tire pas sur d'autres matelots, fussent-ils royalistes, ou fussent-ils républicains.

LA FLOTTE AU COMBAT EN 1794-1795

Le plus visible problème demeure celui de la discipline de la flotte : elle avait refusé, à Quiberon, le combat. Voyons donc, d'abord, les événements guerriers.

Les très grandes batailles navales — celles dont parlent toutes les histoires de la marine — sont rares. Elles ne sont qu'au nombre de cinq : la bataille au large d'Ouessant, que les Anglais apellent « The Glorious First of June » (du 28 au 1er juin 1794), la bataille de Gênes (14 mars 1795), celle de Belle-Ile (17 juin 1795) presque immédiatement suivie le 23 juin par celle de l'île de Groix, et enfin celle des îles d'Hyères (13 juillet 1795). Ainsi, un an à peine après le creux de la dépression, la marine française se retrouve en état de se mesurer, plus ou moins bien il est vrai, avec l'ennemi.

La première bataille a eu une répercussion maximale et contradictoire. Elle a été célébrée en Angleterre, après le succès relatif de Toulon, dont on ne se vantait pas trop tout en l'appréciant à sa juste mesure et en regrettant que les circonstances n'aient pas permis de l'exploiter davantage, comme le premier vrai très grand succès contre la France révolutionnaire. Car on avait enfin admis, dans la « Navy » et dans l'amirauté anglaise, que la guerre contre la France était une affaire on ne peut plus sérieuse, et qu'il ne suffirait pas d'attendre une décomposition de plus en plus hypothétique de la France. La victoire — car en réalité c'en est une — venait d'ailleurs à un moment particulièrement opportun. Pourtant, on l'a célébrée en France avec une ferveur au moins égale, et paradoxalement non sans raisons. A tel point que, dans l'histoire de France en images d'Epinal enseignée autrefois dans les écoles primaires, du temps où l'histoire nationale constituait l'un des bagages élémentaires obligés, la bataille de Prairial a pris valeur de symbole du courage national, focalisé autour de l'épisode semi-légendaire du « Vengeur ». Il y a des raisons plus sérieuses d'en mesurer l'importance : l'escadre de Villaret-Joyeuse a fait preuve, dans cette bataille de cinq jours — ce qui est exceptionnel dans l'histoire de la marine — d'une singulière pugnacité qui démontrait une efficacité certaine retrouvée (encore insuffisante, mais bien réelle). Mieux encore : défaite évidente sur le plan tactique (la marine française perdait sept navires de ligne avec une bonne partie de ses équipages), cette bataille est une demi-victoire stratégique, d'importance cruciale. Comme elle est, en même temps, un exemple de tentative délibérée de rupture avec la tactique classique du combat en deux files parallèles, une description sommaire s'impose.

L'origine est assez obscure. Un convoi de navires marchands s'était formé dans les ports des U.S.A. Il devait apporter en France une quantité importante de grains et de farines particulièrement bien venus à un moment de disette. Mais ce convoi se trouvait renforcé par un autre venu de Saint-Domingue. Il eût dû partir à l'automne 1793, mais son départ avait été interdit par deux commissaires, sous prétexte du remplacement de la petite escorte présente sur les lieux par un renfort venu de métropole qui n'arrivait pas. Les deux convois réunis forment un énorme ensemble de 117 navires marchands protégés au point de départ par deux vaisseaux de ligne et plusieurs frégates commandées par Van Stabel. L'escadre de Brest avait donc pour mission essentielle de permettre la rentrée de ce convoi, avec, si possible, l'ordre d'éviter la bataille. Le service de renseignement britannique fonctionnant bien, l'affrontement eut cependant lieu à quelque 700 km au large de Brest. L'escadre de Brest s'était portée à la rencontre du convoi en deux échelons : le premier sous la direction de Nielly avec 5 vaisseaux, le second sous celle de Villaret-Joyeuse avec 25 vaisseaux de ligne. L'escadre anglaise « de blocus » était dirigée par Howe à bord du « Queen Charlotte », de 100 canons avec 26 vaisseaux. Le premier jour du combat, le 28 mai, plusieurs navires anglais s'attaquent à un gros trois-ponts, le « Révolutionnaire » de 110 canons : il se défend si bien que l'anglais « Audacious » est tellement endommagé qu'il quitte le champ de bataille. Le lendemain, 29 mai, les deux escadres s'affrontent suivant le schéma classique de deux lignes de file parallèles. Howe, pour gagner une meilleure situation par rapport au vent, ordonne à son escadre de traverser la ligne adverse ; mais la manœuvre est si neuve qu'elle n'est pas comprise et que peu de ses navires le suivent. Il n'empêche : le tir des canonniers anglais, bien exercés, est efficace au point que le « Tyrannicide » et « l'Indomptable » doivent être pris en remorque. La bataille s'achève ce jour-là, après 8 heures de canonnades, de manière encore indécise. Le lendemain cependant Villaret-Joyeuse a reçu le renfort de l'escorte du convoi et entraîne les Anglais à sa suite, de manière à permettre le passage des navires marchands. Ceux-ci, en effet, arriveront sans encombres à bonne destination. La fin de la journée du 30 ainsi que le lendemain 31 mai, rien ne se passe, le temps ne le permettant pas, la visibilité étant beaucoup trop médiocre. Ce n'est donc que le 1er juin que le combat final a lieu. Il est acharné, Howe ayant à nouveau tenté de couper la ligne française, la bataille se déroule à courte distance. Les deux navires amiraux (Villaret-Joyeuse se trouve à bord du « Montagne ») s'affrontent sévèrement. Au début de l'après-midi, l'amiral français rompt le combat et retourne à Brest sans être inquiété, même lorsque Howe a reçu du renfort. Ainsi, Villaret avait réussi non seulement à sauver les deux navires gravement endommagés le premier jour (« l'Indomptable » de 80 et le « Montblanc » de 74, partis dès le 28) mais encore à dégager le « Jemmapes », le « Mucius », le « Républicain » et le « Scipion » engagés dans le pêle-mêle général. Il n'empêche : au cours de la bataille sept vaisseaux de ligne sont pris : le « Juste » (80), le « Sans Pareil » (80), « l'Amérique » (74), « l'Achille » (74), le « Northumberland » (74), « l'Impétueux » (74) et le « Vengeur » (74).

Le succès anglais est évident, et il est dû, pour l'essentiel, à la tactique longuement pensée par Howe : il voulait, en perçant la ligne ennemie, prendre les bateaux adverses en enfilade, et en isolant quelques-uns d'entre eux, les couler, ou les prendre séparément. C'était chose trop nouvelle, et il ne fut suivi que par huit de ses commandants. Si la défaite française n'a pas été plus sévère, on le doit d'abord et avant tout à cette désobéissance-incompréhension des capitaines anglais. Côté français, Villaret avait bien manœuvré et s'était tiré du guêpier.

Le succès fut célébré en Angleterre comme il convenait : les sept navires capturés étaient en partie incorporés dans la flotte anglaise. On critiqua cependant beaucoup Howe, surtout plus tard. On lui a fait deux sortes de reproches. Les uns ont insisté sur le fait qu'il aurait dû s'attaquer d'abord au convoi ennemi. L'eût-il cependant fait que l'issue de la guerre n'en eût pas été fondamentalement changée. Le convoi, certes, était précieux et arrivait à un moment opportun : on ne peut pas dire que les grains manquants eussent provoqué la famine en France. Le manque, il est vrai, eût été surtout ressenti à Brest. Le deuxième reproche est plus consistant : l'amiral anglais eût pu, en se mettant à la poursuite de son adversaire, s'emparer des vaisseaux qui, trop gravement endommagés pour se mouvoir eux-mêmes, étaient à la remorque de leurs congénères moins abîmés. L'on a avancé deux remarques. La première vise la personne de l'amiral : il avait 86 ans et était resté trois jours sur la brèche. L'argument vaut ce qu'il vaut, à notre humble avis pas grand chose. La deuxième remarque est plus pertinente : la flotte anglaise était de son côté sérieusement affectée. La fin de la bataille livrée dans un corps à corps tellement général, dans la fumée, permettait difficilement de se faire une idée exacte de la situation. Howe a opté pour la solution de la sécurité : la victoire étant de toute façon sienne. Personne ne peut le lui reprocher.

Reste la légende. On la connaît, la version officielle dépendant du fameux discours de Barère à la Convention. Elle eut les honneurs de l'« histoire » et la consécration de la peinture. Le combat du « Vengeur » avec le « Brunswick » avait été terrible : les deux navires s'étaient « aggafés » l'un à l'autre et se retenaient avec leurs grappins. C'est dans cette situation incroyable que la canonnade réciproque continua. Et c'est là que se situe l'une de ces « menues » innovations, pourtant essentielles. Pour recharger leurs canons, les servants français utilisaient leurs bons vieux instruments en bois qui, au bord à bord, ne servaient pas à grand-chose. Les canonniers anglais étaient, en revanche, dotés de refouloirs et d'écouvillons flexibles « montés sur cordages raides », ce qui leur permettait de continuer à charger leurs canons et de tirer dans des conditions il est vrai plus qu'acrobatiques. L'on imagine aisément l'effet de bordées lâchées à moins d'un mètre par moments. Le « Brunswick » fut d'ailleurs aidé par d'autres navires anglais arrivés à la rescousse. Le « Vengeur » commençait à couler bas, en dépit des efforts de son équipage installé aux pompes. Le « Vengeur » mit pavillon bas à quatre heures de l'après-midi : le « Brunswick » se dégagea, mit ses chaloupes à la mer pour sauver l'équipage du « Vengeur » qui fit ce qui était normal : il abandonna son navire en train de sombrer. Le capitaine en fit autant. Naturellement, les blessés furent laissés à leur sort. Le navire se retourna, et les Anglais sauvèrent encore nombre de marins aggripés à l'épave. Telle est la réalité : elle se suffit à elle-même et constitue un magnifique épisode de courage. Barère en fit davantage et magnifia le combat en prétendant que le navire avait coulé pavillon haut, sans se rendre...

Dans la réalité, le combat montre des faiblesses réciproques : des capitaines anglais n'avaient pas obéi à leurs ordres, et côté français, plusieurs vaisseaux, tout en participant au combat, s'étaient arrangés pour n'y pas rester exposés trop longtemps. Il y eut pis. Les canonniers du « Scipion », sévèrement accroché par le navire-amiral anglais le « Queen Charlotte » abandonnèrent leur poste de combat, se réfugiant dans la soute, exigeant que l'on se rende. Ce furent leurs officiers qui se refusèrent à capituler.

Sur le chemin de retour, Villaret rencontra une partie de l'escadre anglaise (Montagu) que Howe avait envoyée à la recherche du convoi. Il paya d'audace et fit semblant d'accepter la bataille. Son bluff réussit. Plus tard, Villaret fut pris par les Anglais à la Martinique, s'expliqua sur les dessous du combat. Selon lui, « on » (Jean Bon Saint-André ?) lui avait signifié d'avoir à ramener le convoi à bon port ou à être guillotiné. Ce n'est pas invraisemblable. Le convoi passait avant tout. Villaret n'eut pas à se justifier. Jean Bon fut cependant sommé de s'expliquer : il n'était pas étranger à certains « incidents ». Le tout s'arrangea au détriment de plusieurs capitaines de navire ; non sans justifications. Six furent cassés, deux furent emprisonnés. C'étaient les chefs mis en place par les clubs.

La victoire anglaise s'explique (un navire coulé, six capturés) par une double supériorité du commandement individuel comme de l'efficacité des navires ; et autant par la supériorité de l'artillerie, beaucoup plus rapide et plus précise que la française. Les Français avaient perdu plus de 7 000 hommes (10 % du stock des matelots), alors que les Anglais ne comptaient que 1 148 morts et blessés, aucun navire n'étant coulé. Tenons compte des prisonniers : n'en demeure pas moins le fait que le rapport des morts et blessés est de un Anglais pour trois Français. Apparaît ainsi un caractère particulièrement dramatique : le refus de se rendre multiplie les pertes. Refus qui s'explique sans doute par le patriotisme de certains équipages, mais aussi par le fait qu'aucun officier n'ose plus décider la reddition, sûr d'être mis en accusation. A ces éléments politiques, qui ne vont pas sans contradiction comme le montre l'anecdote du « Scipion » s'ajoute la terrible efficacité du feu anglais. Même remarque pour le matériel. Comparons les deux navires amiraux : le « Queen Charlotte » pourtant engagé contre plusieurs navires français reste manœuvrable en dépit de ses 42 morts et blessés, alors que la « Montagne » a 300 morts et blessés et n'a pas la même aisance de mouvements. La leçon n'allait pas être entièrement perdue : on multiplia les exercices au port et les canonniers français furent, par la suite, plus efficaces sans jamais pourtant se retrouver, comme pendant la guerre d'Indépendance américaine à égalité avec leurs adversaires anglais.

On peut passer plus vite sur les principales batailles qui suivirent. Entre temps, les Anglais, avec l'aide de Paoli, s'étaient emparés de la Corse. L'escadre française de la Méditerranée reçut l'ordre de reconquérir l'île. C'est ainsi que le 14 mars 1795 les Anglais de l'amiral Hotham (13 navires de ligne) rencontrèrent l'escadre de l'amiral Martin (15 vaisseaux). On avait déjà tenté la chose en 1794, mais à l'arrivée des Anglais, on se réfugia dans la rade du golfe de Juan, où l'on fut bloqué de mai à septembre : Martin avait pu profiter du mauvais temps écartant les navires du blocus pour regagner Toulon. A son deuxième essai, Martin eut un soupçon de chance : l'escadre rencontra un navire anglais désemparé et démâté, le « Berwick » de 74 canons qui se rendit. L'escadre anglaise sortit de Livourne, devenu son port d'attache. Avant même la bataille, l'escadre française connut des malheurs : le « Mercure » démâta et retourna à Toulon, tandis que le « Ça ira » et le « Censeur » entrèrent en collision. Martin se transféra sur une frégate. Dans la nuit, le navire-amiral quitta le champ de bataille sans préavis : cela ne le sauva pas, traînant à l'arrière. Finalement, en dépit d'une apparence de bataille, les deux navires endommagés se rendirent. Martin eut la chance que Hotham, qui n'avait rien du vieux lion Howe, ne le poursuivît pas : c'eût pu être un désastre. Martin eut même un avantage inattendu : « l'Illustrious », endommagé, fut pris par la tempête et drossé à la côté. Sur le papier, le match était nul, deux navires ayant été perdus des deux bords. Mais l'expédition de Corse avait totalement échoué.

Le 17 juin 1795 se déroulait la bataille de Belle-Ile. Pour une fois, le rapport numérique favorisait singulièrement les Français : Villaret-Joyeuse disposait de 12 navires de ligne avec lesquels il pouvait faire une bouchée des 5 anglais commandés par Cornwallis. L'Anglais réussit à se tirer du guêpier alors que Villaret redoutait la rencontre avec le gros de la flotte anglaise. Une occasion perdue. Pourtant l'escadre de Brest avait réussi quelques opérations. En octobre 1794, Nielly avec ses 5 vaisseaux avait rencontré deux adversaires anglais et obligé « l'Alexander » (74) à se rendre. Ce n'avait pas été sans mal, « l'Alexander » opposé à trois navires français leur avait infligé le triple de ses propres pertes en morts et en blessés. Partielles et incomplètes petites victoires et demi-défaites avaient redonné à l'escadre de Brest un allant incontestable. Ce ne devait pas durer. Il semble que c'est au cours de l'été 1795 que les choses se gâtèrent.

En juin 1795, Villaret-Joyeuse tente de dégager un petit groupe de 3 vaisseaux (Vence) réfugiés à Belle-Ile. Il prend en chasse le groupe de Cornwallis, inférieur en nombre. La course-poursuite démontre l'efficacité anglaise : les Anglais restent groupés, alors que l'escadre française s'essouffle en ligne de plus en plus étirée. Quand les trois premiers français prennent à partie le dernier anglais (le « Mars ») Cornwallis peut se contenter de le dégager avec son puissant « Royal Sovereign » de 100 canons. Mauvais prélude à la bataille de Groix (23 juin 1795). L'affaire est en relation avec le débarquement des émigrés français à Quiberon : cette fois Villaret est pris en chasse par l'escadre de protection anglaise de Bridport. Or il ne parvient pas à regrouper son escadre et est obligé de rompre. Dans la fuite, trois vaisseaux sont perdus : le « Tigre » de 74, « l'Alexander » (74) et le « Formidable » (74) ; le reste de la flotte se réfugiant à Lorient. Bilan : plus de 800 morts et blessés français contre 144 chez les Anglais. La flotte n'a rien pu faire contre les émigrés, et c'est l'armée de terre qui a, seule, sous la direction de Hoche, remporté la victoire. Au plus grand dommage de l'ancienne marine. Or les officiers de marine constituaient l'un des noyaux des forces de débarquement : faits prisonniers, ils furent fusillés sur ordre de l'Assemblée. L'épisode est sanglant puisqu'il constitue le tombeau d'une bonne partie du « grand corps » d'Ancien Régime. Il a provoqué, sur le moment — et a fortiori plus tard —, deux accusations également graves. La première est révélatrice de l'antagonisme franco-anglais y compris dans les rangs des royalistes. On a, en effet, accusé le gouvernement anglais d'avoir, à dessein de décapiter une future marine française, sciemment mis en avant les officiers de marine et de les avoir abandonnés à leur sort, trop content de s'en trouver, en quelque sorte, débarrassé. L'accusation a son semblant de logique : la version a couru jusque dans les rangs républicains. Est-il besoin de dire qu'elle n'est pas prouvée ; elle est même peu crédible. Le second reproche s'adresse au gouvernement français. On lui a reproché d'avoir violé les lois de la guerre. Sur le plan formel, ce n'est pas le cas. Juridiquement, les émigrés tombaient sous le coup des lois de la République et ils le savaient eux-mêmes fort bien. Hoche cependant n'avait osé agir par lui-même et avait demandé, comme il est logique, des instructions, suggérant, de sa propre initiative, la clémence. Le gouvernement fut impitoyable et fit appliquer les lois en vigueur. L'émotion avait été trop forte pour qu'il le pardonnât. Mais ce n'est pas, dans notre histoire, une page de grandeur : une partie de ces officiers avaient fait glorieusement la guerre d'Indépendance américaine. Mais on n'en avait pas plus tenu compte à d'Estaing ou à d'autres...

Moins d'un mois plus tard, une nouvelle bataille, celle dite d'Hyères venait démontrer la fragilité du redressement de la marine. Lors d'une nouvelle sortie, l'escadre de Martin se heurte avec ses 17 navires à l'anglaise de Hotham dont la supériorité était si manifeste, tant sur le plan du nombre que sur celui de la qualité, qu'il était normal de prendre la fuite. Mais il se renouvela ce qui était arrivé à Villaret-Joyeuse : la file française se disloqua, et les traînards restèrent en arrière. Ils furent donc engagés, et au cours d'un bref combat, « l'Alcide » explosa après avoir été incendié. Comme le fait remarquer Philippe Masson, les cadres de cette escadre ne sont pas en cause. Ils portent des noms qui s'illustreront : Allemand, Dumanoir, Infernet, Cosmao-Kerjulien, Ganteaume, Richery. Mais ils ne disposaient que d'équipages incomplets, en mauvaise santé, au surplus ravagés par la désertion qui avait repris avec Thermidor. Ne parlons pas de l'état du matériel, qui s'explique par la pénurie de l'arsenal de Toulon, et encore moins de la qualité des réparations et de l'entretien, dont les équipes peu compétentes de Toulon — quand elles n'étaient pas réticentes — ne pouvaient assurer la fiabilité.

Il n'y a cependant pas que les grandes batailles ; elles apportent leur part de preuve. L'épreuve des faits est la seule qui compte ; mais les petits événements complètent l'image. La marine française des deux années s'est, au moins pour les « petits » navires, usée autant, sinon plus dans les petits combats que dans les grands. Le tableau suivant, provisoire, en attendant les chiffres définitifs fournis par les thèses à venir, tiré du bon vieux « Cloves » — l'histoire quasi officielle de la « Navy » placée en guise d'arc de triomphe à l'orée du XXe siècle — permet de compléter l'éclairage nécessaire pour comprendre l'échec final du gouvernement révolutionnaire.

Pour incomplet que soit ce tableau, il démontre deux faits : 1) plus de la moitié des vaisseaux que perd la France sont pris par les Anglais, et une bonne partie d'entre eux est utilisée par la « Navy » ou à tout le moins vendue sur le marché public. Pour les frégates, le pourcentage atteint

	VAISSEAUX			FRÉGATES			CORVETTES		
	Total	Pris	Naufrage	Total	Pris	Naufrage	Total	Pris	Naufrage
1794	9	7	1	15	11	1	21	17	–
1795	10	4	4	18	13	4	20	16	–

les deux tiers et pour les corvettes il atteint 80 %. C'est dire que le combat à mort n'est pas aussi dominant qu'on a voulu le dire. Dès 1795 apparaît le découragement qui va tant s'amplifier par la suite ; 2) une partie non négligeable provient des pertes résultant des naufrages par tempête. Un quart des vaisseaux disparus en deux ans sombre dans des naufrages dus à la « tempête ». C'est un pourcentage très élevé, surtout s'agissant de gros vaisseaux a priori plus solides et plus stables que les autres types de navires. Ce qui amène à analyser les raisons de ce redressement, de ses limites, comme de la rechute qui, à partir de 1796, ne cesse de s'aggraver.

LA FRAGILITÉ DE LA MARINE RÉVOLUTIONNAIRE

L'âpreté de la querelle idéologique a souvent conduit à sous-estimer les faiblesses structurelles de la marine française. La guerre d'Indépendance les avait en partie masquées et elle s'est achevée assez tôt pour qu'elles n'apparaissent pas. Ces raisons ont commencé à jouer à plein dès l'année 1795 ; la Terreur et l'énergique action de Jean Bon Saint-André n'ont réussi à les cacher qu'en partie.

Dès 1794 la médiocrité du stock des matelots français se traduit par des difficultés d'armement. Or l'Ancien Régime avait pu tant bien que mal imposer le respect au moins apparent de sa réglementation : les « désertions » à l'engagement, si elles étaient nombreuses dès les années 1780, ne portaient encore que sur des chiffres « restreints ». Comme la France entière, le monde des matelots a été divisé par la politique : les uns ont pris parti pour la Révolution, les autres non. Sauf quelques mois durant la période du gouvernement révolutionnaire, est venu qui voulait. A partir de ce moment la faiblesse structurelle du stock s'est donc aggravée. La composition de certaines escadres en témoigne. Sur les 12 000 hommes de l'escadre de l'amiral Martin les deux tiers n'avaient jamais mis les pieds sur un navire... Il avait donc fallu faire feu de tout bois, obliger les soldats de l'armée de terre, surtout des canonniers, à s'embarquer. A vrai dire, les moyens utilisés relevaient plus du système de la presse anglaise que des pratiques d'un pays se voulant démocratique. Les raisons de cette insuffisance dramatique de gens de mer s'aggravent évidemment au fur et à mesure que passe le temps. La marine rencontrait, en effet, la concurrence drastique des navires corsaires. La « liberté » y était beaucoup plus grande (le nombre des mutineries d'ailleurs aussi, ce qui n'est pas peu dire). En plus la course, toujours auréolée en France du prestige de l'aventure, était censée « rapporter gros ». Depuis qu'elle était à nouveau non seulement autorisée, mais même recommandée, elle prélevait une proportion très importante des matelots. La réalité de cette course est difficile à estimer, en dépit d'une excellente thèse anglaise sur la question. Globalement, elle a été d'un poids supérieur à celui que l'on imagine. Elle a obtenu des succès plus que notables, surtout au cours des premières années. Pour le sujet précis qui nous occupe, elle signifie surtout et d'abord des pertes croissantes en hommes : le nombre des prisonniers français entre les mains de l'Angleterre provient dans une bonne proportion des matelots raflés par les Anglais sur les corsaires français détruits ou pris. Vieille habitude française : on ne décompte pas les pertes en hommes de la marine dite de « commerce ». Ainsi la source se tarit en aval, sans qu'elle se renouvelle, puisque la pêche lointaine à Terre-Neuve ne peut en former de nouveaux.

Concentrés dans les ports, puis entassés sur les navires, les matelots qui ont eu la volonté, ou la faiblesse, ou la malchance de se laisser entraîner dans la marine de guerre ont toujours été la proie des épidémies. Quitte à nous répéter, la situation de places fortes assiégées qui est celle des ports de guerre y a créé une situation de disette quasi latente dégénérant de temps à autre en demi-famine. Le terrain était tout préparé pour le pire. En 1794, une escadre brestoise sortie du port en plein hiver ne possédait que pour 15 jours de ravitaillement : la sortie devait protéger l'envoi en Méditerranée d'un groupe de navires commandés par Renaudin : eux seuls avaient reçu assez de nourriture. Mais sortir par mauvaise saison était risqué : l'on fut entraîné loin au large, bien plus que 15 jours. Pour revenir, et ne pas mourir de faim, il fallut emprunter un minimum auprès des bâtiments se rendant à Toulon. Ils y arrivèrent, mais avec des équipages aux limites des possibilités humaines. Quant à ceux qui avaient « protégé » leur sortie, trois vaisseaux sombrèrent et un autre se jeta sur la côte. On put sauver l'essentiel des équipages. Inutile de décrire l'état souvent désespéré dans lequel revinrent les survivants : la tempête représentait à elle seule l'équivalent d'une bonne défaite. Quant aux épidémies, elles furent l'équivalent, en pire, de celles qui avaient ravagé Brest lors de la guerre de Sept Ans : on peut estimer que dans ces « aventures » diverses, plus de 15 % des marins français ont disparu. Il n'est sans doute pas besoin d'aller chercher beaucoup plus loin les raisons profondes d'un mécontentement plus que justifié. Et comme les états-majors ont toujours été mieux nourris que les hommes (et les nouveaux venus ont eu, en l'occurrence, une attitude pire que celle d'avant 1789), les réactions n'ont guère tardé.

Le 23 mai 1795 éclatait la seconde grande « journée » toulonnaise, qui se situe donc très exactement, sur le plan de l'histoire maritime, entre la bataille du 14 mars (golfe de Gênes) et celle du 13 juillet (îles d'Hyères). On a l'habitude d'étudier les journées révolutionnaires portuaires en dehors de leur contexte maritime précis, ce qui enlève (aux deux parties en présence) la description du fond historique général, qui a son importance propre, en dehors même des rivalités politiques. Toulon redevenue jacobine se révolte entre deux défaites navales, qui ont causé de lourdes pertes dans la flotte. Or dans une Provence largement passée à la contre-révolution, « l'épuration » de l'après-siège et la remise en état de l'arsenal a d'autant plus « rejacobinisé » une partie de la population de la ville, des ouvriers et des marins que, chassés ou fuyant Marseille, les jacobins non-toulonnais sont venus se réfugier dans le port de guerre. Tout cela coïncide avec le retour de plus d'un officier ci-devant expulsé du corps par la loi refusant à tout noble tout commandement, comme de beaucoup de vrais émigrés. Il en résulte des tensions d'autant plus vives que la vie quotidienne devient de plus en plus difficile. Des Girondins aux émigrés, Toulon est désignée comme la citadelle à reprendre. Des deux côtés, l'on se prépare à l'affrontement que l'on anticipe. Ce qui ne peut que nuire à la préparation des deux escadres successives : on a oublié, des deux bords, que la patrie devait être défendue. En mai (prairial), le mécontentement toulonnais se traduit par l'envoi d'une troupe armée, d'importance réelle inconnue, tant les estimations des deux bords politiques varient (de 3 000 à près de 10 000 hommes, estimations l'une et l'autre probablement fausses) contre l'armée mise en place depuis quelque temps en prévision d'une révolte attendue, et peut-être espérée. Le 23 mai se déroule la bataille du Beausset, qui se termine, comme il était prévisible, par la défaite des Jacobins toulonnais qui y perdent plus de 300 (?) prisonniers et quelques dizaines de morts. A Toulon, les mutins-jacobins se rendent immédiatement et la troupe régulière entre dans la ville au début de juin. Nouvelle épuration, comme à l'accoutumée : commission militaire, jugement d'environ 250 « suspects », 50 condamnations à mort, contre 152 acquittements, et 100 amnistiés.

Ces néo-jacobins toulonnais sont très jeunes, plus jeunes que les condamnés des diverses épurations successives et sont essentiellement des gens de l'arsenal, ou de petits employés de la marine et de l'armée, ainsi que des matelots de l'escadre. Parmi eux, plus d'un quart de non-méditerranéens. C'est un autre Toulon jacobin que le premier, beaucoup moins local.

Cette bataille est la dernière grande journée révolutionnaire du monde des ports-arsenaux. Elle a été très diversement appréciée. Forts de leur sentiment de supériorité, les « Ponantais » de Brest et de Rochefort ont toujours accusé les Toulonnais à la fois de tiédeur révolutionnaire et patriotique (souvenir aussi de la capitulation de Toulon), et de manque de travail dans l'arsenal. Les Jacobins toulonnais ont évidemment refusé la paternité de ces défauts. Le fait est que l'arsenal de Toulon n'est pas à la pointe ni de la construction navale, ni de la rapidité des réparations, radoubs et rééquipements. Il a fallu renforcer l'escadre de la Méditerranée par l'envoi de renforts de Brest (il serait intéressant de savoir dans quelle mesure ils ont participé réellement à la journée du 23 mai). Cette médiocrité — relative — du rendement de l'arsenal a pourtant d'autres raisons d'être. Pour limitée qu'elle ait été, la destruction réalisée par les Anglais a longtemps handicapé le travail de l'arsenal. Plus grave encore : profitant des événements, les Anglais s'étaient purement et simplement emparés de la Corse immédiatement après la reprise de Toulon. Les républicains, privés de renforts et de nourriture, se trouvaient en difficulté et pressés par les partisans corses de Paoli. Le 8 janvier 1795 l'escadre anglaise s'était emparée de Saint-Florentin, coulant au passage deux frégates françaises (la « Minerve » étant relevée). Progressivement, et avec une remarquable économie de moyens, le reste de la Corse passait à l'Angleterre (capitulation de Bastia le 21 mai, après un siège de 37 jours) et Paoli reconnaissait la souveraineté anglaise. C'est au cours de ces opérations que furent perdues plusieurs autres frégates françaises.

La perte de la Corse compliquait singulièrement le ravitaillement de l'arsenal de Toulon, puisque l'île était considérée comme la « réserve » de bois pour le cas de guerre. Le « pin laricio » a été souvent considéré comme un quasi-rival des résineux du Nord (pour les mâts). C'était, en tout cas, un substitut très valable. Enfin, la prise de la Corse donnait à l'escadre anglaise des bases utiles, complétant celles de Livourne, points d'appui majeurs de l'Angleterre dans le nord de la Méditerranée occidentale, qui pouvaient jouer (Saint-Florentin) le rôle de base avancée de Naples et de Palerme, points d'appui arrière du dispositif anglais, qui avaient d'ailleurs l'avantage de surveiller Malte. Celle-ci avait pris position contre la France, et même avec un grand maître allemand, l'ordre, composé très majoritairement de Français (nobles), restait suspect.

En somme, le gouvernement révolutionnaire a réussi à redresser provisoirement une situation maritime très compromise. L'effort fourni a été considérable, énorme même à certains égards, et reste, sur le plan purement matériel, encore fortement sous-estimé. Cet effort avait pourtant un inconvénient majeur : il reposait sur des bases matérielles devenues trop fragiles. Coupé de tout le monde européen, ayant par-dessus le marché commis l'imprudence d'engager la lutte contre les négociants — le gouvernement révolutionnaire ne pouvait que contrôler de manière imparfaite les filières qui, du temps de l'Ancien Régime, assuraient au moins, dans les pires des situations, un minimum de ravitaillement. Mais la faiblesse congénitale à sa propre idéologie réside dans l'attitude vis-à-vis du corps des officiers et des équipages. Il a donné systématiquement raison aux équipages contre leurs officiers, à peu d'exceptions près. Or il n'a jamais eu le temps (et l'a-t-il vraiment clairement compris ?) de constituer un nouveau corps d'officiers. Celui-ci a une très mauvaise presse, et il est vrai qu'il est aisé, et même fastidieux, de réciter la longue liste des incapables de tout poil arrivés, Dieu sait comment, à des postes de commandement pour lesquels ils n'avaient pas le début du commencement d'une quelconque compétence. Peut-être ce corps a-t-il même été trop décrié : les éléments de valeur n'y manquaient pas et plus d'un l'a prouvé par la suite. Il ne faut d'ailleurs pas se laisser trop impressionner par certains textes. Ainsi la législation officielle contre les officiers nobles paraît draconienne et même à la limite de l'absurdité. A l'examen, les textes ont été heureusement plus qu'interprétés par les responsables, et même par Jean Bon Saint-André. Le noyau du corps des officiers a été formé par ces « anciens » (en réalité très jeunes) de la marine royale. Leur avancement a été foudroyant : Villaret-Joyeuse est ainsi passé en un peu plus d'un an du grade de lieutenant de vaisseau à celui d'amiral. On a déjà souligné l'efficacité des officiers (souvent d'origine malouine) issus de l'ancienne compagnie des Indes. Mais même ces éléments de valeur manquaient d'expérience. On ne sortait pas beaucoup en mer : les équipages ne l'eussent pas toléré. En sorte que le départ d'une expédition était le passage brutal de longues périodes de semi-indiscipline et de refus de nombre de travaux aux dangers immédiats de la mer et de l'adversaire. Que faire, même lorsqu'on est, comme Morard de Galles, un tacticien consommé, quand les navires et les équipages ne sont pas en état d'exécuter les manœuvres, à la fois par manque de matériel de rechange, usure du matériel existant, médiocrité du ravitaillement, ce avec des équipages anémiés, malades, vite en proie au scorbut et formés dans de larges proportions par des non-marins ? La peur de la guillotine, d'ailleurs inspirée par l'exemple anglais (l'affaire de l'amiral Bing de Port-Mahon a été l'un des leitmotive de plus d'un homme politique de l'époque) ne peut suffire à tout. Et contrairement à la propagande officielle, la valeur et la volonté combative de beaucoup d'équipages n'ont pas été évidentes. On peut se demander si une politique moins méfiante, plus ouverte envers le corps des officiers n'eût pas obtenu des résultats supérieurs.

Enfin ni le Comité du Salut public, encore moins la Convention, toujours prête à se laisser entraîner par le dernier discours prononcé en matière maritime, ni les représentants en mission ne sont à l'abri du reproche peut-être le plus grave : celui d'envoyer au combat inutile des flottes mal préparées, en escomptant que le courage remplacerait les insuffisances de la préparation. L'affaire du combat du « Vengeur » pourrait, à cet égard, constituer un dossier d'étude révélateur : Jean Bon Saint-André, en dépit du respect qu'on lui doit pour son travail réalisé, pourrait n'être pas à l'abri à la fois de l'accusation de légèreté et d'inconscience. Une partie du massacre eût, semble-t-il, pu être évité.

Il faut finir ce chapitre par un succès : il en fut quelques-uns de bien réels, et paradoxalement oubliés, peu mis en valeur. Le 22 décembre 1794 les deux frégates la « Prudence » et la « Cybèle » se livrèrent au large de Port-de-France (île de France) à un violent combat contre deux vaisseaux anglais : elles les endommagèrent et les forcèrent à la fuite, faisant ainsi lever le blocus des Mascareignes. Beau fait d'armes, et qui, singulièrement, allait se répéter à plusieurs reprises tant au cours des guerres de la Révolution que de l'Empire.

Le «Vengeur» au combat de Prairial. 1er juin 1794. (Dessin inachevé de Laffite. Bibliothèque Nationale, cabinet des estampes. Paris.)

La victoire de lord Howe au combat de Prairial. 1er juin 1794. (Gravure d'après Brown. Bibliothèque Nationale, cabinet des estampes. Paris.)

Triomphe de l'amiral Howe, le «Neptune anglais», après le combat de Prairial. 1er juin 1794. (Gravure. Cliché Musée de la Marine.)

Ci-contre, en haut : Le vaisseau «Achille» (ex «Annibal») après sa capture au combat de Prairial. 1er juin 1794. (Gravure d'après R. Liveray. National Maritime Museum. Greenwich.)

Ci-contre, en bas : Entrée des Français dans Livourne. 1794. (Gravure d'après un dessin de Carle Vernet. Bibliothèque Nationale, cabinet des estampes. Paris.)

ENTRÉE DES FRANÇAIS DANS LIVOURNE,
le 11 Messidor An 4.

Prise de la flotte hollandaise par la cavalerie française. 1795. (Dessin de Robineau. Bibliothèque Nationale, cabinet des estampes. Paris.)

Ci-contre, en haut : L'affaire de Quiberon. 21 juillet 1795. (Bibliothèque Nationale, cabinet des estampes. Paris.)

Ci-contre, en bas : Débarquement de Pichegru à Amsterdam, accompagné d'officiers de marine. 20 janvier 1795. (Aquarelle. Musée de la Marine.)

Dessiné et gravé par Couché fils.

Terminé par Gossard.

Victoire remportée par les Français à Quiberon,

le 21 Juillet 1795.

Projet d'un radeau et de son système à utiliser lors d'une invasion de l'Angleterre par les Français. (D'après le dessin d'un prisonnier échappé de France. Anonyme. Bibliothèque Nationale, cabinet des estampes. Paris.)

Eventail montrant un projet de protection d'une éventuelle descente française sur les côtes anglaises, à l'aide de feu grégeois et de tours flottantes armées de canons. (Bibliothèque Nationale, cabinet des estampes. Paris.)

Abordage du «Triton» par le corsaire «Le Hasard», sous le commandement de Surcouf. 1796. (Cliché Musée de la Marine.)

Combat du vaisseau «Les Droits de l'homme», échoué le lendemain. 13 janvier 1797. (Cliché Musée de la Marine.)

Nelson à l'abordage du vaisseau espagnol «San José». Episode de la bataille du cap Saint-Vincent. 14 février 1797. (Cliché Musée de la Marine.)

Un épisode de la campagne d'Irlande: le cinquième combat de «La Loire». 1er août 1798. (Gravure d'après un dessin de Crépin. Bibliothèque Nationale, cabinet des estampes. Paris.)

En pages suivantes : Evacuation par les Anglais de Porto Ferraio, île d'Elbe. 16 avril 1797. (Bibliothèque Nationale, cabinet des estampes. Paris.)

Terminé par Crépin

CINQUIEME COMBAT SOUTENU PAR LA LO

A la suite de quatre Combats, livrés dans l'espace de cinq jours, La
Voiles en lambeaux, lorsqu'elle fut attaquée par le Vaisseau rasé l'Ansc
à l'état le plus déplorable, la Frégate française rendit terrible à l'Ennemi ce

Extrait du Procès-verbal déposé au Greffe maritime à Brest.

Paris chez Ban

Gravé à Brest par Lambert.

LA CÔTE D'IRLANDE, LE 27 VEND.RE AN 7.

andée par Ad.n J.h Segond, se trainoit péniblement sous ses deux basses
rham, & le Kangaroo, Cap.ne Brace. Quoique criblée de toutes parts, et réduite
ombat, & n'amena qu'après avoir épuisé sur lui toutes ses Munition.O.

...elle aux Ours. Déposé à la Bibliothèque Nationale.

Combat de «La Régénérée» contre une frégate anglaise. 1798. (Aquarelle de Frédéric Roux. Musée de la Marine. Paris.)

Position du début du combat d'Aboukir (ou bataille du Nil).

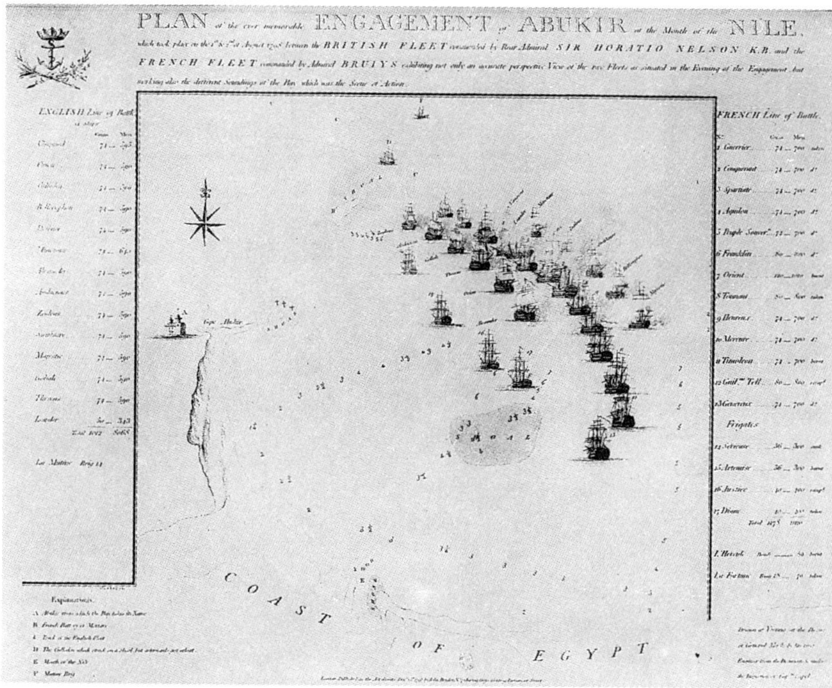

Plan du combat d'Aboukir. 1er août 1798. (Bibliothèque Nationale, cabinet des estampes. Paris.)

En pages suivantes : Débarquement des Français à l'île de Malte. Juin 1798. (Bibliothèque Nationale, cabinet des estampes. Paris.)

Débarquemen

Lat.

Lithograph: de C. Motte

Malte.

Le vaisseau «Le Tonnant» au combat d'Aboukir. 1er août 1798. (Bibliothèque Nationale, cabinet des estampes. Paris.)

Destruction de la flotte française par l'amiral Nelson. Aboukir. (Gravure allemande. Bibliothèque Nationale, cabinet des estampes. Paris.)

Gravure satirique anglaise sur la défaite française d'Aboukir. 1798. (Bibliothèque Nationale, cabinet des estampes. Paris.)

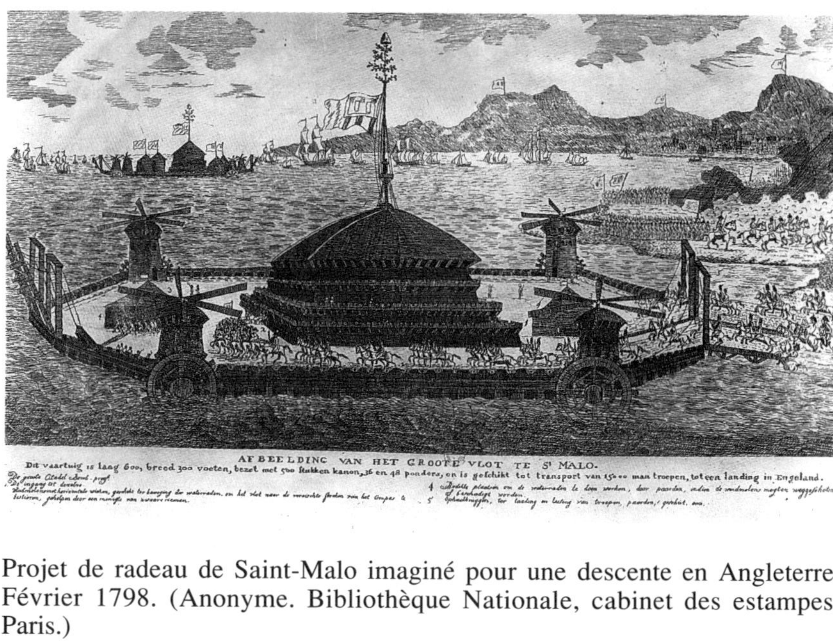

Projet de radeau de Saint-Malo imaginé pour une descente en Angleterre. Février 1798. (Anonyme. Bibliothèque Nationale, cabinet des estampes. Paris.)

En-tête du papier à lettre du contre-amiral Ganteaume. (Bibliothèque Nationale, cabinet des estampes. Paris.)

Ci-contre : Les différents commandants alliés de la bataille de Trafalgar. 21 octobre 1805. (Cliché Musée de la Marine.)

J.-J.-E. Lucas, commandant le *Redoutable* à Trafalgar.

Amiral Gravina, commandant la flotte espagnole à Trafalgaı

Amiral Villeneuve, commandaı la flotte française à Trafalgar.

Portrait de Truguet. (Lithographie d'après le tableau de Paulin Guérin. Bibliothèque Nationale, cabinet des estampes. Paris.)

CHAPITRE III

LES OCCASIONS PERDUES (1796-1797)

Après la bataille de Groix, Villaret-Joyeuse, écœuré, avait rédigé un rapport explosif, dans lequel, au risque de sa vie, en simple patriote, il ne mâchait pas ses mots : capitaines de navires choisis pour « leur verbiage patriotique » et ne se souciant que de leur seule solde ; officiers totalement dépassés par les événements et dramatiquement insuffisants, et dont d'aucuns, anciens matelots et patriotes sincères, ne savaient, d'après lui, à peine lire, encore moins écrire, ne connaissant que la seule spécialité qu'ils possédaient étant matelots ; canonniers ne sachant faire autre chose que « d'envoyer des boulets dans l'eau » ; tous profondément indisciplinés, croyant que leur « patriotisme » suffisait à masquer leur ignorance, et auxquels aucun capitaine de commerce n'eût osé leur confier un quart. Pour tout résumer : « Le patriotisme à lui seul ne peut manœuvrer un bateau ». Il en avait trop dit, et fut écarté de tout commandement important : toute vérité n'est pas bonne à dire. Il était pourtant l'homme de la Révolution tel qu'elle eût pu en rallier bien d'autres : en 1791 il était capitaine de vaisseau. L'expédition d'Irlande lui échappa et il fut « compromis » lors du coup d'état du 18 fructidor, la Révolution ayant réussi à rendre anti-révolutionnaires ceux qui se rendaient compte, par leur compétence, du désastre auquel on avait abouti. Le Consulat le réhabilita, sans lui confier, pour autant, une tâche à sa mesure.

Le Directoire eu pourtant la main heureuse en nommant l'amiral Truguet ministre de la Marine. Il est, tout comme Villaret-Joyeuse, l'un des marins auxquels l'Histoire n'a guère rendu justice, comme, à vrai dire, à aucun de ces ministres sacrifiés d'avance sous la Révolution. Seul Truguet resta suffisamment de temps au ministère pour pouvoir agir de manière quelque peu suivie. Il disposa même d'une relative indépendance d'attitude et de décision face aux assemblées du Directoire. Les ministres d'avant 1793 avaient été, en dépit de leur valeur et de leurs efforts, presque totalement impuissants, paralysés qu'ils étaient par la suspicion pesant sur eux comme ayant été choisis par le roi ; avec le gouvernement révolutionnaire, avait compté surtout l'activité des représentants en mission. Revenait donc l'heure des ministres susceptibles d'agir. Confusément d'ailleurs, les plus raisonnables en matière maritime des « élus » du peuple sentaient leur échec, redoutaient leur responsabilité, souhaitaient secrètement le rétablissement définitif d'un ordre nécessaire pour pouvoir faire seulement quelque chose. La Convention thermidorienne, avant de se séparer, s'était enfin décidée à prendre quelques mesures assurant l'avenir. Les « bureaux », du moins les commis les plus anciens restés en place, soutenaient les gens exigeant le rétablissement formel d'un corps d'officiers gouverné par des règles précises et non plus soumis aux seuls caprices et idées des représentants en mission. Ils trouvèrent en Truguet, qui avait commandé l'escadre de Toulon avant Trogof (donc la reddition aux Anglais) quelqu'un qui savait de quoi il parlait.

Le corps des officiers de marine fut donc, une fois de plus dissous, mais cette fois officiellement : c'était le meilleur moyen, en ne reprenant que les plus capables, de se débarrasser des autres. Le nombre des officiers en service par grade fut établi en fonction des besoins réels. L'avenir serait assuré par le recrutement à la base « d'aspirants » de 2e et de 1re classe : système évidemment copié sur l'Angleterre et toujours en vigueur (cadets et midshipmen). Le nombre total fixé par la loi ne fut pas rempli : nombre de places furent laissées vacantes. On s'attacha à créer des cadres à l'intérieur desquels on exercerait les canonniers. C'était à long terme assurer l'avenir, et la marine impériale en profitera. Pour l'instant, ce corps restait ce qu'il était : insuffisant en quantité comme en qualité. Quant à Truguet lui-même, il demeura toujours l'objet de soupçons : il avait été vice-amiral de l'ancienne marine, et emprisonné sous la Terreur . Thermidor l'avait sauvé.

Il est pourtant le responsable d'un incontestable retour à beaucoup de pratiques de l'ancienne marine. Cette apparence de « restauration » peut se justifier de prime abord ; mais l'état dans lequel se trouvait la marine était tel qu'on ne pouvait guère faire autre chose que de gérer au jour le jour en improvisant sur la corde raide. C'est le moment de la réintégration des officiers de marine rejetés antérieurement : la compétence, l'expérience, le bon sens guident les choix de Truguet et non plus la fidélité politique. Nul doute qu'une partie de ces officiers aient été (ou soient redevenus sous la pression des événements) royalistes au fond de leur cœur. Que pensaient en réalité les du Chayla, Brueys, Villeneuve, Dupetit-Thouars et leurs amis ? Il s'agissait avant tout de rétablir des états-majors dignes de ce nom, de commencer un recrutement fondé sur des concours d'entrée comme en 1789 et de les initier au métier au cours d'une scolarité suivie.

Truguet se trouvait dans une situation d'autant plus difficile que l'argent manquait : tout l'édifice tendu sur l'ensemble de la France disparaissait par pans entiers sous l'effet des retards de paiement qui se firent plus dramatiques que jamais. Et personne n'acceptait plus la monnaie de papier. La tension morale retombait et l'effort de construction navale s'en ressentit. Il n'y eut aucune construction de vaisseau nouvelle en 1796 et seulement trois en 1797. La politique de construction massive de frégates, pourtant indispensable, s'effondra encore davantage, retombant en 1796 à 4 unités, et en 1797 à 6. A quoi bon d'ailleurs construire tant de navires, puisque le stock de matelots du début de la Révolution se trouvait singulièrement réduit, les uns pourrissant plus ou moins selon les camps et les pontons anglais, les autres ayant payé un lourd tribut aux maladies et aux épidémies. Truguet rétablit donc purement et simplement l'ancienne inscription maritime, supprimant la grande et désastreuse innovation de la création de « syndics élus » totalement soumis aux volontés de leurs électeurs. Les équipages n'en restent pas moins désespérément disparates, recrutés de bric et de broc.

Quant aux arsenaux, ils se trouvaient épuisés de longue date. Les dernières réserves disparaissaient, et le matériel de remplacement était de plus en plus de mauvaise qualité. En réalité, l'immense effort du gouvernement révolutionnaire était arrivé au bout des possibilités et se serait, de toute façon, avec ou sans Terreur, totalement effondré, et peut-être pire qu'il ne le fit sous le Directoire. On ne pouvait plus envoyer en mer que des navires matériellement sous-équipés, et qui plus est, de matériel de moins en moins fiable. Les défaites navales françaises d'après 1795 (et déjà d'avant) s'expliquent aussi, et de plus en plus, par cette défaillance permanente du matériel. De plus en plus de journaux de bord sont truffés d'incidents impensables en temps normal : des vergues, voire des mâts qui cassent au moindre coup de vent, pour lesquels on n'a pas de pièces de remplacement, qu'il faut donc, au sens premier du terme, « bricoler » en souhaitant que cela dure aussi longtemps que possible. Que cela arrive par beau temps et sans l'adversaire, on parvient à s'en tirer ; toute tempête de quelque importance et à plus forte raison toute rencontre avec l'adversaire relève du jeu de la chance. Pas besoin d'être grand clerc en la matière pour comprendre que capitaines, officiers et équipages ne sont guère portés à l'optimisme et ressentent une inquiétude croissante, conscients de se sacrifier et d'être sacrifiés à chaque mission qui leur est ordonnée. Les officiers n'ont d'ailleurs plus aucune confiance dans leurs équipages d'infortune, incapables d'exécuter parfois les manœuvres les plus simples. La discipline, certes, se rétablit ; mais elle ressemble, la désillusion politique s'y superposant, plus à une indifférence à peine polie qu'au service de la Nation dans une obéissance confiante qui n'a jamais été le propre de la Révolution, et que celle-ci, au fond, n'a jamais cherché à établir.

Ajoutons un dernier phénomène, qui est peut-être le plus grave. La marine de 1789 était une marine savante, ou qui, du moins, tendait à l'être. On a vu plus haut quelle était, en maints domaines, l'avance technologique de ces beaux navires. Il n'en subsiste plus rien. C'est une marine qui copie ses modèles, les répète et ne cherche guère à innover. Elle est en train de perdre une partie de son avance, et la perdra de plus en plus. Non que les « innovateurs » manquent. La marine est submergée par un flot de propositions d'inventions de plus en plus farfelues. Elles existaient déjà sous l'Ancien Régime : cela devient une folie parfois hautement pittoresque. La plus grande partie d'entre elles émanent de milieux non marins et de villes de l'intérieur. Elles fleuriront de plus en plus (y compris sous l'Empire) orientées qu'elles sont contre l'Angleterre : invasion de l'île par des flottilles de ballons en visions dignes de Jules Verne ; escadre de radeaux gigantesques portant des monceaux de batteries et mues par des roues à aubes elles-mêmes propulsées par la force de milliers de chevaux (dans certains projets, ils ont même les pieds dans l'eau à l'intérieur de ces radeaux) ; sous-marins miracles. Quelques propositions émanent de l'étranger. Le tout atteint des apogées d'imagination lors de la constitution des flottilles successives de Boulogne. Tout se passe comme si, confusément, l'on ressentait l'évidence que la supériorité maritime anglaise était absolue. On le dit parfois, surtout à partir de 1798. Dans les chantiers navals, en revanche, rien de très important n'est à signaler. Et l'on peut, à bon droit, s'étonner que ce corps d'ingénieurs maritimes, si brillant avant 1789 — et qui a été le corps le moins atteint de tous ceux de la marine — ait ainsi brutalement perdu de son esprit inventif. Osons le dire : en ce domaine comme en d'autres, si on ne peut reprocher à la République de « n'avoir pas besoin de savants » (les preuves du contraire abondent) il existe dans les forces qui soutiennent la Révolution une très large part de mise en question des compétences reconnues, et de profonde inquiétude devant l'accélération de la vitesse de croissance des innovations technologiques. On peut d'ailleurs à peine appliquer correctement les usuelles. Le doublage en cuivre ne cesse de poser problème : le cuivre importé manque, tout comme les artisans spécialisés capables de faire le travail de doublage correctement.

Dans ces conditions, le réaliste qu'est Truguet abandonne évidemment la grande stratégie verbale qui dominait dans les discours et même dans les tentatives de campagnes navales jusqu'alors. Le monde, et même les colonies, quasiment livrées à elles-mêmes, quittent les horizons des planificateurs, et l'on se rabat sur des objectifs plus à la portée des pauvres moyens de cette marine en perdition.

LES OCCASIONS ET LES TENTATIONS

L'année 1795 s'était soldée, sur terre, par des succès importants. La Hollande avait été conquise en 1795 et profitant de l'hiver, le général Pichegru avait lancé sa cavalerie contre la flotte hollandaise prise dans les glaces dans son port d'attache : le Texel. Cela équivalait à une grande victoire navale, inquiétait au plus haut point l'Angleterre et compensait en partie, du moins sur le papier, les pertes enregistrées par la flotte française. Puis les traités de Bâle, en éliminant la Prusse (qui demeurera neutre jusqu'en 1808) laissaient l'Angleterre seule et une Autriche prête à traiter. L'Espagne suivait cet exemple et après avoir signé la paix, retournait à la vieille alliance française au traité de Sainte-Ildefonse, ce qui retournait entièrement la situation en Méditerranée. Désormais le blocus naval anglais était obligé de se desserrer et les ports hollandais et espagnols s'ouvraient aux navires de commerce et aux corsaires français. Théoriquement, l'alliance de trois puissances navales : France, Espagne, Hollande paraissait susceptible de contrebalancer la formidable puissance anglaise en recréant la situation de la fin de la guerre d'Indépendance américaine.

Pire ou mieux : la victorieuse avance de Bonaparte dans l'Italie du nord modifiait fondamentalement toutes les données de l'ensemble des questions stratégiques. Les petits états italiens adversaires de la France étaient soit conquis, soit obligés de se soumettre aux volontés du conquérant. Déjà la sortie de l'Espagne de la guerre avait obligé le royaume de Naples à suivre l'exemple.

D'un coup, l'étau libérait la Méditerranée. L'escadre anglaise était non seulement obligée d'abandonner ses bases italiennes directement menacées par l'avance de l'armée de terre française, mais se dégageait de l'île d'Elbe en abandonnant la Corse, enfin reconquise par les troupes françaises pratiquement sans difficultés.

Jervis, l'amiral commandant cette brillante escadre (mais que son prédécesseur Hotham n'avait pas su ou pu mener à des triomphes plus complets pourtant possibles, Hotham n'étant pas l'homme des audaces exagérées) se base sur Gibraltar pour contrer toute tentative de la part de la marine espagnole. Il n'était, à vrai dire, pas trop inquiet.

Il est difficile de juger équitablement les deux marines hollandaises et espagnoles. Elles n'avaient, de 1793 à 1795, pas joué de rôle maritime majeur contre la France, l'épisode de la prise de Toulon mis à part. Les Espagnols pouvaient se targuer de la capture ou de la destruction de quelques navires de guerre français ; cela ne dépassait pas la taille d'une frégate. Les Hollandais avaient fait moins encore. Les deux alliés n'avaient donc pas beaucoup contribué à la décomposition de la marine française, qui s'était opérée toute seule. Le problème était de savoir ce que leur adjonction à la France pouvait apporter à cette dernière. Les navires espagnols étaient de bonne qualité ; mais leur entretien, bon jusqu'en 1793, avait commencé à se détériorer. L'Espagne avait fait un très gros effort financier pour alimenter la guerre sur les Pyrénées — la première depuis 1720 — effort très largement sous-estimé par les historiens à la fois dans son ampleur et dans son efficacité. De ce fait, la marine avait été moins bien traitée qu'au cours des années précédentes. Qui pis est : la guerre avait provoqué dans les régions du Midi une flambée des prix des bois, non seulement de construction navale, mais aussi des bois industriels. De 1792 à 1805, le coût des bois d'importation en Espagne a été multiplié par près de 10. Les conséquences à court, moyen et long terme ont été très graves. La construction navale en métropole a été très ralentie, accordant ainsi une importance supplémentaire au grand centre de La Havane. Même la métallurgie espagnole s'en était ressentie, le charbon de terre des Asturies se prêtant mal à la fabrication de la fonte. L'Espagne n'a coulé à partir de 1793 qu'un nombre infime de canons de marine. La marine espagnole vit donc comme la française sur ses réserves qu'elle épuise. Quant à la Hollande, occupée ou alliée de la France, elle va être provisoirement la cible privilégiée de l'Angleterre qui attaque son commerce et ses colonies. Elle se trouve dans une situation défensive difficile, et ses liaisons avec la Baltique sont largement coupées.

Toutes ces conditions expliquent le changement de stratégie de Truguet. Elle est axée sur un certain nombre de points : 1) il faut avoir recours à la vieille tradition française de la « diversion » de type louis-quatorzien. L'objectif est l'Irlande : elle est à portée de main, et tant que la tactique de la flotte anglaise n'a pas recours au blocus rapproché, la sortie est possible par mauvais temps ; 2) l'arme du plus faible incapable de viser à la maîtrise de la mer est de recourir à la course. Il faut donc revoir la question : et la Convention envisage avec espoir une extension de la guerre économique. L'histoire de la course française pendant la Révolution repose sur une série de décisions contradictoires. La course avait été interdite en 1792, puis autorisée en 1793, puis à nouveau interdite en 1793. La première interdiction avait été motivée par des considérants humanitaires ; la seconde par la concurrence qu'exerçait l'attrait de la course sur le recrutement des équipages de la marine. La Convention thermidorienne autorise définitivement la course : c'est un moyen classique de faire la guerre avec l'argent des particuliers, quand l'Etat n'en a plus. Bien mieux, en 1797, on ira plus loin que cette simple autorisation du 15 août 1795 : on permettra même aux capitaux privés d'armer des petits navires de guerre, mais uniquement pendant la mauvaise saison. On retrouve donc toutes les motivations de l'époque de la guerre de la Ligue d'Augsbourg, tant les situations sont semblables. 3) Il fallait profiter de l'avance des armées de terre pour renforcer les positions navales et économiques françaises. L'idée d'un « blocus » économique de l'Angleterre appuyant les atteintes à sa force par la diversification des menaces prend progressivement corps. C'est une avalanche de plans : l'Egypte commence à émerger de ce chaos. L'une des raisons invoquées pour le renvoi de Villaret-Joyeuse est qu'il désapprouve la tentative de débarquement en Irlande, et qu'il prône l'autre politique de diversion : celle à la « Suffren », l'Inde. On ne peut s'expliquer la suite des événements en 1798 et 1802 sans avoir présentes à l'esprit ces combinaisons de discussions de bureaux et de salons retrouvés. Tout cela revient à vivifier l'efficacité de la marine en lui donnant des tâches à sa portée, géographiquement réduite (sauf dans le cas des Indes).

Ces idées se font jour au cours de l'année 1796 sans qu'il en résulte provisoirement des conséquences importantes, tant la machine maritime est difficile à mettre en route. Seule l'expédition d'Irlande prend corps à la mauvaise saison de 1796. Ce sera un fiasco supplémentaire ; seule l'année 1797 va offrir une série de compensations exceptionnelles dont la France ne saura que très médiocrement profiter.

Il est vrai que Truguet a été d'une très grande prudence d'emploi de la flotte : la liste des pertes des deux années 1796 et 1797 est exceptionnellement courte ; elle ne comporte guère que deux vaisseaux de ligne (dont l'un perdu par naufrage) et « que » 22 frégates (toujours suivant les listes de Cloves), ainsi qu'un nombre beaucoup plus important de petites unités. En sorte que les effectifs du corps de bataille proprement dit en arrivent, après les pertes de 1795, à se maintenir à peu près : il subsistait, en 1797, 53 navires de ligne ainsi que 61 frégates (contre, respectivement, 51 et 63 en 1796).

Il est aussi vrai que la perte de la Martinique en 1794 ne laissait entre les mains de la France que les deux îles des Mascareignes, rendues d'autant plus précieuses que la colonie hollandaise du cap de Bonne-Espérance avait été occupée dès 1795 par les Anglais, et, dans les Antilles, La Guadeloupe, un moment perdue, puis reconquise au courant de l'année 1794. Saint-Domingue continuait son terrible drame, les Anglais y jouant le rôle d'arbitre entre Blancs et Noirs en fonction de ce qu'ils estimaient être de leur intérêt.

Dès lors l'expédition d'Irlande projetée par Truguet devient la grande affaire. D'autant que la vraie conquête de l'Italie par Bonaparte, qui va encore améliorer la situation de la France en Méditerranée, ne commence qu'en janvier 1797.

Le projet est à la fois simple et vague. Reprenant, ici encore, les vieux « topoi » et les habitudes louis-quatorziennes, le Directoire, vite acquis à cette idée, veut débarquer une armée de terre en Irlande. Elle est placée sous la direction du meilleur général en dehors de Bonaparte : Hoche. Il a l'avantage supplémentaire d'être un vieux briscard des guerres civiles de l'Ouest et donc parfaitement adapté au terrain. Son humanité, son esprit de conciliation envers les catholiques peuvent le rendre acceptable pour les Irlandais. On en espère que toute l'île, en dehors de l'Ulster protestante, se révoltera contre les Anglais. En soi, à condition de pouvoir lancer en Irlande une armée assez importante, le projet est réalisable. Il suffit de passer, et, en effet, on passera, preuve que la suprématie des mers, même réelle, n'est pas, au temps de la voile, un élément suffisant pour protéger une île. Preuve surtout que l'on pouvait quitter Brest sinon comme on voulait, du moins assez facilement. L'on peut légitimement s'interroger (comme sous l'Ancien Régime) sur l'arrière-plan stratégique de l'ensemble de l'opération.

S'agissait-il uniquement d'une opération de diversion (comme le laisse à penser l'effectif, finalement faible, des troupes de débarquement) destinée à détourner vers l'Irlande le gros des troupes de terre de l'armée anglaise ? En ce cas la campane comportait un double risque. Le premier, maritime, est évident. Une chose est de passer une fois, par surprise, en mauvaise saison, une tout autre de maintenir à travers les croisières d'un adversaire numériquement et matériellement beaucoup plus fort, les liens assez réguliers pour que l'armée débarquée puisse entretenir des communications et jouir de ravitaillement en quantités suffisantes. Rien n'était moins assuré. Certes l'Irlande est relativement proche. Le deuxième danger est non moins évident. Menacée sur son propre territoire, l'Angleterre, unanime, ferait front et enverrait une armée de terre à la mesure du danger encouru. Certes la classique méfiance du Parlement et de l'opinion publique anglaise contre une armée de terre permanente d'effectifs considérables ne laissait aux dirigeants anglais qu'une marge de manœuvre limitée, et ce d'autant plus que l'essentiel de cette armée se trouvait dispersée à travers le monde, des Indes aux Antilles et au Canada, en train de recueillir les fruits économiques des guerres révolutionnaires. Le risque encouru était celui que connut Louis XIV : voir les troupes françaises être battues en Irlande même.

Il n'existe qu'une explication pour résoudre cette interrogation, mais ce n'est qu'une hypothèse. Truguet et le Directoire ont-ils, reprenant les illusions et les slogans des Girondins, cru à la « révolte des peuples » ? L'Irlande pouvait légitimement passer pour un terrain exceptionnellement favorable à ce genre d'expérience. Deux réserves toutefois viennent immédiatement à l'esprit : le nationalisme irlandais est surtout, et d'abord, d'essence religieuse : or, en la matière, la Révolution, fût-elle modérée, n'offrait aucune garantie. L'expédition arrivait bien tard après une « répression » anglaise efficace. Enfin, une révolte populaire : que peut-elle faire face à un adversaire organisé et décidé ? Il n'est pas exclu que « l'on » ait pensé à plus. L'Irlande était devenue l'un des grands partenaires économiques de l'Angleterre : une partie du ravitaillement de l'île (bétail, beurre) venait d'Irlande. Occuper l'île, sans même tenter de prendre pied au-delà de la mer d'Irlande, était couper ce ravitaillement, désorganiser le système commercial anglais, priver la « Navy » d'une source d'hommes, comme de la toile à voile et de la viande salée. Il ne manquait, ni à Brest, ni à Paris, dans les bureaux, d'hommes assez avertis pour spéculer sur ce genre de motivation. Au surplus, ôter ces ressources à la « Navy », était en l'occurrence en même temps résoudre deux des difficultés importantes de la logistique maritime française.

Avait-on espéré plus ? Même chez les « modérés » du Directoire subsiste l'idée, à l'état d'espérance latente, de la révolte des peuples contre les « tyrans ». A-t-on songé à un débarquement en Angleterre, même à partir de l'Irlande ? Probablement en tant qu'occasion possible, un jour, si par hasard quelque événement imprévu intervenait. La politique est l'art de profiter des occasions : le mot est de Louis XIV !

Pour solides qu'apparaissent les arguments que l'on peut invoquer en faveur de l'opération, le problème des modalités de l'affaire sont plus déterminantes. Une inquiétude d'abord : personne n'a, en la matière, songé le moins du monde aux négociants irlandais établis en France. Ils constituaient un élément important du grand négoce maritime français, tant à Saint-Malo que, surtout, à Nantes, et même à Bordeaux. Ils disposaient de solides réseaux de relations clandestines et officielles, commerciales et familiales, qui eussent pu constituer des éléments infiniment précieux tant dans la préparation que dans l'exécution du programme. Rappelons que plusieurs des sociétés commerciales des ports du Ponant étaient à la vérité internationales, avec des membres établis en Irlande et en France. Il est vrai que ces négociants, très attachés au catholicisme et, de ce fait, favorables à l'Ancien Régime — qui les avait si bien reçus — avaient passé pour « suspects » pendant la Terreur. On ne fit rien ou pas grand-chose en cette direction.

L'idée initiale de l'expédition d'Irlande semble avoir été à l'origine celle de Hoche et de son entourage. A Paris des exilés irlandais, comme Wolfe Tone et autres républicains se répandaient dans la certitude du soulèvement irlandais. On sait de quelles illusions ce genre d'exilés est porteur, que ce soient les émigrés français en Europe, ou les réfugiés révolutionnaires européens en France. On suivit d'emblée, avec enthousiasme, ces assertions qui demandaient, à tout le moins, quelque contrôle.

Dernier élément, et non le moindre. Les armées du Directoire sont déjà très largement prétoriennes et chaque grand chef a besoin d'un champ de bataille sur mesure, adapté à ses ambitions. Nul n'en manquait, Hoche pas moins que les autres. Vaincre le seul ennemi invaincu, que personne n'avait fait plier : quel coup politique. Hoche y a pensé... Truguet, préalablement « travaillé » par son entourage, a suivi : l'idée lui était, semble-t-il, familière. Non sans réticences pourtant. Il n'ignorait nullement que l'œuvre obscure entreprise, y compris et d'abord la restauration de la discipline dans la flotte elle-même, restait fragile. A-t-il mesuré exactement le degré d'appauvrissement des arsenaux ? On peut lui reprocher d'être resté à Paris et de n'avoir pas inspecté ses arsenaux ; or les bilans (et l'on sait combien, à toutes les époques, ceux-ci sont « orientés ») et les statistiques sont choses abstraites.

Les ordres de préparer l'expédition d'Irlande furent lancés au début d'octobre. Villaret s'opposant à l'affaire, Truguet le remplaça par Morard de Galles, que nous avons déjà rencontré. C'était, tout comme Villaret, un élève de Suffren. Il était assisté par Bruix. On équipa donc à Brest 17 navires de ligne et 13 frégates, plus l'habituelle « poussière maritime » nécessaire, soit 6 corvettes et seulement 20 transports. Ces navires devaient tranporter en Irlande 20 000 hommes. L'encombrement est extravagant, les transports étant réservés aux chevaux, aux vivres, etc., les hommes se trouvent dispersés sur les navires de guerre. Hoche et Morard de Galles avaient hissé leurs marques sur la frégate « Fraternité ». La flotte anglaise se trouvait au nord d'Ouessant ; Morard avait donc ordonné de sortir par le raz de Sein. L'on quitta Brest le 16 décembre, à l'orée de la nuit pour mieux tromper l'adversaire, mais avec, une fois de plus, des réserves de nourriture insuffisantes.

L'expédition fut d'emblée compromise. Au cours de la sortie, le vent tourna : Morard donna l'ordre de prendre le chenal de l'Iroise. Les signaux optiques ne furent pas vus, le canon fut mal interprété. Les frégates de surveillance anglaises de sir Edward Pellew (frégate « l'Indefatiguable ») se mêlèrent aux navires français et, multipliant coups de canons intempestifs et faux signaux, contribuèrent à transformer le tout en belle pagaille. Le vaisseau le « Séduisant » s'échoua et tira le canon de détresse. Il fut perdu. Six vaisseaux de ligne et 6 frégates prirent le raz, les autres l'Iroise. La chance tourna un peu plus tard. Le 17 décembre, Bouvet pouvait rassembler huit vaisseaux, sept frégates et des transports. Il se rendit au rendez-vous du Mizen Head, à la pointe sud-ouest de l'Irlande, où il rencontra Nielly et Richery avec sept autres vaisseaux et quelques autres frégates : l'essentiel de l'expédition était quand même réuni. Ne manquait qu'une chose : la frégate amirale, sillonnant les mers à la recherche de ses troupes ; prise en chasse par les Anglais, elle fut obligée de jeter ses canons, sa voilure étant tombée en partie à la mer au moment d'un changement rapide de cap. Ainsi « allégée », il ne lui restait plus qu'à rentrer au port laissant l'expédition à sa chance. Que, sur un navire amiral, l'on perde de la voilure pour un changement de cap, témoigne de l'état du matériel comme de celui des hommes...

Bouvet conduisit ce qui lui restait dans la baie de Bantry. La chance tourna : en cette baie profonde, les vents d'est se transformèrent en tempête. L'on était arrivé à destination, mais on ne put débarquer. Il eût fallu pour cela disposer d'excellents marins et d'excellents navires.

Dans la nuit la situation s'aggrava, deux frégates s'échouèrent ; une partie de l'escadre fut emportée vers le large. Les navires qui avaient réussi à rester sur place se trouvèrent trop peu nombreux et, sagement, le général Grouchy décida dans ces conditions de rentrer chez soi. On eût pu sortir de la baie, croiser devant elle en attendant que tout le monde se rallie. Cela eût consommé le peu de vivres dont on disposait encore. Quant aux qualités du commandant de l'escadre, Bouvet, les historiens en discutent. Il semble qu'il n'ait pas beaucoup cru au succès de l'opération. Bien audacieux qui lui lance la pierre... En sorte que lorqu'arrivèrent les traînards, et enfin la « Fraternité » elle-même, il n'y avait plus grand monde, sinon la « Révolution », un vaisseau de ligne en train de repêcher les naufragés d'une frégate. Le « Scévola » de 44 (une autre frégate de même type) sombra le même jour, le 30 décembre, à proximité de Mizen Head. Ceux qui, attardés, tentèrent de remplir leur devoir, tombèrent sur le chemin du retour sur la flotte anglaise : le vaisseau les « Droits de l'Homme » (74) fut pris en chasse par Pellew et ses deux frégates (« Indefatiguable » et « Amazon »). Le gros vaisseau résista mal, surchargé qu'il était de troupes. La tempête faillit faire naufrager tout le monde en rade d'Audierne. Mais tandis que la discipline extrême de « l'Indefatiguable » lui permettait de s'en tirer et que l'« Amazon » réussissait à sauver tous ses hommes, sauf six, le désordre total dans lequel se déroula l'évacuation du « Droits de l'Homme » fut si désastreux qu'il y eut un nombre important de morts, sans que l'on ait pu jamais savoir exactement combien, au minimum 200, peut-être 400. Les survivants comptaient parmi les gens les plus intelligents qui étaient restés à bord du navire : ils souffrirent de la faim pendant cinq jours avant que la tempête permette aux canots de la côte de les sauver.

Le 14 janvier tous les navires étaient de retour. Sans résultats, sinon la perte de trois navires de ligne, quatre frégates, et plusieurs petits navires tant de transport que de guerre. On avait vu pire pour des résultats moindres. Sur les trois navires de ligne, deux (« Séduisant », « Scévola », 74) avaient sombré dans la tempête, le troisième (« Droits de l'Homme ») après combat et par tempête ; sur les quatre frégates, trois furent prises (« Tortue » de 40, « Vestale » et « Surveillante » de 36), une fit naufrage (« Impatiente » de 44). Quant aux quatre flûtes de transport perdues, elles étaient bien armées : « Juste » de 44, « Ville de Lorient » 36, « Suffren » et « Allègre » de 44 ; la « Justine » fit naufrage, les autres furent prises à l'exception du « Suffren », coulé.

Les leçons étaient dures pour tout le monde. Pour les Français l'affaire se soldait par un fiasco total avec des pertes élevées sans bénéfice aucun. La tentative aurait-elle pu réussir ? On avait, du moins, l'excuse du mauvais temps. On n'avait pas eu de chance. Cela arrive. L'ennui était que les mâts cassaient comme des allumettes, plaçant les navires dans des situations dont l'inefficacité des équipages (et la maladresse des officiers) ne pouvaient plus les sortir. Tout se paie comptant en temps de guerre. Le tout se perdait enfin dans l'immense enthousiasme que soulevaient les premières grandes victoires de l'armée d'Italie : on ne s'aperçut guère, à Paris, du retour disséminé des survivants de l'action d'Irlande. Il y avait cependant un élément encourageant : l'escadre anglaise de la Manche n'avait réussi, ni à l'aller ni au retour, à intercepter la flotte française.

La preuve était apportée qu'avec un peu de chance, une nouvelle expédition pouvait aboutir : la domination anglaise des mers n'était pas ce qu'elle avait été entre 1757 et 1763. Cela augurait plutôt bien d'un autre projet de Truguet.

Depuis la signature du traité de paix, Paris et Madrid négociaient, une fois de plus, l'un de ces projets mirifiques pour stratèges théoriciens qui marquent toute l'alliance franco-espagnole. En réunissant les deux flottes, l'on pourrait « balayer » la Manche et permettre cette fois un débarquement direct en Angleterre. On avait négocié des mois durant pour savoir dans quelle direction l'on devait aller. Le plus sage eût été de joindre les deux escadres en Méditerranée : la supériorité numérique y était ainsi acquise d'emblée. Les Anglais le redoutaient. Autant que les victoires italiennes de Bonaparte de 1797, c'était, semble-t-il, cette crainte qui avait déterminé Jervis à se replier sur Gibraltar, voire même pour plus de précaution, sur Lisbonne, la rade du Tage étant plus sûre, et le Portugal resté ami. Pendant que se déroulaient les dernières « batailles » d'Irlande, Nelson, ayant perdu préalablement un œil dans un combat corse, évacuait en dernier lieu l'île d'Elbe au début de 1797. La flotte de Toulon pouvait sortir. L'expédition est d'ordinaire passée sous silence ; elle est pourtant importante. Ce n'était pas de longtemps que l'escadre française avait pu faire le tour de toute la péninsule italienne, pour se retrouver à Venise et en récupérer toute la flotte de guerre. Devant les menaces sans excès de subtilité de Bonaparte, la vieille république avait préféré capituler devant la violation de sa neutralité. La flotte vénitienne avait obéi, sans sabotages. Ce n'était pas, dans l'état d'épuisement de la marine française, chose négligeable. La marine vénitienne comptait, en effet, un ensemble de 20 vaisseaux de ligne et de 10 frégates qui venaient s'ajouter aux effectifs de la flotte française. Au passage, Bruyes ayant pu conquérir les îles Ioniennes, avec Corfou, appartenant à Venise, obtenant ainsi à bon compte une position stratégique importante. Etait-ce déjà dans l'idée d'une possible conquête de l'Egypte, en tant que simple éventualité ? Ces îles avaient été citées parfois dans les memoranda de l'Ancien Régime préconisant l'obtention de cette base. La médaille avait son revers, grave. Depuis Catherine la Grande, tout ce qui concernait les Balkans concernait la Russie. On fut, à Saint-Petersbourg, très attentif à un événement auquel nos manuels n'attachent pas beaucoup d'importance. Pourtant, cette prise de gage fut interprétée en Russie comme la preuve de la volonté expansionniste de la France, et comme une possible tentative de soutenir l'empire turc contre la Russie. Survenait, enfin, d'autres succès : dès 1796 les Anglais avaient évacué la Martinique après la Guadeloupe.

Finalement, les négociations franco-espagnoles n'aboutirent pas à l'idée la plus logique d'exercer la pression à l'endroit faible du plus fort. Ce peut-être sous l'influence de Hoche. Il partait d'un constat d'évidence : l'Angleterre ne pouvait être battue que chez elle, par une victoire terrestre sur son propre territoire. La course ne pouvait être qu'un élément préalable. Pour cela, il fallait débarquer. Le « plan » initial, dans la mesure où on peut le reconstituer, semble avoir consisté à regrouper les trois escadres : la hollandaise du Texel, l'espagnole de Carthagène, et la française de Brest en un ensemble unique. Projet à long terme : l'escadre de Brest mettrait du temps à se refaire. En attendant, on pouvait toujours procéder par petits sauts de puce préalables. Ainsi, faire passer l'escadre espagnole de Carthagène (où elle se trouvait concentrée depuis 1793 dans l'esprit de la lutte antifrançaise) à Cadix, base plus adéquate pour une lutte contre l'Angleterre. C'est ce qu'attendaient les deux chefs anglais de la Méditerranée : Jervis et son subordonné Nelson. Devait-elle même rejoindre directement Brest ? On peut en douter. L'Angleterre avait, du moins, un urgent besoin d'un grand succès. L'état d'esprit de la flotte commençait à inquiéter certains milieux dirigeants et il fallait faire passer dans le peuple anglais la pilule c'est-à-dire la déception de l'échec, voulu par Londres, des négociations de paix entreprises avec le Directoire.

Nous n'avons pas ici à analyser les raisons très complexes de cet échec, dont la responsabilité est à partager entre les deux parties. Le Directoire se refusait, tant par division interne que par idéologie, à évacuer la Hollande, qui constituait dans le jeu maritime français un atout d'importance. L'Angleterre restait très inquiète de la présence française à Anvers, et avait peur d'une France augmentée de territoires considérables qu'englobaient les frontières dites naturelles. Inutile d'ajouter que l'on se méfiait à Londres de la « mauvaise foi » des révolutionnaires (la réciproque étant également vraie de Paris) comme des menaces de « subversion sociale » appuyées sur la propagande. En réalité, Londres n'entrevoyait aucune raison d'urgence pour arrêter une guerre qui comportait certes des pertes, mais qui présentait aussi l'avantage immense d'avoir éliminé l'adversaire commercial français. Personne ne se souciait de voir refleurir le commerce du sucre, fût-ce d'un ensemble de colonies réduit. Et une paix avec la France ne pouvait que signifier l'envoi de troupes françaises à Saint-Domingue, et donc le rétablissement au moins partiel de la prospérité commerciale.

Jervis le premier était conscient de l'importance de l'enjeu ; c'est de lui que provient la phrase : « L'Angleterre a besoin d'une victoire ». Il la lui offrit le 14 février 1797 au cap Saint-Vincent. L'escadre espagnole est sous le commandement de l'amiral de Cordoba (don José de). Son escadre, ayant réussi à passer le détroit de Gibraltar, faisait route vers le nord avec 27 vaisseaux de ligne ; l'amiral se trouvait à bord de ce qui était probablement le plus puissant navire du monde, la « Santissima Trinidad », un quatre-ponts de 130 canons. L'escadre anglaise de Jervis ne comptait en face que 15 vaisseaux, le plus puissant étant le célèbre « Victory » de 100 canons. Par malheur pour eux, les Espagnols naviguaient scindés en deux groupes, 8 vaisseaux se trouvant quelque peu écartés vers l'Est. Jervis venant du nord coupa d'emblée la flotte espagnole en deux. Au passage Nelson (sur le « Captain ») était détaché pour s'attaquer au navire amiral ennemi. Il était suivi de Collingwood sur « l'Excellent ». Ils furent un long moment seuls, tandis que le reste de l'escadre anglaise revenait par le sud. Ce fut essentiellement à Nelson que furent dues les quatre captures sur les Espagnols. La bataille se solde donc par la perte de quatre vaisseaux de lignes : le « Salvador di Mundo » (de 112), le « San Josef » de 112, le « San Nicola » de 80 et le « San Ysidro » également de 80. Ce n'est pas encore la bataille-destruction : l'escadre de Cordoba réussit à rejoindre Cadix, en partie parce que Jervis n'a pas poussé son avantage jusqu'au bout. Dix navires espagnols sont cependant très endommagés. Quant aux Anglais, le tiers de leurs effectifs est presque hors combat. Ce qui explique la prudence de Jervis face à un adversaire qui s'est défendu plus qu'on ne l'a dit. Victoire tactique donc limitée, mais qui se traduit par une victoire stratégique indéniable, puisque Jervis décide d'en revenir à un blocus très rapproché de Cadix.

La suite n'est pas aussi favorable : ce fut même l'un des échecs les plus importants de Nelson. Il avait été détaché par Jervis à Santa Cruz de Teneriffe avec pour mission de capturer la flotte d'argent de retour d'Amérique. Le renseignement était erroné : le convoi ne s'y trouvait pas. Nelson décida cependant de débarquer, mais il fut rejeté avec des pertes très sévères (24 et 25 juillet 1797). A-t-on assez noté que les Espagnols faisaient, finalement, un peu mieux que les Français ?

Trois jours cependant après la bataille du cap Sain-Vincent, une autre bataille navale coûtait à l'Espagne aussi cher, sans qu'on en parlât beaucoup. Une escadre anglaise, celle de Harvey, surprenait les Espagnols à l'île de la Trinidad : 3 vaisseaux de ligne et une frégate se coulaient elles-mêmes pour ne pas tomber entre les mains des Anglais (« San Vincente » de 80, « Arrogante » de 74, « Gallardo » de 74 et la frégate « Santa Cecilia » de 34, coulée) et le « San Damasos » pris (encore un 74). Le mois de février avait donc coûté à l'Espagne huit vaisseaux de ligne. L'escadre de Jervis ne participa pas à la mutinerie qui s'abattait au même moment sur la flotte anglaise. La victoire et l'énergie de Jervis et de Nelson étouffèrent les choses dans l'œuf. Il n'en allait pas de même en métropole.

LA GRANDE MUTINERIE ANGLAISE DE 1797

Il nous faudrait une histoire comparée des grandes mutineries des flottes du XVIIIe siècle à nos jours. Elles ont joué un rôle considérable. La grande « panne » française de 1789 à 1794 est l'une des raisons majeures de la défaite navale de la France révolutionnaire. Or la mutinerie anglaise, dont les épisodes essentiels ont duré d'avril à août 1797, eût pu inverser la situation. Quant aux conséquences de la mutinerie de 1917 à Kronstadt, on en sait les conséquences et les Soviets ont été tellement persuadés de l'importance primordiale de l'événement qu'ils ont mis tout en œuvre quand les mêmes marins ont tenté de manifester leur mécontentement. Le régime nazi s'est en partie édifié sur une mauvaise interprétation de la « révolution » de la flotte allemande en 1918, en grossissant démesurément l'importance réelle dans l'effondrement du second Reich allemand. Quant à la flotte française de mer Noire (mais aussi de la métropole), elle a profondément marqué moins la marine en elle-même que la vie politique française des années 1920.

De prime abord, on est tenté de leur trouver des points communs, dont certains sont évidents : rassemblement dans un espace étroit d'un grand nombre d'hommes, mauvaises conditions de ravitaillement illustrées par le fameux épisode russe du cuirassé « Potemkine » qui ont eu leurs équivalents isolés dans la marine de Catherine la Grande, hiérarchie trop fortement soulignée, distance sociale énorme entre les états-majors des navires et leurs équipages, discipline de fer et mauvais traitements, paie et solde faibles, et plus encore retardées avec des impayés considérables, campagnes maritimes trop longues, etc. Dans ces conditions, le mécontentement ambiant peut aboutir au succès de propagandes hostiles au régime dominant, et cette raison politique a eu chez les historiens d'autant plus de succès qu'elle a servi d'alibi pour les responsables qui n'avaient su prévenir les choses. Ces ressemblances ont cependant masqué les profondes différences qui existent entre ces faits en réalité très divers et dont, peut-être, seules les conséquences sont vraiment identiques. Il est donc aisé de commettre le péché d'anachronisme. Là encore seule une étude comparative, à la fois diachronique et synchronique, permet d'obtenir un début de réponse quelque peu solide.

Car ces révoltes n'éclatent pas dans le même contexte. L'allemande de 1918, qui a pour « modèle » celle, réussie, de 1917, éclate dans une flotte depuis longtemps inactive, à laquelle on demande une mission-sacrifice de toutes façons inutile. Celle de la mer Noire de 1919 surgit lors d'une expédition lointaine après une longue période de guerre intense et méconnue, lourde en pertes, alors que le reste du pays se trouve en paix. Celle de 1917 se situe dans un contexte de crise politique générale, particulièrement aiguë dans la marine tsariste depuis les écrasantes défaites de la guerre russo-japonaise de 1905. De plus cette marine présente des vices de fonctionnement graves, doublés de corruption.

Les deux grandes mutineries du XVIIIe siècle ne peuvent être interprétées de la même façon. Ce sont d'abord des révoltes dans la marine à voile, donc dans des conditions de vie quotidienne infiniment pires que celles régnant, fût-ce dans la marine tsariste (la remarque comporte une exception en ce qui concerne les chauffeurs et les matelots servant les machines à vapeur). Aucune des deux révoltes n'atteint une marine défaite, bien au contraire. La française a récolté la gloire et les lauriers de la guerre d'Indépendance américaine ; l'anglaise est maîtresse des mers. La décomposition de la marine française se fait en pleine paix, et ne peut se comparer avec la révolution russe de 1917, qui a veillé à ce que la flotte reste dans un état au moins relatif d'efficacité, à usage interne tout au moins. Rien de tel ni en France, ni en Angleterre à l'époque de la Révolution, puisque la mutinerie anglaise intervient au bout de quatre années de guerre. La marine française commence son implosion non tellement par la flotte elle-même, puisque c'est une très faible fraction des « gens de mer » qui est mobilisée : moins de 7 à 8 % des effectifs globaux ; elle semble, au moins au point de départ, plus l'œuvre des ouvriers des arsenaux, de la petite administration « de plume » de ces ports. La propagation se fait autant par l'encadrement subalterne des chantiers que par celui de la marine, qui suivra, mais plus tard. Cette révolte française se veut politiquement « patriote » ; elle repose cependant largement sur le refus occulté du combat, et plus encore de l'entrée en campagne, la méfiance envers les officiers relevant autant de la réalité que du prétexte.

Nous avons, enfin, l'habitude de ne voir que la désobéissance des flottes de guerre : or elle est dans les marines de commerce fréquente au point de présenter ses propres « rites », ses « séquences ». Elle culmine dans les bâtiments affectés à la course ; mais les révoltes civiles se déroulent dans un milieu aux effectifs fort peu nombreux, en vase clos, mettant aux prises des gens qui se connaissent personnellement. Les effets d'entraînement collectif sont rares et d'ampleur nécessairement limitée. La surconcentration, la promiscuité des équipages des navires de guerre concernent en revanche un milieu plus « anonyme », aux relations hiérarchiques beaucoup plus marquées, et surtout, dans des rades où se trouvent d'autres navires, et où, par conséquent, le désordre peut aisément se propager de la terre à la « mer », de navire à navire, voire de la mer à la terre.

Les mutineries anglaises de 1797 relèvent de ce cas mais présentent par rapport à la française l'originalité que cela n'affecte qu'une partie de la flotte, c'est-à-dire la flotte de Spiethead et de l'estuaire de la Tamise. Elle ne se propage pas beaucoup à terre : c'est au fond, surtout, l'affaire de la « Channel Fleet ». Naturellement on a, à l'époque, voulu y voir la main de la propagande révolutionnaire. C'est une grossière exagération. Le simple fait que la marine de guerre et le gouvernement du Directoire n'aient pas profité de cette paralysie partielle des « murailles de bois » pour tenter quelque effort décisif indique bien l'énorme carence des services de renseignement français. Le Directoire a d'abord ignoré, puis a sous-estimé (puis surestimé) l'importance de cette surprise. Si complot il y avait eu, le gouvernement révolutionnaire eût été averti. Demeure la possibilité de mouvements révolutionnaires « spontanés » qui auraient été provoqués par des meneurs. Comme on ne prête qu'aux riches, ils se devaient qu'ils soient Irlandais, en liaison avec la tentative de débarquement français, et les organisations secrètes dont, il est vrai, l'Irlande a été prolifique. De fait les matelots irlandais ne manquent pas dans la « Navy » et les procédures de condamnation de quelques-uns démontrent l'attirance de l'idéologie révolutionnaire. Mais c'est chez une minorité, et les Irlandais n'ont pas été les seuls « meneurs ». Ils ont simplement payé leur réputation, et ont servi d'exemples lors de la répression.

Il faut donc tenter de comprendre. Dans les marines de guerre, les désobéissances et les défaillances sont, en réalité, à l'époque, beaucoup plus nombreuses qu'on ne le dit, et que surtout ne le disent les documents. Les capitaines de navire n'ont pas intérêt à trop le montrer, surtout au cours d'une révolution. Les journaux de bord et les rapports minimisent, ou taisent des situations difficiles. Ces incidents proviennent surtout des non-marins : au cours de la bataille, ils perdent la tête et le courage. Le spectacle d'une bataille navale est, en effet, pour quelqu'un qui n'y a jamais participé, terrible, et à aucune autre chose comparable : la bataille terrestre est dérisoire à côté d'elle. Au combat du cap Saint-Vincent l'escadre espagnole s'est comportée d'étrange manière : le dégât infligé par leurs bordées a fait beaucoup plus de mal à leurs propres navires qu'aux Anglais. La panique fut, sur certains navires, totale : dans le « San Josef » capturé, on découvrit qu'une partie des canons du côté du feu majeur possédaient encore leurs capuchons de protection. Les officiers espagnols étaient très courageux : leurs équipages, comprenant moins de 6 à 7 % de matelots, n'avaient aucune efficacité, ni marine, ni d'artillerie. Il a existé dans la marine révolutionnaire beaucoup plus de défaillances de ce genre qu'on ne veut l'admettre : c'était probablement déjà vrai sous l'Ancien Régime, et bien des « désobéissances » de capitaines de navire refusant de s'engager dans le gros de la bataille relèvent certainement d'une « complicité », tacite ou non, avec leurs équipages, ou du sentiment qu'il n'était pas possible de faire grand-chose avec des équipages d'infortune.

Mais la grande mutinerie anglaise relève d'autres causes. Dire que le salaire des matelots n'avait pas augmenté depuis plus d'une décennie alors que le niveau général des prix augmentait ne forme qu'un début d'explication.

La mutinerie a été précédée par une série de refus d'obéissance isolée. Ils furent attribués à l'action d'agents français (cf Moreau de Jonnès : « Aventures de guerre »). Ils ont touché aussi bien des navires commandés par de bons capitaines, réputés chez les marins, que ceux commandés par des capitaines redoutés. La première affaire avait eu lieu dès 1794 à bord du « Culloden » (janvier). Puis, à la fin de 1794, les mutins du « Windsor Castle », qui accusaient leurs officiers, eurent même gain de cause. En 1795, un équipage, celui du « Shark », déserta en France : il y fut fort mal accueilli. Ces incidents, apparemment mineurs, se multiplièrent au courant de l'année 1796. Mais rien ne laissait prévoir l'ampleur de la mise en question de 1797.

En février 1797 des équipages envoyèrent des pétitions à l'Amirauté demandant un certain nombre de réformes : ils partirent normalement en mars lors de la croisière de ce mois. A leur retour, ils s'aperçurent que l'on avait totalement ignoré leurs pétitions. Ils formèrent donc des réseaux de correspondance entre les navires pour aboutir à une sorte de grève tant que ces demandes ne seraient pas prises en compte. Quand l'amiral Bridport ordonna le départ d'une escadre le 15 avril, l'équipage du « Queen Charlotte » donna le signal de la mutinerie, entraînant à sa suite 16 vaisseaux de ligne. Le 16 avril, se passa en discussions à bord du « Queen Charlotte » avec l'amiral. Le 17, la situation s'aggrava, des officiers détestés étant molestés. Le 18 et le 19, des envoyés de l'Amirauté offrirent le pardon général, mais dans un accès de rage, l'amiral Alan Gardner s'emporta au point de promettre de faire pendre un homme sur cinq. Il eut de la chance d'échapper vivant à ses interlocuteurs. Les équipages hissèrent un drapeau rouge. Beaucoup d'officiers avaient quitté leurs navires ; ceux qui étaient restés furent surveillés.

L'examen des exigences des matelots donne une idée très claire de leur état d'esprit ; malheureusement, nous ne possédons pas pour la flotte française de documents comparables. Leurs salaires n'avaient pas été relevés depuis l'époque de Charles II ; et cette stabilité était d'autant plus difficile à supporter que les prix ne cessaient de monter. L'armée avait augmenté la solde : pourquoi pas la marine ? L'alimentation à bord des navires était insuffisante en quantité comme en qualité. Les exemples ne manquaient pas. Au port, on ne recevait pas de légumes frais. En rade, les matelots demandaient une liberté plus grande de déplacement. Pire : les blessés étaient privés de leur solde ; les malades mal traités. On le voit : rien que de raisonnable et exprimé en un langage des plus modérés. Rien dans le ton des élucubrations politiques françaises, et la déraison des ultimatums des clubs. L'amirauté s'inclina en promettant d'augmenter les salaires et de pallier les carences constatées. D'autres revendications portaient sur les conditions de vie et d'admission à l'hôpital de Greenwich et leur extension à la marine de commerce comme de la Compagnie des Indes. En matière alimentaire, les suggestions (car ce n'étaient que des suggestions) sont particulièrement intéressantes sur la manière dont les matelots envisageaient leur bien-être : une augmentation de la ration de pain jusqu'à « sixteen ounces » ; idem pour la viande ; augmentation de la ration de fromage, de beurre, de l'eau-de-vie à proportion, et surtout des légumes. Ce qui en dit long sur les conditions réelles de vie. Ils demandaient surtout que la qualité soit enfin un peu meilleure qu'auparavant ; que les salaires ne soient plus payés en retard ; et qu'évidemment, le pardon le plus complet soit accordé à tout le monde. On leur promit beaucoup et l'on attendit. Mais lorsque Bridport donna l'ordre le 7 mai de lever l'ancre, on refusa, puisqu'on n'avait pas encore reçu de réponse de la part de l'amirauté. Nouvelles rencontres, cette fois à bord du « London » ; mais les choses tournèrent mal. Le vice-amiral Colpoy menaça de faire feu sur les délégués par les « marines » ; un délégué blessa un lieutenant des « marines », provoquant une fusillade. Cinq hommes furent tués, dont deux délégués. L'équipage du « London » se révolta, obligeant vice-amiral et officiers ainsi que les « marines » à se rendre. On évita le massacre, l'amiral alléguant qu'il n'avait agi que sur ordre de l'amirauté. La mutinerie se propagea, les officiers les plus redoutés étant renvoyés à terre. Le 14 mai Howe arrivait enfin de Londres avec les pleins pouvoirs, apportant un « bill » du Parlement et des proclamations de pardon. Le choix de Howe, très populaire, était excellent : le 16 mai la « Channel Fleet » levait l'ancre.

Les jours suivants pourtant, la mutinerie s'étendait aux autres ports, avec de nouvelles revendications. Cette fois elles allaient plus loin : les équipages auraient le droit de refuser les officiers qu'ils détestaient ; le libre droit de circuler et de recevoir qui ils voudraient à bord, etc. C'était mettre en cause la hiérarchie et plus encore le système de la presse. Leur chef était, dans le « Nore », un certain Richard Parker, midsichman, donc un officier enseigne de vaisseau, qui était passé devant une cour martiale en décembre 1793 et avait été renvoyé en 1794. On répondit en admettant certaines demandes, en refusant d'autres comme impossibles, mais sous forme d'ultimatum à répondre dans les dix minutes. Le 23 mai le navire de Parker hissa le drapeau rouge (« Sandwich »). Les mutins concentrèrent les navires de Sherneess dans la « Nore ». Ils disposèrent même un certain temps d'un otage de marque sous la forme de la princesse royale de Würtemberg, qui devait être transportée sur la frégate « San Fiorenze ». Toutefois son capitaine réussit à la faire « évader ». Le 24 mai Parker refusa un pardon général de l'amirauté et joua de la provocation en organisant à terre des manifestations qui durent être annulées devant les mesures de répression. L'unanimité était loin d'être réalisée dans la flotte. Le 26 mai, l'amiral Duncan, chargé du blocus de la Hollande, put lever l'ancre : seuls refusèrent deux vaisseaux de ligne. Toutefois, quelques jours plus tard, l'amiral ne disposait plus que de son propre navire-amiral assisté d'une frégate, les autres navires étant rentrés au port. La commission qui avait résolu l'affaire de Portsmouth négocia avec les mutins (le 27 mai), mais cette fois ceux-ci se montrèrent très agressifs. Si l'on suit les allégations déjà évoquées de Moreau de Jonnès, les quelques chefs des mutins pensaient conduire la flotte en France. Parker, plus tard, l'a nié. L'eussent-ils voulu, ils n'auraient pas été suivis. On était en présence d'une grève, qui commençait à se politiser quelque peu, mais qui n'était pas un mouvement antipatriotique. Il est probable que si la flotte française était apparue, les marins anglais l'auraient combattue ne fût-ce que par sentiment de supériorité envers les « grenouilles » détestées.

Entre temps, les autorités avaient pu prendre leurs dispositions. On n'était pas dans la France sans tête et sans direction de 1789. Clowes a raison de noter : « Le succès (de la mutinerie) était invraisemblable ; la punition certaine... et pourtant ils ne désertèrent pas ». On tenta d'abord de les couper de tout ravitaillement : ils répondirent en bloquant tout le trafic commercial du port de Londres et en prélevant la nourriture sur les navires de commerce. Le 6 juin 1797, la révolte atteignait son apogée avec 12 navires de ligne, 2 navires de 50, 6 frégates et 6 navires de petites dimensions. Cette fois les mesures prises furent très énergiques. Des batteries côtières furent rapidement mises en place contre les navires rebelles ; et on dirigea contre eux plusieurs navires restés loyaux, dont des canonnières. Inquiets, les mutins tentèrent de reprendre les négociations : on les refusa. Cette attitude provoqua une désagrégation de l'escadre rebelle : progressivement, de nuit, plusieurs navires rejoignirent les rangs loyaux non sans avoir au préalable parfois essuyé le feu des navires qui les encerclaient. Le 10, plusieurs navires retirèrent le drapeau rouge, suivis de tous le 12, non sans de violents incidents à bord des navires encore rebelles. Le 13, on capitulait et les jours suivants les cours martiales condamnèrent à bord même des navires les principaux responsables : Richard Parker et son principal aide, Davies. C'était la fin non des mutineries, mais des grandes révoltes générales. La répression fut exemplaire, mais finalement plutôt limitée.

La mutinerie en effet couva jusqu'en 1801, touchant des navires isolés en Angleterre, atteignant même la flotte victorieuse de Jervis, et jusqu'à une escadre au cap de Bonne-Espérance. Jervis, ulcéré dans l'âme de ce qui lui arrivait, risqua le tout pour le tout, refusant d'écouter les conseils du capitaine du « Marlborough » publiquement sur la dunette de son « Ville-de-Paris », lui disant que s'il n'était pas capable de faire pendre le principal mutin sur son propre navire par son propre équipage, il enverrait un autre officier à sa place. Le « Marlborough » se trouva encerclé par le reste de la flotte et l'exécution eut lieu. Il a lui-même raconté la scène, se décrivant le chapeau à la main, donnant des ordres : il avait l'habitude de parler tête nue non seulement à tout officier, mais à tout matelot...

Plusieurs de ces mutineries dégénérèrent : ainsi un officier particulièrement dur, Pigot, commandant de « l'Hermione » (32) fut assassiné de nuit par son équipage qui tua la totalité de l'état-major, le tout accompagné de mutilations qui firent scandale. Puis les mutins conduisirent le navire chez les Espagnols, ce qui prouve le peu de fondement des explications politiques... Il y eut plusieurs cas de cette sorte : le « Marie-Antoinette », le « Haughty » et, en 1800, « l'Albanaise ». Le cas le plus célèbre est celui de la « Danae » en 1800, qui faisait partie de l'escadre de blocus de Brest, et qui s'y réfugia. Les mutins furent emprisonnés par les Français, les officiers et le capitaine très bien traités, tant ces mutineries avaient excédé les corps d'officiers français ou anglais quelle que fût par ailleurs leur opinion politique. Peut-on, à partir de ce récit et de ces témoignages, établir une typologie comparée des cas anglais et français ?

Probablement non ; mais on peut dégager quelques traits et surtout quelques problèmes de méthode. Il ne suffit, en aucune façon, d'avancer de grandes raisons abstraites. Il faut détailler jour par jour le déroulement des événements. La maladresse de certains officiers anglais a été pour beaucoup dans les rebondissements dangereux : on eût pu les éviter. Mais à trop céder, les réactions des mutins peuvent devenir imprévisibles. En France, d'Albert et Hector ont cédé tôt, en face, il est vrai, de revendications beaucoup plus politiques : ce qui réussit dans un cas ne sauve pas dans l'autre. Tout est question de situation, du moins au niveau du contact direct. Tout aussi est question de prestige personnel : Hector n'avait guère commandé en mer pendant la guerre d'Indépendance américaine, quoiqu'il en ait été l'inspirateur. Jervis victorieux, et personnellement d'une extrême politesse envers tout le monde (cas rare) jouissait d'un prestige tel que seul un officier ayant fait ses preuves de courage et d'humanité au feu pouvait se permettre le jeu de risquer le tout pour le tout. On l'en savait fort capable.

Manquait à la mutinerie anglaise le support idéologique à terre : celle-ci fut d'emblée hostile. Visiblement, la première révolte est affaire « spontanée », quoique bien organisée. Les revendications étaient admissibles, même pour une époque qui, ne l'oublions pas, était très dure et ne comportait pas la même échelle de valeur que la nôtre, qui eût passé pour sensiblerie risible. En revanche, la seconde révolte possède son chef, dont la personnalité réelle nous échappe. Visiblement, Parker a joui d'un prestige certain.

Quant à la réaction de l'amirauté, au début trop lente, elle a comporté deux phases : l'une de négociation, cédant le nécessaire (on eût pu, comme dans la marine française, y songer bien plus tôt, ne fût-ce que par simple humanité) ; l'autre ensuite particulièrement énergique.

LA FIN DE L'ANNÉE 1797

Que faisait pendant ce temps la marine française ? Truguet développait, en dépit de la bataille du cap Saint-Vincent son, ou « ses » plans : course, préparation d'une invasion de l'Angleterre. L'idée d'un débarquement en Irlande n'était nullement abandonnée, ni même hors de saison : on a déjà évoqué la croisière de l'escadre de Méditerranée après le traité de Campo-Formio (17 octobre 1797). Mais la mort de Hoche, en septembre, enlevait à l'idée irlandaise son support principal. On songea même à utiliser l'armée hollandaise (11 000 hommes) pour exécuter cette tâche.

Pourtant quelques jours avant Campo-Formio, l'amiral Duncan avait remporté un avantage capital en détruisant une bonne partie de la flotte hollandaise : ses navires étaient en partie des navires d'anciens mutins. Bataille révélatrice, car premier vrai exemple d'une rupture de ligne réussie parce que voulue. La flotte hollandaise qui devait protéger le débarquement hollandais en Irlande (on croit rêver) bloquée depuis longtemps au Texel, rencontra presque immédiatement après sa sortie l'escadre de blocus de Abraham Duncan. Les deux escadres étaient à égalité numérique : 16 contre 16 ; mais les navires hollandais étaient de taille, et d'armement très inférieurs, compte tenu des faibles tirants d'eau des eaux côtières hollandaises. De Winter ordonna la ligne de file, Duncan, ayant vent arrière, attaqua perpendiculairement sur deux files (Duncan et Onslow). La rencontre fut sanglante, les navires hollandais encerclés se défendant bien. Neuf navires furent pris. S'y ajoutaient deux frégates. Les pertes humaines, paradoxalement, n'avaient pas été trop graves et assez égales des deux bords : quelque 1 000 hommes, ce qui indiquerait plutôt une bonne technique de tir hollandaise... Le reste de l'escadre de De Winter put retourner au port sans pouvoir être inquiété par Duncan. La bataille, de fait, sonnait définitivement le glas de la puissance navale hollandaise, considérablement affaiblie par les pertes préalables d'unités isolées dans les colonies, comme celles survenues le 17 août dans la baie de Saldanha où l'amiral anglais Elphinstone avait obtenu la capitulation de trois petits vaisseaux de ligne et de quatre frégates, sans compter deux autres petits navires.

La « Navy » s'était rétablie et donnait les preuves d'une efficacité renforcée...

LE BILAN DE TRUGUET

D'une activité débordante, les bureaux parisiens avaient préparé un autre type d'invasion. Truguet cependant avait été remplacé (suite à sa démission) en juillet 1798 par Pléville le Peley, célèbre pour sa jambe de bois, puis en 1799, celui-ci céda sa place à Bruix, qui avait été le bras droit de Morard de Galles : l'instabilité ministérielle reprenait. La continuité des bureaux permettait de pallier partiellement les inconvénients évidents. L'idée de la flottille de Boulogne apparaît dans ces bureaux à la fin de 1797, au lendemain même de Campo-Formio : ce sera l'un des grands espoirs — et une grande désillusion des années suivantes.

En sorte que le seul bilan vraiment positif réside dans les succès de la guerre de course. Il eût pu l'être nettement plus encore sans les tergiversations des années 1792-1794. Le Directoire cependant a été bien décidé à la mener sans faiblesses, et elle le fut jusqu'en 1800 environ. La course a toujours joui en France d'un préjugé favorable. La meilleure preuve en est la facilité avec laquelle elle a été financée. Rien de changé sur ce plan par rapport à l'Ancien Régime : c'est le bon vieux procédé de la société par actions utilisée depuis Louis XIV. Les actions sont réparties dans toutes les couches de la société française, y compris parmi des éléments antirévolutionnaires. En fait, le financement est intégralement privé et ceci est d'autant plus notable que par ailleurs la pénurie d'argent est partout manifeste. Cette popularité de la course tient à nombre de raisons. La première est qu'elle constitue une activité de substitution, qui a l'avantage de donner du travail aux chantiers navals, aux matelots, aux ports touchés par le déclin du commerce colonial et par les effets du blocus naval et de l'activité des corsaires anglais. Pourtant la question de la rentabilité réelle reste discutée. On peut la concevoir de deux façons : ou bien se contenter, comme l'ont fait les érudits locaux (il est d'excellentes études régionales et locales anciennes) de se placer sur le seul plan financier et de décompter les frais d'armement (de « mise hors ») du total des bénéfices réalisés par les prises et les rançons. Ce bilan est nécessairement, sur le plan individuel, tributaire de la chance et des circonstances. La course appartient au domaine de la loterie, relève du jeu, et ce n'est certes pas son moindre attrait. Il est donc des sociétés de course qui réalisent de bons bénéfices. Il en est d'autres qui sont des échecs complets, soit du fait de la prise du corsaire par l'adversaire, qui entretient en Manche des croisières permanentes, soit à cause de la malchance qui a voulu qu'on ne rencontre pas de navires de commerce ou de pêche ennemis. Certains capitaines passent pour avoir « la poisse » : les matelots les évitent. Les armateurs, eux, qui n'ont souvent investi que peu de choses, s'en tirent presque toujours. Il faut donc établir des bilans port par port, en tenant compte des prises qui ont rejoint d'autres ports que celui d'attache du corsaire. Saint-Malo a, plus que pendant la guerre de Sept Ans, eu, de 1793 à 1801, un bilan global positif de l'ordre de quelques millions de francs. Ne donnons pas de chiffres trop précis : tout le monde savait que le revenu réel était sensiblement supérieur aux chiffres donnés aux administrations, et personne ne perdait à ce camouflage. Là encore, traditions obligent.

La course, de toute façon, était d'autant plus tentante que le commerce maritime français était sinon arrêté, du moins fortement réduit. Il offrait peu de prise à l'adversaire, alors que le trafic maritime anglais ne cessait de se développer. Le grand commerce international s'était reporté vers la mer du Nord, accentuant le mouvement qui s'était déjà dessiné pendant la guerre de l'Indépendance américaine. La paix avec la Prusse, l'accord tacite franco-prussien de ne pas mener de guerre terrestre au nord de la ligne du Main (1795), avait transformé l'Allemagne du Nord en une zone de paix durable dont le centre était devenu Hambourg, cette ville remplaçant, avec Copenhague, Amsterdam. Il en était résulté une zone de prospérité commerciale qui profitait abondamment au commerce anglais comme aux villes hanséatiques et aux pays scandinaves. La Manche était de longue date la grande zone de transit pour ce commerce, ainsi que pour celui de Londres. Il y avait donc deux grandes zones géographiques de course : la Manche et la mer du Nord, course menée par les villes françaises traditionnelles, de Dunkerque à Saint-Malo, en passant par Saint-Valéry-en-Caux, Dieppe, Le Havre, Honfleur, Grandville, voire Cherbourg. C'est le domaine des petits corsaires, à rayon d'action limité, faiblement armés, agissant par surprise, dans la brume et la nuit, osant parfois des coups d'audace folle. Il y a une vie nocturne singulière en cette Manche, où l'on tente de continuer de pratiquer au moins la petite pêche, où passent les agents royalistes et anglais, les spécialistes des deux bords de la contrebande, qui n'ont jamais arrêté totalement leur métier, surtout à partir du moment où la reprise de la vie mondaine parisienne créait une nouvelle clientèle pour les produits de luxe devenus rares. S'y ajoutent les corsaires, le va-et-vient des chiens de garde anglais, le frôlement, le long de la côte française, des « chasse-marée » et autres petits cotres longeant, au plus près du rivage la côte française. S'y superposent les sorties et les rentrées des grosses escadres de la « Channel Fleet », car d'escadres françaises, il en est peu qui osent encore s'aventurer sinon par mâle aventure, en ce domaine anglais par excellence. Cette mer est peuplée la nuit d'ombres de navires qui, parfois, s'abordent sans se voir dans les brouillards de la mauvaise saison. Or les ports de la Manche végètent. Le Havre, certes, continue, tant bien que mal, à un rythme très irrégulier, ses grands travaux amorcés par Calonne, premier exemple de l'intervention financière directe de l'Etat dans le domaine des investissements économiques. Mais les autres travaux portuaires sont plus ou moins abandonnés, la technique utilisée s'avérant en réalité inopérante. Aussi Cherbourg n'est-il pas encore utilisable par les marines de guerre et de commerce. La course est donc la seule activité possible. On a calculé que bon an, mal an, il passait à travers la Manche de 13 à 15 000 navires de toute taille : proies tentantes. En hiver, l'on ne va pas bien loin : c'est la saison de la Manche. L'été on y ajoute la mer du Nord : on n'hésite pas, à l'occasion, à utiliser des ports « neutres », ou plus sûrement des baies discrètes des fjords de la Norvège du Sud. Chacun a ses techniques, ses connivences. A l'Ouest, l'on s'aventure au-delà de la pointe de l'Angleterre, et l'on fait parfois quelque descente sur la côte. Les petits corsaires n'ont cependant qu'un temps : la constitution progressive de convois escortés leur enlève de plus en plus la chance de prises notables, et augmente en revanche le danger d'être coulé, ou dans le meilleur des cas, d'être fait prisonnier. Comme on dispose de navires en abondance, l'on arme aussi des bateaux de tonnage convenable, avec un armement plus lourd. L'investissement s'en ressent ; et les assurances plus encore. Aussi, pour justifier l'argent investi, ose-t-on attaquer jusqu'à des petits convois. Le succès relève de l'opportunité. Plus que Saint-Malo, qui se trouve quelque peu en retrait, ce sont les Dunkerquois qui s'illustrent, offrent les noms à l'époque les plus connus : Jean Blanckmann ou Louis Leveille, spécialistes de la mer du Nord. Les Malouins fournissent des officiers à la marine nationale, et s'orientent parfois vers des mers plus lointaines. Car la course française est autant antillaise, ou encore indienne que métropolitaine. La Martinique et l'île de France en sont les deux bases principales. Aux Antilles, l'alliance avec l'Espagne multiplie les possibilités d'escales de refuge et l'on s'attaque, à partir de 1796, aussi bien aux navires neutres (entendez américains) qu'anglais. Ce qui n'est pas sans provoquer de violentes réactions de la jeune république américaine, d'abord diplomatiques, puis revêtant de plus en plus l'allure d'une véritable guerre d'état de fait, sans grande pitié de part et d'autre. Mais la course française est surtout célèbre — et efficace — dans l'océan Indien. Là s'illustrent les noms qui suscitent l'enthousiasme des foules métropolitaines et offrent quelques compensations aux déboires de la marine de guerre. Le plus connu est, naturellement, Robert Surcouf, un Malouin, à côté de capitaines comme Jean Dutertre ou François Lemène. Ils mènent une guerre de coups d'épingle, créent une atmosphère d'insécurité permanente jusque dans les îles de la Sonde, faisant hausser drastiquement les taux d'assurance du « Lloyd » ou de la « London Assurance Cie ».

La comptabilité simple consistant donc à comparer les débours aux recettes n'est pas suffisante. Il faut prendre en compte les effets induits. Ils sont multiples. D'abord la course oblige la « Navy » à un immense effort de convoiement : alors que le nombre des navires anglais des stations navales extra-européennes était dérisoire en 1789, en 1800, la « Navy » entretient partout de véritables escadres, comportant pour les gros convois outre les classiques navires de 50 canons, jusqu'à des 64. Le coût en est considérable, et l'efficacité plus grande que l'activité de la marine de guerre française elle-même. La technique du convoi est une bonne parade, mais elle implique beaucoup de pertes de temps, et augmente par conséquent les prix. Les taux d'assurances pour les mers les plus dangereuses augmentent ; il faut armer les navires de commerce d'un minimum d'artillerie. Personne n'a encore calculé ce coût indirect, qui est considérable. Le commerce anglais a d'ailleurs de plus en plus recours aux neutres : américain, scandinave, allemand. On l'a estimé pour la fin de la guerre à près d'un tiers de l'ensemble du trafic anglais. La course, cependant, n'est pas la cause unique, ni peut-être même pas la principale. Les besoins en hommes de la « Navy » (on frôle les 120 000 hommes en 1799) sont tels que le stock de matelots anglais ne peut suffire aux besoins additionnés de la « Navy » et du commerce : le recours aux transporteurs neutres présente tous les avantages.

On pourrait donc tracer un tableau très optimiste de la course française. Ce serait se leurrer, comme se sont leurrés les hommes d'état français. Le bilan global tel qu'on a pu le dresser, semble impressionnant : de 1793 à 1801, la course, sous toutes ses formes, aurait fait perdre à l'Angleterre un total de 5 600 navires, d'un tonnage global d'environ, et sous toutes réserves, 600 000 tonneaux. Ce qui représenterait un bon tiers du tonnage disponible en 1789. On peut discuter ces chiffres, surtout pour le tonnage, qui pourrait être inférieur. Ils expliquent cependant que

P. Masson ait pu estimer qu'il corresponde à 11 % du tonnage global possédé par l'Angleterre durant cette période. Rappelons que la documentation officielle anglaise en la matière est rien moins que sûre et que même les estimations des papiers de lord Liverpool sont sujets à caution. Il suffit de dire que les pertes anglaises, directes et indirectes, ont été très élevées, plus qu'on ne le suppose d'ordinaire.

Il faut pourtant nuancer ce tableau. D'abord, la course a été durement frappée par les Anglais et ici nous disposons de chiffres fiables. La course a perdu 600 navires (un dixième de la flotte de commerce de 1789) et plus de 250 000 tonneaux. Le chiffre d'investissement qu'ils représentent est assez stupéfiant : il a dû se situer entre 35 et 45 millions de livres. Ce qui est à la fois peu et beaucoup. Ce n'est pas le plus grave : la course a fait perdre à la France un total de près de 42 000 marins : autant qui ont manqué à la flotte de guerre. C'est dire que la course a aussi mené contre la flotte de guerre française une lutte sans merci d'effectifs : ce n'est pas étranger, tant s'en faut, à nos défaites. Et l'on peut se demander quel a été le meilleur investissement : la course ou la flotte ? Bien péremptoire celui qui osera le dire. Or ce n'est encore qu'un aspect de la question. Car il faut relativiser les pertes anglaises. Ces navires anglais se situent à l'intérieur d'une évolution en forte croissance, et à la fin de la guerre, la flotte commerciale est plus nombreuse, possède un tonnage supérieur, un chiffre d'affaires très augmenté par rapport à 1789 et même à 1792. Même si, par moments, la « Navy » est à la limite de ses moyens. Que survienne une année de mauvaise récolte obligeant à des importations importantes, le crédit de la Grande-Bretagne commence à s'en trouver affecté. Or l'année la plus difficile est 1797 : c'est le moment où la course a pesé le plus lourdement sur la balance générale de la guerre. Elle a obligé l'Angleterre à un effort énorme, dont il est difficile de se faire une idée. L'exploit est autant et plus anglais que français : la lutte contre la course, quelle que soit sa forme, a toujours été décevante, ingrate et difficile, partant peu spectaculaire, mais sans elle rien n'était faisable.

Au total nous assistons cependant, vers 1797, à la formation et au renforcement d'un cercle vicieux auquel il était presque impossible pour la marine française d'échapper. On en était à la quatrième année de guerre, ce qui a toujours été pour une nation peu « maritime » comme la France, dotée d'un stock insuffisant de « gens de mer », le début de la période la plus critique. Faisons abstraction des problèmes financiers. Un bon dixième des matelots éliminés par la catastrophe sanitaire, autant que par les pertes en hommes de la marine de guerre, les deux tiers encore prisonniers en Angleterre du fait de la course : c'est, dès 1797, la totalité du stock en matelots épuisé. La réalité est certes un peu différente : les pêcheurs côtiers ont quelque peu renouvelé les effectifs, et on arrivera à armer pour l'Egypte. Mais ce sera au prix d'incorporations en proportions sans cesse grandissantes de non-marins. L'Angleterre faisait de même : mais on y disposait du temps et de l'argent nécessaire pour les exercer longuement en haute mer (où les rations étaient plus riches et plus variées qu'au port). En fait, dès 1797, le petit monde marin français ne pouvait plus supporter le poids de la guerre. Le grand mérite de Truguet est d'avoir rétabli la discipline. Le paradoxe est que les marins français recommencent à obéir quand les Anglais commencent à désobéir. Comparativement, les « mutineries » sont beaucoup plus nombreuses dans la « Navy » entre 1797 et 1801 que dans la marine française de la même époque. Mais cette obéissance tient en partie au fait que ces équipages sont formés d'éléments tellement hétérogènes qu'une « conjuration » devient difficile, tant les préjugés réciproques sont vivaces. On ne réussit bien une désobéissance collective qu'entre gens de mer se comprenant et se connaissant. On peut les faire basculer en bloc...

Parfois même la flotte française a participé à la course. C'est l'une des rares pages d'efficacité toulonnaise. Elle date de 1795-1796. L'une des premières escadres armées à Toulon depuis la reprise de la ville fut celle de Richery, composée de six vaisseaux. Sa mission est encore marquée par cette incompréhension profonde de théoriciens capables d'asséner des finalités tellement disparates que tout devient impossible. Il s'agissait d'escorter un convoi (à Saint-Domingue, véritable plaie purulente au flanc de la marine française, dont les fièvres ont usé des effectifs finalement très importants qui eussent été autrement utiles ailleurs), de détruire les points d'appui anglais à Terre-Neuve (on voit le périple), au passage de « rafler » les frégates anglaises isolées croisant aux Antilles (comme si nos vaisseaux, si mal en point, avaient été capables de rattraper une frégate anglaise ordinaire). Pour une fois, la chance fut au rendez-vous. Aux Antilles, Richery eut le bonheur de tomber sur un convoi anglais d'ailleurs escorté d'une ancienne prise française : le vaisseau le « Censeur » qui fut pris, ainsi que presque tout le convoi. Richery vendit ses prises à Cadix, transformant son escadre en entreprise « commerciale »...

CHAPITRE IV

ABOUKIR OU LES MIRAGES D'ORIENT : LA FIN DE LA FLOTTE FRANÇAISE

LA PREMIÈRE FLOTILLE DE BOULOGNE

L'expédition d'Egypte est un coup de poker qui se joua, pour l'essentiel, entre le début de mai et le 2 août 1798. Elle est entrée dans l'histoire de notre pays avec tous les attraits de l'exotisme, parée des couleurs prestigieuses que lui ont donné les grands peintres d'époque, et surtout Gros ; revêtue aussi de tout le renom d'une gigantesque entreprise savante et d'érudition archéologique ; rehaussée par les « paroles historiques » nécessaires pour qu'elle entre dans le panthéon des images d'Epinal « soldats, du haut de ces pyramides »... Bonaparte a eu le sens de la mise en scène comme du mot juste. Est-ce une raison pour cacher la terrible réalité ? La « bataille du Nil » comme l'appelent les Anglais est la première des batailles d'anéantissement de l'histoire maritime : elle consacre, qu'on le veuille ou non, la fin de la marine française en tant que force susceptible de contrebalancer la puissance anglaise. Elle ne s'en remettra pas et Trafalgar est contenu en germe dans Aboukir. Circonstance aggravante : la défaite navale isole le corps expéditionnaire français et le condamne à l'agonie, achevée par une splendide opération combinée anglaise, l'un des modèles du genre, dont les historiens français ne parlent jamais. L'épisode se traduit par la disparition quasi totale du corps expéditionnaire, c'est-à-dire de la fine fleur de la glorieuse armée d'Italie. Pareil bilan eût voué tout autre homme que Napoléon aux gémonies unanimes des contemporains comme des historiens. Il n'en fut rien : il s'en tira par un miraculeux hasard, échappant, comme César, aux courses des frégates anglaises qui le cherchaient dans les eaux les plus étroites et les plus faciles à surveiller du monde, pour entreprendre la course glorieuse, et finalement néfaste pour le pays, que l'on sait. Et la gloire est telle que l'on se demande si, par ailleurs, il a existé une autre marine française. Commençons donc par parler d'autre chose que de Napoléon, et de ses victimes. Pourtant, un autre acte, précurseur d'une autre légende, avait été joué. C'est l'aventure de la première flottille de Boulogne. On a beaucoup écrit sur ce qui est une autre forme de séduction, un défoulement, peut-être de la mentalité collective, cherchant à se masquer une réalité hostile. Napoléon a refusé le commandement de la première armée de Boulogne, lui préférant l'horizon des déserts, pour, quand ceux-ci l'auront désenchanté, en revenir à la deuxième armée de Boulogne, qui s'achève dans les complications d'une coalition européenne supplémentaire. Le jugement est dur, et il ne l'est même pas assez.

Du grand projet d'invasion de l'Irlande, fondé sur une maîtrise temporaire de la Manche par les trois flottes combinées d'Espagne, de Brest et de Hollande, ne subsistait plus, à la fin de 1797, que des fragments épars. La flotte espagnole écrasée au cap Saint-Vincent — dans les parages mêmes de la future bataille de Trafalgar —, la hollandaise décimée par celle de Camperdown, on ne pouvait plus escompter grand-chose. Le moral était au plus bas ; la volonté de combat atteinte ; quant à l'escadre de Brest, elle n'en finissait pas de se remettre, à coups de véritables opérations de bricolage, parfois de génie, de l'expédition manquée d'Irlande. D'ailleurs, du côté anglais, la « Navy » avait longuement préparé les contre-mesures pour un débarquement éventuel. Ne se fiant pas dans l'absolu à une maîtrise de la mer toujours à la merci d'un mauvais coup de vent favorisant l'adversaire au moment le plus crucial, elle avait construit en séries canonnières et prames aux faibles tirants d'eau, épaulant si nécessaire corvettes, slops, bricks et frégates. Une descente de type classique devenait dans ces conditions impensable. On songea donc à un autre type d'opération. Somme toute, il suffisait d'avoir le passage libre pendant une journée. En l'absence d'escadre de haute mer, il fallait inonder la côte adverse d'une multitude de petits bateaux. C'était l'idée de militaires non-marins.

L'armée de terre se trouvait à l'un de ses apogées. Elle avait surmonté ses problèmes d'intégration ancien régime / nouveau régime, remporté de nombreuses victoires, retrouvé sa confiance, et au fur et à mesure que la gloire avait recompensé les campagnes d'Italie s'enfonçant profondément dans la chair de l'Europe d'Ancien Régime après les difficiles et besogneuses campagnes des années 1794-1795, elle avait acquis un prestige sans pareil. L'évolution avait été exactement inverse pour la marine : accumulant défaites et désastres, son indiscipline et celle des arsenaux contrastraient avec la discipline, fût-elle relative, de l'armée de terre, elle n'était plus qu'objet de risée. Les militaires de terre n'ont jamais été tendres envers un corps qu'ils comprenaient mal, et la guerre d'Indépendance américaine n'avait pas amélioré les rapports. Ce fut bien pis sous la Révolution et il est presque impossible de s'imaginer le fossé de mépris qui séparait les généraux victorieux des amiraux battus. Non sans raison. Un mot, terrible, de Hoche, résume tout, il mériterait d'être placé en exergue de toute histoire de la marine sous la Révolution : « Notre détestable marine ne peut et ne veut rien faire... Quel composé bizarre : un grand corps dont les parties sont désunies et incohérentes ; l'indiscipline organisée dans un corps militaire... l'orgueilleuse ignorance et la sotte vanité ». Cela datait de 1795. Bonaparte de confirmer : « Il n'y a rien à faire avec ces gens-là ». Il y aurait à redire : reprocher l'indiscipline à autrui quand on songe soi-même, comme probablement Hoche en 1795-96, comme sûrement Bonaparte au début de 1798, au coup d'Etat relève d'un certain cynisme politique. Peu importe : ce sont là paroles officielles, prononcées avec une modération relative. Le ton des correspondances privées est bien pire, et il faut tenir compte de ce discrédit à peu près total pour comprendre le refus d'accepter les arguments les plus techniques et les plus irréfutables des marins. Il existe un climat de fond, partagé pleinement par les politiques, qui à lui seul explique bien des choses.

L'idée de la flottille de Boulogne repose sur un préjugé assez simple : 32 km de traversée du détroit du Pas-de-Calais peuvent se faire à la rame et à la voile avec n'importe quelle embarcation. Il suffit de multiplier les moyens de transfert et de les doter de quelques canons de gros calibre pour qu'en sacrifiant un certain nombre, une quantité suffisante puisse passer et débarquer. Plus besoin de marins : les soldats rameraient eux-mêmes. D'ailleurs la construction de ces petits bateaux pourrait se faire n'importe où l'on voudrait. Leur petite taille leur permettait de longer en sécurité les côtes au plus près. Il suffisait d'y mettre le temps. Plus intéressant encore : le coût de ces préparatifs serait sur le plan financier très supportable. Dernier argument, qui n'est pas le moindre : la construction de ces bateaux fournirait du travail aux ports de la Manche, qui en manquaient désespérément. On se mit donc au projet courant 1797, dans la seconde moitié de l'année et l'on confia à Bonaparte l'inspection de cette première flottille. On pensait lui en confier le commandement. Dès la deuxième moitié de février, le général se récusa. L'opération envisagée était l'une des plus difficiles, des plus délicates à exécuter. Il préférait reporter loin l'opération, dans la mauvaise saison, prétextant que le passage serait moins risqué... Ce qui remettait tout à l'hiver 1799. On comprend, dans ces conditions, que l'argumentation de Bonaparte n'ait pas convaincu tout le monde. Est-ce simplement le sentiment qu'avec les moyens réduits de cette première flottille, le succès ne lui paraissait nullement garanti ? Certains contemporains ont voulu y voir le refus de renforcer un régime qu'il ne respectait guère. Ou bien est-ce déjà (et à notre avis plus sûrement) la volonté de « monter » l'opération égyptienne ? Ou encore, au vu de ce qu'était devenue la marine, le sentiment, qu'il a fortement exprimé, « qu'il n'y avait rien à faire ? » Toutes ces raisons ont pu jouer ; mais elles pouvaient, et auraient dû jouer tout aussi bien au moment du camp de Boulogne, quelques années plus tard. Pourquoi ce changement d'attitude ? Une explication résiderait dans la pression psychologique exercée sur les Anglais par la seule présence de la flottille. Car les Anglais ont redouté le pire. Sur mer, tout, y compris l'invraisemblable, peut advenir. En attendant, le centre d'intérêt se reporta sur l'expédition d'Egypte.

L'EXPÉDITION D'ÉGYPTE

L'on commence à connaître quelques-uns des dessous de l'opération. Comme il a été dit plus haut, ce projet remonte à l'Ancien Régime, et il avait été soigneusement préparé. Ce qui explique la vitesse d'exécution, à vrai dire surprenante. Et pourtant, les Anglais ne surent, ou ne purent deviner le but de l'expédition. Ce qui montre les limites du service de renseignements anglais. Les préparatifs ne pouvaient passer inaperçus. Pour une fois cependant, le secret fut très bien assuré. Peut-être simplement parce que très peu de personnes le connurent. Le mémorandum de Talleyrand de mars 1798 résume toute une série de discussions, de rendez-vous qui pourraient avoir commencé dès le début de 1797.

Les commentaires traditionnels soulignent « le romantisme » de Bonaparte, attiré par l'exotisme du projet : G. Lefèbvre a écrit là-dessus des pages qui sont parmi ses plus belles. Ne voulant se faire oublier et laisser pour compte, il fallait que le général fasse parler de lui à tout prix. L'Egypte, popularisée par les récits des voyageurs de la seconde moitié du XVIIIe siècle, et plus particulièrement par Volney, était de ce point de vue un objectif tentant. On a argué que le Directoire, de son côté, à commencer par Talleyrand, était trop content de se débarasser d'un général et d'une armée « encombrante ». Tout cela n'est sans doute pas faux, mais il convient, à notre sens, de dépasser cette optique un peu trop politicienne. On a parfois dit, et cela paraît probable, que l'Egypte constituait dans l'esprit du Directoire, un moyen indirect d'atteindre la puissance anglaise. L'une des multiples enquêtes effectuées sous l'Ancien Régime visait à savoir si les côtes de la mer Rouge offraient des possibilités de construire une flotte susceptible d'atteindre les Indes. C'est dire la légèreté, aussi bien des politiques de l'Ancien Régime que de la Révolution, en la matière. Il existe une espèce de consensus, de rêve éveillé, tout à fait en dehors de la réalité, analogue à l'idée du chevalier de Kersaint d'atteindre l'Angleterre par l'occupation du Portugal. Demeure enfin une dernière explication, la plus rationnelle. C'est que, devant la révolte de Saint-Domingue, la perte des colonies antillaises parait tôt ou tard assurée, sans que la marine française y puisse faire quoi que ce soit. Or l'Egypte est présentée comme jouissant d'un climat tel qu'on peut y faire les mêmes cultures tropicales, nécessaires à l'économie française, qu'aux Antilles. Pas besoin même d'importer des esclaves noirs : la population des fellahs égyptiens, opprimés par les Mamelouks et les Turcs, se rallierait aisément au libérateur français : c'est la vieille idée de l'Ancien Régime, renforcée par l'idéologie révolutionnaire. Enfin, les plans étaient prêts. Restait à déterminer la base intermédiaire indispensable. Corfou jugée trop loin, la Crète de conquête difficile, retardataire, on se rabattit sur Malte. Les complicités pouvaient ne pas manquer, et ne manquèrent effectivement pas en ce petit état aristocratique certes, mais français. Tout cela se justifiait par une vision somme toute géographique du globe : l'Egypte est censée être le point naturel du commerce de trois continents (ce qui est pour le moins abusif) : sa conquête constituerait un coup sévère pour le commerce anglais (il n'y en avait aucun entre l'Angleterre et l'Egypte, ou très limité) et cette révolution du commerce mondial (?) détruirait sa puissance dans l'Inde, « seul fondement de sa puissance en Europe ». Vision d'avenir, dans la mesure où l'Egypte, avec son million et demi d'habitants à peine, pouvait devenir, au bout d'une décennie, une colonie à sucre (mais non de café, ni de cacao) et de coton remplaçant les îles antillaises. Mais, dans l'immédiat, ce genre de spéculation relevait du rêve et de l'utopie. Ce n'était pas sérieux. Plus juste était le dernier argument : l'expédition obligerait la « Navy » à disperser ses forces, et, qui sait, à diminuer l'obstacle dans la Manche face au projet d'invasion. Il y a dans tout cela du délire de stratège de café, avec un étonnant mélange de cynisme, de visions prophétiques, et d'auto-désinformation unique même dans notre histoire. Quant aux moyens, ceux de 1798 n'avaient plus rien de commun avec ceux envisagés et envisageables par l'Ancien Régime. La défiance et le mépris envers les marins firent qu'ils ne furent ni consultés, ni informés, et même pas tenus dans le secret. C'étaient des exécutants, au seul service de l'état-major de Bonaparte. Une conception faussée jusque dans le moindre détail et une sûreté de soi invraisemblable. Telle est la combinaison de ce jeu perdu d'avance. Le seul atout joué et gagné fut, dans un premier temps, le secret. Il permit, la chance une fois de plus aidant, de passer contre toute attente logique la Méditerranée, le temps de s'enfermer dans la souricière que l'on s'était tendue à soi-même.

L'arsenal de Toulon fit ce qu'il pouvait, et même mieux encore. La flotte de transport jaugeait près de 50 000 tonneaux et 280 embarcations. Elle était escortée par 55 navires de guerre, dont 13 vaisseaux de ligne, 6 frégates et le reste en unités plus petites. Plusieurs vaisseaux de ligne avaient été armés en flûtes, ainsi que 7 frégates. C'est donc un effort énorme. L'on avait fait feu de tout bois. En réalité, nombre de ces navires n'auraient jamais dû être utilisés en temps de guerre. Le cas du « Conquérant » est célèbre : comme ses structures ne pouvaient plus résister au recul des gros canons, il n'était équipé que de canons de petit calibre. En sorte que l'appareil de guerre est hétéroclite, de valeur singulièrement inégale (ce qui a compté à Aboukir), juxtaposant au mépris de toutes les règles de l'ancienne marine des vaisseaux neufs ou bien radoubés à des bâtiments à la limite du rebut. Comme presque toujours depuis 1793, les approvisionnements en nourriture étaient calculés au plus juste, et les « munitions navales » très inégales. Le handicap le plus grave ne résidait cependant pas là : la seule escadre d'escorte était partie avec un déficit de près de 2 000 hommes (16 %). Ces équipages présentaient les habituels manques en marins et le pêle-mêle de gens venus on ne sait trop d'où. La discipline, pour n'être plus aussi ouvertement violée que pendant les années précédentes, laissait infiniment à désirer. Ajoutons que toute l'escadre d'escorte était bourrée de soldats : à la place de 750 hommes d'équipages réglementaires pour un vaisseau de 74 canons, l'on comptait parfois plus du double. D'où des difficultés de manœuvre, des tiraillements incessants entre soldats victorieux et marins en butte aux quolibets. Quant à l'expérience du combat maritime, elle était à peu près nulle. C'est dire que le total de 51 000 hommes ne signifie pas grand-chose. Le gros était parti de Toulon, la concentration devant se faire en mer avec la jonction des convois de Nice, de Gênes, de Marseille, de la Corse, des Etats pontificaux (Civitta-Vecchia). Bonaparte commandait le tout, marine comprise, marquant ainsi ouvertement le discrédit de cette dernière. Il était arrivé à Toulon le 9 mai 1798, et l'escadre prit la mer le 20.

Les appréhensions ne manquaient pas. Les marins de la région de Nice, ainsi que ceux du Languedoc, pressés plutôt que levés, n'étaient pas politiquement très sûrs. On avait donc fait appel, comme sous l'Ancien Régime, aux « classes » du bassin d'Aquitaine. Un pourcentage notable de marins étaient des déserteurs repris tant de l'armée de terre que de mer. Les amiraux étaient d'avance découragés, inquiets de l'état matériel de leurs navires, épouvantés par l'encombrement règnant à bord des vaisseaux, qui, outre leur propre artillerie, transportaient encore celle de l'armée de terre. « En cas de rencontre avec les Anglais, je ne réponds de rien », aurait dit l'amiral Bruyes. Or depuis les batailles du cap Saint-Vincent et de Camperdown, Jervis était revenu en force en Méditerranée. Tout était prêt pour le pire des désastres. Il eût été incalculable à l'aller : une flotte aussi surchargée manquant aussi cruellement de marins eût été une proie encore plus facile qu'à Aboukir, et en ce cas, c'eût été la mort de dizaines de milliers de soldats et de marins.

On se demande comment l'escadre anglaise a pu ne pas rencontrer cette immense cohue marine, dont la lenteur des 335 navires dispersait le tout sur une très grande longueur. La vitesse moyenne de progression était dérisoire : il fallut 20 jours pour faire le trajet Toulon-Malte, où l'on arriva le 10 juin ; d'où l'on repartit le 14 juin pour arriver à Alexandrie le 1er juillet, soit 40 jours de navigation effective, ce qui nous donne une vitesse moyenne horaire de moins de 0,5 nœuds. Normalement, l'escadre anglaise n'aurait pas dû rater une proie aussi visible.

C'est qu'à Londres, l'on s'interrogeait sur les buts de cette immense opération : l'on pensait à l'Irlande..., et plus encore au royaume de Naples. Personne n'a songé à l'Egypte, ce qui est pour le moins surprenant. On s'était contenté, dans un premier temps, de détacher de Cadix Nelson avec seulement trois vaisseaux, pour masquer Toulon. Puis Jervis, ayant reçu des renforts, augmenta l'escadre nelsonienne de 11 unités supplémentaires, portant le total à 14 vaisseaux. Précisons ce qu'il faut appeler la chance : un coup de vent mit l'escadre anglaise en difficulté, la chassant vers le sud, et démâtant le navire-amiral. C'est pendant ce temps que Bruyes parvint à sortir. Nelson revenu ne savait vers où se diriger. Il songeait même à la mer Noire. Le coup de vent a lieu le 18-19 mai ; Bruyes part le 20, et Nelson ne revient que le 31 mai. Tant il est vrai qu'avec les navires à voile on ne fait pas ce que l'on veut. Nelson longe alors les côtes de l'Italie et de la Sicile. Pendant ce temps, Bonaparte, déjà chanceux, bénéficie de son second « hasard ». Pour affaibli qu'ait été l'ordre de Malte, ses fortifications du XVIe siècle, sans cesse renforcées au XVIIIe, et qui pouvaient compter parmi les plus puissantes forteresses du globe, auraient pu résister au moins plusieurs semaines. D'autant plus qu'une partie de la population redoutait l'arrivée des Français. La réputation de pillage de l'armée française était si bien établie qu'on cacha tout ce que l'on put des trésors artistiques des quelque 400 églises de Malte, et quand on ne le put, l'on peignit les balustrades des chœurs d'argent massif en noir pour que les militaires français ne les enlèvent pas. Il en reste encore aujourd'hui des traces. Or quelques jours de siège eussent permis à Nelson de rattraper l'escadre française très exposée dans des mouillages médiocres. A Malte, l'on songea, certes, un moment à résister. Prenant le prétexte très classique et non moins transparent de demander vivres et eau (ce qui, d'ailleurs, n'était pas inutile), Bonaparte crut s'emparer rapidement de l'île. L'Ordre argua d'abord de sa neutralité pour refuser les demandes françaises. Le 10 juin, les troupes françaises débarquaient en sept points différents de l'île principale. Le grand maître allemand Hompesch fut loin d'être à la hauteur des événements. On résista quelque peu, puis on capitula le 12. La flotte française récupérait ainsi deux vaisseaux de 64, une frégate et 3 galères qui se trouvaient dans le port. Pendant ce temps, le convoi de Civitta-Vecchia, que l'on avait attendu plusieurs jours au large de la Corse, rejoignait l'escadre. Nelson avait reçu de Jervis un second renfort avec 10 vaisseaux de ligne. Mais il ne disposait que de 4 frégates, ce qui ne lui facilitait pas la recherche. Il chercha donc en Corse, puis en Italie, arrivant le 17 à Naples où l'ambassadeur anglais, lord Hamilton, lui conseilla d'aller voir à Malte. Ayant passé le détroit de Messine le 20, il y apprit la chute de l'île, puis en cours de route le départ de l'escadre française le 18 juin, par vent de nord-ouest, ce qui suggérait la destination d'Alexandrie. Le 28 juin, Nelson se trouvait au large de ce port, où l'escadre française, bien trop lente, n'était pas encore arrivée... Nelson remonta donc vers la côte anatolienne, puis revint vers la Sicile, où il fit eau et provision le 19 juillet... Or les deux escadres s'étaient pratiquement coupé la route dans la nuit du 22 au 23 juin : elles étaient séparées par moins de 100 kilomètres. A quoi tient le destin des hommes et le sort de l'histoire ? Il est bien rare de trouver réunis en quelques jours autant de hasards aussi improbables les uns que les autres. Les Français eurent donc tout le temps nécessaire pour débarquer à Alexandrie. Non sans quelques problèmes, les relevés opérés par les frégates de l'Ancien Régime n'étant pas trop précis. Ainsi le gros transport le « Patriote », chargé en particulier du matériel scientifique de l'expédition, fut perdu dans les passes d'Alexandrie. Les plongeurs sous-marins du XXe siècle y ont trouvé récemment toute une série d'objets infiniment précieux pour comprendre l'histoire scientifique de la Révolution.

Après cinq jours d'escale, Nelson fonce vers l'Orient. Le 10 juillet, il était derechef devant Alexandrie. A son grand désapointement, le port ne contenait, en dehors de la flotte de commerce qui ne l'intéressait plus, que 8 navires de guerre (dont 6 anciens navires vénitiens). Bonaparte s'était emparé après une petite bataille, de la ville, et le 8 l'escadre de guerre avait pris ancre dans la baie d'Aboukir, à une trentaine de kilomètres à l'est d'Alexandrie. Vers 13 heures une frégate anglaise, le « Zealus », repérait l'escadre française.

ABOUKIR

Le rapport de force était le suivant. Nelson commandait 13 vaisseaux de ligne de 74 plus le « Leander » de 50 canons et la corvette la « Mutine » de 16. L'escadre française était numériquement très supérieure, comprenant, outre ses 13 vaisseaux de ligne (dont un de 120, et trois de 80 pour 9 « 74 ») 4 frégates (1 de 36 et 4 de 40), 2 bricks, 3 « bombardes » et plusieurs canonnières. Pour l'essentiel 938 canons côté anglais, 1 026 côté français. Malgré cette légère suprématie théorique française, la bataille était perdue d'avance : une partie des équipages français était à terre et ne put que rejoindre partiellement le combat ; Bonaparte avait prélevé pour les besoins de l'armée nombre de pièces d'artillerie. Pour toutes ces raisons, les navires français ne pouvaient que tirer une demi-bordée contre une bordée anglaise complète.

Se pose dès lors la question : pourquoi le choix d'Aboukir ? Les historiens et les spécialistes ont reproché à Bruyes de n'avoir pas adopté d'autre solution. Mais il n'y en avait que trois. Le plus sûr eût été de quitter immédiatement l'Egypte et de se réfugier à Corfou, française. La rade était relativement sûre, le détroit bien protégé par la forteresse, l'échappatoire, en hiver surtout, relativement aisée, soit vers l'Adriatique, soit vers l'ouest. Ajoutons le facteur sanitaire favorable, qui ne l'était pas à Alexandrie, encore moins à Aboukir. Bruyes eût pu rester à Alexandrie, l'amiral n'y était guère favorable, arguant à la fois des hauts fonds (ce qui provoqua des discussions avec les ingénieurs, ceux-ci prétendant, à tort ou à raison, pouvoir améliorer aisément les choses avec quelques fourneaux de mine bien placés) et plus encore, la quasi-certitude de pouvoir y être bloqué très facilement, d'autant plus que l'épave du « Patriote » constituait un obstacle. Il préféra donc s'ancrer dans la baie d'Aboukir en attendant les ordres de Bonaparte. En tout cas, Bruyes n'était pas l'homme des décisions. Quant à Bonaparte, il préférait, et cela peut se comprendre, garder la flotte à proximité tant que sa situation à terre n'était pas encore décidée. Dès la prise du Caire, il fit donner l'ordre d'appareiller, mais le courrier fut intercepté. Cette fois, la chance joua contre lui.

La baie d'Aboukir est une rade foraine assez ample, ouverte vers le nord-est, entre, à l'est, la pointe de Rosette, et, à l'ouest, la pointe d'Aboukir prolongée par une petite île sur laquelle se trouve un fort : c'est une flèche de sable. La baie n'était pas profonde, en sorte que les navires français, de peur d'échouer par gros temps, s'ancrèrent assez loin du rivage en une ligne longue. Il est évident que l'amiral français comptait sur sa batterie îlienne pour protéger la tête de sa ligne formée de ses navires les plus médiocres, ancrant ses gros navires au centre et au sud. Il escomptait donc être attaqué (éventuellement) par une flotte courant ligne parallèle et le canonnant de la mer venant et s'en revenant. Ce qui est le schéma de la bataille de Saint-Christophe de la guerre d'Amérique et évoque la position prise par Hood contre de Grasse, qui lui avait si bien réussi. C'était compter sans Nelson. A la vue de l'escadre anglaise, on rappela les corvées à terre et l'on fit passer une partie des canonniers des frégates pour compléter ceux des vaisseaux. Le conseil de guerre hâtivement réuni opina pour rester en rade : en évitant les manœuvres de la voile, on pourrait concentrer tous les effectifs sur l'artillerie. D'ailleurs on pensait que vu l'heure tardive, la bataille serait pour le lendemain. Nelson, en effet, se trouva en vue le 1er août 1798 à 14 heures ; il disposait de 14 navires, deux étant restés au large d'Alexandrie. Le combat débuta seulement vers 16 h 30 en tournant immédiatement au sud de l'îlot avec les 5 premiers vaisseaux, et conduisant personnellement le reste côté mer, en sorte que l'arrière-garde française (composée comme on vient de le dire, des navires français les plus faibles) se trouva encerclée d'emblée. Nelson avait osé risquer la bataille en eaux inconnues, sans carte, bataille qui serait sûrement nocturne, avec ses dangers accrus par les risques d'échouage. En fait, en exécutant la manœuvre de débordement, le « Culloden » s'échoua et ne put participer à la dure journée. Nelson avait osé avec seulement 10 navires disponibles, sans « l'Alexander » et le « Swiftsure » (détachés devant Alexandrie), et le « Leander » (50) qui se traînait encore derrière. Le coup d'audace réussit parfaitement.

Le plus grand mérite de Nelson (et de Jervis) a été sa conduite vis-à-vis de ses capitaines de navire. Il s'entendait parfaitement avec eux, formant la fameuse « bande de frères » qu'il avait dressée à comprendre ses ordres : le contraire de la marine française, et de sa désastreuse habitude des rivalités entre états-majors. Il est vrai que la personnalité de Nelson n'est pas seule en cause. Le système de recrutement des officiers de marine anglais est fondé sur le népotisme le plus absolu, mais un népotisme instauré et contrôlé par les amiraux. L'avancement dépend étroitement de l'amiral et toutes les pressions politiques et sociales n'ont réussi dans la « Navy » que dans la mesure où elles concernaient des individus de qualité. Les capitaines de Nelson connaissaient donc très bien un certain nombre de ses préceptes : encercler l'ennemi par petits paquets, soit en rompant sa ligne, soit en la contournant. Ici l'occasion offrait la deuxième solution. Qui plus est, un « navire anglais a toujours assez d'eau dans le sillage d'évitement » d'un navire ancré. Aussi Foley, le capitaine du « Goliath » — le vaisseau de tête —, tourna-t-il aisément le « Guerrier », rasant son arrière et en profitant pour lui « délivrer » au passage une bordée terrible. Ainsi 5 anglais attaquaient par bâbord, là où les Français ne s'attendaient à rien, tandis que les 6 autres (le « Leander » ayant fini par rallier) conduits par Nelson, s'en prenaient à tribord. « Le Guerrier » et le « Conquérant » encaissèrent tant dès les premières minutes qu'ils se trouvèrent rapidement hors de combat. Bruyes était pris à son propre piège et attaqué par le « Bellerophon » tandis que le « Majestic » s'en prenait au « Tonnant » : c'étaient des 74 ; ils furent singulièrement malmenés par leurs deux adversaires français. A la tombée de la nuit les deux derniers navires anglais arrivaient d'Alexandrie ; l'arrière-garde française étant détruite, c'était maintenant au tour du centre. Vers 22 heures, « l'Orient », le navire-amiral français, explosait et dans l'heure qui suivit le « Franklin » et le « Tonnant » amenaient pavillon. Vers 3 heures du matin, l'avant-garde française, commandée par Villeneuve, était attaquée à son tour : il n'avait guère participé à la bataille. Le « Timoléon » préféra s'échouer et fut brûlé par son propre équipage. Finalement, Villeneuve s'échappa dans la nuit avec deux vaisseaux de ligne, le « Guillaume Tell » et le « Généreux », ainsi que deux frégates. Epuisés, les canonniers anglais s'endormirent sur leurs canons, et Nelson rappela le navire qui s'était mis à la poursuite des rescapés.

C'était, pour les Français, une défaite absolue, écrasante et sans appel. Le bilan était lourd : 9 vaisseaux de ligne capturés, endommagés certes, mais 3 seulement d'entre eux durent être brûlés (le « Guerrier », « l'Heureux » et le « Mercure »). Deux vaisseaux et deux frégates avaient été coulés ou incendiés (le navire-amiral, le gigantesque « L'Orient » et le « Timoléon », ainsi que la « Sérieuse » et « l'Artémise »). En dehors des quatre fuyards, rien ne subsistait de l'escadre française. Les pertes étaient en proportion : environ 200 morts anglais contre près de 2 000 Français. Les chiffres officiels anglais sont de 218 morts et 678 blessés : il est vrai qu'un certain nombre de blessés va gonfler le bilan des morts à plus de 250. Seuls deux navires anglais avaient été sérieusement atteints : le « Bellerophon », et le « Majestic ». Mais ils restaient tous deux en état de combattre.

Côté français, l'attitude de Villeneuve a été très discutée. Bonaparte l'a félicité d'avoir rendu « un service essentiel » à la République en sauvant plusieurs navires. Ce qui est une manière de voir les choses. Perdue pour perdue, autant que la bataille ne se solde pas par une destruction totale. En ce cas, on peut faire remarquer qu'en se dégageant dès 20/22 heures, Villeneuve eût pu en sauver davantage. L'autre attitude consiste à reprocher à Villeneuve son inaction : ainsi les frégates eussent pu partir (si elles avaient eu une partie suffisante de leur équipage) car leur artillerie ne pouvant se mesurer à celle de vaisseaux. Que pouvait faire Villeneuve entre 16 h 30 et 22 heures ? En dépit de ce qu'il a affirmé pour sa défense, à savoir que la manœuvre en plein champ de bataille (mais il n'était pas encore attaqué) était difficile et longue (mais elle n'a été ordonnée que très tardivement), on peut penser que l'homme a été dépassé par les événements et qu'à son habitude il n'a su, ni osé prendre une décision. Elle était singulièrement difficile, et s'il s'était porté au secours de ses « amis », il n'eût peut-être fait qu'amplifier la défaite. Un amiral anglais, lui, eût, avec ses équipages, tenté le tout pour le tout.

En tout cas, le désastre ne se réduit pas aux seuls chiffres de morts : les Anglais firent encore 3 000 prisonniers. Parmi les morts se trouvaient d'ailleurs l'amiral en chef lui-même, dont le courage avait été admirable, et celui qui était l'un des chefs les plus capables de la marine : Dupetit-Thouars.

Les conséquences de la défaite d'Aboukir sont énormes. En dehors de toute considération tactique, la situation stratégique venait d'un seul coup de basculer. L'expédition d'Egypte avait pris par surprise l'empire ottoman, le vieil allié de la France, qui n'avait pas démérité face à la Révolution. L'indignation y était grande et de ce côté aussi on peut estimer bien légers les hommes politiques responsables qui, à l'instar de Talleyrand et de Bonaparte, pensaient pouvoir amadouer le gouvernement turc. Aboukir mettait à la portée de l'armée turque un débarquement rapide ; que Bonaparte tenta de prévenir en portant l'offensive en Palestine. Ce fut l'échec de Saint-Jean-d'Acre, la première défaite personnelle importante de Bonaparte. L'armée française était prisonnière de l'Egypte, et quels que fussent les succès qu'elle va encore remporter, ils ne sont plus que provisoires et défensifs. L'idée de base de l'expédition d'Egypte, à savoir le tremplin pour les Indes, disparaissait. Et, tôt ou tard, cette armée était condamnée à capituler. Bonaparte était prisonnier de sa conquête.

Sur le plan diplomatique, la rentrée en Méditerranée de l'escadre anglaise et le prestige de la victoire sur le héros des batailles accélère et facilite singulièrement la deuxième coalition, qui devait rapidement devenir si dangereuse pour la survie du Directoire. Elle est formée par Naples, la Turquie, la Russie, tous trois pays intéressés à la Méditerranée. La Russie avait déjà vu d'un très mauvais œil l'annexion par la France des îles Ioniennes ; elle ne pardonna pas le coup de Malte, considéré comme une offense directe au tsar, et encore moins la visée sur l'Egypte. Demeurait pour un court temps dans l'expectative, l'Autriche.

Les raisons de l'énorme défaite d'Aboukir sont nombreuses et Bruyes porte une lourde responsabilité. Il disposait d'un nombre important de petits navires qui eussent pu lui permettre d'avoir un excellent « éclairage » : il eût pu être renseigné plusieurs heures à l'avance. Sa ligne d'ancrage comportait un coude, axé sur son navire-amiral : ce qui empêchait les parties de l'escadre de se soutenir réciproquement. En réalité, il pensait — et il l'a dit : « Ils n'oseront m'attaquer ». Il n'avait pas fait sonder les profondeurs. S'il l'avait fait, il eût pris d'autres dispositions. On peut relever bien d'autres lacunes. Pour n'en prendre qu'une : les cabines spéciales qui avaient été édifiées sur le pont des navires pour loger les soldats et les états-majors n'étaient pas encore, un mois après le débarquement, démontées... Les témoignages anglais sont aussi accablants pour Villeneuve et Decrès : « Ils eussent pu s'emparer du Culloden échoué et empêcher « l'Alexandrie » et le « Swiftsure » d'entrer dans la baie ». Le vent n'était pas si défavorable que Villeneuve a pu le dire... Il y a, dans les histoires de notre marine, par moments trop d'excuses ou de silences embarrassés. Rappelons seulement que cinq des navires pris furent incorporés dans la « Navy », le « Peuple Souverain » demeurant seul à Gibraltar comme navire de garde (rebaptisé « Guerrier »). Le « Franklin » devint le « Canopus », « l'Aquilon » devenant « l'Aboukir », les trois autres navires gardant leur nom français. Nelson avait immédiatement fait le nécessaire pour rassurer les autorités anglaises aux Indes et à Londres. Autant il était auparavant accusé d'incompétence, autant sa gloire devint totale...

Renforcés par une petite escadre portugaise, les Anglais commencèrent à mettre le blocus devant Malte. Déjà l'île s'agitait, et dans un premier temps, on se contenta de faire parvenir aux « maquis » maltais armes et munitions. Très vite, la garnison française fut obligée de se replier sur La Valette. La petite escadre française était composée du « Guillaume Tell » (80), de « l'Athénien » (64) et du « Dégo » (64) — les deux vaisseaux de l'ordre de Malte — ainsi que des frégates « Diane » (40) et « Carthaginoise » (36), autre prise maltaise. En face se trouvaient une grosse escadre anglo-portugaise et les Maltais révoltés — quelque 10 000 hommes — qui avaient même armé quelques galères et canonnières. Une escadre russe (Ushakoff) s'emparait des îles Ioniennes, à l'exception de Corfou, où se trouvaient les survivants d'Aboukir avec le « Généreux » (74) renforcé par le « Leander » anglais. Il y avait là une petite revanche sur Aboukir. Le « Généreux » s'était séparé de Villeneuve — qui avait rejoint Malte, et rencontré le « Leander » envoyé par Nelson annoncer la nouvelle de la victoire d'Aboukir. Après une courageuse défense le « Leander » (50) avait dû se rendre. Le comportement de l'équipage français fut, en la matière, peu honorable : ce fut le pillage en règle. A ces deux vaisseaux s'ajoutaient encore, à Corfou, une frégate, la « Brune » (28), quatre galères et deux autres navires. Une troisième escadre française se trouvait à Alexandrie : elle n'était pas si négligeable puisqu'elle comprenait deux anciens vaisseaux de ligne vénitiens, le « Causse » (64) et le « Dubois » (64), ainsi que huit frégates ; la « Junon », le « Carrère » et le « Muiron », toutes de 38, les deux dernières étant d'origine vénitienne ; « l'Alceste » et la « Courageuse » de 36, et, enfin les « Leoben », « Montenotte » et « Mantoue », toutes trois de 32, et d'origine, elles aussi, vénitiennes. C'étaient des forces qui, réunies, eussent rendu service ; elles furent bloquées par des escadres internationales, portugaises, russes, turques, devant Alexandrie, anglo-portugaise devant Malte, tandis que Corfou était attaqué par les Russes. Le « Généreux » put se réfugier à Ancône, et le siège de Corfou fut un échec pour les Russes.

Devant cette situation, la marine française devait réagir : elle le fit en Irlande. Tous les plans stratégiques de 1799 tournèrent cependant autour de l'idée force suivante : réunir les éléments dispersés de la flotte française autour de la Méditerranée, l'objectif principal devenant les tentatives de faire revenir en France l'armée d'Egypte. Bonaparte, quant à lui, l'avait déjà quittée. Inutile de décrire pourquoi et comment. Le fait est qu'il eut, encore une fois, raison de faire confiance en son étoile : la frégate qui le portait passa comme par enchantement à travers le filet tendu pour le ramasser, la brume couvrant jusqu'au passage des Détroits, où, pourtant, on l'attendait. C'était, en vérité, encore plus prodigieux que toute l'expédition d'Egypte et l'on crut, de divers côtés, à une complicité anglaise que l'on chercha à comprendre en attribuant au gouvernement britannique l'idée de créer des difficultés au Directoire par la réinjection de Bonaparte dans le circuit politique. Il n'a jamais manqué d'érudits à la course d'hypothèses les plus folles...

L'APRÈS ABOUKIR ET L'ANNÉE 1799

A bien des égards, l'histoire maritime européenne de l'époque de la Révolution, et même l'histoire tout court est celle des décalages entre les espoirs, les utopies et les réalités. L'Irlande avait été l'un des grands rêves, l'un des grands espoirs des révolutionnaires. Rêve déçu, on l'a vu. Or au moment même où personne, côté français, n'y croyait plus, éclatait l'insurrection irlandaise de 1798. On fut, à Paris, totalement surpris. On était cependant parfaitement informé, ne fût-ce que par Wolfe Tone.

On était moralement obligé de faire quelque chose. Ce quelque chose ne fut pas brillant. Quelques jours après la « bataille du Nil » trois frégates françaises débarquèrent à Killala une avant-garde de 500 hommes commandée par le général Humbert. L'ennui était que l'insurrection venait d'avorter et que les troupes furent faites prisonnières. Pourtant — on se demande pour quelle déraison stratégique — on envoya se faire prendre dans une souricière une petite escadre commandée par Bompart.

On a pourtant bien tort de tourner cette nouvelle affaire d'Irlande en dérision ; elle provoqua une peur considérable en Angleterre. Le contexte s'y prêtait. Pendant que se déroulaient les événements d'Egypte, la construction de la flottille de Boulogne avançait. D'Anvers à Cherbourg, quelques centaines de petits bateaux avaient été construits sous la direction de l'ingénieur-constructeur Forfait. On appelait ces embarcations « bateaux à la Muskein », du nom du Flamand qui en aurait fait les plans. Paternité qui passe, pour d'aucuns, comme purement putative, la réelle étant parfois attribuée à l'ingénieur suédois Chapman. Ce n'est pas invraisemblable. Disons simplement que ces navires ressemblent assez aux prames et autres bâtiments sortis en foule de l'imagination féconde de Chapman. Quelques « incidents », considérés comme mineurs, alimentèrent des deux bords de la Manche les esprits. Le 19 mai 1799 une flottille anglaise attaquait les écluses du port d'Ostende, dans l'intention de les détruire, de manière à gêner le transfert des bateaux de débarquement construits en Hollande vers Boulogne. Mais ce fut l'échec et les troupes de débarquement furent capturées. Deux batailles plus importantes eurent lieu à la pointe du Cotentin. Les deux petits îlots de Saint-Marcou (près de La Hougue) étaient occupés depuis 1795 par une petite garnison anglaise. Elle fut attaquée, sous le commandement de Muskein en personne, par une flottille de canonnières le 6 mai 1798. L'attaque fut parée par un petit groupe anglais d'un vaisseau de 50, accompagné d'une frégate de 24 et d'une corvette de 18. Les attaquants français réussirent bien à arriver jusqu'aux rives des deux îles pendant la nuit ; mais ils furent écrasés par le feu anglais de mer et de terre. Les 52 bâtiments français totalisaient 80 canons ; les Anglais étaient renforcés de 2 frégates de 38 et de plus de 150 sur mer et de 17 de terre. Les Anglais eurent un mort ; les pertes françaises totales, blessés compris, dépassaient 1 200, soit les deux tiers des morts d'Aboukir... Pourtant la bataille de Saint-Marcou est peu connue. Or elle constitue le seul indice de ce qu'eût pu devenir une tentative de débarquement en Angleterre. Une deuxième tentative de s'approcher des îles Saint-Marcou, cette fois par une escadre de petits, mais vrais bâtiments de guerre, effectuée le 30 mai 1798, se solda également par un échec total.

Ainsi la marine française se révélait incapable de reprendre deux îlots presque à portée de canons de la côte du Cotentin. La deuxième tentative de soutenir une révolte irlandaise déjà vaincue bénéficia de moyens un peu plus puissants. On risqua cette fois un vaisseau de ligne, le « Hoche » (74) et 8 frégates, le tout dirigé par le capitaine de vaisseau Bompart. Mais le 12 octobre cette petite escadre, transportant 3 000 hommes, se heurte à Lough Swilly à l'escadre de Warren (trois vaisseaux de ligne et plusieurs frégates anglaises). Les Français prennent la fuite, mais dans la tempête le « Hoche » perd une partie de sa mâture. Ce qui permit à Warren de rattraper son adversaire. Le « Hoche », endommangé, dut se rendre, ainsi que trois frégates. Parmi les survivantes, deux autres furent rattrapées et amenèrent leur pavillon. La « Loire » fit cependant une belle défense.

L'échec n'avait pas encore été concluant : on réforma une troisième expédition, encore plus mince.

La politique irlandaise faisait ainsi totalement faillite. Elle n'avait eu rien de réaliste. Si l'aventure voulue par Hoche pouvait se justifier, et n'a été, en définitive, compromise que par le mauvais temps, les tentatives de 1798/99 relevaient à la fois de la dérision terrestre et d'une impossibilité navale. A supposer qu'on ait pu débarquer les troupes, elles n'auraient rien pu faire et se seraient rendues au bout d'un laps de temps plus ou moins long. On a fait encourir à la marine l'équivalent d'une défaite grave, perdant un matériel et des hommes précieux, aggravée de deux tentatives honteuses, non seulement pour aucun résultat, mais encore avec nulle perspective de possibilité d'un succès quelconque. C'était jouer avec le hasard le plus imprévisible. Ce qui est d'ailleurs aussi la marque de toute l'expédition d'Egypte qui, du point de vue militaire, ne mérite en aucune façon la légende mythique dont elle est entourée. C'était une folie sans possibilité de succès quelconque à longue échéance, avec, en revanche, une certitude absolue de défaite grave. C'est dire l'irresponsabilité de Bonaparte auquel incombe une large part dans cette folle aventure.

La tentative de 1799 de débloquer la situation en Méditerranée ne relève heureusement pas de la même stratégie démentielle. Elle repose même sur un principe on ne peut plus sain : la concentration des moyens par l'envoi d'une partie de l'escadre de Brest. C'était d'ailleurs la volonté de Bonaparte, désireux de récupérer l'armée d'Egypte. Cela devenait d'autant plus urgent que la coalition redevenait menaçante, refoulait les Français d'Egypte et menaçait la France elle-même. Cette grande expédition de 1799 a été très diversement jugée par les spécialistes. Beaucoup, suivis par l'historien Jenkins, la considèrent comme « l'opération la plus boiteuse qui ait jamais été ». D'autres sont d'opinion beaucoup plus nuancée. P. Masson écrit : « Cette manœuvre mérite qu'on s'y arrête et offre l'intérêt de souligner... les possibilités offertes par la nature même du théâtre d'opération maritime, à une marine affaiblie, confrontée avec une puissance rivale ». On peut même, dans ce cadre, estimer que les tentatives sur l'Irlande relèveraient « d'une opération d'intoxication » : le départ d'une grosse escadre de Brest ne pourrait qu'accréditer l'idée d'un débarquement en Irlande. De fait, le 25 mai, une escadre commandée par l'amiral Bruix — lui-même ministre de la Marine — quitte la rade de Brest avec une flotte incroyable dans le contexte de dénuement général : 25 vaisseaux de ligne et 6 frégates. Or les effectifs globaux de la marine française, en excluant les prises vénitiennes et maltaises, se montent à cette date à seulement 49 vaisseaux de ligne (39 de moins qu'en 1793, ce qui fait mesurer le chemin parcouru) et à 54 frégates (19 de moins qu'en 1793). L'effort, on le voit, peut se comparer aisément aux plus grands effectués sous Jean Bon Saint-André. Mieux, l'affaire avait été, sur le plan psychologique, admirablement menée et constitue l'une des meilleures histoires d'intoxication jamais effectuée. Un petit navire, le « Rebecca », devait se faire et se fit prendre. Il portait sur lui tout un lot de dépêches soit-disant adressées aux principaux chefs irlandais leur promettant l'arrivée de la flotte.

Ce plan, si bien amorcé, était de grande ampleur et reposait sur une longue analyse de la situation. L'escadre devait au passage se grossir des forces espagnoles de Cadix débloquées par son arrivée, prendre des troupes françaises en Italie, pour les jeter avec du ravitaillement dans Malte, rejoindre l'Egypte et en ramener l'armée. C'était pensé jusque dans le détail : l'escadre de Brest devait d'abord récupérer celle du Ferrol avant d'aborder Cadix, mais on devait surtout éviter au début de se laisser entraîner dans une bataille avec l'escadre de blocus anglais de Cadix commandée désormais par lord Keith, Jervis étant devenu le chef de l'amirauté. Dès le départ, un vaisseau ne put suivre. L'escadre du Ferrol ne rallia point, et lord Keith, avec ses 15 vaisseaux de ligne, se plaça entre Cadix et les Français. Quand Bruix se décida à la bataille, la tempête survint, dispersa son escadre, en sorte que l'amiral décida d'aller seul en Méditerranée. C'était une très bonne décision puisque les forces anglaises se trouvaient très dispersées : chacune des petites escadres était très inférieure en nombre en dépit d'une supériorité individuelle. Il était évident que l'escadre français les écraseraient. Devant Alexandrie il n'y avait que 2 vaisseaux de ligne ; à Minorque, que les Anglais venaient de reconquérir, Duckworth n'en avait que 4 ; un vaisseau se trouvait à Tetouan et, enfin, huit commandés par Nelson étaient dispersés dans le royaume de Naples. Le gouverneur de Gibraltar, lord Saint-Vincent comprit le danger, fit lever le blocus de Cadix et Keith rejoignit immédiatement Minorque. Bruix, avec de nombreux navires endommagés par la tempête (et une collision) avait, à partir de Toulon, ravitaillé les troupes françaises stationnées en Ligurie. La levée du blocus ayant libéré la flotte espagnole, celle-ci (Mazzaredo) sortit, mais fut abîmée par la tempête, en sorte qu'il se retrouva avec 9 vaisseaux (sur 17) à Carthagène. Bruix mit donc cap sur cet arsenal. La chance joua pour lui : Keith ne réussit pas à l'intercepter. Il fit en revanche main basse sur les malchanceux de Perrée.

C'étaient quelques frégates et autres petits navires qui, sortis d'Alexandrie, avaient essayé de bombarder Saint-Jean-d'Acre, mais n'y avaient pas réussi, puis avaient soutenu le repli de Bonaparte, et qui s'en revenaient faisant leur petit bonhomme de chemin d'Orient pour rejoindre la France. Comme ils n'avaient plus de munitions, ils firent les frais de la mauvaise farce qui ne faisait que débuter. Cette traversée sur Carthagène était un coup pour rien, les Espagnols refusant d'aller plus loin. L'alliance franco-espagnole avait du plomb dans l'aile ; survint un compromis : la flotte espagnole accompagnerait la française jusqu'à Brest. Ce qui fut fait. On possédait donc un gage face à l'Espagne.

L'alerte avait été chaude à Londres ; mais Bruix n'avait pas réussi à profiter de la situation favorable et avait laissé passer sa chance. D'une certaine manière, c'était quand même un succès dans la mesure où la flotte française se trouvait renforcée en matériel (40 vaisseaux à Brest contre les 31 de Keith) ; dans la mesure aussi où l'on avait été quelques mois en mer. Pour le reste, on se retrouvait « Gros-Jean comme devant », comme le commentait irrespectueusement un capitaine de navire face aux félicitations mutuelles. On avait évité un désastre... Plus intéressant se trouvait être la défaillance totale des services de renseignement anglais. C'était la seconde fois en moins de deux ans qu'ils n'avaient pu prévoir les sorties françaises. Plus grave était encore l'erreur de planification de l'amirauté, qui aurait pu coûter cher.

Mais Bruix était-il en état de profiter de ces possibilités ? Les avis demeurent très partagés. On ne peut lui faire aucun reproche d'avoir opté pour le ravitaillement de Masséna, ni pour Carthagène, qui était d'ailleurs le choix le plus risqué. Mais il eût été plus utile de foncer sur Malte et d'en revenir avec sa garnison. C'était probablement la seule opération possible sans trop de risques. Quant au retour de l'escadre française renforcée à Brest elle constituait en définitive un succès stratégique majeur pour l'Angleterre. On s'était fait prendre par surprise une première fois, mais pas une seconde. La « Channel Fleet » fut renforcée à 50 navires, et bloqua étroitement Brest. On en revenait ainsi à la situation de la guerre de Sept Ans.

On sait que le 21 août 1799 Bonaparte avait quitté l'Egypte sur le « Muiron » et le 9 octobre il arrivait en Provence. Les deux frégates « Muiron » et « Carrère » mouillaient dans la baie de Saint-Raphaël. Bonaparte arrivait un peu tard, la deuxième coalition avait échoué dans sa tentative d'invasion de la France. Sur terre avec les victoires de Suisse. En Hollande aussi, et ici l'affaire relève partiellement de l'histoire maritime.

En août 1799, une flotte combinée anglo-russe débarquait en Hollande 30 000 hommes (dont 2 000 russes). L'opération amphibie — le type d'opération le plus difficile à réussir — était un succès à mettre au compte de l'amiral Duncan. Le but premier était encore maritime : s'emparer ou détruire le reste de la flotte hollandaise en prenant son port-arsenal du Texel. Le but second, le seul qu'avancent les manuels, était l'invasion de la France. On parle toujours de l'échec du second ; au bout de deux mois, le général Brune remit rapidement de l'ordre dans les affaires et le corps expéditionnaire fut obligé de se rembarquer. On oublie simplement que ce réembarquement volontaire (et l'opération est encore plus difficile que celle du débarquement) se fit dans un ordre presque parfait. Les Anglais avaient acquis une maîtrise absolue dans cette guerre périphérique. On oublie le succès maritime. Au cours des deux opérations principales : celle du Nieuwe Diep du 28 août et celle du Vlieter du 30 août, l'ensemble de la flotte hollandaise s'était rendue à l'amiral Mitchell, soit au total 10 vaisseaux de ligne, ainsi que 14 frégates. La flotte hollandaise s'était rendue presque sans résistance et avait cessé d'exister. Quelques opérations mineures menées dans les deux mois suivants le long de la côte hollandaise complétèrent le butin d'un lot varié de petits navires. Ce qui prouvait la fragilité du rattachement hollandais à la France : rien de comparable avec la férocité du combat, quelques années plus tôt, de Camperdown.

LA FIN DE LA MARINE RÉVOLUTIONNAIRE : LE DÉCOURAGEMENT

Le déséquilibre des forces était désormais devenu tel que l'évidence l'emportait partout. La marine française ne pouvait plus croire, et ne croyait plus à une quelconque chance de succès. Elle était plus méprisée que jamais. Equipages et officiers étaient résignés à la défaite. On n'en était plus qu'aux derniers soubresauts. Parfois la résistance des places navales isolées se prolonge désespérement, dans des conditions de plus en plus misérables. Ainsi à Malte où la garnison résiste, affamée. Mais la chute de ces bastions n'est plus, désormais, qu'une pure affaire de routine. Le commerce français est totalement arrêté, et même les petits convois côtiers n'arrivent plus à passer à Brest. C'est l'asphyxie du grand port. Les fournitures navales françaises s'accumulent au Havre, et dans le cas où des navires isolés passent vers l'ouest, en y mettant un temps infini, ils ne vont pas au delà de Morlaix. La situation est identique au sud : le raz de Sein est désormais obstacle infranchissable. La situation est meilleure à Rochefort : les convois côtiers venus de Bayonne arrivent à se faufiler dans les pertuis entre les îles de Ré et d'Oléron. Toulon n'est pas encore soumis à un blocus rapproché et des fournitures navales y entrent, bien qu'en quantités insuffisantes. La construction navale cependant ne s'effondre pas vraiment : on a construit, en France, 3 vaisseaux en 1797, 5 en 1798, 4 en 1799, 4 encore en 1800 et 2 en 1801, soit un total de 18. Ce qui n'est pas négligeable. Les chiffres correspondants pour les frégates sont respectivement de 6, 3, 7, et 3, soit un total de 19. Il faut mesurer dans quelles circonstances, presque impossibles : l'Ouest est en révolte avec, en 1799, des proportions jamais atteintes, même aux pires moments de 1794/95. En fait les communications avec Brest et Lorient relèvent par moments de l'exploit. Pour y parer et donner des ordres on a construit, sous le Directoire, la deuxième ligne du télégraphe Chappe : après celle de Paris-Lille, celle Paris-Brest, qui a rendu d'inestimables services. En sorte que la flotte ne sortant plus qu'à l'occasion, les chiffres globaux disponibles augmentent pour la première fois depuis 1793 : en 1798 on dispose de 57 vaisseaux et de 61 frégates, pour retomber à 49 et 54 en 1799, remonter en 1800 à 53 et 50, et, enfin, en 1801 à 52, mais seulement 42 frégates.

Tout se concentre autour de l'Egypte et de Malte. Corfou a succombé en mars 1799. Certes tout n'est pas bénéfice pour l'Angleterre, et l'opération de Hollande lui a coûté quatre vaisseaux de ligne par naufrage. Les navires hollandais capturés ne valent guère plus que les navires français ; mais désormais la nature est plus à craindre que les Français. La tentative de ravitailler Malte en constitue une bonne illustration. Après un premier faux départ toujours pour les mêmes raisons de rupture de mâture, le « Généreux », escorté de trois navires et de 3 transports (dont la « Ville de Marseille ») appareille de Toulon le 7 février 1800. Il est intercepté par la station anglaise et doit se rendre après une belle résistance (18 février). Le sacrifice a été inutile. Tout est épuisé à Malte. Aussi le général Vaubois, commandant la garnison, autorise-t-il le « Guillaume Tell » commandé par Decrès, à tenter une sortie. On l'attendait. Le vaisseau eut beau se battre, endommager deux de ses adversaires, résister 9 heures : il dut se rendre. Des deux frégates subsistantes, la « Diane » fut prise avant la reddition au cours du combat, mais la « Justice » réussit à force de vitesse à s'enfuir. Malte capitule le 5 septembre 1800 et l'Angleterre va y rester jusqu'après la Seconde Guerre mondiale. Le tout se solde par un point d'appui naval anglais, barrant le centre de la Méditerranée.

Les choses en étaient arrivées au point que la flotte anglaise ancre au sud-est d'Ouessant : les frégates arrivaient encore plus près. Pour proche qu'il fût, le blocus ne pouvait être total. On réussit deux ou trois petites sorties sans importance ni conséquence. Les choses n'allaient pas mieux à Rochefort ; d'ailleurs une petite escadre envoyée faire de la course dans l'Atlantique Sud eut le destin commun à toutes les tentatives françaises du moment. Il y eut bien plusieurs projets d'envoyer une partie de l'escadre brestoise au secours de l'armée d'Egypte : vaines velléités de bureaux sans contrôle sur la réalité. Pendant ce temps l'armée d'Egypte s'anémiait : fin 1801 elle était réduite à 12 000 hommes. L'Angleterre prépare la curée. Keith reçoit le commandement d'une grosse flotte qui doit rejoindre la Turquie pour y prendre une armée turque. Ganteaume pourtant arrive à sortir de la rade de Brest le 23 janvier 1802. L'escadre anglaise avait été rejetée au large, et par miracle, Ganteaume réussit à rassembler les divers éléments de sa flotte : 7 bâtiments de ligne et 2 frégates. Mais le cœur n'y était pas : telle était la volonté de Bonaparte en train de muer en Napoléon qu'il fallait bien éxécuter les ordres. Ganteaume rejoignit la Méditerranée pour y apprendre que Keith se trouvait à proximité de l'Egypte : il se replia sur Toulon. La flotte française arrive encore, de temps à autre, à joindre Brest à Toulon. Il tenta de ne pas sortir, et ses lettres au ministre plaident avec éloquence la cause de ses équipages et de ses officiers. On leur devait plus d'un an de solde, et on ne disposait de rien pour les vêtir pour une sortie d'hiver. Il dut obéir et se remettre en route pour l'éternelle Egypte, en passant auparavant par l'île d'Elbe que l'armée française attaquait par terre. Il bombarda donc la capitale, Portoferraio, renvoya ses plus mauvais navires (3 vaisseaux et 1 frégate), y chargea ses malades et s'en fut vers l'Egypte. Il se proposait de débarquer ses troupes en Cyrénaïque, à Derna, ce qui était bien loin de l'Egypte et l'on se demande comment elles eussent pu se rendre de Derna à Alexandrie à travers le désert côtier. On n'en était plus à une approximation près. Heureusement pour les troupiers, Keith apparut à l'horizon et Ganteaume prit le large. Il eut quelques chances : au cours de l'aller île d'Elbe-Cyrénaïque, il put surprendre quelques petits navires anglais. Au retour il prit même le « Swiftsure » (74), un des héros d'Aboukir, qui avait la malencontreuse idée de naviguer seul. Mais l'échec stratégique était patent. Là encore, les historiens ont glosé. Si Ganteaume, au lieu de se rendre à Toulon, avait foncé vers l'Egypte ? Pour une fois, un pareil « si » est justifié par l'opinion même de Keith qui a dit, et écrit, que Ganteaume eût battu ses forces en détail, et ravitaillé l'armée d'Egypte avec ses troupes fraîches. Napoléon pensait de même. L'ennui est que Keith pensait en homme disposant d'escadres anglaises, rompues au combat, somme toute assez bien ravitaillées, et d'un allant certain : tout ce que Ganteaume ne pouvait posséder. On reste d'ailleurs sceptique sur le « ravitaillement » éventuel destiné à l'armée d'Egypte ; l'escadre elle-même n'était pas trop bien munie.

Napoléon n'entendit pas l'affaire de la même oreille. Il « fallait » sauver l'armée d'Orient : il le devait à sa propre gloire. Certes Bonaparte négociait déjà avec l'Angleterre ; mais négocier en « force » ne pouvait nuire. Ganteaume avait échoué devant l'épidémie et les mauvaises manœuvres de ses navires. N'empêche : ordre fut donné de monter une dernière tentative « égyptienne ». Ce qui donna lieu à un dernier sursaut de la marine française, dûment exploité par la propagande consulaire, mais qui fut, au total, une tragi-comédie. Bruix fut chargé d'armer à Rochefort une escadre avec 5 vaisseaux portant 1 500 hommes : elle n'arriva pas à sortir du port. Bruix aurait dû se joindre à Cadix à l'amiral Dumanoir qui devait commander six navires... achetés en toute hâte aux Espagnols. Les deux escadres réunies devaient enfin suivre les trois vaisseaux renvoyés par Ganteaume et confiés à Durand-Linois. Ce fut lui qui sortit de Toulon. Le 3 juillet, il est à Gibraltar : ne pouvant entrer à Cadix, il se réfugie au fond de la baie d'Algésiras, fait armer les batteries côtières de ses propres marins, et dispose sa flotte entre deux forts. Ses 2 « 80 canons » et son unique « 74 » furent attaqués par Saumarez, disposant du double de ses propres navires. Pour une fois le tir français fut efficace : la tentative de tourner la ligne française par des chaloupes et par le vaisseau « l'Hannibal » tourna court et ce dernier s'échoua : il dut se rendre quand Saumarez, se rendant compte de l'inanité de ses efforts, rompit le combat pour revenir à Gibraltar toute proche. On tenait enfin une vraie petite victoire. La suite fut infiniment moins heureuse. S'attendant à la reprise du combat, Linois demanda du renfort à Cadix ; qui fut amené par les Espagnols. Mais au cours de la sortie du golfe avec quatre vaisseaux français et quatre espagnols, la nuit aidant, et les Anglais de Saumarez s'étant intercalés entre les alliés dont la ligne de file était très distendue, il s'ensuivit une tragique méprise, deux trois-ponts espagnols de 112 se canonnant l'un et l'autre. Le plus lent des voiliers français, le « Saint-Antoine », fut pris par les Anglais, tandis que le « Formidable », en dépit d'un début de mutinerie de l'équipage, arriva à se tirer d'affaire et parvint à Cadix grâce à son capitaine Troude. Par malheur celui-ci fit de la bataille un rapport très discutable, en sorte que le score final reste discuté. En réalité, nul doute que cette seconde bataille ne fût un succès anglais : deux navires coulés, un pris. Pourtant la bataille fut célébrée en France comme une victoire française, ce qui, si l'on exclut les pertes espagnoles, est une demi-vérité. La première bataille, elle, est une victoire française, le rapport des forces étant de 500 canons à 250 ; pourtant les 7 vaisseaux anglais furent repoussés avec la perte de « l'Hannibal ».

De toute façon, rien ne pouvait changer la suite des événements, et à côté des grandes batailles décisives, celle d'Algésiras fait figure d'événement sinon secondaire, du moins d'importance mineure. Stratégiquement, les deux batailles équivalent d'ailleurs à une victoire stratégique anglaise, l'escadre franco-espagnole se trouvant de nouveau bloquée dans Cadix.

L'ÉCHEC DES NEUTRES : LA BATAILLE DE COPENHAGUE

Solidement installé au pouvoir, Bonaparte avait besoin de la paix. Pitt renversé et remplacé par Addington, les perspectives pouvaient s'ouvrir sur une négociation certes serrée, mais pouvant aboutir à une paix, fût-elle très provisoire. Le futur empereur utilisa deux méthodes d'intoxication destinées à assouplir l'attitude anglaise : la diplomatie et l'opinion publique anglaise.

La deuxième coalition ne s'était pas entièrement dissoute après sa défaite en Hollande et en Suisse (1799). Mais elle rebondit au début de 1801.

Beaucoup de choses dépendaient de l'attitude du tsar Paul 1er. Très fantasque, peu équilibré (ce qui est un euphémisme), grand admirateur de Bonaparte, il avait été très choqué par la prise de Malte par les Anglais. Il se considérait comme le protecteur de l'Ordre, que lui-même — et son prédecesseur — avaient financé pour remplacer le manque à gagner résultant de la constitution civile du clergé, qui avait fait disparaître d'un trait de plume plus des deux tiers des revenus normaux de l'Ordre. Par ailleurs, l'intérêt porté par les Russes à la Méditerranée appartenait désormais à la tradition depuis Catherine la Grande. Les îles Ioniennes, les Balkans, Malte constituaient les cibles, proches ou lointaines de la Russie. Elle occupait les îles Ioniennes ; elle convoitait Malte. A ces raisons que l'on sous-estime en France s'ajoutaient des raisons commerciales. Les rapports financiers anglo-russes posaient problème. Par ailleurs le droit de visite que l'Angleterre s'était, de longue date, arrogé sur tous les navires neutres, pour rechercher tous les produits de « contrebande » militaire, commençait à peser sur le trafic grandissant des pays nordiques dont la prospérité était grande. Reconnaissons que l'utilisation de l'arme économique, théoriquement centrée sur les produits nécessaires à la guerre — dont, en premier lieu, les « munitions navales » dont le Nord était le fournisseur majeur — avait été étendu dans la pratique jusqu'aux grains. Par ailleurs les marins anglais s'étaient de plus en plus habitués à des procédures expéditives. Il devait en résulter des incidents. Des négociations s'esquissèrent pour renouveler la ligue des Neutres de la guerre d'Indépendance américaine (1780). Négociations difficiles, la Suède ayant reconnu le droit de visite en 1793. Pourtant il se forma une seconde « ligue de neutralité armée ». L'arrière-fond du problème semble avoir été le désir généralisé des trois pays intéressés : Russie, Danemark et Suède, de pouvoir étendre leur commerce maritime à la France. C'eût été pour leurs économies, déjà très largement bénéficiaires des guerres révolutionnaires, un énorme avantage supplémentaire. L'alimentation d'un marché privé de produits non-européens depuis près d'une décennie pouvait, en l'absence d'une marine marchande française pourrie dans les ports, s'avérer on ne peut plus payante. Inutile d'ajouter que la diplomatie française les encourageait dans cette voie. Le risque était cependant grand de voir la Grande-Bretagne se dresser contre un projet aussi dangereux pour elle. L'inquiétude était d'autant plus grande à Londres que l'Espagne avait obligé le Portugal à abandonner sa traditionnelle alliance avec l'Angleterre, l'obligeant même à céder à l'Espagne l'Alentejo. Une ligue armée neutre dans la Baltique menaçait, en outre, tout le ravitaillement en bois et autres fournitures navales de la marine de guerre et de commerce anglaise. La liberté d'accès de la Baltique était donc une question de vie ou de mort pour les Britanniques.

L'occasion en fut offerte par l'incident d'Ostende, connu sous le nom de la frégate danoise la « Freja ». Le 25 juillet 1800 un convoi de marchands danois protégé par une frégate de 40 canons fut « visité » par le navire anglais la « Nemesis ». Il en résulta une petite bataille qui se termina par la reddition du convoi. Ce n'était pas le premier incident de ce genre : une affaire similaire s'était déjà déroulée en Méditerranée en décembre 1799. On décida à Londres d'en finir. On s'arrangea provisoirement, moyennant le paiement d'une indemnité anglaise et la réduction de la force des convois danois en Méditerranée avec l'acceptation du droit de visite. Mais la Russie s'en mêla et séquestra les biens anglais en Russie ; puis à l'annonce de la prise de Malte (novembre 1800) la Russie interdit l'entrée des navires de commerce britanniques dans ses ports. C'était supprimer le ravitaillement anglais en grands mâts et en bois de chêne pour les coques des navires. En décembre 1800, la ligue des Neutres voyait le jour par un traité russo-suédois. La menace était directe, la Russie poussant le Danemark à y adhérer. Londres réagit en envoyant en mars 1801 une puissante flotte commandée par l'amiral Hyde Parker, sous le commandement duquel se trouvait Nelson. Il s'agissait de s'assurer du libre passage des détroits danois.

La flotte entra dans le Sund, rasant la côte suédoise — dont les batteries demeurèrent silencieuses — et ne subissant aucun dommage des batteries danoises de Helsingör et du château de Kronborg (Elseneur). L'approche de Copenhague s'avérait difficile : l'escadre anglaise n'avait pas de bonnes cartes des chenaux et les bouées de marquage avaient été soit enlevées, soit mises à des places fausses par les Danois. L'entrée directe du port de Copenhague était défendue par la grande forteresse de Treekroner tandis qu'une partie de la flotte danoise était ancrée en une longue ligne de 20 navires. On oublie toujours de dire qu'ils étaient disparates et tous démâtés, donc incapables de bouger. Il y avait là sept vaisseaux de ligne : mais aussi deux frégates de 48 et un échantillon de navires variés : un ancien navire de la Compagnie des Indes, une petite frégate de 22 et six portant du 20, soit trois transports de chevaux et deux batteries flottantes, plus une autre de 18 et enfin une petit navire de 6. Dans le port se trouvaient désarmés en outre deux navires de ligne de 74, une frégate, deux corvettes et 12 chébecs. L'affaire était donc plus faisable qu'on ne le dit, mais était compensée par l'énormité de la forteresse de Treekroner, pratiquement imprenable par une flotte. Parker hésitait : il estimait que le tirant d'eau de ses navires comportait le risque de voir un certain nombre s'échouer. Nelson se proposa donc de faire lui-même l'affaire avec seulement 10 navires de ligne, auxquels Parker ajouta des navires plus « légers » ayant un moindre tirant d'eau. Le 2 avril 1801 Nelson attaqua par le sud pour éviter la forteresse de Treekroner. Il avait, au préalable, dans la nuit, sondé les approches. La bataille dura de 10 heures du matin jusqu'à 3 heures de l'après-midi. On peut apprécier la situation de deux manières. Inconstestablement, une partie de la ligne de défense danoise avait été détruite : 15 navires avaient été coulés ou ne valaient guère mieux. Les pertes humaines étaient élevées : plus de 1 000 morts et 2 000 prisonniers. Mais ce point de vue doit être complété par deux observations. Les Anglais avaient de leur côté subi de grosses pertes : 1 200 morts et blessés. C'est dire l'âpreté de la bataille. Surtout, les navires les plus avancés vers le nord se trouvaient dans une situation de plus en plus dangereuse : le fort n'avait pas du tout été réduit. On peut se demander ce qu'il en serait advenu si les Danois avaient décidé de résister davantage. Nelson s'en tira en proposant au prince régent un armistice, qui fut accepté. Ce qui lui permit de retirer les plus menacés de ses vaisseaux et de remettre à flot ceux qui s'étaient échoués. L'armistice fut rapidement transformé en paix.

Bien des faits demeurent discutés. Ainsi celui, du nombre des canons en présence. Il faut additionner, côté danois, à l'artillerie des navires les batteries de Treekroner, ce qui donne des chiffres divergents de ceux parfois utilisés. Sur mer, la supériorité anglaise semble minime : 700 contre 628. Avec les batteries côtières il s'agit, en revanche, d'une forte supériorité danoise, quelque peu compensée par les caronades que les Danois n'ont pas utilisées : 1 014 danois contre exactement 696 anglais. Le courage danois ne fait pas de doute : il a failli coûter cher à Nelson, qui s'est finalement tiré à bon compte du mauvais pas dans lequel il s'était engagé, et volontairement maintenu. On connaît, en effet, l'attitude de Nelson qui, voyant le signal de rompre le combat hissé par Parker, appliqua sa lorgnette sur son œil aveugle en disant à ses officiers de dunette qu'il ne voyait rien. Désobéissance dans ce cas salutaire, que personne ne lui reprocha. Le fait est que les détroits étaient ouverts, la Baltique à portée, le Danemark éliminé (mais sa prospérité commerciale va continuer jusqu'en 1808, avec la deuxième affaire de Copenhague où les troupes de débarquement anglaises vont mettre le feu à la ville, premier exemple de bombardement par fusées « Congrave »). Entre temps, le tsar de toutes les Russies Paul 1er avait été assassiné, peut-être avec la complicité de sa femme et de son successeur Alexandre 1er (23 mars 1801). L'ambassadeur anglais à Saint-Pétersbourg était, semble-t-il, au courant. Or Alexandre était bien décidé à ne pas mener une politique anti-anglaise. La ligue des Neutres avait vécu, et c'était un gros échec pour la France. L'escadre anglaise entra cependant dans la Baltique histoire de promener sa force et de la montrer tant aux Suédois qu'aux Russes. Ce qui fut fait, après avoir passé les détroits en étant obligé d'alléger les vaisseaux d'une partie de leur artillerie transférée à bord de navires marchands pour la reprendre après le passage des hauts fonds des détroits. La visite fit son effet, les Suédois s'abstenant de tout commentaire, mais les Russes faisant comprendre à Reval que cette présence était vraiment intempestive et que la prolongation serait considérée éventuellement comme un « casus belli ». L'amirauté avait d'ailleurs besoin de ses navires ailleurs. Car il restait à Bonaparte un dernier moyen de pression : la flottille de Boulogne.

Le prestige de Nelson le fit immédiatement désigner comme le chef de la contre-flottille. L'opinion anglaise était, en effet, très inquiète, et même paniquée devant les mesures prises par le premier consul. Le traité de Lunéville, signé entre la France et l'Autriche laissait seules en tête-à-tête guerrier la France et l'Angleterre. Le succès d'Algésiras n'avait pas calmé les craintes anglaises (6-12 juillet 1801). On continue à s'interroger sur les buts réels qui inspirent l'affaire de la flottille. Les préparatifs, déjà poussés relativement loin en 1798, avaient été presque suspendus en 1799 : il y avait autre chose à faire. Mais le 12 juillet 1801 le Premier consul avait réactivé les préparatifs et ce dans une proportion impressionnante. Le tout, soit 9 divisions de canonnières, fut placé sous le commandement de celui qui était probablement le meilleur stratège naval français et l'amiral le plus capable : René Madelaine Le Vassor de La Touche Tréville. Né en 1745, entré dans la marine en 1768, reconverti à la cavalerie, puis revenu dans la marine, il avait commandé une frégate pendant la guerre de l'Indépendance américaine. En 1793, il avait été rayé des cadres de la marine et emprisonné comme noble et n'avait été réintégré dans la marine que par Bonaparte. De Brest, le Premier consul l'avait nommé à Boulogne et au grade de vice-amiral. Il devait mourir à Toulon en 1804, manquant ainsi la bataille de Trafalgar (Napoléon voulait le nommer à ce moment à la tête de la flotte française plutôt que Villeneuve). La Touche Tréville avait immédiatement commencé un entraînement intensif d'embarquement et de débarquement. Comme, en même temps, les chantiers navals recommençaient à construire en masse une flotte de plus en plus considérable, progressivement concentrée autour de Boulogne, l'inquiétude avait gagné l'opinion londonienne, par ailleurs lassée de la guerre et surtout de la lourdeur des impôts. Ce fut pour Nelson une ingrate mission plus psychologique que militaire. Il n'y gagna rien. Pour rassurer les esprits, il s'attaqua à la flottille de Boulogne, le 16 août, mais n'obtint que des résultats insignifiants pour des pertes relativement élevées. C'était en fait un échec. Echec masqué par la prise, quelques jours plus tard, de six prames françaises transportant de l'artillerie entre Saint-Valéry et Etaples. Ce qui prouvait simplement que l'attaque de flottilles à terre n'avait pas beaucoup de sens. Mais le raisonnement peut s'inverser et signifier qu'un débarquement n'avait pas beaucoup plus de chances de réussir. A cette date, il ne semble d'ailleurs pas que le Premier consul se soit fixé comme véritable objectif un débarquement en Angleterre. En réalité, le premier camp de Boulogne avait bien atteint ses deux objectifs majeurs : fixer le maximum de forces navales anglaises, inquiéter l'opinion pour faire pression sur le gouvernement anglais et l'amener à la paix. En attendant, la flotte anglaise allait liquider définitivement l'affaire d'Egypte. Non sans à-coups.

La dernière campagne ne donna pas lieu à des batailles navales nouvelles. L'énormité de la suprématie anglaise ne permettait plus de la mettre en doute. La qualité de ses encadrements et de ses équipages la rendait apte, même avec des effectifs inférieurs, à l'emporter sur n'importe quel adversaire. Elle était donc totalement libre de faire ce qu'elle voulait : à défaut de bataille, la dernière campagne d'Egypte est un modèle d'organisation logistique parfaitement réussi. Il faut bien se rendre compte de ce que cela signifie du temps de la voile : faire converger des armées venues de lieux différents, les faire débarquer aux dates prévues en fonction d'un programme préétabli relève de la quasi-impossibilité. Or cela réussit dans les années 1801-1802. Le 8 mars 1801, les troupes anglaises débarquaient à Aboukir : par-delà les péripéties diplomatiques et militaires, qui ne sont pas toutes à l'honneur anglais, l'armée d'Egypte allait être obligée de capituler. L'armée anglaise de Keith comprenait 16 000 hommes. Quelques petits navires français étaient arrivés à grand-peine à percer le blocus et à apporter quelques renforts et ravitaillement : en février 1801 « l'Egyptienne » et la « Justice » parties de Toulon, puis en mars la « Régénérée » partie de Rochefort, et presque en même temps le « Lodi », parti de Toulon. D'autres « briseurs de blocus » furent en revanche pris. La force d'invasion anglo-turque fit battre en retraite la petite armée française dans une nouvelle bataille d'Aboukir, puis dans une deuxième bataille à mi-chemin d'Alexandrie. L'aide des canonnières anglaises sur le Nil et le lac Maréotis fut aussi efficace que celle prêtée en 1798 par les canonnières françaises. En même temps, la « Navy » débarquait à revers sur la rive de la mer Rouge. Ces troupes, traversant le désert, se joignirent aux forces principales. Or la mer Rouge est de toutes les mers la plus détestable pour les voiliers, avec le régime très irrégulier de ses vents. Ces victoires anglaises aboutirent à la prise du Caire, les troupes françaises se concentrant sur Alexandrie, en sabotant la flottille française de canonnières. Le 21 juin, Cochrane, qui allait s'illustrer plus tard en dehors de la « Navy », entrait dans le grand port d'Alexandrie. Le 27 août, le général Menou, converti à l'Islam (il avait remplacé le général Kléber assassiné par un fanatique), demandait l'armistice et se rendait le 2 septembre avec ses 8 000 hommes survivants, plus quelque 1 500 matelots. Avec lui se rendait la flottille d'Alexandrie : un vaisseau de 64 (le « Causse ») et quatre frégates : deux françaises dont le brise-blocus « l'Egyptienne » (48) et la « Régénérée » (32) et deux frégates ex-vénitiennes de 26. L'ironie de l'histoire voulut que l'une de ces deux frégates ait été donnée par les Anglais à la Turquie...

En mars 1802 était enfin signée la paix d'Amiens succédant aux préliminaires de Londres du 1er octobre 1801. Il avait fallu, presque six mois pour transformer l'essai en traité définitif. Les négociations avaient failli capoter à plusieurs reprises.

Les conditions de paix étaient en fait très favorables à la France. Elle récupérait les deux îlots de Saint-Marcou et les colonies occupées par les Anglais : Saint-Pierre-et-Miquelon, les comptoirs des Indes avec Pondichéry, Gorée, les points d'appui de Madagascar, Tobago, Sainte-Lucie et la Martinique. Elle était libre de tenter la reconquête de Saint-Domingue, dont l'Angleterre promettait de se désintéresser. En revanche, la France s'engageait à évacuer le royaume de Naples (la Sicile étant restée aux mains des Bourbons) et les Etats pontificaux. Mais les Anglais étaient allés très loin en promettant d'évacuer toutes leurs conquêtes méditerranéennes : Minorque, Malte — qui devait retourner à l'Ordre — Livourne, l'île d'Elbe. Il est vrai que l'évacuation de Malte ne devait avoir lieu que trois mois après l'échange des actes de ratification. Le Portugal récupérait l'Alentejo, qu'il avait été obligé de céder à l'Espagne au traité de Badajos. L'Empire turc était restauré dans son intégrité. L'Angleterre cédait en outre la majeure partie de ses conquêtes coloniales sur la Hollande : Malacca, les îles de la Sonde, la colonie du Cap, le Surinam et Curaçao. Le Danemark, la Suède et le Portugal retrouvaient leurs colonies occupées aux Antilles et, pour le Portugal, à Madère. Le traité apparaît ainsi dans son texte très favorable à la France, et les concessions anglaises énormes. On peut cependant faire remarquer qu'en cas de nécessité, aucun de ces territoires ne pouvait se défendre. Le sens de la guerre ne se trouve pas dans le traité, mais dans la réalité maritime. Toutes les marines en dehors de l'anglaise se trouvaient singulièrement diminuées. La vénitienne et la maltaise avaient disparu ; la marine espagnole était amputée de plus de la moitié de ses effectifs et ne possédait plus qu'une valeur de combat limitée. La portugaise avait quelque peu souffert, la hollandaise était presque éliminée, tandis que la danoise et la suédoise avaient subi, au cours des diverses guerres, des pertes telles qu'elles ne présentaient plus que la moitié de leur potentiel de départ. La napolitaine avait beaucoup souffert des dissensions internes opposant les éléments libéraux aux éléments royaux, et la cession de quelques navires français n'avait pas sensiblement affecté la valeur combative ni de la marine turque, ni de la napolitaine. D'ailleurs Portugal et Naples sont des servants on ne peut plus fidèles de l'Angleterre : leur rôle majeur étant d'offrir des points d'appui aux escadres anglaises de la Méditerranée, d'ailleurs solidement installées à Gibraltar. En somme, si l'Angleterre ne possédait que 195 navires de ligne sur 594 en Europe en 1789 (pour reprendre les chiffres de Fulton), soit « à peine » le tiers des forces navales européennes, la réalité de 1802 est telle qu'elle en possède plus de la moitié.

La situation est quelque peu moins favorable sur le plan commercial. Certes la flotte de commerce française est pourrie dans ses ports ; mais la durée de la guerre n'a pas été telle qu'elle a durablement compromis la capitalisation des négociants français. La preuve en est le brutal démarrage du commerce français en 1802, qui évoque à plus d'un égard celle des années d'après-guerre du XVIIIe siècle. A cette date, le retour du négoce français est encore possible. Ce qui explique sans doute l'acharnement de Napoléon à récupérer Saint-Domingue. La flotte hollandaise est elle aussi en très mauvais état, l'espagnole est en décadence totale comme toutes les marines de commerce méditerranéennes. Il y a, en somme, un basculement accéléré vers les puissances commerciales du Nord : pays scandinaves qui sortent paradoxalement comme les grands vainqueurs provisoires de la compétition marchande de la dernière décennie surtout, et avant tout Hambourg. C'est dire qu'il y a disparité entre le bilan militaire naval et le bilan commercial maritime. En 1802, les pays scandinaves ont perdu toute possibilité réelle d'intervenir efficacement dans de futures opérations militaires, mais ils ont sensiblement accru leurs possibilités commerciales. Seule fait exception la Russie. Elle continue d'être une puissance commerciale médiocre et demeure seulement un énorme marché de grains et de « fournitures navales ». Elle a, en revanche, augmenté dans des proportions notables sa puissance navale militaire et manifesté plus que des intentions d'intervention en Méditerranée. Or Alexandre 1er va, en pratique, abandonner ces attitudes après 1808, quand il s'apercevra que cette flotte russe dépend étroitement du bon vouloir anglais.

C'est dire qu'à nos yeux, Trafalgar n'est plus qu'un épisode mineur, normal, la consécration de surévidence d'un état de fait, et que la grande crise européenne sera formée par les années 1806 à 1809 : tout semble un court instant remis en cause par l'entrée en guerre de la Turquie contre la Russie (alliance anglo-russe) et l'arrivée du Danemark dans le blocus continental ; ceci aboutit à la mise hors circuit de la puissance navale militaire et commerciale danoise par le bombardement anglais de Copenhague (2 au 4 septembre 1807), puis par la guerre russo-suédoise de 1808 à 1809 qui détruit définitivement la puissance navale suédoise. Quant à la prospérité commerciale de l'Allemagne du Nord, elle a subi, dès 1806 les contrecoups de la guerre de la Prusse avec Napoléon.

La France impériale, en tout cela, n'est plus que puissance navale tout à fait secondaire : compte seule sa puissance terrestre. Ce qui est déjà le cas en 1802.

Tout a été dit, et redit, sur les espérances réciproques des Anglais et des Français à propos du traité d'Amiens. Il est probable que des deux bords, on n'envisageait la paix que comme un pis-aller provisoire tenant compte de la situation politique interne des deux pays. Il fallait la paix pour asseoir le régime impérial en France ; il la fallait en Angleterre peut-être pour en démontrer l'impossibilité. Il est sûr que Napoléon l'espérait beaucoup plus longue (deux à quatre ans) pour refaire les forces du pays. Il est sûr aussi qu'il n'a rien fait pour la prolonger. Par-delà les accusations réciproques de non-respect des engagements pris à Amiens à propos de l'Italie et de Malte, la réorganisation du Saint Empire germanique qui soumettait l'Europe centrale à Napoléon a joué son rôle. La paix n'allait pas durer : dès 1803 France et Angleterre se retrouvent en guerre jusqu'en 1814 et 1815. Disons brutalement la vérité : à cette date, le rapport de force réel de vaisseaux prêts au combat est le suivant : Angleterre 120, France (officiellement) 52, aptes au combat une quarantaine, Espagne 30, Hollande 20.

Les chiffres des constructions navales françaises prêtent à réflexion : ils sont tels qu'ils mettent en cause nombre d'interprétations politiques classiques. En 1803, la France compte sur le papier 55 vaisseaux et 37 frégates. Huit vaisseaux sont en construction ainsi que deux frégates. Ce qui est très déséquilibré et ne promet pas une véritable flotte de combat efficace. Or, de 1803 à 1807, en 5 ans (1803 compris), les chantiers navals français achèvent un total de 28 vaisseaux et de 18 frégates, ce qui est certes supérieur à la moyenne de 1783 à 1789, mais inférieur à celle de 1789 à 1795. Le véritable effort naval napoléonien ne s'accélère vraiment qu'en 1807 et 1808. De 1808 à 1814, en sept ans, la France construit 56 vaisseaux et 28 frégates. L'accent, contrairement à la période du gouvernement révolutionnaire, est délibérement mis sur les vaisseaux, les frégates ne relevant que d'une préoccupation seconde. Ce choix est celui du prestige ; il ne correspond plus à l'évolution technologique. La tendance est, en effet, à la construction de frégates de type américain, très lourdement armées (de 46 à 48 canons) et rapides. Par ailleurs, l'essentiel n'est plus construit en France, où Brest sombre par blocus rapproché, dans le marasme le plus total, mais de plus en plus à Anvers. C'est, en réalité, une autre marine, lourdement handicapée, toujours sur le plan technique par les faibles tirants d'eau de l'embouchure de l'Escaut ou ceux des passes du « Lido » de Venise.

L'effort naval napoléonien est donc d'abord modéré, sans commune mesure avec les besoins de la reconstruction : on achève en 1801 et 1802 à peine 3 vaisseaux et 3 frégates. La courte paix n'a pas été utilisée, et les choses ne redémarrent qu'en 1803 avec 8 vaisseaux et 2 frégates. Aussi, avec les défaites, le stock théorique de la flotte de combat française ne connaît qu'un accroissement lent, qui ne devient substantiel qu'en 1812, quand il est trop tard. De 1803 à 1807, date à laquelle la flotte de combat française atteint son creux le plus profond, les effectifs réels ne cessent de baisser : 52 vaisseaux et 38 frégates en 1803, 46 vaisseaux et 33 frégates en 1807. Puis ces chiffres se gonflent lentement pour remonter à 52 vaisseaux et 33 frégates en 1810. L'accélération est ensuite sensible : en 1812 on atteint le chiffre de 72 vaisseaux, mais seulement 30 frégates, ce qui est aberrant, et les chiffres culminent en 1814 avec 79 vaisseaux et toujours 30 frégates. Le traité de Vienne réduit la flotte française à 47 vaisseaux et 22 frégates. On mesure mieux l'effort tardif napoléonien quand on peut chiffrer le total des constructions neuves entre 1807 et 1814 à 56 vaisseaux et 28 frégates.

Nous sommes incontestablement en présence d'un choix. Techniquement il porte sur les vaisseaux ; chronologiquement il est tardif, et sa coïncidence avec l'affaire de Copenhague, la guerre russo-turque et la guerre russo-suédoise n'est évidemment pas le fait du hasard. En d'autres termes, ce n'est pas l'effort naval militaire français de 1802-1803 qui a pu inquiéter le moins du monde l'Angleterre, et Napoléon, faisant de nécessité vertu, n'a pas provoqué l'Angleterre en ce domaine direct. Il n'a, d'autre part, pas compris le rôle réel de la flotte de guerre, se contentant jusqu'en 1807 d'un effort certes notable, mais tout à fait insuffisant. La formidable accélération de l'effort coïncide aussi avec le blocus continental. Tout se passe comme si Napoléon, surpris par la rapide reprise de la guerre maritime, l'ait considérée come relativement secondaire et ne l'ait, en tout cas, pas mis au premier rang de ses priorités. Le réveil est tardif et il nous semble qu'il est dû aux événements navals des années 1807-1808, qui, paradoxalement, ne concernent pas directement la France. Mais cet effort, technologiquement déséquilibré, est trop tardif pour permettre de s'aventurer dans une grande guerre d'escadre que Napoléon comptait bien mener, initialement, en 1814.

EN GUISE DE CONCLUSION

L'ÉPILOGUE NAPOLÉONIEN

Il y a quelque chose de profondément aberrant dans l'attitude napoléonienne en matière navale en 1802-1803. La reconstruction matérielle de la flotte n'est même pas entamée. Or dans toutes les parties du monde, la France se place de manière extrêmement provocante. C'est une question encore fort mal connue. La provocation est évidente sur le plan colonial. Non seulement la marine procède à la récupération rapide des colonies rendues par l'Angleterre — ce qui est normal — mais d'emblée la reconquête de Saint-Domingue est entreprise sur une très large échelle avec des moyens considérables. Ce n'est pas le lieu ici d'entrer dans le détail de l'histoire coloniale. Mais le but, mal masqué, de tout cet effort est le rétablissement pur et simple de la colonie de plantation sucrière esclavagiste. On en connaît les épisodes, moins les arrière-plans. Qu'il y ait des soucis politiques d'ordre interne est évident : l'envoi aux îles des éléments les plus « révolutionnaires » de l'armée de terre constitue une mesure de précaution passablement machiavélique. Car nul n'ignorait la mortalité qui frappait d'ordinaire ces troupes. L'entrée en force de la fièvre jaune dans le complexe épidémiologique colonial ne faisait qu'aggraver une situation ancienne, et dans des proportions terrifiantes. L'abandon des travaux d'entretien des réseaux d'irrigation pendant près d'une décennie, donc le pullulement des moustiques vecteurs, entre autres, de la malaria n'a sans doute rien amélioré. Qu'il y ait une large part de sous-estimation des difficultés de tous ordres est évident. Le mépris envers les anciens esclaves est patent, et l'entourage de Napoléon, à commencer par les Beauharnais, l'a largement « intoxiqué ». Cependant, la politique napoléonienne se comprend mieux si l'on admet qu'il tablait sur une période de paix relativement longue. Nul doute qu'en dépit des pertes énormes dues à la guérilla revivifée par la traîtrise de la capture de Toussaint-Louverture, comme des effets du climat, la France en fût venue à bout en quelques années supplémentaires. A moyenne échéance l'entreprise signifiait la reprise du grand commerce colonial français largement fondé sur Saint-Domingue. La politique française se développe partout avec un accent d'emblée très anti-anglais : ainsi à Constantinople, où Napoléon va tenter — et à moyen terme réussir — de retourner l'opinion dirigeante turque, au point qu'en 1808 la Turquie va prendre fait et cause contre la Russie. Constantinople ferme les Dardanelles aux navires russes, provoquant la déclaration de guerre russe et l'apparition d'une escadre anglaise (celle de Duckworth) devant la capitale avec la même exigence que face au Danemark : la reddition de la flotte turque. L'épisode est peu connu en France, car il ne cadre pas avec les idées admises du « déclin » turc. Or l'escadre anglaise en sera pour ses frais et n'encaissera que des horions (février 1807). Il est vrai que la flotte turque sera détruite un peu plus tard à la bataille de Lemnos le 1er juillet 1807 par une escadre russe (amiral Senjavin).

En fait, la diplomatie française se révèle gênante partout. Il faut lire les rapports alarmistes de la Compagnie des Indes anglaise pendant les années 1801-1804. Il n'est question que de menaces françaises — parfois imaginaires — tout le long des côtes asiatiques. Curieusement, elles semblent aller de pair avec une attitude de plus en plus anti-anglaise de la puissante communauté des banquiers et négociants arméniens, qui, de l'empire ottoman à la péninsule indochinoise, ont, depuis des siècles, tissé leurs réseaux marchands. Pour les politiques et les commerçants de Madras et de New-Delhi, le danger essentiel se situe en Birmanie. Les grands chantiers navals de Rangoon, travaillant pour un tiers de coût moindre que ceux des Indes en train de devenir anglaises, et qui de ce fait fournissent une part croissante de la marine de commerce indienne, s'inspirent de la technique de construction navale française, et ont fait appel à des techniciens français. Grâce à l'abondance du bois de teck, et à l'excellente qualité de ces navires, s'esquisse un danger français pour la domination commerciale et militaire des Indes anglaises. Ces autorités proposent donc une prompte intervention pour couper l'herbe sous les pieds des Français. En attendant on envoie en Birmanie des missions diplomatiques comme celle de Symes, dont les rapports sont à cet égard extrêmement intéressants. Qu'il y ait là une part d'intoxication ne change rien au fond de la question. Nous sommes en présence d'une universelle méfiance devant la restitution des colonies françaises. Les Mascareignes, dont les dégâts corsaires ont été particulièrement mal perçus, vont amplement justifier sous l'Empire leur réputation. Car ce sont elles qui, comme sous la Révolution, vont donner à la France quelques-uns de ses plus brillants et rares succès. Il existe ainsi une hantise anti-française dont le gouvernement anglais devra très vite tenir compte. Ceci n'est qu'un exemple parmi d'autres. Il eût fallu, dans ces conditions, au gouvernement en train de devenir impérial, un doigté et une prudence dont il ne disposait à aucun degré. Cette « diplomatie » tient du complexe de supériorité et pour tout dire de « l'arrogance » de ces généraux presque partout victorieux, pour qui la guerre était d'abord une excellente affaire. Pour lesquels surtout les marins étaient des incapables. Les voyages de découvertes dans les mers australes d'un Baudin doivent donc être resitués dans ce contexte d'impérialisme apparent, brutal et sans nuances, inconscient des risques qu'il prend, qui caractérise à l'extérieur ce terrien qu'est, du fond de son cœur, Napoléon.

A y regarder de près, c'était d'autant plus imprudent que le traité d'Amiens avait fait quelques cadeaux supplémentaires à la France dont elle eût pu profiter. En 1802, il y avait dans les prisons et les pontons anglais quelque 70 000 marins, peut-être un peu plus. Leur retour en France supprimait, en cas de guerre, pour quelque temps, l'un des goulots d'étranglement les plus évidents : le manque de matelots. Il est vrai que cette libération était chèrement payée : face à ces 70 000 rescapés, il y avait la quantité difficile à décompter de tous ceux qui étaient morts ou revenaient tellement malades qu'ils étaient inutilisables pour le reste de leur vie. Le nombre des morts dépasse, probablement, les 10 000 unités. Le sort des prisonniers français a été très divers et on ne peut généraliser. Certains pontons comme certains camps laissaient des souvenirs empoisonnés. En tout cas, le retour de ces « marins » ou « gens de mer » eût permis un rapide développement de la marine de commerce. On escomptait donc en Grande-Bretagne des contreparties. L'idéal eût sans doute été, de ce point de vue, le retour au traité de libre-échange de 1786. Il était, sans doute, de mauvais augure. Mais dans l'euphorie du moment, Napoléon eût pu l'imposer sans trop de difficultés. Mais là encore sa politique durant la brève année de paix relève de la provocation irresponsable. Beaucoup de négociants anglais escomptaient une ouverture au moins partielle du marché français. Ce fut, plus que jamais, une politique protectionniste directement hostile à toutes les demandes anglaises. Inutile de répéter ce qui a été dit on ne peut plus excellemment ailleurs, et en particulier par Fr. Crouzet.

Relevons cependant ici une incompatibilité et une contradiction totale dans la politique de celui qui n'est encore que le premier consul. D'un côté, l'effort naval de renouvellement de la flotte est réduit à peu de choses deux années durant, alors que le stock naval existant est utilisé à fond pour mener une politique de récupération ultra-rapide des colonies. Cette politique mobilise toutes les capacités — limitées — d'action de la marine, tout en occupant une partie anormalement importante des classes de matelots, et use prématurément une marine en déliquescence. On objectera que c'était aussi exercer cette marine. De l'autre côté on mène une politique mondiale hyperactive qui ne peut que susciter les interrogations légitimes sur les véritables intentions du gouvernement français. En somme, Napoléon agit aussi imprudemment sur terre que sur mer. Ce qu'il pouvait se permettre sur terre, il ne le pouvait sur mer. Il semble donc qu'il y ait là une véritable et fondamentale incompréhension des problèmes non seulement maritimes, mais simplement commerciaux et diplomatiques, qui débouche sur une contradiction insoutenable. La marine de 1803 n'a pu se préparer réellement à la reprise de la guerre. Napoléon acculait ainsi l'Angleterre à des décisions : tout le passé de la décennie écoulée indiquait que, quels que fussent les hommes au gouvernement anglais, ils réagiraient rapidement. Or ils réagirent encore plus vite qu'on ne pouvait logiquement l'attendre.

C'est que la paix reposait côté anglais sur un calcul de rentabilité très simple. La paix devait rapporter au moins autant et de préférence plus que la guerre. Or la guerre avait rapporté. Reprenons les très vieilles estimations du Lloyd (mais ces estimations ne sont-elles pas, au fond, les plus sûres ?). De 1793 à 1800 inclus, la marine anglaise avait perdu un total de 3 466 navires, ce qui d'après les experts du XIXe siècle, représentait environ 2,5 % du trafic anglais. Peu importe ici la précision en valeur absolue de ce qui n'est qu'indication : cela atteignait à peine le pourcentage d'augmentation annuel du commerce anglais. Les pertes étaient individuellement sévères, et certaines années dramatiques : dans le courant de la décennie, elles ne représentaient probablement que l'équivalent des pertes normales du fait de la mer qu'elles doublaient en quelque sorte. Car la marine anglaise avait remplacé la française, de concert avec les nordiques et plus encore l'américaine.

Rappelons d'autre part que c'est au cours de la décennie révolutionnaire que les revenus de l'état anglais ont progressé au point de dépasser, probablement vers 1797-1798, le montant des revenus théoriques de l'état français (compte non tenu des prises terrestres). En somme, la France révolutionnaire a en partie compensé ses pertes maritimes par le « prélèvement » sur l'Europe riche et proche. Certes cela s'était traduit, côté anglais, par l'alourdissement des impôts, gages des emprunts d'Etat. Nous n'avons pas ici à entrer dans la complexité des calculs de prélèvements fiscaux et d'emprunts sur le P.N.B. anglais : à l'heure actuelle tout indique qu'il n'en a pas résulté, du moins pour la décennie révolutionnaire, de frein pour la croissance économique anglaise. Il n'en va pas de même pour la décennie impériale, qui a certainement ralenti le rythme de progression de l'économie anglaise, qui eût peut-être été, de 1803 à 1814, plus rapide sans la guerre. Mais cela personne ne le savait et ne pouvait, encore moins, le prévoir. Il est d'ailleurs un autre point de vue, au moins aussi légitime à tout prendre, et surtout plus aisément accessible aux contemporains. L'Europe de 1803 est en train de se fermer à l'Angleterre.

En Italie, les troupes françaises n'évacuent que lentement ou pas du tout ce qu'elles devaient évacuer. Quant au Nord de l'Italie, elle est organisée de telle manière que rien ne permet d'espérer une augmentation quelconque du commerce et des exportations anglaises. Le remodelage de l'Europe centrale ne se fait pas seulement dans le sens d'une formidable augmentation de la puissance politique et militaire de la France, mais tout autant dans le sens de l'ouverture au commerce français et donc la fermeture au commerce anglais. Les perspectives de bonnes affaires disparaissent, et même le maintien au niveau des exportations de la période de guerre antérieure est mis en question.

La paix avait un autre avantage, moins évident, mais peut-être encore plus important pour l'avenir de la marine. De 1793 à 1802, la marine française avait vécu en vase clos et n'avait guère participé à l'évolution technologique. Elle avait l'occasion de reprendre contact avec les constructeurs des autres nations. La leçon des engagements militaires, et plus encore des petits combats réputés mineurs par les historiens, sont en vérité des bancs d'essai incomparables pour jauger les qualités des innovations comme pour comparer des navires de puissance à peu près égale. Essayons donc d'abord de les préciser, en suivant les avis des experts de la « Navy ». Le combat entre unités isolées se déroule presque toujours sur le même schéma, ce qui simplifie l'analyse : on se donne la chasse, on se rattrape, on s'attaque avec plus ou moins d'habileté. Or on retrouve, en beaucoup plus graves et plus accentués, quelques-uns des défauts majeurs de la marine française durant la guerre d'Indépendance américaine. Cette « timidité » française qui semble provenir du désir d'éviter de faire endommager son propre navire s'accompagne de l'éternel tir à démâter. Il paraît être l'une des raisons pour lesquelles les pertes humaines françaises sont si fortes par rapport aux anglaises. Les Anglais visaient la coque et faisaient du tir à tuer, les Français tentaient le tir d'immobilisation. Le cas le plus extraordinaire est celui d'une frégate où les Anglais trouvèrent les canons coincés par le capitaine à la hausse sinon maximum, du moins très élevée. Il arrivait certes que de temps à autre, cette technique aboutisse, effectivement, à démâter un navire dès le début de l'action : or en tombant, la mâture gênait considérablement la suite du tir.

Cette technique spécifique fut renforcée par les insuffisances de formation des canonniers français, peu exercés à tirer en mer. On comprend dès lors l'adage de Jean Bon Saint-André, suivant lequel peu importait les « évolutions », mais qu'il fallait tenter de prendre l'adversaire à l'abordage. Effectivement, l'abordage termine parfois certains combats à très proche distance ; mais la prise de possession d'un navire qui se rend en ramenant son pavillon est tout autre chose que l'abordage. Or il a existé dans la marine française des années 1794-1798 un véritable mythe de l'abordage qui demanderait à être étudié. Il est directement fils de la course, et même de la pire imagerie de la course, qui perdure encore de nos jours. Elle est renforcée par l'imitation et la transposition de l'attaque en masse de l'armée de terre. Le « torrent révolutionnaire » doit tout emporter par sa masse humaine. Mais le nombre de combats réels à l'abordage est infime : le mythe a directement contribué au nombre énorme de morts inutiles. On avait oublié — et on oublie encore de nos jours trop souvent — que la guerre maritime est d'abord une guerre technique, et que la marine de l'époque était la seule arme de haute technologie.

Aussi la comparaison qui a toujours intéressé l'Amirauté est le poids de la bordée, pour lequel elle disposait de quasi-statistiques. Cloves a par la suite repris une partie de ces données : elles sont surévidentes. Dans les 38 cas de figure analysés de combats individuels portant à la fois sur des rencontres avec les Français, les Espagnols et les Hollandais, le succès est déterminé dans 28 des cas (près des trois quarts) par le poids supérieur de la bordée.

Il en résulte pour les frégates comme pour les corvettes une véritable course à la puissance. La frégate de 28 canons, relativement majoritaire au début de la guerre, disparaît quasiment pour faire place au 32, le « standard » de la guerre d'Indépendance américaine, qui est lui-même abandonné au profit des 36, 38, 40, voire 44 canons. Ainsi la différence s'efface lentement entre les vaisseaux de ligne et les grosses frégates. Parallèlement, le calibre de ces canons va augmentant en sorte qu'en comparant les frégates anglaises les plus récentes de 1801-1803, on constate que les plus puissantes disposent d'une capacité de feu de près de 50 % supérieure à celle des traditionnels vaisseaux de 50 — comme le « Leander » d'Aboukir. Ce qui, naturellement, appelle une forte augmentation du tonnage, du nombre des équipages, et par conséquent du coût. Ce pourrait être une explication des choix de l'Empire évoqués ci-dessus. Devant le coût croissant des frégates, l'Empire pourrait avoir préféré investir dans le gros vaisseau de 74 et de 80, d'autant plus que le nombre de ses matelots ne suffisait pas à pourvoir en hommes trop de vaisseaux. Ainsi l'arrêt du commerce maritime, entraînant le ralentissement accru au fil des années du renouvellement du nombre de marins, pèse inexorablement sur les possibilités de choix stratégiques de la marine française. Ce qui était encore possible en 1794-1795 : construire en masse des frégates, devient impossibilité humaine, face à la volonté bien établie de réduire au maximum le « gap » — l'énorme trou — existant entre les chiffres en vaisseaux lourds de l'Angleterre et de la France.

Circonstance aggravante : les frégates anglaises disposent de plus en plus de caronades, et de calibre accru. Elles remplacent de plus en plus les canons de petit calibre qui se trouvaient sur la dunette et sur les superstructures des navires. Dans les petits bâtiments anglais, il arrive même qu'il n'existe plus d'autre pièce d'artillerie. La caronade a d'évidents avantages : elle est beaucoup plus légère que la canon classique, partant beaucoup plus maniable et moins exigeante en servants. Sa rapidité de tir est énorme. Face à des navires armés de manière classique, la caronade anglaise tirait onze fois plus vite que l'adversaire, et des objets de calibre supérieurs. Son seul inconvénient est sa courte portée. Il eût donc été raisonnable pour les Français de s'en tenir au combat à longue portée, à tout le moins hors de portée des caronades. Mais voici la boucle vicieuse bouclée : pour pouvoir se maintenir loin, il faut savoir bien maœuvrer, et encore mieux tirer avec précision au canon long (plus il est long, plus grande est sa portée). La caronade condamne au combat à courte distance. Apparaît aussi le retard industriel et technologique français qui s'aggrave. Si les grosses frégates françaises portent toujours des caronades (d'ordinaire de 36), si les espagnoles portent du 24, les petites frégates, les corvettes et les autres petits navires non anglais n'en portent pas du tout. Or la caronade sert plus que tout autre arme à tuer. Ajoutons, à la suite de Cloves, une remarque qui a son importance. Comme dans nombre de batailles, les navires français portent beaucoup de troupes de terre, les ravages de l'artillerie anglaise se transforment en massacres purs et simples.

Il en résulte pour les frégates anglaises une souplesse d'utilisation qui en fait les bonnes à tout faire. C'est à elles que sont confiées, de plus en plus, les tâches lointaines, d'autant qu'en dehors de la Méditerranée, les vaisseaux de ligne français n'apparaissent plus qu'au large de leurs côtes et de moins en moins en haute mer.

Aux raisons avancées par les techniciens anglais s'ajoutent encore d'autres qui, pour eux, étaient tellement évidentes qu'on n'en parlait même pas. Il semble d'abord que la qualité des canons anglais soit devenue de plus en plus nette par rapport aux canons français. L'accident le plus redouté de tous les marins est l'éclatement du tube. Les Anglais lui attribuent à tort ou à raison quelques-unes des rares victoires françaises dans des combats individuels : si tel navire anglais a été perdu, c'est uniquement parce que tel tube a explosé. L'amirauté a donc tenté de comprendre, et l'on s'est très vite aperçu que plus l'artillerie avait d'âge, plus le risque d'explosion était grand. Elle a donc cherché à renouveler aussi souvent que possible son matériel. Ce qui lui était infiniment plus facile qu'en France : après 1795, en particulier, le système mis en place par Demangeat se disloque, et le rythme de production d'Indret qui, en 1794, avait atteint le chiffre de plus d'un demi-millier par an, se ralentit. De même la qualité de la poudre a été mise en cause : les plaintes de certains capitaines français sont très vives, et il semble bien qu'il y ait eu de ce côté des insuffisances graves.

L'essentiel, cependant, ne tient pas au seul matériel. Ce qui a frappé les rescapés français des batailles avec les Anglais, c'est la vitesse de tir des canonniers. Elle résulte, une fois de plus, de la combinaison de la technique et de la pratique. Or, pendant la guerre d'Indépendance américaine, les canonniers français avaient fait aussi bien que les anglais, une fois passés les premiers mois de la guerre. L'aspect technique porte essentiellement sur trois points : l'utilisation systématique de gargousses soigneusement préparées, qui diminue le temps nécessaire à charger une pièce ; l'amélioration de la manœuvrabilité des gros canons de marine très lourds par le débattement des pièces, et enfin, l'introduction du système des platines, permettant la sécurisation et l'amélioration du temps de la mise à feu. Ajoutons ces menues « micro-innovations » que sont les flexibles de chargement qui ont fait merveille à Aboukir. La meilleure technique ne vaut pas grand-chose si le personnel ne sait pas l'utiliser au mieux. L'amirauté a eu grand soin d'insister sur les exercices toujours renouvelés de tir, et de tir en mer : les mouvements deviennent automatiques, proches du « drill » prussien terrestre, ce qui a l'avantage de prévenir les effets de la peur et de la panique, les gestes devenant tellement automatiques qu'ils se font d'eux-mêmes. Ceci suppose une discipline rigide. Et l'on sait que ce n'est guère le génie de la nation française. En gros, l'on peut dire que le tir anglais est deux fois plus rapide que le français, et surtout infiniment plus précis. Cette excellence du tir à 25 mètres de distance, qui est celle prônée par la tactique de rupture de ligne anglaise, équivaut, si l'on y ajoute les caronades, à une énorme supériorité de feu anglaise. Les officiers le savaient bien, et étaient même parfois tentés de surestimer cette supériorité. Mais, en gros, il faut leur donner raison. Certains d'entre eux pensaient qu'il n'y avait aucune raison de comparer le nombre des pièces : un « 74 » anglais valait infiniment plus qu'un « 74 » français. De toutes façons, un espagnol, quel que fût son armement, était sans valeur. Ils en étaient arrivés à faire des calculs complexes qui faisaient équivaloir un « 74 » anglais à un navire de 150, voire de 200, et parfois, dans les excès de l'orgueil national, de 300 canons adverse. Il y a, malheureusement dans ce genre de calcul une large part de réalité sanglante lourde de conséquences. D'autant, comme on l'a déjà souligné, que le tir en bois « à demi-portée de pistolet » passe à travers les charpentes les plus épaisses, projetant dans les ponts d'artillerie une multitude d'éclats de bois bien plus dangereux que le boulet lui-même.

Tout cela n'était pas possible sans l'action incessante d'un corps d'officiers exercé, faisant corps avec l'équipage. Ce n'est pas que le corps des officiers anglais soit tellement « savant », comme l'était le « grand corps » français d'Ancien Régime. Mais il disposait, par la force des choses, d'un entraînement incomparable dépassant les records de durée en mer des vaisseaux anglais de la guerre de Sept Ans. On est effaré de voir la longueur des campagnes de certains navires anglais : certaines frégates ont, pendant dix ans, passé de 5 à 6 ans effectifs en mer.

La supériorité d'une technique ou d'une marine est cependant toujours relative. Les navires anglais n'étaient pas parfaits, le degré de formation des officiers tout de même très inégal, les capacités naturelles variées, le niveau d'entraînement des équipages divers. Il en allait certes de même dans la marine révolutionnaire. Mais à peu d'exceptions près, la supériorité absolue anglaise, composée de la parfaite adéquation des modes d'utilisation au degré d'évolution technologique (rien de trop sophistiqué, que du déjà soigneusement éprouvé), se double d'une supériorité relative encore plus dramatique. Il était des capitaines français en soi parfaitement capables de manœuvrer sans faute, encore fallait-il que les équipages aient été en mesure d'exécuter les ordres qu'on leur donnait. Prenons un cas d'espèce qui dispensera de tout commentaire. Le 18 août 1793, la frégate anglaise « Sibylle » rencontrait la française « Chiffonne ». Le combat dura 17 minutes. Il est vrai que la « Chiffonne » était légèrement inférieure en tonnage comme en armement (945 tonneaux contre 1091, 36 contre 38 canons) ; mais elle était soutenue par une batterie proche montée sur un îlot. En 17 minutes, la « Chiffonne » eut 23 morts et 30 blessés sur un équipage de 190 hommes (le tiers de l'effectif hors de combat) alors que la « Sibylle » ne comptait que 2 morts et 1 blessé sur 217 hommes (1,3 % des effectifs).

CHRONOLOGIE DE LA DÉFAITE NAPOLÉONIENNE

On ne pouvait remédier à pareilles différences en l'espace d'un an. Aussi la chronologie des événements ultérieurs se suffit à elle-même. Le grandiose plan d'invasion de l'Angleterre concocté par Napoléon aboutit, on le sait, au double échec du camp de Boulogne, qui ne fut qu'une belle et vaste mise en scène, sans résultats pratiques, et à Trafalgar. Le plan consistait à faire sortir l'escadre de la Méditerranée, la doubler par l'espagnole, opérer une diversion en faisant mine de balayer les Antilles pour aboutir à disperser les forces anglaises et permettre pour un court laps de temps le passage du Pas-de-Calais.

L'échec du camp de Boulogne ne tient que partiellement à la marine : c'est la coalition terrestre qui force Napoléon à lever le camp spectaculaire. L'effort avait pourtant été massif. Nous sommes loin des timides essais de 1798 et de 1801. Forfait avait été remplacé par Tupinier et toutes les places maritimes, de Nantes (et même de ports plus au sud) jusqu'en Hollande, ainsi que nombre de places fluviales avaient participé à l'effort. Au total, on atteint le chiffre de plus de 2 000 bâtiments de toutes sortes, du bateau de pêche réquisitionné aux bateaux de débarquement les plus inattendus. Ces derniers comportaient trois types principaux : des péniches classiques, plus ou moins armées, des canonnières de dimensions moyennes oscillant autour de 25 mètres, et surtout des prames avec une voilure développée. Le principe de base est que tous ces navires doivent pouvoir marcher à la voile et à la rame, les soldats embarqués devant eux-même ramer. Cette flotte — car il s'agit de bien plus que d'une flottille — était censée porter une armée de 100 000 hommes avec toutes ses munitions, armes et nourriture. Le tout était concentré dans les ports de

Boulogne, Calais, Etaples et Ambleteuse. L'organisation était celle de l'armée de terre. Théoriquement le tout est conçu comme le franchissement d'un grand fleuve, de manière totalement indépendante de la marine. Nous retrouvons avec cette conception l'incroyable légèreté de ces hommes du XVIIIe siècle, et d'abord de Napoléon lui-même, refusant de se plier aux faits avant qu'il y ait eu un désastre. Lors de la célèbre cérémonie de la remise de la Légion d'honneur, Napoléon ordonna un exercice de sortie par gros temps, en dépit de l'opposition de l'amiral Bruix. Il y eut plusieurs centaines de noyés. Il fallut construire rapidement de grands bassins pour abriter ces bateaux contre le mauvais temps. Ce qui avait pour conséquence de demander cinq jours pour sortir toute la flottille, et qui rendait d'emblée tout plan de passage par surprise caduc. De plus l'événement avait démontré que les bateaux à fond plat n'étaient utilisables que par mer tout à fait calme. Le seul avantage réside dans le travail fourni aux chantiers côtiers. La dépense était vaine. Il est vrai qu'on l'a beaucoup surestimée : le coût n'en a pas été, contrairement à ce qui s'est longtemps écrit, ruineux. Quant à la campagne navale qui a conduit à Trafalgar, elle s'explique, une fois de plus, par l'éternelle illusion de l'addition de la marine espagnole et de la française. L'addition est simple : 50 + 25 = 75. Que vaut, cependant, l'addition de deux faiblesses contre une seule vraie force ?

L'état de la marine française s'était certes amélioré. Le ministre de la Marine va demeurer en place pratiquement tout l'Empire : la continuité a succédé à l'instabilité. L'ennui est que Decrès est un personnage singulier, qui pose à l'historien plus d'une énigme. C'est, sans conteste, un excellent administrateur : les questions matérielles trouveront, dans la mesure des crédits disponibles, des solutions quantitatives suffisantes, quelles que soient les difficultés. La réforme administrative sera excellente et bien venue. Le malheur est qu'avec une constance sans exemple, Decrès choisira toujours pour chefs les moins doués, par jalousie, pour ne pas lui porter ombrage. A-t-il, par ailleurs, cru à la mission qui lui était confiée ?

Soulignons le côté positif : il survit à Décrès et pose ainsi les bases sur lesquelles se fera la reconstruction ultérieure, au cours de la première moitié du XIXe siècle, de la nouvelle marine française. C'est l'arrêté du 27 avril 1800 qui règle enfin la vieille dualité (et rivalité) régissant l'administration des arsenaux par la création des préfets maritimes. Chacun d'entre eux commande une circonscription côtière, l'ensemble de l'Empire étant divisé en six « arrondissements » : Toulon, Rochefort, Lorient, Brest, Le Havre et Anvers. Le préfet maritime est à la fois le maître des constructions navales, la tête de l'administration, le chef militaire qui règle les mouvements des navires, etc. En somme le seul maître à bord, au surplus ordonnateur financier. Rien ne lui échappe. Les formules qui définissent le but de cette réforme décisive à très long terme ont un son tout à fait colbertien : économie des moyens comme des hommes ; placer les civils dans l'étroite dépendance du chef et donner aux militaires la liberté de choix des options. Paradoxalement c'est au fond la revanche totale de l'épée sur la plume. Plus intéressant encore est le ravalement des ingénieurs-constructeurs de la marine à un rang sinon subalterne, du moins second. Quant au choix des préfets maritimes, il est bien dans l'esprit d'amalgame de Napoléon : quelques marins, quelques administrateurs civils. La réforme, comme il fallait s'y attendre, suscita des grincements de dents et des oppositions. Napoléon passa outre et se gaussa de ces querelles dépassées. Il eut sur ce point raison. La réforme donna d'excellents résultats, sans toutefois résoudre l'autre éternel conflit qui devait opposer si souvent les marins aux militaires. Incombait à ces derniers la défense du littoral : qui devait les diriger ? L'armée l'emporta souvent.

On a beaucoup moins parlé de l'autre réforme : celle des états-majors. Elle fut moins visible, portant essentiellement sur le remplacement des hommes réputés à tort ou à raison « vieillis », et sur la réintégration d'officiers qui, dans le passé révolutionnaire, avaient été écartés. Ce fut le côté le plus spectaculaire : il concernait des officiers de l'ancienne marine, d'avant 1789 : les noms les plus connus étaient ceux de La Touche-Tréville et de Missiessy. Tout cela appartient à la volonté napoléonienne de fondre les éléments sociaux disparates en une unité nouvelle. Les choix n'étaient pas mauvais. Le cadre des officiers fut précisé en une hiérarchie qui n'était pas neuve : 21 vice et contre-amiraux pour 150 capitaines de vaisseaux, 180 capitaines de frégate et à la base 600 aspirants. Une curieuse lacune : pas d'école navale. Les aspirants sont recrutés indifféremment dans les milieux maritimes et non maritimes : l'instruction suffit au départ. Se trouve ainsi niée l'opposition marine de guerre/marine de commerce.

Ce qui pouvait être fait l'a donc été, et même rapidement, efficacement. Mais une marine est d'abord un instrument technique qui suppose une longue adaptation du personnel au matériel. Ce dernier était à renouveler, et la remise dans les rangs des ingénieurs-constructeurs de la marine a, peut-être, été pour quelque chose dans le conservatisme dans lequel la marine française se trouvait déjà engagée et dans lequel elle va demeurer. Pour le reste il eût fallu du temps, beaucoup de temps. Napoléon n'a rien fait, bien au contraire, pour le gagner. La reprise spectaculaire des colonies constituait déjà, en soi, une tâche telle que ce qui subsistait de matériel utilisable était usé jusqu'à la corde. L'apport théorique de 12 vaisseaux hollandais n'en donna que 7. En décembre 1803, Decrès estimait pouvoir disposer d'une trentaine de vaisseaux utilisables : c'était aborder la lutte avec un rapport de force, sur le papier, d'au moins 1 à 3. Dans la réalité militaire la disproportion était infiniment plus grande. La partie était perdue d'avance, et l'on ne comprend pas comment

Napoléon a pu se faire à ce sujet la moindre illusion. Peut-être n'en a-t-il pas eu. Pour le camp et la flottille de Boulogne, on peut avancer — sans certitude — que ce ne fut qu'un immense jeu d'intoxication de l'opinion anglaise, qui, effectivement s'alarma un moment. L'hypothèse implique cependant qu'il espérait que la déclaration de guerre puisse être « rapportée » : illusion du même type que celle de Hitler en 1940. C'était, en tout cas, courir le risque de voir un bluff se vider de son contenu. Il fallait compenser par des victoires terrestres, ce qui fut rapidement fait. Peut-on aller plus loin et penser que Napoléon avait des illusions sur les possibilités de la marine, même renforcée par des vaisseaux espagnols, de réaliser une opération aussi gigantesque que celle qui a conduit à Trafalgar ? Répondre à cette question est impossible. Pourtant cet homme si soucieux de connaître, au jour le jour, l'état de son armée de terre n'a pas pu se tenir au courant, de même, de l'état de sa marine. Les réponses consistant à dire qu'il méconnaissait les réalités financières, et surtout la puissance du crédit ne nous semblent pas tellement convaincantes. Il a été, plus tard, dans l'obligation de faire feu de tout bois. L'explication — si après tout il y a une explication — nous semble résider dans ce paradoxe de départ qui a consisté à ne pas commencer immédiatement la reconstruction matérielle de la marine tout en multipliant les provocations inconsidérées sur terre et sur mer.

Certes, contrairement à ce qui s'écrit, les bâtiments dont on dispose ne sont pas vieux ; la moyenne d'âge des vaisseaux et des frégates est même remarquablement basse. Les prises anglaises ne permettaient pas aux navires français de vieillir. Mais tout laisse à désirer. Les vaisseaux les plus neufs se révèlent immédiatement médiocres, comportant des vices de fabrication inquiétants, qui témoignent d'un médiocre souci des ingénieurs-constructeurs de surveillance, et d'une baisse très sensible de la qualité des ouvriers des arsenaux. Le temps de paix n'a pas été assez long (ni le crédit français assez bon) pour permettre de renouveler les stocks de matériaux par l'importation massive de bois du Nord. Il en va de même dans tous les domaines : les achats ont à peine été suffisants pour armer à peu près convenablement les navires envoyés dans les colonies.

A une situation matérielle fort peu différente (limitation financière oblige) répond une situation humaine qui n'a pas eu le temps de s'améliorer. Le nouveau corps est au sommet pourri de haines, de querelles de personne héritées de la décennie précédente qui n'ont pas eu le temps de s'apaiser. Certes les hommes de la Révolution et leur clientèle ont quasiment disparu : ni Morard de Galles, ni Villaret-Joyeuse ne comptent plus, la plupart de leurs disciples sont morts au combat, ou ont rallié les clientèles des nouvelles « étoiles ». Ce qui l'emporte est le clan de la campagne d'Egypte, ceux qui, en 1798, ont entouré Napoléon. Il les garde, et leur donne le pouvoir. Ce sont Bruix, Decrès, Villeneuve, Ganteaume.

Aucun d'entre eux n'est un grand homme de guerre. Assez bons exécutants parfois, tout au plus. Insistons : Decrès et Villeneuve sont des médiocres, Ganteaume et Bruix sont des inquiets, trop bien en cour pour insister beaucoup quand il aurait été nécessaire de le faire. Aucun n'a jamais osé décrire la véritable situation, et quand Bruix a osé, à Boulogne, empêcher une sortie dangereuse, Napoléon s'est laissé emporter, en public, au point de le menacer d'une badine... Ce quatuor au fond néfaste a écarté ceux des marins de l'époque révolutionnaire qui les dépassaient : Napoléon a choisi, dans la marine, les moins brillants. Ecartés Martin et Villaret-Joyeuse, écarté même l'ingénieur-constructeur Forfait, l'ami de la campagne d'Italie (mais il avait été l'inspirateur de la flottille de Boulogne et ce n'était peut-être pas une injustice de l'écarter en faveur d'autres, comme Sané) ; mis sur une touche honorable, du moins au début, La Touche-Tréville. Sa mort, en 1804, l'a peut-être écarté du commandement de la flotte qui devait finir à Trafalgar. Il eût probablement évité certaines erreurs et pallié la timidité maladive de Villeneuve : eût-il pu éviter le désastre ? Il eût probablement encouru les foudres pour n'être pas sorti. Ne soyons pas trop cruels : tous ces hommes, qui connaissaient leur métier, placés à la tête de bonnes escadres, eussent fait bonne figure devant l'histoire...

L'ÉTAT DE LA MARINE ANGLAISE

L'ironie — l'une des plus énormes de l'histoire — est que face à cette marine française matériellement jeune, peu usée, se dresse une marine anglaise que les études récentes révèlent comme remarquablement vieille. Il n'y avait pas eu de très grand programme de construction navale anglaise pendant la décennie de la Révolution : à peine 21 nouveaux vaisseaux s'étaient ajoutés à la « Navy » de 1793 à 1800 alors que les chantiers français avaient sorti, de 1793 à 1802, 34 vaisseaux et 63 frégates. Il est vrai qu'en 1801, 24 se trouvaient en construction. Encore faut-il ajouter que sur les 21 construits pendant la Révolution, 5 provenaient de la Compagnie des Indes. Au fond, la marine qui a battu la française était, pour l'essentiel, une marine de l'époque de la guerre de Sept Ans et de la guerre d'Indépendance américaine. Elle contenait un lot important de très vieux navires, dont certains d'une longévité exceptionnelle. Le plus vieux était le « Royal William » qui avait été reconstruit en... 1719 à partir du « Prince » de 1670. Il n'y avait donc que peu de navires récents. On y avait suppléé en partie par l'ajout des prises françaises. Encore convient-il de souligner que la plupart ne jouaient qu'un rôle non militaire, de pontons notamment. Théoriquement la « Navy » eût pu incorporer 37 vaisseaux étrangers pris ; le chiffre réel est beaucoup plus bas. Ainsi des prises d'Aboukir, seules trois se trouvaient en service actif.

Pire : l'état des chantiers navals n'était pas bon en 1803. Ils avaient été touchés par une série de grèves, et les constructeurs civils, qui avaient subi des pertes du fait du trop faible prix imposé par le cahier des charges, étaient réticents. La méfiance du premier lord de l'amirauté, l'amiral Saint-Vincent s'était traduite par une série de heurts et de conflits difficiles à régler. On se décida en 1803 pour la bonne vieille politique de maintien en service de la plus grande quantité possible de vieux navires en limitant le nombre de constructions nouvelles. Certes le coût des réparations était devenu considérable. L'unanimité était loin de se faire à l'intérieur de la « Navy » sur le bien-fondé de cette politique. Mais elle avait l'avantage d'avoir fait ses preuves. Commençait en effet à apparaître le moment où continuer de réparer reviendrait plus cher que de construire des navires nouveaux. Or les tâches de la « Navy » étaient énormes : face à elle l'alliance franco-hollando-espagnole obligeait à une dispersion des forces à laquelle on avait suppléé par le grand nombre de frégates (la déclaration de guerre de l'Espagne avait été motivée, on ne peut plus justement, par l'enlèvement en pleine paix, du convoi de l'argent américain par les Anglais). Pourtant les programmes de nouvelles constructions ne furent jamais énormes, ce du moins pour les vaisseaux. En 1805, on mit en chantier huit « 74 » conçus sur le modèle des 2 de 1800 (dessinés par Rule et Henslow). Quelques unités supplémentaires s'ajoutèrent au cours des années suivantes. Il y a dans cette attitude une part de prise de conscience que les dimensions des deux-ponts en particulier étaient devenues telles qu'on atteignait ici une limite technologique. Mais c'était aussi une question de choix tactique. On eût pu construire, comme en France, des navires plus rapides ; mais c'eût été au détriment d'autres qualités. Un navire est toujours un compromis. Une fois de plus, la qualité des hommes primait celle du matériel. Cette situation, mal connue en France, que Brian Lavery a véritablement dévoilée, devrait inciter à comprendre l'évolution de la marine française d'avant la Révolution avec plus de souplesse... Ce furent donc les vieux navires d'Anson et de la guerre d'Indépendance qui vainquirent à Trafalgar. La victoire anglaise est due à deux hommes : le nouveau premier lord de l'amirauté : lord Barham (Charles Middleton) qui sut de Londres prévoir le plan de Napoléon et concentrer la flotte anglaise là où c'était nécessaire, et Nelson. Le reste se joua au canon dans la « mêlée » de Trafalgar.

Le plan napoléonien était compliqué : pour gagner les quelques heures (?) que nécessitait le passage de la flottille de Boulogne, il fallait disperser la flotte anglaise loin de la Manche par ce gigantesque crochet à travers l'Atlantique. La réalité fut simple : en mars 1805 Villeneuve réussit à sortir de Toulon, rejoint à Cadix par 6 navires espagnols, il se trouve mi-mai aux Antilles. Nelson le suit à deux semaines de distance. Au passage Villeneuve a quand même enregistré un succès, capturant un convoi anglais de 14 navires. Renseigné sur l'arrivée de Nelson, Villeneuve retourne vers l'Europe. Nelson est plus rapide, preuve de la pauvre condition de l'escadre franco-espagnole. L'amirauté, dûment informée par Nelson, renforce ses escadres de blocus de Brest et du Ferrol. Nelson ne rencontre pas Villeneuve, qu'il recherche dans le détroit de Gibraltar, et se rend à Portsmouth. Or, au cours de son retour vers l'Europe, Villeneuve rencontre l'escadre de blocus du Ferrol (Calder) et il en résulte la bataille préliminaire du cap Finisterre (22 juillet 1805). Villeneuve dispose de 20 vaisseaux et de 7 frégates ; Calder n'a que 15 vaisseaux et 2 frégates. La brume rend la bataille incontrôlable. Pourtant Calder réussit à prendre 2 vaisseaux espagnols, mais n'arrive pas à accrocher Villeneuve qui se réfugie au Ferrol. Mais si la bataille pousse Calder devant une cour martiale qui le réprimande sévèrement pour n'avoir pas détruit l'ennemi, c'est une victoire stratégique, puisque le plan napoléonien est, de ce moment, rendu impossible. Pourtant Villeneuve arrive à s'extirper du Ferrol en août, dans le but de se renforcer par l'escadre de Rochefort. Celle-ci manque le rendez-vous et Villeneuve revient à Cadix. Poussé à bout par les lettres insultantes de Napoléon et par l'arrivée de son remplaçant, Villeneuve ordonne la sortie le 20 octobre : il dispose de 33 navires (15 espagnols) et de 5 frégates avec 30 000 hommes et 3 000 canons. Nelson, en face, a 27 vaisseaux et 4 frégates, 20 000 hommes et 2 500 canons. Il a de longue date mis au point avec ses capitaines la manœuvre qui se déroule d'abord avec une majestueuse lenteur due au vent : la colonne-ligne franco-espagnole est rompue par les deux colonnes de Nelson sur le « Victory » (il a 35 ans d'âge) et par Collingwood sur le « Royal Sovereign ». Commencé à 10 heures du matin, l'hallali dure jusqu'à la nuit. Les Alliés y perdent 18 navires, dont 17 pris (quelques-uns repris dans la tempête et la nuit) ; 7 000 prisonniers et 2 500 morts et blessés. Les pertes anglaises s'élèvent à 1 700 hommes. La défaite est quelque peu atténuée le 23 octobre par Cosmao qui arrive à reprendre deux prises tandis que la tempête oblige les Anglais à abandonner au naufrage 9 vaisseaux. Un navire anglais, le « Berwick », est perdu. Gibraltar voit arriver 4 prises. Le reste de l'escadre alliée est bloquée dans Cadix et les 5 navires français tomberont entre les mains des Espagnols en 1808. La défaite alliée est complétée le 4 novembre par la bataille du cap Ortegal où l'escadre rescapée de Trafalgar est à son tour capturée...

Une ère est achevée. L'Angleterre domine totalement les mers ; mais Napoléon a vaincu à Austerlitz et il faut s'accoutumer à l'idée d'une guerre très longue entre l'ours et la baleine...

L'histoire de la dernière décennie impériale ne doit plus rien à la mer.

Hyères, juillet 1988.

ANNEXES

DEUX BATAILLES DE RUPTURE

1. Camperdown (11 octobre 1797).

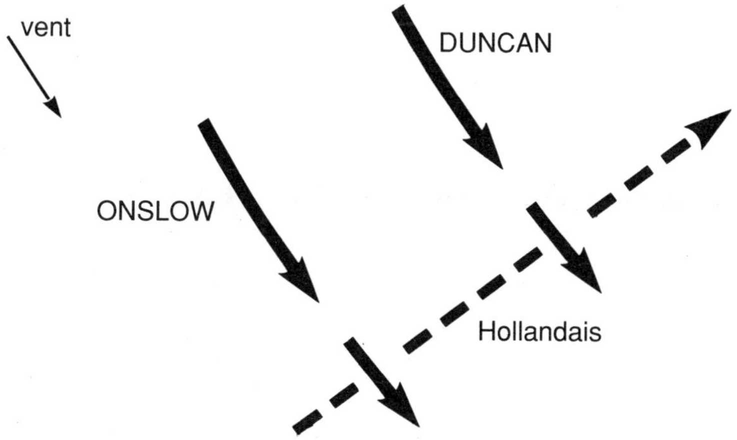

2. Trafalgar (21 octobre 1805).

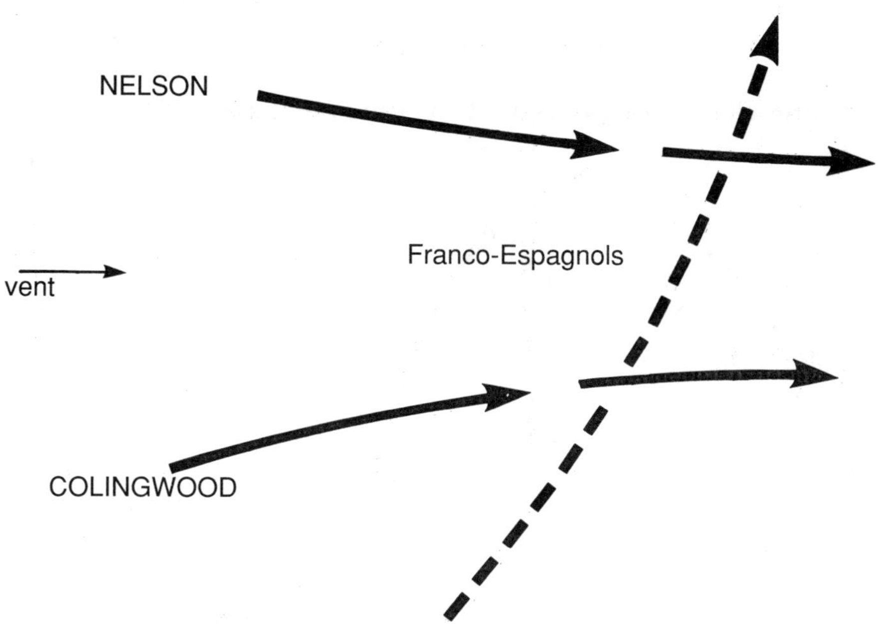

TROIS ATTAQUES SUR RADE

1. L'échec dû à la saute de vent : Reval (13 mai 1790).

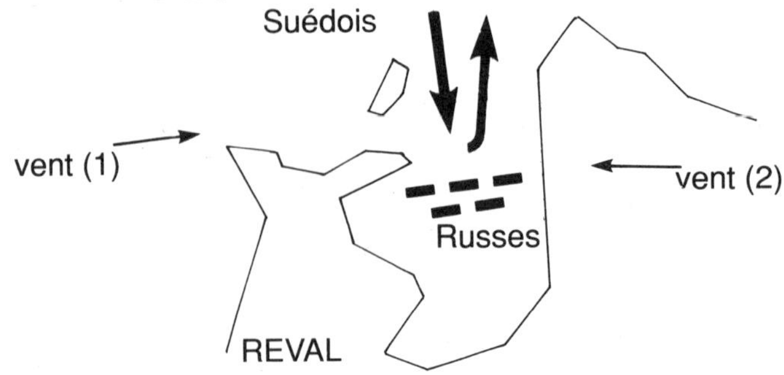

2. La victoire totale : Aboukir (1-2 août 1790).

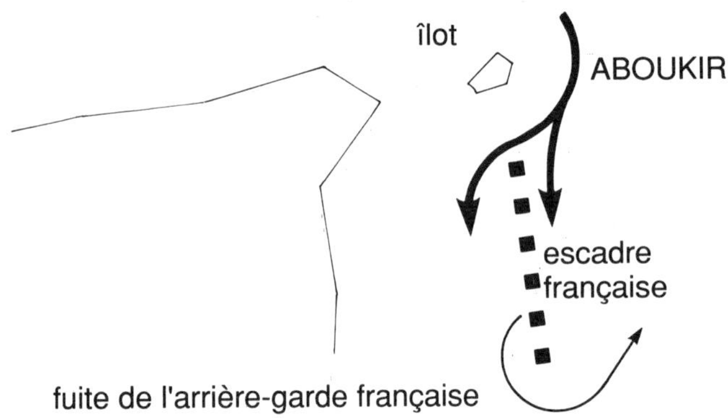

3. Une victoire de justesse : Copenhague (2 avril 1801).

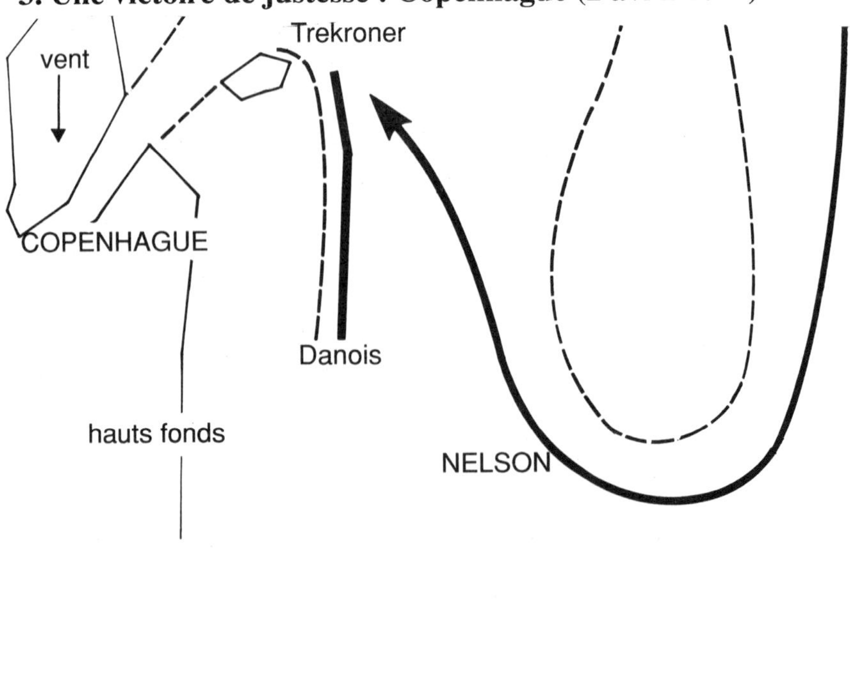

UNE BATAILLE CLASSIQUE EN LIGNE DE FILE

Oeland (26 juillet 1789).

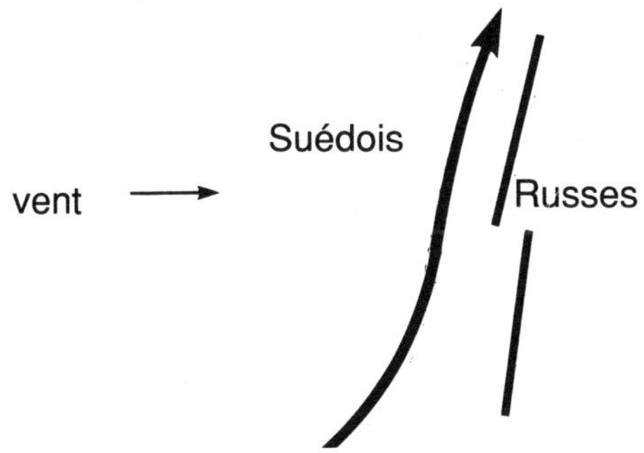

DEUX BATAILLES DE RUPTURE DE BLOCUS

1. Dniepr (28-29 juin 1788).

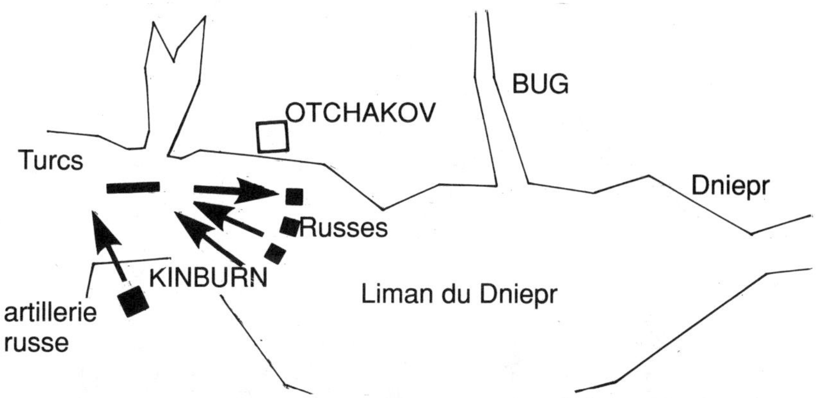

2. Rupture suédoise de Vyborg (3 juillet 1790).

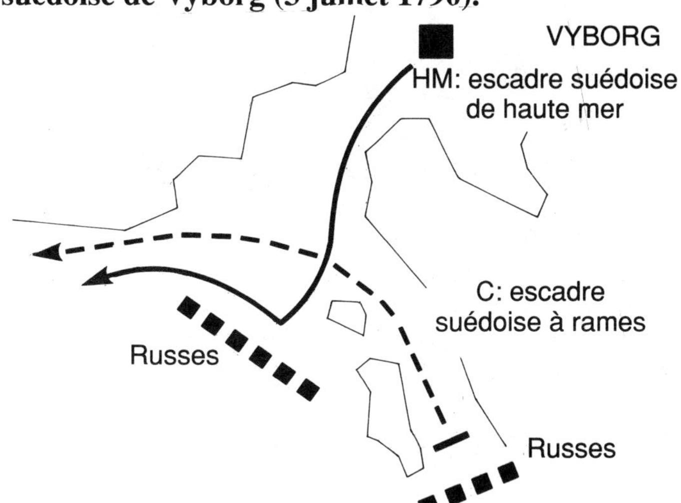

UNE BATAILLE ARCHAIQUE :
2e BATAILLE DE SVENSKSUND (9 juillet 1790)

Combat entre deux escadres à rames et à voiles côtières.

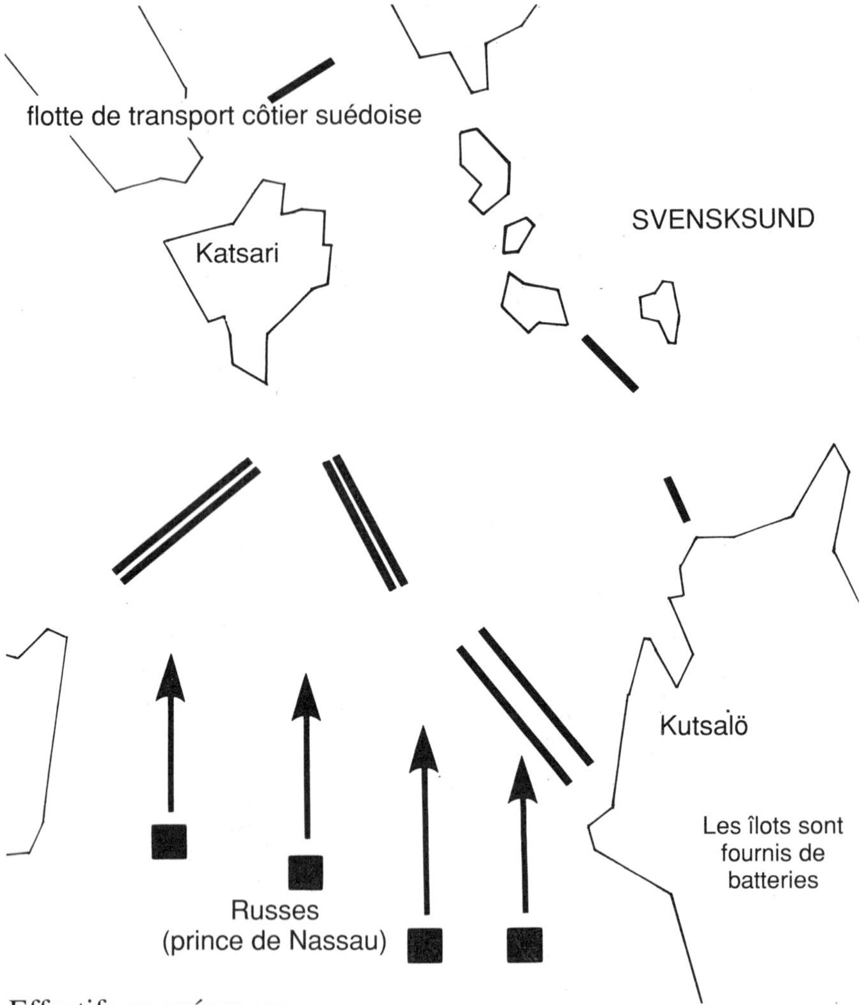

Effectifs en présence:
- navires : 195 suédois, 140 russes;
- canons : 1200 suédois, 1500 russes;
- équipages : 14000 Suédois, 18500 Russes.

Pertes russes : 70 navires, 6000 prisonniers, 3000 morts et blessés.

Pertes suédoises : 300 hommes.

APPENDICE N° 1

LA COURSE FRANÇAISE D'APRÈS P. CROWHURST

Ports	1793	94	95	96	97	98	99	1800	1801
Bordeaux	2/1	–	–	1/1	14/10	25/10	21/3	19/14	9/2
Boulogne	11/1	–	–	9/4	16/3	14/2	21/4	14/3	10/3
Dieppe	1/1	–	–	1/0	5/2	1/1	–	–	–
Dunkerque	50/13	–	–	20/10	34/12	41/6	39/10	21/2	15/4
Marseille	27/3	–	–	1/0	3/1	0	1/0	0	1/0
Nantes	10/6	–	–	4/1	56/14	39/10	14/5	7/4	2/0
St-Malo	21/9	–	–	9/7	26/16	24/8	19/5	26/7	18/7
TOTAUX	132/34	–	–	45/23	154/58	144/37	117/27	87/30	55/16

(Premier chiffre : Total. Deuxième chiffre : pertes).

Pourcentage approximatif des pertes des corsaires :

25 % – – 51 % 37,6 % 25,7 % 23 % 34 % 29 %

Total général : 734 corsaires dont 225 pris (ces chiffres sont incomplets mais reflètent bien les tendances générales).

Equipages perdus par la course :

1793 : 3 367 ; *1795 :* 123 ; *1796 :* 2 448 ; *1797 :* 7 094 ; *1798 :* 5 894 ; *1799 :* 4 079 ; *1800 :* 3 737 ; *1801 :* 1 714.

Total : 28 456 dont pour Bordeaux : 6 397 = 22,50 % ; Nantes : 4 121 = 14,50 % ; Saint-Malo : 3 381 = 11,88 % ; Dunkerque : 2 306 = 8,10 % ; Brest : 1 959 = 6,88 % ; Lorient : 1 185 = 4,16 %. Ces six régions maritimes enregistrent donc plus des deux tiers des pertes (68,02 %).

On retrouve la même absence de logique militaire dans l'attitude envers la marine de guerre. La course est stoppée au moment où elle est la plus facile (aucune disposition prise chez l'adversaire, utilisation des navires de commerce normaux, donc moindre frais). Elle est autorisée et encouragée au moment où la strate sociale des grands armateurs a fait les frais du gouvernement révolutionnaire : ils n'apparaissent que très peu (ou sous la forme d'actions). Le sommet de la course est lié aux deux années 1797 et 1798 avec 298 corsaires armés (en fait plus de 300) = 40,5 % du total. Cette activité se prolonge encore en 1799. Ces trois années totalisent 415 unités (près de 60 % du total). Les prises faites en 1797 et 1798 provoquent un effondrement des prix de vente (insuffisance du pouvoir d'achat des Français par rapport à l'offre) : d'où une série de campagnes très déficitaires, qui achèvent ce que les assignats et les impôts révolutionnaires ont commencé.

On notera enfin la faiblesse du chiffre total des corsaires. Activité de substitution certes, mais d'ampleur très limitée par rapport aux guerres de la fin du règne de Louis XIV : une course qui ne peut s'appuyer sur une marine puissante est rapidement condamnée.

APPENDICE N° 2

LE DÉCLIN DES PETITES MARINES NORDIQUES

(Source : J. GLETE)

Navires de combats : Vx = vaisseaux ; Fr = frégates ; A = autres

	Danemark			Suède			Russie		
	Vx	Fr	A	Vx	Fr	A	Vx	Fr	A
1790	32	16	2	16	15	6	51	31	8
1795	30	14	6	14	13	5	49	26	8
1800	28	9	7	14	13	1	53	24	11
1805	20	14	9	13	12	–	36	10	6
1810	2	–	9	13	9	1	25	10	20

Ces chiffres parlent d'eux-mêmes ; il faut préciser qu'en 1785, la Suède possédait 26 vaisseaux de ligne, 17 frégates et 6 autres gros bâtiments ; que la Russie, en 1815, compte 33 vaisseaux, 15 frégates et 13 autres navires.

Le déclin de la flotte de guerre du Danemark a commencé bien avant l'attaque de Nelson en 1801 par suite d'un remplacement insuffisant des navires vieillis ; le déclin se fait en deux étapes : 1801 et 1807.

Le déclin de la marine suédoise est dû à la guerre avec la Russie : elle y a perdu 10 bâtiments de ligne, qu'elle n'a pu remplacer. Ensuite le déclin provient du non-renouvellement de la flotte.

Durant la période révolutionnaire l'escadre russe de la Baltique atteint son apogée : le déclin n'intervient qu'au début de l'ère alexandrine. Alexandre 1er en effet ne renouvelle pas sa flotte, ce qui constitue l'acte le plus important dans la quête de l'alliance anglaise.

APPENDICE N° 3

LES MINISTÈRES DE LA MARINE DURANT LA RÉVOLUTION

1) LA LUZERNE Henri César (1737-1799) comte de La Luzerne, gouverneur des îles Sous le Vent 1785. *Octobre 1787 - octobre 1790 démission.* Provenance : armée de terre ; neveu de Malesherbes. Tendance : noblesse libérale 3 ans

2) CLARET Charles Pierre, comte de FLEURIEU (1738-1810), avec Borda le premier scientifique de la marine ; véritable chef d'état-major pendant la guerre d'Indépendance américaine. *27 octobre 1790 - 17 mai 1791.* Provenance : Marine ; Tendance : noblesse libérale. 6 mois

3) THEVENARD Antoine Jean-Marie, comte de (1733-1815), Officier de la Compagnie des Indes entré dans la marine royale. Libéral puis très hostile à la Révolution : a conseillé à Louis XVI de résister à outrance le 10 août. *16 mai 1791 - 17 septembre 1791.* 4 mois

4) DE BERTRAND DE MOLLEVILLE Antoine François, comte de (1744-1818), ancien intendant de Bretagne, maître de requêtes. Soutien de Necker ; hostilité de la noblesse même après 1815. Auteur d'une non négligeable Histoire de la Révolution. *Octobre 1791 - Mars 1792.* 6 mois

5) LACOSTE Jean, baron de (1730-1820), ancien chef du contentieux des colonies (en 1766). *16 mars 1792 - 10 juillet 1792.* 4 mois

6) DU BOUCHAGE François Joseph de GRATET, vicomte du (1749-1821), Armée de terre : artillerie ; ami personnel de Decrès. *21 juillet 1792 - En fait 10 août 1792.* Redevient ministre de la marine du *24 septembre 1815 au 23 septembre 1817.* Noblesse libérale, mais fidèle au roi. 1 mois

7) MONGE Gaspard (futur comte de Péluse) (1746-1818). Grand savant ; déplorable administrateur, seule réussite : convainc Borda de rester dans la marine. *10 août 1792 - 13 avril 1793, démission.* 9 mois

8) D'ALBARADE Jean (1743-1819). Marine. Depuis le 1er mars 1793 adjoint au ministre de la Marine. *10 avril 1793 - 2 juillet 1795.* En fait situation dans la réalité très imprécise ; tout dépendant du gouvernement révolutionnaire, des représentants en mission et de la commission des 12 pour la marine comportant à côté de D'ALBARADE lui-même l'ancien commis David (mise en place le 2 avril 1794). 2 ans 3 mois

9) TRUGUET Laurent Jean François, comte de (1752-1839). Marine ; libéral, mais royaliste, fructidorisé. *1er novembre 1795 - 18 juillet 1797.* Un méconnu. 1 an 10 mois

10) PLEVILLE LE PELEY Georges René (1726-1805). Marine de commerce, course, entre au comité de marine en 1794, chef de division au Ministère en 1794. *16 juillet 1797 - Avril 1798,* démission pour raison de santé.
10 mois

11) BRUIX Eustache (1759-1805). Marine. *27 avril 1798 - 2 juillet 1799.* Le stratège peut-être le plus complet (avec Villaret-Joyeuse) de la Révolution...
1 an 2 mois

12) BOURDON DE VATRY Marc-Antoine (1761-1828), ancien secrétaire de l'amiral de Grasse pendant la guerre d'Indépendance américaine ; puis premier commis aux colonies. *3 juillet (?) 1799 - Novembre 1799.*
5 mois

13) FORFAIT Pierre Alexandre Laurent (1752-1807). Ingénieur-constructeur de la Marine, ami de Bonaparte. *21 novembre 1799 - Octobre 1801.* L'un des créateurs de la flottille de Boulogne. 2 ans

14) DECRES Denis de (1761-1820). Marine. *Octobre 1801 - 1814 (27 décembre).* Grand organisateur, mais responsable au premier chef des choix médiocres d'amiraux. 13 ans

De 1787 à 1801 la France a donc consommé 13 ministres de la marine dont 2 provenant de l'armée de terre, 1 de l'administration centrale de l'Ancien Régime, 1 de la marine de commerce, et 1 de la compagnie des Indes (mais entré dans la marine royale avant la Révolution). Les autres sont issus de la marine, dont 2 des « bureaux » de l'ancien secrétariat d'état, un examinateur d'entrée dans la marine (Monge), les autres étant officiers de marine au début de la Révolution.

Ces choix sont tous, sans exception, excellents, en dehors de Monge, savant aventuré dans le domaine militaire et administratif. La durée de leurs mandats a été dans l'ensemble courte, entraînant une grande instabilité ministérielle très préjudiciable. On les a accusé de tous bords de tous les maux, auxquels ils ne pouvaient rien.

En réalité, il faudrait ajouter à cette liste le ministre de fait qu'est le représentant en mission Jean Bon Saint-André, pasteur, ancien commandant de navire de commerce, et futur préfet de Napoléon.

Ils appartiennent, directement ou indirectement, à la noblesse libérale de 1789, même si leurs preuves de noblesse sont, pour certains, à vérifier. Aucun n'était hostile aux principes de la Révolution.

APPENDICE N° 4

QUELQUES PRÉCISIONS SUR LA « NAVY »

(D'après CLOWES et LAVERY)

État théorique de la « Navy »

	1793	1794	1795	1796	1797	1798	1799	1800	1801	1802
Premier rang	5	6	6	6	6	6	6	6	6	6
Second rang	16	17	17	16	17	17	17	16	16	16
Troisième rang	92	95	91	94	94	97	102	101	105	104
Total	113	117	114	116	116	120	125	123	127	127
Quatrième rang	12	12	12	21	16	16	14	14	13	13
Cinquième rang	79	84	102	107	115	123	117	112	113	120
Sixième rang	35	36	35	37	40	41	42	34	34	28
Total général	304	328	363	405	435	502	517	509	511	505

Tonnage total :	1795	295 409 tonneaux
	1802	416 506
	1803	356 400
	1809	501 596
	1815	446 720

Effectifs globaux :

1793	45 000	1803	60 000
1794	85 000	1804	100 000
1795	100 000	1805	120 000
1796	110 000	1806	‘‘
1797	120 000	1807	130 000
1798	‘‘		‘‘
1799	‘‘	1811	145 000
1800	‘‘		‘‘
1801	135 000	1813	140 000
1802	70 000 (?)	1815	90 000

Encadrement

	1803	1813
Amiraux	45	64
Vice-amiraux	36	69
Contre-amiraux	51	68
Capitaines de vx	668	802
Commodores	413	602
Lieutenants	2 489	3 268
Masters	529	629
Total	4 231	5 502

Budget en livres sterling (arrondi)

1793	4 000 000	1804	12 350 000
1794	5 525 000	1805	15 000 000
1795	6 315 000	1806	18 864 000
1796	7 613 000	1807	17 400 000
1797	13 133 000		
1798	13 500 000	1811	18 975 000
1799	13 654 000	1812	19 822 000
1800	13 619 000	1813	20 100 000
1801	16 577 000	1815	19 000 000
1802	11 933 000		
1803	10 211 000		

Constructions neuves d'après Cloves

	Vaisseaux	Frégates
1783-1789	28	23
1790-1793	21	18
1794-1799	21	54
1800-1802	7	8
Total	77	103

Le budget anglais pour la marine a donc quadruplé sous la Révolution ; les effectifs en vaisseaux de ligne ont très légèrement augmenté, ceux des frégates, en revanche, se sont accrus. Mais l'effort essentiel de la construction navale a porté surtout sur les petites unités. Pour les vaisseaux et les frégates, l'effort anglais est proportionnellement inférieur au français.

Le rapport nombre des officiers/nombre de matelots est donc très approximativement le suivant :

Angleterre	1799 :	1 officier pour 32 hommes
Espagne	1789 :	1 officier pour 50 hommes
France	1793 :	1 officier pour 40/60 hommes

(Le chiffre des équipages étant comptabilisé pour le temps de guerre).

APPENDICE N° 5

QUELQUES DONNÉES SUR LA MARINE ESPAGNOLE

Nombre d'officiers	*1776 :* 937 ;	*1789 :* 1 333 ;	*1801 :* 1 560
dont capitaines de vx	58	97	117

Nombre de navires en 1788

Vaisseaux de ligne : 9 de 112 ; 3 de 94 ; 3 de 80 ; 41 de 74 ; 7 de 68 ; 2 de 64 ; 4 de 58 et 1 de 54 = 70 nécessitant 27 649 hommes d'équipage soit moins que les navires français.

112 : 623 hommes (France plus de 1 000)
94 : 577
80 : 417
74 : 360 (France 750...)
68 : 303
64 : 283
54 : 263

Frégates : 2 de 42 (224 hommes) ; 3 de 40 (214) ; 31 de 34 (207) ; 1 de 30 (146) ; 3 de 26 (idem).

Chébecs : 1 de 36 (212) ; 2 de 34 (idem) ; 2 de 32 (205) ; 1 de 30 (idem) ; 1 de 28 (187) ; 4 de 26 (187) ; 1 de 22 (133) ; 2 de 18 (idem) ; 2 de 14 (idem).

Urcas : 10 de 40 (214) ; 2 de 26 (146) ; 2 de 20 (146).

Corvettes : 1 de 22 (74) ; 2 de 20 (74) ; 1 de 18 (idem).

Nombre de gens de mer

	TOTAL	CADIX	EL FERROL	CARTHAGENE
1785	63 741	27,17 %	31,00 %	41,94 %
1793	65 661	23,25 %	29,51 %	47,18 %
1795	64 937	24,64 %	28,47 %	46,87 %
1798	65 081	25,56 %	27,34 %	47,00 %
1808	41 094	21,28 %	31,98 %	46,81 %

Répartition de la marine de commerce espagnole en 1802

Façade atlantique nord	336 navires : 59 608 t.	(moyenne 177 t)
Façade atlantique sud	262 navires : 42 961 t.	(moyenne 163 t)
Méditerranée	345 navires : 47 437 t.	(moyenne 137 t)

La marine espagnole à l'ère de la Révolution se concentre sur la Méditerranée qui fournit près de la moitié des effectifs pour 31,62 % du tonnage (contre 39,73 % pour la côte nord et 28,63 % pour la région de Cadix).

Les équipages espagnols des navires de guerre sont des équipages théoriques très faibles, entre 40 et 50 % de moins que les équipages français. Leur encadrement en officiers est en revanche meilleur.

CHRONOLOGIE

Les guerres navales de l'Est européen

été 1788 : attaque russe sur Otchakov.

28-29 juin 1788 : bataille de l'estuaire du Dniepr (R-T).

17 juillet 1788 : Hoglund (R-S).

26 juillet 1788 : Oeland (R-S).

24 août 1788 : 1er Svenksund (R-S).

13 mai 1790 : Tallin (Reval) (R-S).

3-4 juin 1790 : Kronstadt (R-S).

juin 1790 : bombardements des villes turques de la côte nord de l'Anatolie.

3 juillet 1790 : Vyborg (R-S).

19 juillet 1790 : bataille de Kertsch (R-T).

9-10 juillet 1790 : 2e bataille de Svensksund (R-S).

8-9 septembre 1790 : Tendra (R-T).

11 août 1791 : Kaliakra (nord de Varna) (R-T).

R = Russes - T = Turcs - S = Suédois.

Sont batailles de destruction : estuaire du Dniepr ; 1er de Svensksund ; Vyborg et 2e de Svensksund.

Les autres batailles font perdre aux Suédois comme aux Turcs seulement quelques unités.

La guerre navale révolutionnaire

1er février **1793** :	Déclaration de guerre de la France à l'Angleterre et au stathouder de Hollande.
17 février :	Dumouriez franchit la frontière hollandaise.
18 février :	Echec de l'escadre de Toulon dans le débarquement de Sardaigne.
20 février :	Les premiers éléments de l'armée anglaise en Hollande.
7 mars :	Déclaration de guerre à l'Espagne; au cours du mois retraite française de Belgique (armistice secret de Dumouriez du 23.3 (à partir du 4 avril : Dumouriez passe aux Autrichiens).
26 mai :	Révolte de la Corse.
17 juin :	Fermeture des bourses de commerce « provisoire ».
25 août :	Reprise de Marseille révoltée depuis le 20.
27 août :	Toulon négocie avec les Anglais ; l'occupation anglaise dure de la fin août au 17 décembre 1793.
21 septembre :	« L'acte de navigation français » (Barère).
17 décembre :	Reprise de Toulon. Perte de 12 vaisseaux de ligne.
28 et 30 janvier **1794** :	Violents discours de Robespierre contre l'Angleterre (club des Jacobins) : « Je hais les Anglais ».
1er février :	Refus par Barère d'une paix de compromis.
4 février :	Suppression de l'esclavage (Levassor de la Sarthe) ; attitude prudente de Danton.
27 février :	Accord austro-russe sur le partage éventuel de l'empire vénitien.
22 mai :	Prise de Bastia par les Anglais.
26 mai :	Rapport de Barère « sur les crimes de l'Angleterre envers le peuple français ».
28 mai au 1er juin :	Bataille au large d'Ouessant ou de Prairial opposant Howe et Villaret-Joyeuse ; le convoi de blé et de produits tropicaux passe ; mais perte de 7 vaisseaux : c'est une défaite tactique grave. Episode légendaire du « vengeur du Peuple ». Le 13 juin Jean Bon Saint-André annonce la bataille et l'arrivée du convoi.

21 juin :	La Corse demande son rattachement à l'Angleterre.
Hiver 1794 22 janvier **1795** :	Pichegru profitant du fait que la flotte hollandaise est prise dans les glaces, s'en empare avec sa cavalerie (Texel). La Corse est anglaise (Nelson y a perdu un œil).
1795 :	Traité de Bâle avec la Prusse ; traités de paix successifs avec la Toscane, l'Espagne.
14 mars :	Bataille du golfe de Gênes : l'escadre de Martin tente de reprendre la Corse, se heurte à Hotham, défaite française (2 vaisseaux).
17 juin :	Chargée de s'opposer au débarquement anglo-émigré à Quiberon, l'escadre de Brest a la chance de rencontrer Cornwallis avec 5 vaisseaux ; Villaret-Joyeuse en possède 12. La supériorité manœuvrière (et de vitesse) des Anglais leur permet d'échapper au danger.
23 juin :	Bataille (ou non-bataille) de Groix : Hood et ses 14 vaisseaux rencontrent les 12 de Villaret. Course-poursuite qui s'achève par la perte de 3 vaisseaux français.
13 juillet :	Escarmouche de la baie d'Hyères : Hotham (23 navires) force Martin (17) à la fuite. Perte de 1 vaisseau français.
1796 :	Le traité de San Ildefonse transforme l'Espagne en alliée provoquant une situation difficile pour l'escadre anglaise de Méditerranée. Les victoires de Napoléon (traités avec le Piémont, Modène, Naples, et le pape) forcent l'Angleterre à abandonner provisoirement la Méditerranée avec la Corse et l'île d'Elbe (décembre 1796 Jervis se base sur Gibraltar).
16 décembre :	Départ d'une expédition sur l'Irlande (Morard de Galles, Bouvet) sous l'impulsion de Hoche : tentative ratée du fait de l'incapacité de la flotte française de faire face à la tempête : retour à Brest en janvier 1797.
1797 :	Paix avec le Portugal qui abandonne l'Angleterre. Echec des négociations franco-anglaises.
14 février :	Bataille du Cap Sainr-Vincent. La flotte espagnole battue perd 4 vaisseaux et est bloquée à Cadix.
24-25 juillet :	La tentative de Nelson de s'emparer de Teneriffe échoue de même que la tentative d'interception de la flotte de l'argent. Nelson y perd son bras droit.
Depuis juillet et jusqu'en août	la « Channel Fleet » et celle stationnée dans le « Nore » sont la proie de graves mutineries. Elles sont précédées et suivies de mutineries locales sporadiques.
11 octobre :	Jervis bat de manière décisive la flotte hollandaise destinée à assurer un nouveau débarquement en Irlande. Les Hollandais (De Winter) perdent 7 de leurs 16 vaisseaux pris par les Anglais.

17 octobre :	La paix de Campo-Formio avec l'Autriche assure à la France la possession des îles Ioniennes ainsi que celle de la flotte vénitienne.
19 mai **1798 :**	Départ de l'expédition d'Egypte de Toulon.
10-12 juin :	Prise de Malte et de sa petite flotte.
1er-2 août :	Aboukir (ou Battle of the Nile). L'escadre française de Méditerranée est écrasée à l'ancre : perte de 11 vaisseaux et de 2 frégates. L'armée d'Egypte est enfermée dans sa conquête. La défaite française provoque la 2e coalition (Russie, Autriche, états italiens). Les négociations franco-anglaises de l'automne précédent à Lille ont échoué du fait du 18 fructidor.
1798 et **1799** :	Apogée de la guerre de course française.
12 octobre **1798** :	Nouvelle tentative de débarquement en Irlande. Menée avec de petits moyens elle aboutit à la bataille de Lough Swilly (perte de 1 vaisseau et de 6 frégates).
1799 :	Bonaparte s'avance sur la Syrie (25 février : Gaza). Echec de Bonaparte devant Saint-Jean-d'Acre (soutenue par la flotte anglaise : 19 mars - 17 mai 1799). Napoléon obligé de rétrograder en Egypte.
Mars :	Russes et Turcs s'emparent des îles Ioniennes.
20 mai :	Débarquement anglais raté à Ostende.
25 juillet :	Bonaparte bat une armée turque débarquée par l'Angleterre à Aboukir.
23 août :	Départ de Bonaparte pour la France où il arrive en octobre (le 9 octobre).
27 août :	Grand débarquement russo-anglais au Helder. Les Anglais s'emparent du reste de la flotte hollandaise. Mais Brune remporte le 19 septembre la victoire de Bergen. Il ne peut cependant empêcher le rembarquement réussi de l'armée anglaise.
18 brumaire ou 10 novembre :	Coup d'Etat de Bonaparte 1er Consul.
Septembre **1800** :	La garnison française de Malte obligée de se rendre ; série de petites batailles navales autour de l'île, toutes défaites françaises.
Février **1801** :	Le traité de Lunéville met fin à la seconde coalition mais la Russie tente de créer une nouvelle Ligue des Neutres au printemps 1801. Stratégie à l'échelle mondiale de l'Angleterre :
8 mars :	Série de débarquements en Egypte (le principal à Aboukir).

2 avril :	Mise hors service par Nelson dans des conditions difficiles d'une partie de la flotte danoise. Fin de toute menace d'une ligue des Neutres (assassinat du tsar ; Alexandre 1er sur le trône).
6-12 juillet :	Bataille double d'Algésiras-Cadix. Le 6, Linois réussit à tenir tête aux Anglais (Saumarez) et détruit 1 vaisseau anglais ; mais dans la nuit du 12 l'escadre franco-espagnole de dégagement perd 3 navires.
	Après sa victoire de Copenhague, Nelson attaque la flottille de Boulogne : échec du 15 août.
Mars **1802** :	Paix d'Amiens.

BIBLIOGRAPHIE

M. ACERRA et J. MEYER : *La grande époque de la marine à voiles,* Rennes, éditions Ouest-France, 1987.

M. ACERRA, J. MEYER et J. MERINO (édit) : *Les marines de guerre européennes XVII-XVIIIe siècle,* Paris, 1985. Actes du colloque du même nom, Paris-Sorbonne, 1984.

AGULHON (sous la direction de) : *Histoire de Toulon,* Toulouse, Privat, 1980.

J. AMAN : *Les officiers bleus dans la marine française,* Genève-Paris, 1977.

P.C. ANDERSON : *Naval Wars in the Baltic, 1522-1850,* Londres, 1969.

F. BELLEC : *La généreuse et tragique expédition Lapérouse,* Rennes, 1985.

J. BOURDRIOT : *Le vaisseau de 74,* Grenoble, 4 volumes, 1976-1978.

A. CABANTOUS : *Les mutins et les mutineries dans la marine au XVIIIe siècle,* Actes du 106e Congrès des Sociétés Savantes de Perpignan (1981), Paris, 1984.
La vergue et les fers, Paris, 1984.

Médecin Général CARRE : de nombreux articles très dispersés, difficiles à trouver, mais essentiels sur la santé navale.

J.H. CLAPHAM : *The causes of the War of 1792,* Cambridge, 1899.

W.L. CLOVES : *The Royal Navy. A History from the earliest times to the Present,* Londres, 1897-1903, reprint 1966, tome IV (Révolution) et tome V (Empire), 1899.

F. CROUZET : *L'économie britannique et le blocus continental,* Paris, 2e édition, 1987 (préface particulièrement importante).

P. CROWHURST : *The French War on Trade :* Privateering 1793-1815, Loughborough, 1985.

F. DESBRIERES : *Les tentatives de débarquement dans les îles britanniques,* 5 volumes, Paris, 1901-1902.

M. DUPONT : *L'amiral Willaumez,* Paris, 1987.
D'Entrecasteaux - Rien que la mer, un peu de gloire, Paris, 1983.

A. FROST : *Convicts and Empire.* A Naval Question, Melbourne-Oxford, 1980.
L'amiral Philipp, ibidem, 1987.

N. HAMPSON : *La marine de l'an II,* Paris, 1959.

O. HAVARD : *Histoire de la Révolution dans les ports de guerre : Brest et Rochefort,* Paris, 1913.

W. JAMES : *The Naval History of Great Britain,* 6 volumes, 4e édition, Londres, 1847.

H.E. JENKINS : *Histoire de la marine française, des origines à nos jours,* Paris, édition française, 1977 (édition anglaise originale 1973).

E. JURIEN DE LA GRAVIERE : *Nelson und die Seekriege, 1798-1815,* Leipzig, 1870.

V.A. JURIEN DE LA GRAVIERE : *Souvenirs d'un amiral,* Paris, 1860.

V.A. JURIEN DE LA GRAVIERE : *Guerres maritimes de la Révolution et de l'Empire,* 2 volumes, Paris, 1881-1906.

B. LAVERY : *The ship of the Line,* 2 tomes, Londres, 1983-1985 (fondamental).

Y. LE GALLO (sous la direction de) : *Histoire de Brest,* Toulouse, 1976.

A. LESPAGNOL (sous la direction de) : *Histoire de Saint-Malo et du pays malouin,* Toulouse, 1984.

T. LE GOFF : *Offre et productivité de la main-d'œuvre dans les armements français au XVIIIe siècle,* Actes du Congrès international des Sciences Historiques, Bucarest, 1980. Une étude exhaustive de J.T. LE GOFF sur le système des classes doit prochainement paraître en langue anglaise.

L. LEVY-SCHNEIDER : *Le conventionnel Jean Bon Saint-André,* 2 volumes, Paris, 1901.

A. LOTTIN, J.C. HOCQUET, J. LEBEQ : *Les gens de mer,* colloque de Boulogne, Revue du Nord, numéro spécial, Lille, 1986.

D. MAC KAY et H.M. SCOTT : *The Rise of the Great Powers, 1648-1815,* Londres, 1983.

A.T. MAHAN : *Influence of Sea Power upon French Revolution and Empire, 1793-1812,* Londres, 1892, 3 volumes.

R. MAINE : *Trafalgar,* Paris, 1955.

G.J. MARCUS : *A Naval History of England, The Age of Nelson,* Londres, 1971.

A. MARTIN-DIDIER : *La guerre de course à Saint-Malo, 1688-1814,* thèse dactylographiée, de l'université de Paris I, 1971.

P. MASSON : *Grandeur et misère des gens de mer,* Paris, 1987.
Histoire des batailles navales, Paris, 1987.

Les sépulcres flottants, Rennes, 1987.

P. MASSON et J. MURACCIOLE : *Napoléon et la marine,* Paris, 1968. (J. MURACCIOLE est l'auteur d'une thèse inédite intéressante sur ce sujet).

J. MERINO : *La Armada espagnola en el siglo XVIII,* Madrid, 1981.

J. MEYER : *Le contexte des grands voyages d'exploration du XVIIIe siècle* in L'importance de l'exploration maritime au XVIIIe siècle (à propos du voyage de Bougainville), Table ronde (A. MOLLAT et E. TAILLEMITE), décembre 1978, Paris, C.N.R.S., 1982.

M. ACERRA, J. MEYER et J. MERINO : *Europäische Kriegsmarinen im 17 und 18. Jahrhundert :* ein Überblick, in Wirtschaftskräfte und Wirtschaftswege. Beiträge zu Wirtschaftsgeschichte Klett-Cotta, Festschrift für Hermann Kellenbenz ; éditeur Jürgen Schneider, Bamberg, 1981.

T. LE GOFF et J. MEYER : *La construction navale en Bretagne de 1762 à 1788,* Annales de Bretagne, tome LXXVI, nos 2 et 3, juin/septembre 1969, Rennes, 1970, pp. 433-443. *La construction navale en Bretagne de 1762 à 1788,* ibidem, tome LXXV, n° 2, 1969, pp. 345-370. *Les constructions navales en France pendant la seconde moitié du XVIIIe siècle,* in Annales, E.S.C., n° 1, 1971, pp. 173-185.

J. MEYER : *Les difficultés du commerce franco-américain vues de Nantes (1776-1790),* in French Historical Studies, volume XI, n° 2, 1979, pp. 159-183.

H. MITCHELL : *The Underground War against Revolutionnary France,* Oxford, 1965.

J. MORDAL : *25 siècles de guerre sur mer aux temps de la rame et de la voile,* tome 1, Paris, 1959.

R. MÜHLMANN : *Die Reorganisation der spanischen Kriegsmarine im XVIII, Jahrhundet,* Cologne-Vienne, 1975.

L. NICOLAS : *Histoire de la marine française,* Paris, 1949 (Que Sais-je ?).

H. PEMSEL : *Atlas of Naval Warfare.* An Atlas and chronology of conflict at sea from earliest times to the present day, Londres-Melbourne, 1977 (édition originale allemande 1974).

J. RANDIER : *La Royale, la vergue et le sabord,* Brest, 1978.

N.A.M. RODGER : *The Wooden World.* An Anatomy of the Georgian Navy, Padstow, 1986 (dépasse de beaucoup son titre).

J.C. SAINTY : *Admiralty Officials 1660-1870,* tome IV, The Office Holders in Modern Britain, Londres, 1975.

N.E. SAUL : *Russia and the Mediterranean, 1797-1807,* Chicago, 1970 (à compléter avec P. MACKESY : The War in the Mediterranean, 1803-1810, Londres, 1957).

E. TAILLEMITE : *Dictionnaire des marins français,* Paris, 1982 (essentiel).

J. TRAMOND : *Histoire maritime de la France,* Paris, 1916.

O. TROUDE : *Batailles navales de la France,* 4 volumes, Paris.

O. WARNER : *Nelsons'Battles,* Londres, 1965.

Note :

Quoique ne portant pas directement sur le sujet, on aura recours au très important :

Ralph DAVIS : The Rise of the English Shipping Industry in the 17th and 18th Centuries, Newton Abbot, 2e édition, 1972.

Une large partie des faits avancés trouvera très prochainement ses justificatifs dans la soutenance des thèses de A. BOULAIRE sur l'arsenal de Brest au XVIIIe siècle et celle de M. ACERRA sur l'arsenal de Rochefort. Ces thèses renouvelleront à peu près totalement tout ce qui s'est écrit sur la question.

Notre travail n'eût, par ailleurs, pas été concevable sans la très longue recherche de près d'une décennie menée conjointement par nos propres étudiants, totalisant plus d'une cinquantaine de mémoires de maîtrise sur les divers aspects de la marine française du XVIIe au début du XIXe siècle.

Il n'est guère de série des Archives Nationales qui n'ait été vue (série Marine), parfois revue, en lecture parallèle avec des livres d'histoire anciens ou récents. Les références d'archives ont été ou seront citées dans des ouvrages spécialisés comme celui de notre colloque sur les marines de guerre européennes du XVIIe au XVIIIe siècle.

Il va sans dire que la bibliographie générale de la Révolution sera, de temps à autre, utile pour replacer les événements maritimes dans leur contexte général, terrestre en particulier. On n'aura pas ici le ridicule d'en donner une bibliographie exhaustive. La lecture de notre texte tend par ailleurs à rectifier, ou plutôt à éclairer les questions navales d'un autre jour, spécifique. Citons donc, à simple titre de rappel, sans autre prétention :

Jean MASSIN : Almanach de la Révolution française, Paris, 1963, commode en dépit de ses partis pris (mais qui n'en a pas à propos de la Révolution ?), et du même auteur, l'Almanach de Napoléon 1er, qui, en réalité, recouvre toute la période post-thermidorienne.

A. DE TOCQUEVILLE : L'Ancien Régime et la Révolution, aux innombrables rééditions ; nous recommandons celle d'E. BERL, dans le Club français du Livre, Paris, 1964.

Parmi les manuels universitaires classiques, citons :

J. GODECHOT : Les Révolutions (1770-1799), collection la Nouvelle Clio, Paris, 1re édition, 1963, et éditions successives.

F. FURET et D. RICHET : La Révolution française, Paris, 1963 ; 1973.

G. LEFEBVRE : La Révolution française, collection Peuples et Civilisations, 1re édition 1930, récrit en 1951 après une édition de 1938, réédition récente avec mise au point bibliographique d'A. Soboul, 1986. La « classique » qui résume l'ensemble des cahiers des cours publiés entre 1946 et 1955 dans les Cours de la Sorbonne qui constituent, au jour le jour, le récit le plus suivi.

D.M.G. SUTHERLAND : France 1789-1815, Revolution and Conterrevolution, Londres, 1985, qui exprime un point de vue étranger fort neuf.

J. TULARD, J.F. FAYARD et A. FIERRO : Histoire et dictionnaire de la Révolution française, 1789-1799, Paris, 1987, particulièrement commode à consulter.

Il va de soi que la non-citation d'autres manuels n'a pas de sens dépréciatif ; nous avons simplement voulu citer ce qui nous semblait, à tort ou à raison, le plus commode à consulter. On y ajoutera cependant :

J. BERENGER, P. BUTEL, A. CORVISIER, J. MEYER, J.P. POUSSOU, D. RABREAU, A. SCHNAPPER, J. TULARD et E. WEBER : L'Europe à la fin du XVIIIe siècle (vers 1780-1802), Scandinavie, Empire russe et empire ottoman exclus, Paris, 1985 (cours d'agrégation, SEDES).

Une dernière mention doit être attribuée à une thèse fort novatrice de M. VERGÉ-FRANCESCHI sur les officiers généraux de la marine française de Louis XV, dont on espère une parution prochaine. M. VERGÉ-FRANCESCHI a publié un article dans la revue historique sur les officiers généraux de la Marine Royale (1669-1774), Revue Historique, tome CCLXXVIII/2, pp. 335-360. Nous avons largement puisé dans l'œuvre de M. VERGÉ-FRANCESCHI.

TABLE DES MATIÈRES

Cet ouvrage a été imprimé et broché par Ouest-Impression Oberthur à Rennes - La composition et la mise en page est de Sécoprim à Saint-Grégoire (35) - La couverture a été imprimée par l'imprimerie Raynard à La Guerche de Bretagne et pelliculée par D.C.P à Château-Gonthier - Prix à la parution en France continentale : 120 francs français.

- I.S.B.N. 2.7373.0161.0 Dépôt légal : novembre 1988 - N° éditeur : 1482.01.05.11.88

38. 24.08.94